“十三五”江苏省高等学校重点教材（2020-2-306）
普通高等教育应用创新系列教材 经管基础课程系列

创新创业管理

◎ 杨会良 等 编著

科学出版社
北 京

内 容 简 介

本书全面、系统地研究和阐述了创新创业的基本原理、基本知识和基本方法，注重最新理论成果与中国创业环境的深度融合；注重为学习者精准提供具有实践指导意义的专业理论和知识技能；注重实践教学和案例教学，并通过选配大量案例、学习拓展、思考题和相关知识链接的“知识库”内容等，深化学习者对创新创业的理解，提升其整合知识、技能和社会资源的能力。同时，本书注意强化培养和提升认知能力和素养，为管理类相关专业后续的学习奠定坚实的基础。

本书可作为各类专业的公共基础教材，尤其是工商管理、公共管理等管理学门类的本科生和研究生“创新创业”课程的教材，也可供从事各类管理工作或有创新创业需求的读者阅读使用。

图书在版编目（CIP）数据

创新创业管理 / 杨会良等编著. —北京：科学出版社，2024.6

“十三五”江苏省高等学校重点教材 普通高等教育应用创新系列教材·经管基础课程系列

ISBN 978-7-03-077673-0

Ⅰ. ①创… Ⅱ. ①杨… Ⅲ. ①创新管理-高等学校-教材 Ⅳ. ①F273.1

中国国家版本馆 CIP 数据核字（2024）第 019857 号

责任编辑：方小丽 / 责任校对：贾娜娜

责任印制：张 伟 / 封面设计：蓝正设计

科学出版社 出版

北京东黄城根北街 16 号

邮政编码：100717

http://www.sciencep.com

北京天宇星印刷厂印刷

科学出版社发行 各地新华书店经销

*

2024 年 6 月第 一 版 开本：787×1092 1/16

2024 年 6 月第一次印刷 印张：21

字数：498 000

定价：48.00 元

（如有印装质量问题，我社负责调换）

《创新创业管理》教材编委会

主任委员： 杨会良

委　　员（排名不分先后）：

常晓茗　康　丽　许　军　林雅嫱

朱颂梅　梅晓红　彭　琳　曾红艳

徐　梦　冀秋燕　蒋定福　许　萍

序

就业是民生之本，创业是就业之源，创新是育人之要。党的二十大报告明确提出，“创新是第一动力”“全面提高人才自主培养质量，着力造就拔尖创新人才，聚天下英才而用之”“完善促进创业带动就业的保障制度”。深化高等学校创新创业教育改革，是国家实施创新驱动发展战略、促进经济社会高质量发展的迫切需要，是推进高等教育综合改革、促进高校毕业生更高质量创业就业的重要举措。在大学毕业生就业形势日益严峻的今天，大学生创新创业已经成为提高就业能力和实现个人发展的重要方式。如何解决大学生的就业问题，积极引导他们创业、就业，使他们在激烈的市场竞争中找到立足之地，这对大学教育提出新的更高的要求。高校创新创业教育的核心是提高人才培养质量，促进学生全面发展。这就要求高等院校培养具有较强的创新意识、开拓精神、创业能力的复合型人才，促进人才培养模式的创新与转型，全面提高素质教育，提高教育质量，确保以创新促创业、以创业带动就业。

随着众创时代的到来，创新创业教育成为世界高等教育改革发展的潮流，被誉为继学术教育、职业教育之后的“第三本教育护照”。创新创业教育是培养大学生创新创业精神和能力，推动其创新创业发展的重要环节，它不仅关系到学生的个人发展和未来的职业道路，更是国家创新体系和社会经济发展的基石。培养创新创业型人才、实现理论与实践的有机对接是高校教育教学改革的重要方向。创新创业基础课是当今高等教育教学改革的重要抓手，其教学目的不是让所有专业的学生都去创业，而是借鉴创新创业教育的先进教学理念和方法培养学生的创造思维、创新能力、创业精神、团队合作、沟通能力和领导能力，这些能力和精神是 21 世纪创新人才的基本能力；创新创业教育不仅体现了素质教育的内涵，更强调学生职业发展理念的转变，为高等教育的发展赋予新的使命。因此，开设一门有针对性的大学生创新创业课程对于帮助学生更好地了解创新创业、培养创新创业能力具有重要的现实意义。本书正是在这样的背景下应运而生的，旨在为高校学生和广大创新创业者提供系统、全面、实用的理论指导和实践参考。

全书主要分为三个部分。第一部分（第一章至第四章）主要介绍了创新管理、创业管理、创新创业环境、创新创业来源与创业机会，为后续的深入学习奠定基础。第二部分（第五章至第十二章）则聚焦于创新创业的具体操作和实践，具体内容包括资源整合、创业团队、商业模式、商业计划书等，这部分内容对于创业决策和创业过程中的实际操作具有重要的指导意义。第三部分（第十三章至第十五章）则更加关注新创企业的成长管理和高校学生在创业中如何抓住机遇，特别是针对信息时代特点，对大学生创业进行了深入探讨和分析。

全书按照概念原理、操作实践、成长管理与大学生创业的逻辑框架展开，既包括时代背景和形势政策介绍、创新创业意识和思维方法训练，又包括创业实践行动指导，由浅入深、循序渐进，重在传授有关创新创业的基础知识、基本理论和基本方法。

本书主要包括以下特点。

第一，知识系统，案例典型。首先，本书详细阐释了创新创业管理最核心的内容。在内容上，本书不仅涵盖了创新管理、创业管理、创新创业环境、商业模式等核心领域，还特别关注了信息时代大学生创业的特点和面临的挑战，力求为大学生创业者提供全方位的支持。其次，本书的编写理念是深度融合最新理论成果与中国实际的创业环境，通过精准提供具有实践指导意义的专业理论和知识技能，帮助学习者深入了解和掌握创新创业的相关知识和规律，提升其创新意识和创业能力。最后，本书注重实践教学，提供了大量丰富的案例资源。每一章都配备了引导案例、知识库、思考题等，这些内容不仅有助于学习者对理论知识的深入理解和消化，更能够锻炼其解决实际问题的能力。同时，本书还着力培养管理认知能力和素养，夯实学习基础。

第二，特色鲜明，重点突出。一是系统阐述创新创业的基本原理、知识和方法，知识系统，资料丰富，案例鲜活；二是注重最新理论成果与中国创业环境的深度融合，理实结合；三是精准提供具有实践意义的专业理论和知识技能，注重素质培养和实践能力的提升；四是注重实践教学和案例教学，深化对创新创业的理解，强化创新意识和创业能力；五是着力培养学习者的管理认知能力和素养，夯实学习基础。

第三，时代性强，适应面宽。本书适合高等院校各专业作为开展创新创业教育的通用教材，特别适合作为工商管理、公共管理等管理学门类的本科专业基础课程教材。此外，本书也可以作为继续教育的培训教材，还可以作为拓宽视野、增长知识的自学用书。同时，对于即将走上工作岗位的人员，以及从事各类管理工作或有创新创业需求的学习者来说，本书也是一本不可多得的参考用书。

一门好的课程需要有好的教材作为依托，一本好的教材需要有优秀的团队作为后盾。本书是笔者与南京特殊教育师范学院管理学院同事的呕心之作，团队成员长期从事创新创业类课程的教学工作，大都具有高级职称或博士学位，是学院教学、科研的骨干和中坚。同时，我们还邀请了企业界具有较高理论水平和丰富实战经验的企业家加盟，使得本书更具实操性。全书的总体框架与篇章结构由笔者负责设计，并与团队其他成员进行了深入探讨与协商，曾红艳、徐梦、高宸陆三位博士协助做了大量工作。团队成员及具体分工如下：第一章、第二章由杨会良、冀秋燕执笔；第三章、第四章由梅晓红执笔；第五章由曾红艳执笔；第六章由康丽、蒋定福执笔；第七章、第十一章由许军执笔；第八章由康丽、许萍执笔；第九章由常晓茗执笔；第十章、第十四章由林雅嫱执笔；第十二章由徐梦执笔；第十三章由朱颂梅执笔；第十五章由彭琳执笔。在本书的编写、修改和核校过程中，团队每位成员高度负责、不辞辛苦、追求完美的精神和态度让笔者深为感佩，在此向他们的辛苦付出致敬、为他们的卓越工作点赞！

在本书即将付梓之际，我们真诚感谢科学出版社的方小丽老师和张春贺老师，是她们的热情帮助和精心指导，使本书得以顺利出版。本书也得到江苏省高等教育学会“十三五”江苏省高等学校重点教材立项建设项目（项目编号：2020-2-306）的支持。在本书的编写过程中，我们参阅了大量的相关著作、论文和案例资料等，借鉴汲取了部分国内外专家学者的研究成果，他们精湛独到的理论、观点和方法，给予我们许多有益的启示，在此谨向他们表示由衷的谢忱。由于笔者水平有限，书中不足之处在所难免，恳请广大教师和读者批评指正。

杨会良

2024 年 6 月于南京青秀城

目　　录

第一章　创新管理概述

本章重点

了解和掌握创新的内涵
掌握创新工具

引导案例

不知疲惫的色彩建筑师

2021 年 12 月 20 日，在人力资源和社会保障部、广东省人民政府共同主办的第一届全国博士后创新创业大赛中，清华大学的博士后研究员、中国科学技术大学和伦敦大学国王学院联合培养博士李军配在 1400 个创业项目中脱颖而出，获得创业赛组银奖。

2015 年，还在读博三的李军配就依托实验室的领先技术，并与导师共同创立公司。2016 年 4 月 26 日，习近平同志到中国科学技术大学进行考察时，李军配有幸向总书记汇报了关于创业项目。

2017 年，专注于新型高分子材料研究的李军配为了将自己更多的科研成果转化成产品，李军配又创立了一家专注于色彩安全化的创新型科技公司——材华科技。李军配发现，市场上的着色剂和化学染料基本上都属于小分子染料。使用过程中，不仅容易变色，特殊条件下还可渗透皮肤，改变人体 DNA 结构，从而诱发病变。李军配成功研制出了色彩丰富的大分子树脂，其不仅色彩艳丽、不易褪色，且十分安全。这一研究成果，不仅解决了香港漆宝国际集团的痛点，还吸引了阿迪达斯、耐克等国际公司的关注。

李军配注重科研成果转化的同时，还注重公司运营模式创新，打造了“客户提痛点需求——材华给出解决方案——客户试用反馈——材华精准调整优化”的“四步走”协同模式，全方位配合顾客产业链生产需求，使材华科技在市场中逐渐逐渐占有一席之地。

谈及创业初心，李军配说：“创业最让人感到快乐的不是获得的金钱，而是每天都在改变世界。我们希望成为大分子着色剂行业的领跑者，通过科技和商业让人们的生活变得更加美好。”

资料来源：“后浪”·科技新浙商丨李军配：才华无限美丽[EB/OL]. https://t.cj.sina.com.cn/articles/view/7505202169/1bf584bf902000xy7z，2021-09-06；材华科技推出口服级环保染料，从源头杜绝油漆污染[EB/OL]. https://ishare.ifeng.com/c/s/ 7pYu2uPBylw，2019-08-30，有改动

第一节 创新基础

在创新领域，西方著名的经济学家约瑟夫·阿洛伊斯·熊彼特（Joseph Alois Schumpeter）和管理学家彼得·费迪南·德鲁克（Peter Ferdinand Drucker）针对创新的概念、原则、特性、类型、阻力，创新者的动机、素质、能力，以及创新与企业家的关系等一系列有关创新的基础理论展开了论述。

一、创新的含义

《现代汉语词典》（第 7 版）对创新给出的解释是：抛开旧的，创造新的，而对创造给出的解释是：想出新方法、建立新理论、做出新的成绩或东西①。

在英语里，创新有动词和名词之分，动词为 innovate，名词为 innovation。《朗文现代英汉双解词典》对 innovate 给出的解释是"造成改变"（to make changes），对 innovation 给出的解释是"新东西的引入"（the introduction of something new）以及"新观念、方法或发明"（a new idea，method，or invention）②。

综合创新在中英文语汇里所表达的含义可以看出，创新的本质是改变，创新的对象可以是人类社会的任何活动，包括精神活动和物质活动，具体说来，创新活动可以在政治、经济、文化、科技等多领域展开。

在经济领域，首先提出创新的概念、内涵和作用的是美籍奥地利经济学家熊彼特。"创新"这个概念是熊彼特提出其整个经济学理论的基石，他在 1912 年出版的《经济发展理论》一书中指出，所谓创新，就是"建立一种新的生产函数"，也就是说，将一种从未有过的关于生产要素和生产条件的"新组合"引入到生产体系中。简言之，创新就是一种关于生产要素的新组合③。

"现代管理学之父"德鲁克继承了熊彼特的创新理论，并于 1985 年出版了《创新与企业家精神》一书。在该书中，德鲁克认为，创新就是改变资源的产出；创新就是赋予资源以新的创造财富能力的行为；创新就是通过改变产品和服务，为客户提供价值，并令客户感到满意；凡是能通过现有资源生产出财富的事物都足以构成创新。

本书所言之创新，仅研究经济领域中的创新，并采纳德鲁克关于创新的定义，即创新就是赋予资源一种新的能力并创造财富的活动。本章其余部分的内容都是基于经济领域的企业创新而展开的。

知识库

国家创新体系

1987 年，英国经济学家克里斯·弗里曼在其专著《技术和经济运行：来自日本的

① 中国社会科学院语言研究所词典编辑室. 现代汉语词典[M]. 7 版. 北京：商务印书馆，2017.

② 朗文现代英汉双解词典[M]. 香港：朗文出版（远东）有限公司，1993.

③ 熊彼特 J. 经济发展理论[M]. 何畏，易家详，等译.北京：商务印书馆，1990.

经验》中首次提出了“国家创新体系”的概念。

弗里曼在研究日本成功崛起的历史时发现，日本的通产省通过运用恰当的产业政策，鼓励技术创新，辅以组织创新和制度创新，使得日本在短短的几十年内发展成为工业化强国。弗里曼在此基础上提出了“国家创新体系”的概念：“国家创新体系是由公共部门和私营部门中各种机构组成的网络，这些机构的活动和相互影响促进了新技术的创造、引入、改进和扩散。”

经济合作与发展组织于1996年给出的国家创新体系的定义与弗里曼的定义类似：“国家创新体系是政府、企业、大学、研究院所、中介机构等为了一系列共同的社会和经济目标，通过建设性的相互作用而构成的机构网络，其主要活动是启发、引进、改造与扩散新技术，创新是这个体系变化和发展的根本动力。”

资料来源：Freeman C. Technology Policy and Economic Performance：Lessons from Japan[M]. London：Frances Pinter Publishers，1987

二、创新的原则

“代表创新训练核心的创新原则是什么？其中有几个‘要做’指必须做的事情；还有几个‘不要做’指尽量避免做的事情；另外，还需要满足我所说的几个‘条件’”①。

（一）要做的事情

1. 彻底思考创新机遇的来源

所有的创新都有其机遇来源，仅仅基于粗略的分析是不够的，需要对这些能够带来创新的机遇进行有组织、有系统、规律性、彻底的思考和分析。

2. 理性与感性相结合

创新者不仅要坐在办公室里理性地分析创新机遇，还要到市场上调研客户的期望、价值观和偏好，只有这样才能提高创新产品推出时的市场接受水平。

3. 创新目标明确，简单明了

如果创新过于复杂，一则创新产品的成功率会下降，二则消费者接受的程度也会因其过于复杂而降低。因此，创新最好专注于一项关键功能，确保创新目标简单明了，客户易学易用。

4. 创新具体，由小及大

创新的设想越具体，可操作性就越强。另外，鉴于创新的不确定性和高风险性，前期创新产品生产最好从小规模开始，这样便于在实践中进行调整。如果一开始就大规模投入生产，一旦需要调整，就会致使调整过程变得非常艰难，甚至使企业损失惨重。

5. 以取得领导地位为目标

以取得领导地位为目标，不一定是成为一个大企业。只有以在所进行的创新领域取得领导地位为目标，才有利于创新者赋予产品以足够的创新性。

① 彼得·德鲁克. 创新与企业家精神[M]. 蔡文燕译. 北京：机械工业出版社，2016.

（二）创新者的禁忌

1. 创新的产品不要太“聪明”

创新出来的产品是要销售给顾客的，是要由普通人操作使用的，如果经过创新的产品对操作者提出过高的要求，那么这项创新往往会因市场不能接受而失败。

2. 不要过于多样化，要专注

创新的产品要有一项明确的核心，创新不能脱离这个核心，否则一心二用、精力分散，那么对创新来说是非常不利的。

3. 不要尝试为未来进行创新，而要为现在进行创新

一般来说，为未来进行的创新所需要的知识往往尚不齐备，如果创新者强行启动这种知识基础欠缺的创新，那么极有可能成为创新的“先烈”。为现在而进行的创新，一般是所需要的知识和要素都较为齐全的创新，其成功率要高得多。

（三）创新的条件

创新者除了做好前面“要做的事”和避免那些“不要做的事”之外，还要具备以下三个条件。一是拥有创新所需要的专业知识和才智；二是创新者要立足于自己所长；三是创新者必须同时关注内部具体的创新操作和外部的市场反应。

三、创新的类型

按照不同的分类标准，创新的类型多种多样。本书将企业作为创新的研究主体，对企业创新的类型按不同角度进行划分。

（一）按照创新的节奏划分

按照创新的节奏，企业创新可以划分为渐进式创新和突变式创新。

1. 渐进式创新

顾名思义，渐进式创新就是指企业管理层针对企业的技术系统和管理系统进行改良式的修正与改进，不求毕其功于一役，而求经过长时间的积累实现从量变到质变的跨越。渐进式创新的优点是创新的风险小、范围广；缺点是在面临内外环境发生巨大变化时，如果仍然坚持渐进式创新，可能就会造成企业因不能适应环境变化而落伍。

2. 突变式创新

顾名思义，突变式创新是指企业管理层针对企业的技术系统尤其是管理系统采取的疾风暴雨式的、颠覆性的变革。突变式创新一般只适用于环境发生巨大变化时，或企业发生重大战略调整时。突变式创新风险巨大，一旦失败，对企业来说往往会造成致命打击，因此突变式创新要求企业管理层提前进行全面、系统的分析和设计，做好舆论宣传，将创新的阻力降至最小，并精心组织实施。

（二）按照创新的内容划分

关于企业创新的内容，学界和实践界并没有形成统一的划分方法。苏敬勤等将企业

创新的内容划分为战略变革、商业模式创新、技术创新、流程创新、服务创新、文化与制度创新等类型[①]。本书采用二分法，将企业创新按内容划分为技术创新和管理创新。

1. 技术创新

企业中的技术创新，是指通过新产品的开发、现有产品的改进和更新换代，以及生产设备、生产材料、生产工艺的改进来提高企业竞争力而进行的变革。技术创新主要发生于企业的制造部门、技术部门、研发部门、市场部门和制造辅助部门等。

2. 管理创新

管理创新就是通过对计划、组织、领导、控制四项管理职能的变革，创造出一种更有效的资源整合方式，以更好地实现企业的目标。管理创新包括战略变革、商业模式创新、业务流程创新、组织结构创新、制度创新等。

（三）按照创新与环境的关系划分

按照创新与环境的关系，企业创新可以划分为消极防御型创新和进攻型创新。

1. 消极防御型创新

消极防御型创新是指由于外部环境的变化对系统的存在和运行构成了威胁，为了避免损失和危机，在系统内部开展局部或全局性的调整。

2. 进攻型创新

进攻型创新是指在观察到外部环境发生变化时，企业能够敏锐地预测可能产生的危机或带来的机遇，从而主动地调整系统的战略和技术，并积极地利用这种变化，谋求系统的发展。

四、创新者的动机

传统经济学理论认为，人都是以追求利益最大化为目的的，即经济目的是人们行动的动机。

（一）创新者是为了实现私人王朝的意志和梦想

熊彼特认为，工业或者商业上的成功，可以达到的地位仍然是现代人可以企及的最接近于中世纪的封建贵族领主的地位。对于那些没有其他机会获得社会威望的人来说，通过创新而对生产要素进行新的组合，并建立起一个私人企业王朝，在这个私人王朝里他同样也可以施展自己的社会治理抱负和梦想，从而获得梦想实现的满足和快乐，这种实现梦想的诱惑力往往特别强烈，从而激励创新者摆脱传统生产组合的桎梏，策划并实施新的生产要素组合。

（二）创新者是为了享受胜过他人的荣光

熊彼特认为，创新者怀有一种征服和战斗的激情，试图通过创新证明自己能够胜过他人。类似于体育比赛，创新者追求成功同样不只是为了摘取成功的果实，而是为了享

---

① 苏敬勤，洪勇，吕一博. 创新与变革管理[M]. 北京：清华大学出版社，2010.

受成功本身，只有获得成功的指标或者胜利的象征才会被创新者重视。创新者的这种享受是纯粹的精神层面的满足，与传统的享乐主义有着本质的区别。

（三）创新者是为了享受创造的快乐

熊彼特认为，创新者进行生产要素的重新组合，是为了追求创造的快乐，做成事情的快乐，或者只是展示个人的能力和智慧的快乐。这些创新者寻找挑战，以冒险为乐趣，为了改变而变化。

上述三个动机，只有第一类动机是创新发生的必要因素，后两类动机更大程度上是创新者的精神追求。

五、创新与企业家的关系

在《经济发展理论》一书中，熊彼特将创新解释为一种新的生产函数，是对生产要素的新的组合。同时，他将新组合的实现称为“企业”，将实现这种新组合的人称为“企业家”。从中可以看出，在熊彼特的创新理论体系中，“创新”与“企业”几乎具有相同的含义，而“企业家”与“创新者”也趋于同义。

实际上，诚如熊彼特所言，他笔下的“企业家”概念，“比通常所说的要宽一些，同时又比通常所说的窄一些”[①]。这里所说的宽一些是指企业家不仅局限于在交换经济中所称的独立的商人，也包括所有执行新组合的人，无论是依附企业的经理还是一般雇员都可以称为企业家。另外，这里所说的窄一些，是指即便是企业主，如果他没有担负执行新组合的职能，他也不能算是一位企业家，他可能仅仅是一位资本家或者管理者。

因此，在熊彼特的创新理论中，企业家既不是一种职业，也不会形成一个阶层，而是一种职能。一位创业者，“只有当他实际地实施新的组合时，他才是一位企业家；而一旦他建立起自己的企业，也就是当他安定下来，如同其他人经营各自的企业那样经营这个企业时，他就失去了这个特征”[①]。因此，在熊彼特看来，很少有人能够一直保持企业家的身份。

从熊彼特的上述论述中可以看出，企业家的本质就是创新，一旦他停止创新，就不能称其为企业家了。

第二节 创新管理

创新活动是对旧事物的否定和对新事物的探索，尽管它看起来是杂乱无章的，但是这种杂乱无章是相对于旧事物而言的[②]。就创新总体而言，它们依然遵循一定的步骤、程序和规律，对其进行管理虽然不能确保成功，但至少有利于提高创新成功的概率。本节

① 熊彼特 J A. 经济发展理论[M]. 叶华译. 南昌：江西教育出版社，2014.

② 王庆海. 管理学概论[M]. 北京：清华大学出版社，2008.

根据管理的一般职能对创新管理进行概述，以提高创新活动成功的概率。

一、创新管理的含义

创新管理是以创新过程为管理对象，利用计划、组织、领导、控制等管理职能实现创新目标的过程。具体可以从以下几个方面来理解创新管理的含义。

（一）创新管理的对象是创新活动的全过程

不同学者对创新过程有着不同的理解。英国萨塞克斯大学科学政策研究中心的技术与创新管理教授乔·蒂德（Joe Tidd）提出创新过程五阶段理论，即对内部及外部环境进行扫描和搜寻、对信息进行评估并作出战略选择、投入资源对项目进行开发、创新的实施过程以及评估与总结。清华大学经济管理学院的创新创业与战略系教授陈劲和王方瑞认为，技术创新全过程可以分为四大阶段、八个过程。第一阶段是总体部署阶段，即制定技术创新战略；第二阶段是技术战略执行的详细计划阶段，包括技术计划制定和技术创新项目组合；第三阶段是具体项目运作阶段，包括创意发展、研发设计、生产制造和商业化；第四阶段是技术创新阶段性调整，即对创新结果进行审计和修正[①]。世界500强外企高级经理人郑懿和熊晓曦认为，创新包括五步。第一步：搜集信息，了解用户想法；第二步：挖掘用户需求，重新定义问题；第三步：打破思维局限，提出解决方案；第四步：积极行动，将想法落地；第五步：测试与反馈，迭代完善。[②]常州工学院延陵学院的徐德力等没有直接给出创新过程的具体内涵，而是认为创新的过程体现了创新性思维过程，并认为创新性思维过程包括准备阶段、酝酿阶段、豁然开朗阶段和验证阶段四个阶段[③]。综合学者们的界定，本书将创新过程概括为发现问题、提出创新性的解决方案、实施反馈三个阶段。

发现问题是开展创新活动的开端。发现并提出真正的问题往往比解决具体问题更加重要。商业活动中，问题往往来自意外的成功、意外的失败、产业和市场结构的变化、消费者需求的变化、新知识和新技术的出现等。面对这些新变化所产生的不协调现象，企业家带着强烈的创新意愿，凭借敏锐的经验直觉、强烈的怀疑精神和批判精神，往往能够找到真正的问题所在，发现创新机遇。

要想提出创新性的解决方案，就需要调动自己的同理心、洞察力和想象力，运用延伸式思维、联想式思维、组合式思维、逆向思维以及大数据思维等创新思维，打破思维局限，提出新的解决思路。当然，要想运用创新思维思考和解决问题并不是一件容易的事。知识的匮乏、人的惰性或社会环境的反作用等都会制约创新思维的产生，因此需要创新者在掌握扎实的专业知识的基础上，刻意运用创新工具去开发和训练创新思维，在发现问题后才能提出创新性的解决方案。

创新成功的秘诀在于行动迅速。创新性解决方案很难做到尽善尽美，因此创新者要严格把控项目节奏、抓大放小，抓紧推进项目落实，一味追求完美，可能会错失良机，

---

① 陈劲，王方瑞. 技术创新管理方法[M]. 北京：清华大学出版社，2006.

② 郑懿，熊晓曦.大学生创新创业基础：微课版[M]. 北京：人民邮电出版社，2020.

③ 徐德力，钱军，刘勤华，等. 创新创业管理——慕课与翻转课堂[M]. 苏州：苏州大学出版社，2022.

把创新的机会白白送给了竞争对手。创新过程时刻伴随着失败的风险，创新者要有较强的信心和韧性，只有不断尝试、不断失败、不断反馈才能不断提高创新水平，最终取得成功。

（二）创新管理本质上是一种管理活动

创新管理具有与基本管理活动相同的职能要素，即具备计划、组织、领导、控制等基本职能。

计划职能是指企业要实现的创新目标和为实现创新目标所作的事前安排。尽管创新活动的不确定性很强，制订创新计划的难度很大，但是通过尽可能详细分析创新外部环境、确定组织创新目标、分析企业内部环境、评估企业创新能力、提出各项作业计划能帮助企业更好地预测和制订创新行动方案。

组织职能是指管理者根据既定的创新目标，对组织中的各种要素及人们之间的关系进行合理安排的过程。主要内容包括进行组织结构设计、选配人员、制定考核奖惩制度、适当分权和正确授权、开展组织创新文化建设等。

领导职能是指为了实现创新目标，对被领导者施加影响的过程。在执行领导职能时，既要头脑清晰地分析所处环境和形势，明确创新目标和实现途径，身体力行地为实现目标而全力工作，又要协调大家的思想认识，使组织内部各成员都能够团结起来，共同朝着创新目标前进。

控制职能是对组织内部的管理活动及效果进行衡量和矫正，其目的是确保组织的创新计划得以实现。在创新计划确立后，通常会发生许多意料之外的变化，这时就需要对人员、财务、作业、信息、绩效等内容作出调整，纠正实际成果与创新计划之间存在的偏差，确保创新计划如期完成。

（三）创新管理与管理创新

管理就是组织为了实现其目标，通过计划、组织、领导和控制等职能活动，合理分配、协调资源的过程。从管理的概念出发，管理创新就是对计划、组织、领导、控制四项管理职能的创新，创造一种更有效的资源整合方式，以更好地实现企业目标。本质上，管理创新是发生在管理领域中的创新活动，是一种创新行为。创新管理本质上是运用管理手段进行有效创新的行为，是一种管理行为。创新管理是组织运用计划、组织、领导、控制等管理职能对创新活动进行管理的过程，其目的是保障创新目的的实现。管理创新是对组织现有的战略、商业模式、业务流程、组织结构、管理制度等进行创新的行为，目的在于形成新的组织管理体系。虽然二者有本质上的不同，但是创新过程离不开管理，创新也应该贯穿于管理的全过程，因此，二者在现实中有许多交叉之处。

二、创新过程管理

成功的创新活动需要依托创新型组织来完成。组织通过搜寻找到创新机会，通过多方面考量、多次决策，筛选出具有技术可行性与商业可行性的创新项目。

（一）建立创新型组织

在现代社会，创新需要团队合作，需要不同学科和观点的碰撞结合。要想进行创新，就必须建立创新型组织。创新型组织并不是一种固定的结构，而是多要素的组合。究竟选择哪些要素，创新者需要根据企业自身的情况来决定，并根据企业的需要及时进行变革，确保为组织创新提供良好的环境（表 1-1）。

表 1-1 创新型组织的组成要素

组成要素	关键特征
共同愿景、领导力和创新的意愿	明确阐述的共同使命感 延伸战略目标——“高层管理承诺”
合适的组织结构	组织设计使得创造力、学习和互动成为可能；并不总是采用松散的“臭鼬工厂”模式；关键是能应对特定的突发事件，在有机的和机械的模式之间找到恰当的平衡
关键个体	倡导者、拥护者、把关人员和其他角色赋予创新活力或促进创新
有效的团队合作	适当地使用团队（在本部门、跨职能和组织间）来解决问题，这需要在团队选择和建设上给予投入
全员参与创新	参与整个组织的持续改进活动
创造性的氛围	采用积极的方法来获得创造性的想法，并得到相关激励系统的支持
外部关注的重点	内部和外部的顾客导向 广泛的网络

资料来源：乔·蒂德，约翰·贝赞特.创新管理[M]. 陈劲译. 北京：中国人民大学出版社，2020

（二）搜寻创新

要想成功地识别和利用创新机遇并取得创新成果，需要建立多维度的搜寻创新机制。

1. 管理内部知识

员工是公司宝贵的财富。越来越多的公司意识到，许多创新想法往往来自公司的普通员工。为了挖掘员工的创新想法，需要建立包容的、开放的企业文化，鼓励员工利用空余时间去实现自己或者别人的想法、鼓励创意的多元化、建立创意库、制定岗位轮换机制、建立核心能力和核心竞争力共享沟通机制、吸纳不同认知风格的人加入创意小组、允许员工开展一些未必有直接成果的项目，以激发员工的创新热情，增强企业的整体创新能力。

2. 构建外部联系

因为用户、合作伙伴与企业有着密切的联系，因此其成为企业开展创新活动的重要推动力。为了更好地接触和利用他们的新技术、新需求和新想法，需要重视整个产业链条上的企业与用户，建立外来创意的处理机制。

3. 与用户合作

有一部分用户可以容忍创新中的失败，对网上那些标有“测试版”、商场中标有“新口味”的产品非常感兴趣，乐于与企业分享用户体验并提出改进意见。与他们建立用户合作关系能为我们的创新起到引领作用。

4. 畅想未来

关于未来的各种研究都会为创新提供丰富的灵感。为了预见未来事物发展的可能性，我们可以构建模型并进行模型测试，通过一系列尝试接近最终目标。

（三）对新产品开发过程进行管理

创新几乎无处不在，但即便是财力最雄厚的组织也未必能为所有的可能性买单，因此，企业需要找到最优解。

1. 适度的正规化

创新具有很强的不确定性。正规化有助于企业提升创新活动的稳定性，降低不确定性。企业可以将创新活动在组织内部广而告之，明确参与者的责任和绩效标准，梳理模糊的创意和目标市场，明确顾客需求、竞争环境、技术和资源等信息。

2. 制定新产品开发路线图

阶段门法是经典的新产品开发线路。它将新产品开发划分为五个阶段，分别为：范围界定、构建业务项目、开发、测试与验收、投产。每个阶段开始之前的决策点定义为门。创意通过每道门的检验和筛选方能进入下一阶段。只有完成每一阶段的既定目标，通过每道门筛选的创意才能最终投入生产。这一方法能帮助我们有效进行创意筛选，缩短从创意到投产所需时间，从而为企业带来收益（表 1-2）。

表 1-2　从创意到产品上市：一个典型的阶段门模型

发现	发现阶段
门 1	创意筛选 该创意是否值得开展任何工作
阶段 1	初步调查 初步市场分析 初步技术分析 初步财务和业务分析 阶段 2 的活动计划
门 2	第二次筛选 该创意是否值得进一步研究
阶段 2	详细调查 用户需求分析 竞争分析 价值命题定义 运作分析 产品定义 财务分析
门 3	开发决策 业务情况是否良好
阶段 3	开发 技术开发工作 快速原型法

续表

发现	发现阶段
阶段 3	最初的客户反馈 原型开发 内部产品测试 运作流程开发 全面投产与执行计划
门 4	测试决策 项目是否应进行外部测试
阶段 4	测试与验证 扩展的内部测试 客户领域测试 生产设备的获得 生产/运作实验 市场测试/试销售 最终上市及执行计划 产品上市后的活动计划与生命周期计划
门 5	投产决策 产品是否准备好进行商业化投产
阶段 5	产品上市 产品上市与大量生产 全面生产/实施 开始销售 结果监控 实施产品上市后的活动计划与生命周期计划
投产后评审： （1）我们如何按计划一步步实施 （2）我们从中学到了什么	

资料来源：陈劲，王方瑞. 技术创新管理方法[M]. 北京：清华大学出版社，2006

（四）管理创新界面

创新过程需要多个部门的互动与合作。创新界面，即创新过程中各职能部门之间的协同情况。创新界面是否顺畅、有效关系到创新能否成功。

长期以来，在研发、生产部门之间一直存在着因缺乏有效沟通导致的相互不了解、缺乏信任等问题。可以通过组建一个综合协调委员会来处理研发和生产部门之间的界面问题，鼓励生产部人员参与到研发设计中，同时也可以组织有研发经验的人参与到生产活动中去。

影响创新的另一个界面问题是研发与市场销售部门之间缺乏实质性的沟通和信任。解决这一界面问题的方法是邀请销售部门的关键人员共同参与新产品的开发设计，促进两部门间的良好沟通，同时还需要明确责任、权利和权限，避免出现相互推卸责任的问题。

三、创新管理的实施

要实施创新活动就需要克服创新的阻力、把握创新的节奏、掌握创新管理的实践方法。

（一）克服创新的阻力

由于创新活动是对旧事物的否定，因此创新活动难免受到各方力量的反对。苏敬勤教授等在论述战略变革的阻力及克服时，列举了认知阻力、心理与情感阻力、权力阻力、文化阻力和惯例阻力等①。在管理创新活动过程中，同样需要克服这些阻力。

1. 克服认知阻力

认知阻力是指因企业的管理层和员工的现行观念与创新所要求的观念不一致而产生的阻力。这就要求管理创新的组织者从创新的依据、创新的逻辑、创新的效果和创新的案例等方面，对员工进行培训，并与之沟通。

2. 克服心理与情感阻力

心理与情感阻力是指企业的管理层和员工因变革而产生的焦虑乃至恐惧心理导致的阻力。这往往需要企业的工会组织开展细致的思想工作，提供必要的安抚和补偿。

3. 克服权力阻力

权力阻力是指企业的部分管理人员因创新削弱了其权力乃至伤及其利益而产生的阻力。这就需要管理创新的组织者做到以下两个方面：一要晓之以利害，希望相关人员以企业大局为重；二要采取适当的安抚性措施，平衡相关人员的利益，争取其支持。

4. 克服文化阻力

文化阻力是指因企业创新所需要的企业文化与现行的企业文化相冲突而产生的阻力。在所有的阻力中，这是最需要时间来克服的阻力，因为文化不是一朝一夕形成的，而是在长期的生产经营实践中形成的。这就需要创新的组织者向员工说明企业文化调整的必要性，明确文化调整后需要树立起的新的核心理念，并将这些核心理念融入企业的奖惩制度之中，以使新的文化内核能够深入人心。

5. 克服惯例阻力

惯例阻力是指企业在长期的生产经营过程中的习惯性做法与创新所要求的经营模式相冲突而产生的阻力。惯例阻力与文化阻力类似，往往植根于员工的潜意识中，这就需要创新组织者通过培训、宣传或制度引导等方式改变员工习惯的心智模式，打破阻碍创新的惯例，形成新的支持创新活动的习惯。

（二）把握创新的节奏

管理创新活动可以采取革命式变革或渐进式变革的方式进行。创新的组织者要根据企业当时所处的外部环境和内部实际，把握好创新的节奏。

1. 革命式变革

革命式变革是指在短时间内的彻底变革，强调变革的彻底性和急促性。企业只有在

---

① 苏敬勤，洪勇，吕一博. 创新与变革管理[M]. 北京：清华大学出版社，2010.

特殊情况下才可实施革命式变革。例如，企业战略方向发生根本调整；企业积弊日久、兵疲将老，不采取革命式变革难以荡涤陋习、起死回生。由于革命式变革具有较强的冲击性和破坏性，创新者在采取这种方式时，要慎之又慎。

2. 渐进式变革

渐进式变革是指企业将变革的活动进行分解，从而在一定的时间段内逐步实施的变革。如前所言，由于革命式变革具有巨大的破坏性，企业的大多数管理创新活动宜采取渐进式变革。

（三）掌握创新管理的实践方法

苏敬勤教授等列举了企业实践中常用的将创新付诸实践的方法，并比较了各种方法的优缺点和适用情况，如表 1-3 所示①。

表 1-3 创新管理实践方法比较

创新管理方法	优点	缺点	适用情况
强制执行	简单、快速，管理者能够掌握绝对的主动权，清除一切变革障碍	可能造成的后果：一是迫使部分员工辞职；二是会导致受到惩罚威胁的员工以各种形式破坏变革	变革非常紧急，并且容易出现员工一时无法理解或接受的情况
说服	考虑到员工个人的切身利益，使得员工心甘情愿地为变革作出努力	当员工对企业缺乏信任感时，不会同意参与变革；说服以承诺为代价，是一种高成本的方式	当管理者拥有履行承诺的财力时适用
法律与政策约束	规范、公平、标准化运作，及时对不良行为进行惩罚或纠正	易引起员工厌恶心理，对员工行为有消极影响，甚至可能起到反作用	员工无视管理创新，出现不能真正为企业的整体利益考虑的情况
更换领导者	为组织带来新的战略思想，给员工增强信心	员工对新领导者不服，导致创新活动无法正常开展	原来的领导者或经理人墨守成规，或在内外环境发生变化的条件下也出现拒绝变革的情况
公开辩论	彻底弄清变革的各种利弊，迅速而准确地弄清事实，以便让企业作出正确决策	双方互不让步，最后胜出者很可能得不到对方的支持，不利于战略变革的实施	出现对一项决定有两种迥然不同的意见的情况

资料来源：苏敬勤，洪勇，吕一博. 创新与变革管理[M]. 北京：清华大学出版社，2010

第三节 创新管理途径

每个人都具备创新的潜力，只是很多人不善于开发和利用它。创新对我们的生活、学习、工作都具有重要意义，能帮助我们另辟蹊径地解决难题，提高学习和工作效率。本节根据创新过程的三个阶段，依次介绍创新过程中可能用到的创新工具，以帮助读者进一步开发创新思维，提高创新能力。

① 苏敬勤，洪勇，吕一博. 创新与变革管理[M]. 北京：清华大学出版社，2010.

一、发现问题阶段

随着经济的发展，当前的经济已由以往的市场的推式经济（push economy）转变为以顾客所需为动力的拉式经济（pull economy），创新的主导者也由原来的以生产者为主逐渐转变为以消费者为主①。在以消费者为主导的生产模式下，洞悉用户需求成为越来越多的企业创新的开端。

（一）倾听用户信息

要想了解用户需求，我们首先要站在用户角度，用同理心去接纳用户的反馈。获取用户反馈信息的方法有很多，这里主要介绍访谈、现场探索、获得用户体验三种方法。

1. 访谈：倾听用户声音

对用户进行访谈能够帮助创新者了解用户的关切与需求。为了进行一次成功的访谈，访谈者要有明确的目的，把握主动权和谈话节奏，访谈过程要像聊天一样让人放松和舒适，使被访谈者有倾诉的欲望。要使访谈达到预期效果，访谈者可以通过模拟的方式进行训练。

1）访谈对象

访谈对象除了要包括产品或服务的直接使用者，还应包括用户的利益相关者。例如，餐厅老板想要改善顾客在餐厅的就餐体验，除了直接询问就餐顾客的意见外，还要从做饭的厨师、上菜的服务员、食材采购员和卫生清洁员等利益相关者中选出你认为可能与顾客就餐体验相关的人员进行信息收集。

2）访谈准备

最好是在产品或者服务的使用场景中进行访谈。例如，想要进行菜品创新，可以找到进餐快结束的顾客，询问其对菜品还有哪些改进意见。

3）访谈问题

尽量用轻松平和的语调开启对话，就像朋友、熟人一样，让访谈对象能够舒服地回忆起更多关于使用产品或接受服务时的感受或故事。尽可能使用“开放式的问题”，让访谈对象有更多话可讲。为了获得访谈对象完整、深入的反馈，可以采用 5 个“为什么”的方法，层层推进，帮助对方回忆细节和潜在的痛点，从而帮助我们了解客户的现状、难点和痛点，以便于寻找创新点。

知识库

5 个“为什么”，帮你发现问题本质

5WHY 分析法，是指对一个问题点连续以 5 个“为什么”来自问，是一种诊断性技术，被用来识别和说明因果关系链。这个方法最初是由丰田汽车公司的创始人丰田喜一郎的父亲丰田佐吉提出的。虽为 5 个“为什么”，但使用时不限次数，主要是必

① Robert M. Product Innovation Strategy，Pure and Simple：How Winning Companies Outpace Their Competitors[M]. New York：McGraw-Hill，1995.

须找到本质原因为止，有时可能只要使用3次，有时需要使用10次。

5WHY从三个层面来实施：

其一，为什么会发生？从“制造”的角度实施。

其二，为什么没有发现？从“检验”的角度实施。

其三，为什么没有从系统上预防事故？从“体系”或“流程”的角度实施。

比如，一台机器不转动了，你就要问：

（1）“为什么机器停了？”

“因为超负荷导致保险丝断了。”

（2）“为什么超负荷了呢？”

“因为轴承部分的润滑不够。”

（3）“为什么润滑不够？”

“因为润滑泵吸不上油来。”

（4）“为什么吸不上油来呢？”

“因为油泵轴磨损，松动了。”

（5）“为什么磨损了呢？”

“因为没有安装过滤器，混进了铁屑。”

反复追问上述5个“为什么”就会发现需要安装过滤器，如果“为什么”没有问到底，换上保险丝或者换上油泵轴就了事，那么，几个月以后就会再次发生同样的故障。

资料来源：郭彬，黄德悦，郑贤斌，等. 创造价值的根因分析与问题解决之道——成为根因分析与问题解决高手[M]. 北京：机械工业出版社，2022

2. 现场探索：走进真正的用户空间

1）目的

走出房间，走到客户或者最终用户处进行体验，充分了解用户的需求及痛点，更多地了解客户的不理解和困惑，获得新的想法，找到满足客户需求或者超越客户需求的解决方案。

2）应用场景

（1）在制定主题、需要从用户和客户以及相关人员那里获得第一手资料和信息时。

（2）在产品投入到市场后，需要对产品进行进一步改进，从而获得客户的体验评价时。

（3）做好了原型，希望就原型和客户进行沟通，了解他们对原型的真正感受时。

3）步骤

（1）联系真正的用户，明示拜访意图。

（2）走近用户，站在用户的角度考虑问题，在用户的使用环境中倾听用户的意见。

（3）将每个人的意见和个人体验记录下来，包括流程、环境、标志、服务、感受、困惑、不解等。

（4）回来后进行汇总、汇报和研讨。

3. 获得用户体验：说服自己

用户体验法的原理是把自己当作真实的用户，发现在使用产品或享受服务过程中存在的优势与不足。

1）目的

将思维模式转化为以用户为中心，不仅站在用户的角度，而且要作为用户的一员，获得用户或者利益相关者对产品或服务的深层次理解，发现令用户不满意或者不舒服的地方。

2）应用场景

（1）在创新设想之初，需要列出对创新主题所了解的情况。

（2）研究探索问题的阶段。

（3）在创新设计原型阶段，需要就设计的原型和最终用户沟通体验的时候。

3）步骤

（1）直接体验：用户亲身体验。以用户身份亲身到用户环境中体验产品或服务，类似电影演员体验生活。使用过程中还可以以不同的用户身份，如艺术家、实用主义者等对商品和服务进行多维度考量。富有艺术家气质的用户可能多从艺术审美的角度对产品进行考量，实用主义者可能更注重产品的功能性。在亲身体验过程中还可以观察其他用户，和他们进行交互式互动，以理解和获得用户的深层次感受。

（2）间接体验：间接获得信息。当不便于亲身体验，或者需要对亲身体验进行补充时，可以通过以下间接体验的方法获得间接信息：①阅读在线评论，在新媒体平台进行搜索；②与供应商、最终用户、合作伙伴进行沟通；③询问家人、亲友的消费经历；④研读行业发展报告。

（二）需求识别

通过上述方法可以搜集到大量用户的原始信息，这些信息有些是有必要的，有些是没有必要的；有些是合理的，有些是不合理的；有些是一致的，有些是自相矛盾的……因此这些信息并不能直接告诉我们用户的痛点是什么、创新的机会在哪里。创新者需要对这些信息进行整理、分类、分析，确定哪些是“正确”的需求，从而找到创新方向。

1. 认清需求

要认清用户的需求，首先要认清用户。我们的用户可能来自各行各业，有着各种各样的专业背景，但是他们一般都有一些非常相似的地方：他们不是专门研究你所提供的产品或服务的人，他们也不是搞需求分析的，他们永远不会像你希望的那样去描述需求，他们的需求是用自然语言描述的，是抽象的、概略的、随性的。将这些抽象、概略、随性的用户需求转化成具体、详细、结构化的需求是识别需求的重要目标。

1）将抽象的需求具体化

西蒙·斯涅克（Simon O.Sinek）在《从“为什么”开始——乔布斯让Apple红遍世界的黄金圈法则》一书中提出了一种思维方法——黄金圈法，其不失为一种快速找到用户真实需求的有效方法。他用三个同心圆来描述人的思维模式，黄金圈从外到内依次是：what（用户反馈）、how（用户行为）、why（真正的需求）（图1-1）。

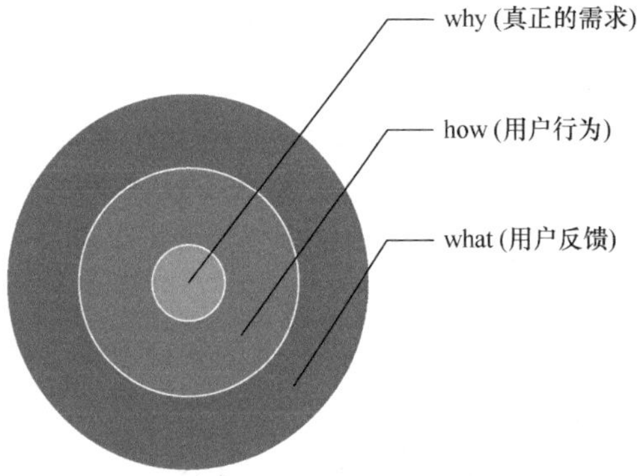

图 1-1　分辨用户需求的“黄金圈模型”

资料来源：西蒙·斯涅克. 从“为什么”开始——乔布斯让 Apple 红遍世界的黄金圈法则[M]. 苏西译.深圳：海天出版社，2011

用户告诉你的需求是 what。比如，你通过问卷调查或者买家评价与反馈所收集到的信息等就属于 what 层面的内容。what 层面主要包括用户评价和用户痛点，它让你“发现可能的机会”，但这个机会不一定会形成需求。例如，一家制作鞋子的企业想要在一个海岛上开一家店来销售他们制作的鞋子，经过访谈，海岛上的居民反映他们很讨厌穿鞋子，因为鞋里进沙子很不舒服。

用户表现出来的需求是 how。用户反馈可以说谎，但行为不会。听到上面的用户反馈信息我们可能会以为海岛上的居民对鞋子没有需求，但是经过观察我们发现海岛上的居民都穿着鞋子。因此，判断需求不能只听用户怎么说，一定要通过看他怎么做来验证。那么如果验证了之后发现用户“言行不一”，是不是需求就不存在了呢？也不是，我们要跳出用户的思维框架，积极主动地从 why 这个角度去挖掘用户的真正需求，制订解决方案。

why 是用户反馈及其行动背后的原因，找到这个原因，才能最终验证用户需求是不是真需求，也决定了用户最后是否愿意为你的解决方案买单。最后经过调查发现，沙滩里面有很多碎贝壳和石子，不穿鞋会划伤脚，所以“不能划伤脚”比“进沙子”的需求显然更为迫切，因此用户的真实需求是“舒适地行走在沙滩上”，那么我们的解决方案不是换个地方卖鞋，而是提供一双舒适的、不会积沙的鞋子。

2）注意避免理解偏差

现实中常常出现用户认为自己表达得已经很清楚了，需求分析者也认为自己听得很清楚了，结果双方却并没有理解对方真正的意思，简单来说就是需求分析者对用户提的需求没有理解到位，出现了理解偏差。

为了避免理解偏差，一般可以从以下几个方面进行努力。

（1）做好客户背调。沟通前要适当了解用户的背景、角色身份。这样在沟通时既能更好地与对方拉近距离，也能理解得更加准确。

（2）提高沟通能力。为了避免理解偏差的出现，需要提高自己的沟通能力，多从对方的立场考虑问题，当对方描述某件事时，要从对方的角度思考这些描述的内涵。同样一句话，不同的人想表达的意思可能完全不同。例如，“我觉得我的工作太多了”，有的人的意思是“能不能给我减减负”，有的人的意思是“我的工作效率很高”，有的人的意思是“羡慕我吧，我的权力很大啊”，这就要结合说这句话的人的岗位、工作职责、说话时的情境和语气等去加以理解。

（3）提高沟通频次。提高沟通频次就是人们常说的“多沟通”，一是要引导对方多说话，说得多了，就会有更多的素材可供分析，自然也就更容易理解这些描述的真正内涵；二是对不理解的或觉得理解起来有困难的内容，多向对方询问，换成你的表达方式后让对方确认是不是这个意思。

（4）学习对方工作领域的知识。用户有自己的知识领域，需求分析者也有自己的知识领域，有时真的很难进行深入的沟通。

（5）用自己的语言将沟通内容复述给对方。需求分析者通过聆听，将用户的需求转化为自己的语言，双方再次核对表达的意思是否一致。

2. 控制错误的需求

所有的需求都是有范围的，控制需求范围是一项相当重要的工作。

1）识别超范围需求

现实中，许多经验不足的员工会将对客户的需求边界界定寄希望于合同，这是不合适的。首先，现实中的某些合同是商务部门在明知难以实现的前提下为了签约而签约的，这种情况下很难在合同中对需求的范围进行明确的界定。另外，即使有些合同非常规范，也很难穷尽每个细节。为了使供需双方能够达成共识，最好的边界就是找到其共同目标。一旦双方对目标达成共识，一切工作都是围绕能够实现目标而安排的，一旦偏离，就立刻指出这个需求超出了边界，从而对下一步的工作规划作出适时调整。

2）控制错误的需求

现实中，由于缺乏对企业的了解，用户总是会认为企业拥有无限的智慧与能量，应该能轻而易举地满足用户的要求。有些要求无逻辑性，甚至前后矛盾、在技术上根本无法实现，这会使企业得不偿失。这些需求统称为错误的需求。企业是要满足用户的需求，但不包括这些错误的需求。

3. 挖掘需求

作为创新者，除了需要满足用户的正确需求外，还应该认识到仅仅满足用户表现出来的显性需求是远远不够的。需求调研与分析的最终目的不是满足用户提出的需求，而是帮助实现产品创新和服务升级。也就是说，用户提出的需求不一定全部实现，用户没有提出的需求也不一定不实现，有些必要的需求是要挖掘的，无论用户是否提出来，都是要实现的。

二、提出解决方案阶段

通过获取用户信息进行需求识别，创新者明确了要“为谁解决什么问题”之后，接下来就是要解决“怎么做”的问题了。要想制订出一个具有创新性的解决方案，需要打破思维局限，进行大胆想象，同时加入对商业可行性和技术可行性的考虑，综合选择出最具价值和可行性的解决方案。

1. 头脑风暴法

头脑风暴法（Brain Storming）是美国“创新技法和创新过程之父”亚历克斯·奥斯

本（Alex Faickney Osborn）于 1939 年首次提出，在 1953 年正式发布的一种激发性思维方法。1939 年，奥斯本在他的广告公司首次采用了小组集中思考问题的方法，首批合作者将这种方法定名为“头脑风暴”。在奥斯本提出头脑风暴法后，各国的创造家又先后提出了“默写式”、“卡片式”以及“三菱式”等不同的头脑风暴方法，用于发明创造和企业管理。虽然各国企业设计的头脑风暴方法各有特色，但其基本程序和原则是类似的：会议一般由 5～10 人组成，持续 30～45 分钟。会议中首先要使与会成员明确需解决的问题，并将其简单化；鼓励每个成员尽可能提出尽量多的观点，不能对其他人的观点进行批评及评价，群体成员应相互鼓励并充分发表观点；助手要记录下群体中每一位成员提出的观点，不用对任何先定概念进行评价性筛选；最后鼓励群体成员补充与完善其所提出的解决方案。

2. 奥斯本检核表法

亚历克斯·奥斯本于 1941 年出版了世界上第一部创新学专著——《创造性想象》，在这本专著中，他第一次提出了奥斯本检核表法。奥斯本检核表法引导创新主体在创造过程中对照检核表中的 9 个方面逐一进行思考，以便启迪思路、开拓思维想象的空间、促进人们产生新设想和新方案。其基本做法是：首先，选定一个要改进的产品或方案；其次，针对一个需要改进的产品或方案，或者一个问题，从 9 个角度提出一系列的问题，并由此产生解决问题的思路；最后，根据第二步提出的思路，进行筛选和进一步的思考和完善（表 1-4）。

表 1-4　奥斯本检核表

类别	具体内容
用途	有无新的用途？是否有新的使用方式？可否改变现有使用方式？
类比	有无类比的东西？过去有无类似问题？利用类比能否产生新观念？可否模仿？能否超过？
增加	可否增加些什么？附加些什么？可否提高强度、性能？可否加倍？可否放大？可否变得更长、更高、更厚？
减少	可否减少些什么？可否小型化？是否可密集、压缩、浓缩？可否缩短、去掉、分割、减轻？
改变	可否改变功能、形状、颜色、运动、气味、音响？是否还有其他改变的可能？
代替	可否代替？用什么代替？可否用别的材料、别的成分、别的过程、别的能源代替？还有什么别的排列？
交换	可否变换？可否交换模式？可否变换布置顺序、操作工序？可否交换因果关系？
颠倒	可否颠倒？可否颠倒正负、正反？可否颠倒位置、头尾，可否上下颠倒？可否颠倒作用？
组合	可否重新组合？可否尝试混合、合成、配合、协调、配套？可否把物体、物性等进行重新组合？

3. 属性列举法

属性列举法是美国尼布拉斯加大学的克劳福德（Robert Crawford）教授于 1954 年所提倡的一种著名的创意思维策略。它要求把事物的特性分为名词特性、动词特性、形容词特性、量词特性四大类，并把其各种特性都列举出来，然后针对每项特性提出改良或改变的构想，以便找到新的解决问题的方案。此法的优点是能保证对问题的所有方面都进行全面的研究，特别适用于老产品的升级换代。例如，洛可可公司正是看到了现有水杯在保温与不保温之外的第三种可能的属性，研制出了 55℃水杯，2016 年产值达到 50 亿美元。

4. TRIZ 理论创新方法

TRIZ 理论（俄文：теории решения изобрет-ательских задач，俄语缩写“ТРИЗ”翻译为“发明家式的解决任务理论”，用拉丁语标音可读为 Teoriya Resheniya Izobreatatelskikh Zadatch，缩写为 TRIZ。英文说法：Theory of Inventive Problem Solving，TIPS），是由苏联发明家阿利赫舒列尔在 1946 年创立的，是从数百万发明专利中分析得出的完整的发明创新理论与方法，是目前世界上最先进、最实用的发明创新方法之一。

TRIZ 理论认为，任何一个产品或者客观事务都可以看作一个系统。任何系统都不是孤立存在的，每个系统向上都可以被纳入更大的系统中，向下则包含更小的子系统。创新的核心就是解决各系统之间的矛盾冲突。在解决问题之初，首先抛开各种客观限制条件，通过理想化来定义问题的最终理想解，以明确理想解所在的方向和位置，保证在问题解决过程中沿着此目标前进并获得最终理想解，从而避免传统创新设计法中缺乏目标的弊端，提升了创新设计的效率（图 1-2）。

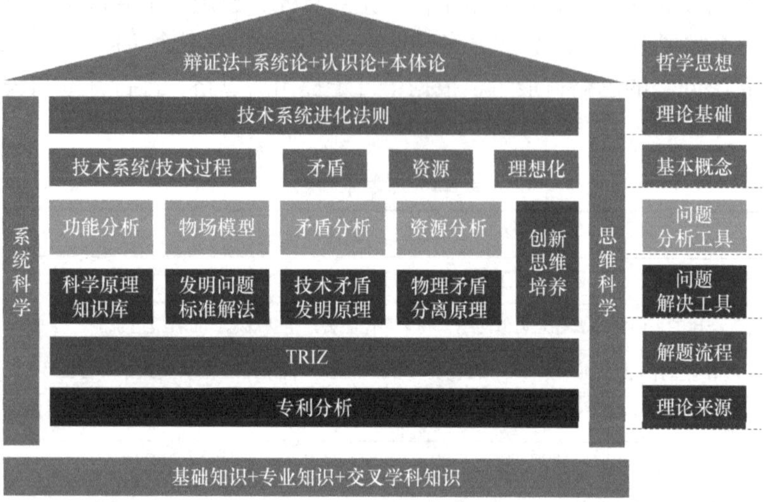

图 1-2 TRIZ 理论体系

三、实施反馈阶段

我们的大脑中经常会有各种各样新的想法。由于每个人的背景、习惯等不同，当我们仅靠语言描述这些想法时，很难得到有效的反馈。为了更好地将创意描述出来，让大家能够理解和探讨，就需要进行原型设计，用视觉化的方式呈现大脑中创新的思想，帮助我们收集客户对创意的反馈。

（一）创建原型

创建的方法有很多，一般来说，物理原型可以用铝箔、纸或者乐高来制作，数字化原型可以用视频、演示文稿或者网页来创建，服务原型则可以采用角色扮演的形式来设计。在这个过程中，我们的创新假设能够得到肯定或者否定。在原型制作过程中，我们会不断开发原型并进行迭代测试，直到出现最优结果。

在创建原型过程中，最初的原型越简单、越快、越便宜越好，这样在不得不放弃时也不会觉得可惜。创建原型过程中，创建者要不断问自己三个问题：对用户来说最基本的功能是什么？还没有考虑到哪些？之前怎么可能没有人做过？对于创造出来的原型，按照客户需求性、技术可行性、商业可行性三原则不断进行评估，直到三者之间达到较好的平衡（图 1-3）。

图 1-3　创新三要素

常见的创建原型的方法有草图描绘法、物理模型、角色扮演法等。

1. 草图描绘法

（1）目标。在纸上画出创意的草图，让其他人理解我们讨论的是什么，这样使得多人在同一个频道，就同一问题发表意见。

（2）道具。这里的道具主要有纸、笔等。

（3）步骤。①给每个人配发纸笔。②用最简单的笔画进行勾勒。比如，用最简单的笔画勾勒出整个工作流程，用最简单的笔画勾勒出目标用户。③当草图绘制完成后，请每个人展示草图背后的故事和想法。④将草图和背景故事记录下来。

（4）结果。快速了解创新想法背后的初衷，将创新想法、解决方案快速地展现出来，使大家能够了解彼此的观点，完成产品的原型设计。

2. 物理模型

当产品是一个物理产品时，创业者可以用纸、黏土、泡沫等材料建立物理模型。

物理模型的目的是把一个无形的想法或二维草图带入一个物理的三维的层面，便于更好地进行用户测试，并引发关于解决方案的讨论。

3. 角色扮演法

（1）目标。通过角色扮演，将创新点、使用环境、使用情节等像演电影一样直接表演出来，这里不仅是动态的，还要带有真情实感，让观众更容易理解。

（2）步骤。①利用现有资源布置环境，尽可能还原真实的使用场景。②分组上台表演，其中扮演用户的人要演绎出对创新想法的使用体验，而非简单的叙述说明。③以视频或照片的形式记录表演过程，注意细节抓拍。

（3）结果。通过扮演使用者，从用户体验中找到创新突破口或者对现有的创新进行改进。

通过这三种训练方法我们发现，这一阶段讲求快速、高效，并不追求过分的精准、精致。只要能快速准确地表达我们的创新想法，获得用户的反馈，就是一个好的原型设计，就帮我们将创新想法推向市场，并赢得先机。

（二）测试和反馈

测试是创新落地过程中必不可少的环节。在这一环节，可能出现决定性的变更。现实世界中，拿原型给潜在用户或在用户所处的环境中测试时，我们总能收到有价值的反馈。为进行高效测试，我们应该认真执行以下四个步骤。

1. 测试准备

测试者在开始测试前以及测试过程中要时刻谨记我们想要测试的目标和假设，即“我们想要了解什么？我们想要测试什么？”明确之后，就要根据这两点明确我们想让谁来主导测试以及在哪里测试。为了达到测试目标，我们应该尽量还原真实用户的使用场景，并且对被测试用户预设一些简单、明确、针对性强的开放性问题。比如，你使用这款产品的感受等。

2. 测试执行

根据经验，请同样的用户在同一个场景中对同一种产品或服务的不同创新原型进行测试，这样做能够刺激用户作出更加清晰、明确的反馈。例如，测试一个网页的 A、B 两款设计，借助两者间的对比，通常会取得比较好的测试效果。

测试过程中的主要参与者有主持人、演员和观察者。主持人应该尽可能地引导演员进入真实用户角色并适时抛出问题。演员则需要尽可能将自己作为真正的用户，并给出明确的反馈信息。观察者的重要任务是关注用户在场景中所做的所有事情。如果可以，尽量用录像记录下一切，方便后续与他人一同更为仔细地观察用户与原型的交互。

3. 测试结果梳理

测试过程中可以利用影像记录测试全过程，紧接着可以利用反馈收集表，将反馈信息分列到四个象限，形成建设性的反馈意见（图 1-4）。

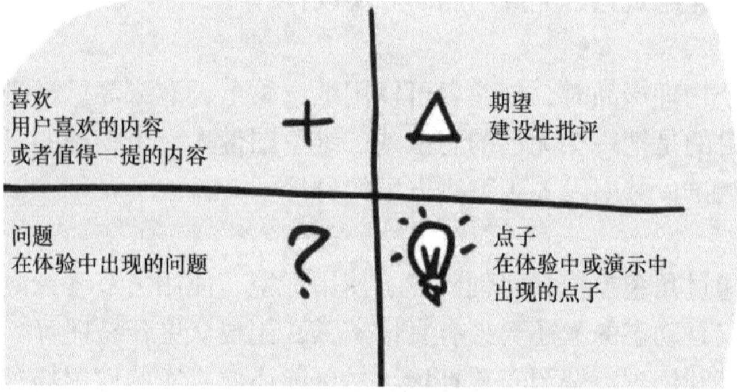

图 1-4　反馈收集表

资料来源：郑懿，熊晓曦.大学生创新创业基础：微课版[M]. 北京：人民邮电出版社，2020，有改动

4. 改进

通过对测试结果进行分析从而不断进行改进，最终符合客户需求。

知识库

企业生命周期理论

企业生命周期理论的基本出发点是企业是有生命的。在 20 世纪 70 年代中期，耶鲁大学的副教授金伯利（John R. Kimberly）和米勒思（Robert H. Miles）给耶鲁大学组织与管理学院的博士研究生班开设了一门名为“组织生命周期”的讨论课，利用生物类比的方法提出了组织生命周期的概念，认为“组织要经历产生、成长和衰退，其后要么复苏，要么消失”，这为今后企业生命周期理论的产生奠定了基础。美国学者伊查克·麦迪思（Ichak Adizes）在研究辅导过上千家企业后发现了许多不同企业的成长存在相同的规律，并且这种规律与人的成长规律有着惊人的相似性，即如同所有的生物和社会系统一样，组织也有其产生、成长、成熟和死亡的过程。1989 年伊查克·麦迪思在多年研究的基础上完成了其著作《企业生命周期》，标志着该理论的诞生。在该书中，他详细论述了企业生命周期的理论与方法，从分析企业成长的阶段性入手，指出存在于不同阶段的问题并提出解决问题的方法，具有很强的实践性。企业生命周期理论的产生，使得人们对于企业管理的思考换了另外一种角度，即从生物体生命变化规律的角度去探寻企业成长问题。

资料来源：伊查克·麦迪思. 企业生命周期[M]. 王玥译. 北京：中国人民大学出版社，2017

➢ 拓展学习

曹裕，陈劲. 2022. 创新思维与创新管理[M]. 2 版. 北京：清华大学出版社.

拉里·基利，瑞安·派克尔，布赖恩·奎因，等. 2014. 创新十型[M]. 余锋，宋志慧译. 北京：机械工业出版社.

鲁百年. 2018.创新设计思维：创新落地实战工具和方法论[M].2 版.北京：清华大学出版社.

迈克尔·勒威克，帕特里克·林克，拉里·利弗.2020. 设计思维手册：斯坦福创新方法论[M]. 高馨颖译. 北京：机械工业出版社.

乔·蒂德，约翰·贝赞特.2020. 创新管理[M]. 6 版. 陈劲译. 北京：中国人民大学出版社.

杨京智. 2020. 大学生创新创业基础：大赛案例版[M]. 北京：人民邮电出版社.

张振刚，陈志明. 2013. 创新管理：企业创新路线图[M]. 北京：机械工业出版社.

➢ 思考题

1. 如何理解创业者在创新中的重要性，是否可以用一些案例来说明你的观点。
2. 试分析创新过程中可能遇到的困难。
3. 如何提升自身创新能力？

第二章　创业管理概述

本章重点

认识创业
了解如何创办一个新企业
了解创业者伦理

引导案例

小仙炖的创业之源与增长之秘

似乎从2019年开始，“一抹时尚的红色”开始密集出现在楼宇广告、广播电视、微博、微信、小红书中，小仙炖“鲜炖燕窝”开始“引爆主流”。

小仙炖创始人、有着丰富燕窝销售经验的林小仙表示：“燕窝从原材料（干燕窝）到能够入口的美味燕窝，过程十分繁杂，而现代人少有时间和精力去亲自炖煮，这就催生了小仙炖。”

销售干燕窝期间，林小仙通过售后随访了解到，大部分人买了干燕窝之后，真正坚持炖煮、长期食用的客户很少，原因就是干燕窝炖煮程序太复杂，对炖煮水量、火候等要求较高，导致大部分消费者没有时间坚持长期食用。

“当时一个朋友找到我，让我帮他给生病的家人炖一些燕窝。于是，我购买了容器和消毒装置，为朋友的家人炖了7天量的燕窝。这次经历，让我惊喜地发现，7天炖煮燕窝和新鲜炖煮的燕窝在口感上是完全一样的，这让我发现了商机“

2014年底，林小仙办理了餐饮许可证，购置了简单的消毒、包装工具，开始在线上售卖7天量的鲜炖燕窝。

2015年初，经过3个月的试水，林小仙很快发现，“作坊式”的“外卖”距离他们的梦想太过遥远。在专家的提醒下，林小仙将目光锁定在了中央厨房。但林小仙很快又发现现在的工厂不能实现自己的鲜炖要求。为了实现鲜炖燕窝的创业梦想，林小仙决定自主研发生产设备、自建生产线。

2016年1月，在第一笔天使投资的支持下，生产线顺利投产。摆在林小仙面前更棘手的问题便是营销。

在初次品牌定位实践中，小仙炖首先将视角聚焦在了孕妇人群。但3个月的时间过去，销量不增反降。很多客户打来咨询“我不是孕妇，能不能吃？”让林小仙意识到这次品牌定位出了大问题。

林小仙事后反思："我的渠道是淘宝、京东，不是医院妇产科病房，10个用户可能只有1个是孕妇，我们作出这样的定位，反而造成了沟通的障碍。此外，燕窝对孕妇都好，很难说小仙炖就对孕妇要更好，在这类客群的竞争中反而难以形成差异化优势。"

总结经验，3个月后，林小仙结合产品的品类特征，进行品牌定位调整。根据客户反馈，此次专注"鲜炖"，最终提炼出"燕窝新鲜才滋养"这样的品牌核心定位。

但是，调整后的品牌定位并没有带来销量的大幅度提升。

2017年，在不断地学习、研究、探索后，林小仙再次进行了系统的战略规划调整。"首先进行了大规模的市场调研，脱离自身，从行业和产业的高维视角来看待问题。通过这次调研，一方面，给了我们极大的信心——鲜炖燕窝有着巨大的市场潜力；另一方面，我们认识到以前"拍脑袋、上网百度做决策是多么危险。"

在调研之后，小仙炖逐渐理清行业、企业、消费者的特点、需求，开始在产品、渠道、推广等多个领域实施变革，这促使小仙炖在2017～2020年获得快速发展。

然而，2020年11月，有消费者和相关机构指责网红直播间的即食燕窝基本等同于"糖水"，对消费者的信心产生了巨大影响。

2021年，小仙炖延续线上渠道的优势能力，同时通过线下渠道大力推动燕窝文化传播，使小仙炖保持了持续增长势头。

也许因为品牌势能已成，也许因为组织有力能够高效运行，也许因为滋补意识开始复苏，也许因为国潮兴起的时候已到……几年前决定聚焦线上渠道的小仙炖，为何当下再次尝试线下渠道？这又延伸出了一个具有代表性的问题——有了高转化率的电商渠道之后，企业到底需不需要开设线下门店？开什么样的线下店？如何定位？如何设计？随之带来组织管理等一系列问题……一轮迭代与成长又拉开了大幕。

资料来源：长江案例丨如何成就"鲜炖燕窝"？小仙炖的创业之源与增长之秘[EB/OL]. https://mp.weixin.qq.com/s/Umc9ZF9b0_Owt1rk33unmQ，2022-01-18，有改动

第一节　创业与创业者

创业是一种普遍存在的社会现象和人类活动，创业活动是推动一个国家技术进步和增强国际竞争力的创新驱动力。初创者无论选择哪个领域起步，都要先建立全局观，提前了解创业的生命历程，洞悉创业的核心内容，理解关键要素之间的关系，只有这样才能针对自身的特点和优势进行战略部署及资源整合，提高创业成功率。

一、创业的含义

《辞海》（第七版）对创业的解释是：创立基业。《孟子·梁惠王下》："君子创业垂统，为可继也。"在中国日常生活的语境中，创业是一种令人崇敬、带有高尚情怀的建基立业的活动，往往隐含着对从事创业活动的人的赞扬和尊敬。创业活动的社会空间非常宽广，可以涉及政治、经济、文化、军事等多个领域。本书所讲的创业，更多的是指在经济领

域的创业，尤其是企业领域的创业。那么什么是企业呢?

一般认为，企业是指以营利为目的，运用各种生产要素（土地、劳动力、资本、技术和企业家才能等），向市场提供商品或服务，实行自主经营、自负盈亏、独立核算的法人或其他社会经济组织。

在企业领域，创业又有狭义和广义之分。狭义上讲，创业就是指创建一个新的企业。而广义上讲，创业就不单单指创建一个新的企业，在现有企业中开发一项新的产品或服务，也是一种创业。

无论是创建一个新的企业，还是在现存企业的基础上开发一项新的产品或服务，诚如哈佛大学霍华德·斯蒂文森（Howard Stevenson）和戴维·甘伯特（David Gumpert）所言，创业是不受当前资源条件的限制对机会的追寻，将不同的资源组合以便利用和开发机会并创造价值的过程①。具体可以从以下几个方面来理解创业的含义。

（一）创业是机会识别和开发的过程

创业首先是一个过程。创业是一种思考、推理和行为方式，这种行为方式是机会驱动的。商业机会是由当前的企业留下的市场缺口，它意味着顾客能得到比当前更好的产品和服务。创业者从发现和识别商业机会开始创业，目的是利用商业机会并将其转化为价值。市场上永远都有商业机会，它既是永恒的也是稍纵即逝的，因此及时地发现、识别有价值的商业机会，从现有的手段开始，设想能够利用哪些手段、采取什么行动、实现哪些目标，并进一步整合有限的资源，抓住有价值的商业机会，是成功创业的第一步（表 2-1）。

表 2-1 创业活动的行为逻辑

项目	企业管理活动逻辑	创业活动逻辑
对未来的认识	预测：把未来看成过去的延续，可以进行有效预测	创造：未来是人们主动行动的某种偶然结果，预测是不重要的，要做的是如何创造未来
行为的原因	应该：以利益最大化为目标，通过分析决定应该做什么	能够：做你能够做的，而不是根据预测的结果去做你应该做的
采取行动的出发点	目标：总目标决定子目标，子目标决定了要采取哪些行动	手段：从现有的手段开始，设想能够利用这些手段采取哪些行动、实现哪些目标，子目标结合起来便构成了总目标
行动路径的选择	既定承诺：根据对既定目标的承诺来选择行动的路径	偶然性：选择现在的路径是为了使以后能够出现更多、更好的路径，因此路径可能随时变换
对风险的态度	预期回报：更关心预期回报的大小，寻求能够使利益最大化的机会，而不是降低风险	可承受的损失：在可承受的范围内采取行动，不去冒超出自己的承受能力的风险
对其他公司的态度	竞争：强调竞争关系，根据需要对顾客和供应商承担有限责任	伙伴：强调合作，与顾客、供应商甚至潜在的竞争者共同创造未来的价值

资料来源：Read S，Sarasvathy S D. Knowing what to do and doing what you know：Effectuation as a form of entrepreneurial expertise[J]. The Journal of Private Equity，2005，9（1）：45-62

① Stevenson H H，Gumpert D E. The heart of entrepreneurship[J]. Harvard Business Review，1985，63（2）：85-94.

（二）创业是对风险的管理

创业是一种管理活动，是在极端不确定的情况下，开发新产品或新服务的过程。对于已建立的企业，管理活动强调计划、组织、领导、控制。创业活动强调的是机会识别和开发管理，是对风险的管理活动。

二、创业模型

20 世纪 80 年代以来，创业理论迅速发展。众多学者开始透过创业现象思考如何开始创业、如何成功创业，并提出了许多揭示创业背后机理的创业模型。这些模型不仅丰富了创业研究理论，并且也指导着创业实践。

（一）加纳创业模型

1985 年，加纳（Gartner）提出了新企业创建的概念框架——加纳创业模型。加纳创业模型关注动态变化的创业行为和创业过程。加纳认为，创业包括创业者、组织、环境、创业过程等四个要素，任何创业活动都是这四个维度相互作用的结果。其中，创业者应该具有成就需要和风险偏好等特质，并且创业者的创业背景、工作经验、受教育水平等也将深刻影响其他创业因素。环境主要包括经济发展水平、城市化水平、居民生活水平、技术水平、供需情况、政策支持等。创业过程主要包括创业者发现商业机会、整合资源创建企业、生产产品或提供服务以回报社会等环节。组织则包括内部机构以及成本领先、差异化等组织战略选择（图 2-1）。创业者通过研究这四个创业因素及其之间的相互关系来指导自己的创业活动。

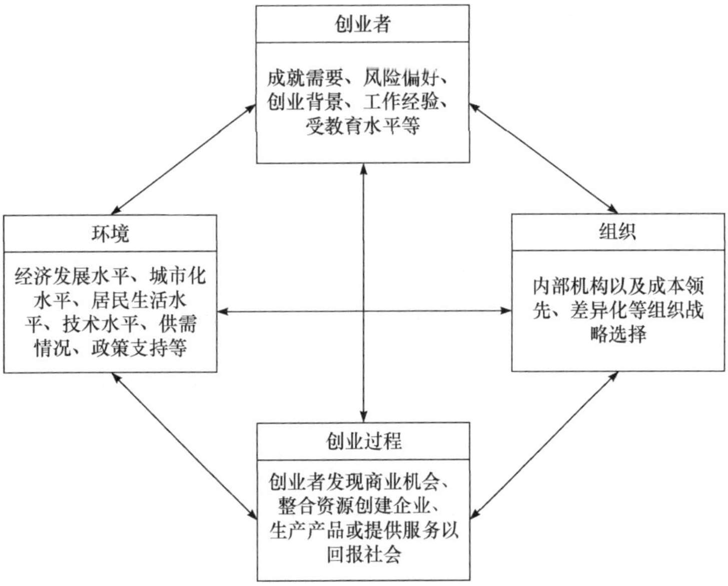

图 2-1 加纳创业模型

（二）蒂蒙斯创业模型

创业大师杰弗里·蒂蒙斯（Jeffry Timmons，美国创业学教育和研究的领袖人物之一，有“创业教育之父”之称）1989年在他的博士论文中提出创业过程模型——蒂蒙斯模型。蒂蒙斯模型是由商业机会、资源和创业团队这三个创业核心要素构成一个倒立三角形（图2-2）。蒂蒙斯认为，成功创业的关键在于这个倒三角形的动态平衡。创业的起点与核心是识别和开发商业机会。在创业初期，商业机会较多，而资源较为稀缺，于是三角形向左边倾斜。随着新创企业的发展，可支配的资源不断增多，而商业机会则可能会变得相对有限，从而导致另一种不均衡。创业者必须不断寻求更多的商业机会，并合理使用和整合资源，以保证企业平衡发展。这个过程中由于机会模糊、市场不确定、资本市场风险以及外部环境变化等因素经常影响创业活动，创业活动充满了不确定性，因此创业团队（由于当今创业大多是团队创业，因此蒂蒙斯用创业团队取代了创业者）在创业过程中必须通过自己的领导力、创造力和沟通能力，不断调整创业活动重心，掌握关键要素，以保证创业活动顺利进行。

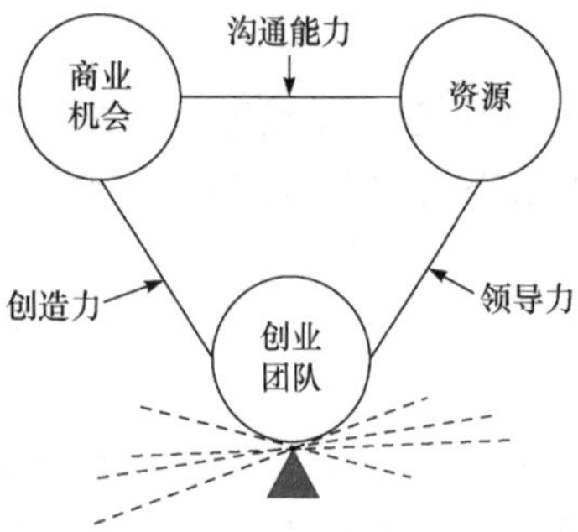

图2-2 蒂蒙斯创业模型

（三）效果逻辑模型

现实社会中，许多创业者在面对高度不确定的环境时选择通过盘点自身资源优势来确定创业方向。2001年，萨阿斯（Sarasvathy）提出了效果逻辑模型（图2-3）。效果逻辑模型中，创业者在有了创业意愿之后，首先分析既有手段——“我是谁”（创业者对自身

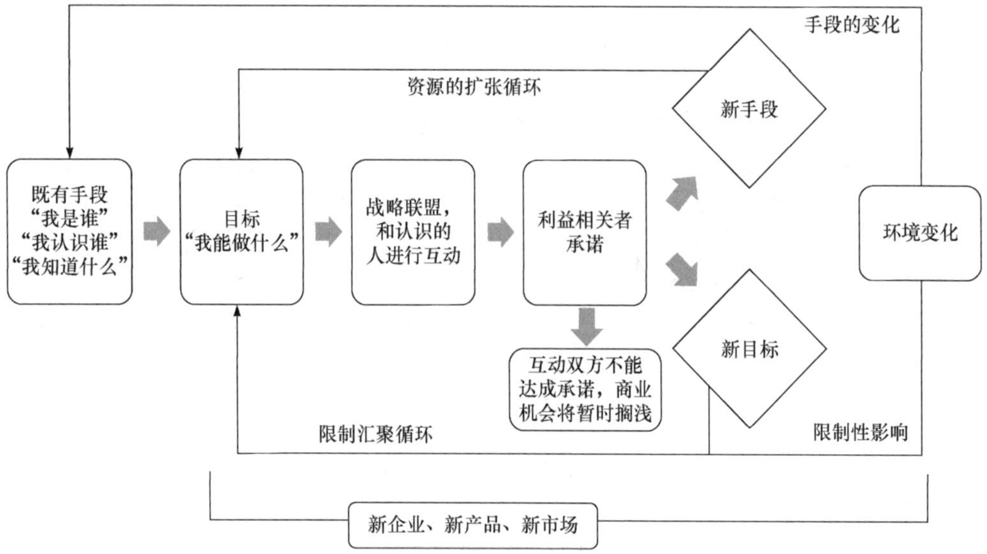

图2-3 效果逻辑创业过程模型

资料来源：杨双胜. 2011. 基于效果逻辑的创业学习过程研究[D]. 合肥：中国科学技术大学

特质和能力的思考)、“我认识谁”(创业者拥有的社会网络)、“我知道什么”(创业者的教育、专长、经验等),然后在可行的既有手段中思考“我能做什么”,以确定创业方向。创业者通过与认识的人进行互动寻找能够分担风险的利益相关者。如果互动双方不能达成承诺,商业机会将暂时搁浅。如果互动双方能够达成承诺,新加入的利益相关者将会带来新手段和新目标。一方面,新手段的增加有利于形成资源的扩张循环;另一方面,新目标会对初始创业方向产生限制性影响,形成限制汇聚循环。创业过程中环境的变化也会对已知状态产生影响,从而影响创业者的决策和创业方向。新手段和新目标的加入以及环境的变化都会形成新的状态,并作为已知状态进入下一轮循环中①。效果逻辑模型因其强调创业者在不确定性环境中挖掘和利用资源的能力而被视为“创业专家的思维逻辑”,创业者能从中学习到在没有明确商业机会且环境不确定因素较多的情况下,通过盘点手头资源边行动、边摸索的创业思路。

三、创业者的特质与伦理

人们从电视、广播、生活交谈中,听到了许多带有传奇色彩的创业故事,人们甚至赋予创业者这个社会群体以神秘色彩。那么,这些创业者在创业过程中要面对哪些创业挑战,他们身上是否有一些天生的特质使得常人不可能通过学习获得呢?创业者有哪些共同的品质特征吗?我们一一探讨这些问题。

(一)创业者的含义

“创业者”一词最早由法国经济学家坎蒂隆(Cantillon)于1755年首次引入经济学。1800年,法国经济学家萨伊(Jean-Baptiste Say)首次给出了创业者的定义,他将创业者描述为将经济资源从生产效率较低的区域转移到生产效率较高的区域的人,并认为创业者是经济活动过程中的代理人。著名经济学家约瑟夫·熊彼特则认为,创业者应为创新者,即具有发现和引入新的能更好地赚钱的产品或服务能力的人②。

本书所讲的创业者指的是创办或者即将创办新企业,并对整个企业进行运营与管理,从而使企业获得收益的人,是创业活动的推动者。

(二)创业者面对的挑战

蒂蒙斯教授认为,创业的世界不是整齐、有序、线性、一致和可预测的,而是高度动态、模糊、混沌和充满不确定性的,常常出现一些似是而非的情况,蒂蒙斯教授将之称为创业过程中的悖论。

(1)没有潜力或潜力很小的市场可能会是一个很好的商机。

(2)为了赚钱,首先你得赔钱。

(3)为了创造财富,必须先放弃财富。

(4)为了成功,一个人必须先经历失败。

---

① 李雪灵,李玎玎,刘京,等. 创业拼凑还是效果逻辑?理论适用条件与未来展望[J]. 外国经济与管理,2020,42(1):17-29.

② 徐德力,钱军,刘勤华,等. 创新创业管理——慕课与翻转课堂[M]. 苏州:苏州大学出版社,2022.

（5）创业需要周全的考虑、准备和计划，但它基本上又是一件无法计划的事情。

（6）为了激发创造性和创新性，严谨和修炼必须贯穿全过程。

（7）创业特别需要行动和紧迫感，但同样需要耐心和恒心。

（8）你所在的组织规模越大、运作越有序、纪律越严明、控制越严格，你对自己最终命运的控制能力就越小。

（9）如果死守 20 世纪 80 年代造就了各行业领先者的最佳管理实践原则，尤其是“客户至上”这一条，就会种下自我毁灭的种子，并将领导地位拱手让与后起竞争者。

（10）为了实现股权的长期价值，你必须拒绝短期收益的诱惑。

这些悖论说明，创业企业要想生存并健康成长，就需要创业者运用智慧和品质应对这些挑战①。

（三）创业者特质

学者们一直在调查总结创业者所具有的一些共性的品质特征，蒂蒙斯教授根据这些研究和自己的研究，将创业者的品质特征归纳为可以后天习得的核心品质、令人向往但不一定能后天习得的可取品质，以及可能会妨碍创业的非创业品质，如图 2-4 所示。

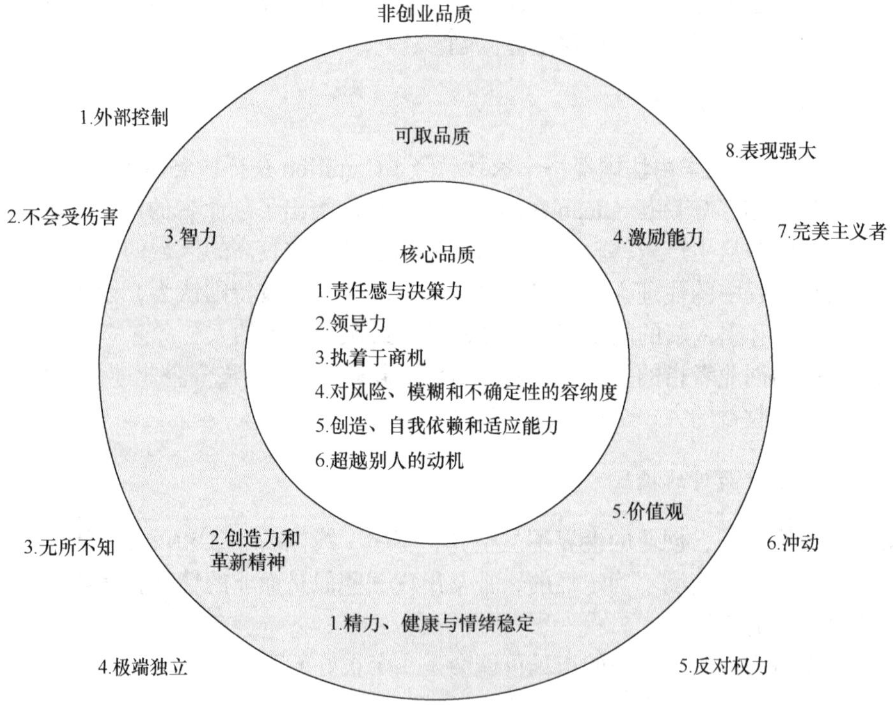

图 2-4　创业者的品质

资料来源：杰弗里・蒂蒙斯，小斯蒂芬・斯皮内利. 创业学[M]. 周伟民，吕长春译. 北京：人民邮电出版社，2005

下面就创业者的核心品质特征作简要说明。成功创业者的核心品质可以聚焦为六大

① 杰弗里・蒂蒙斯，小斯蒂芬・斯皮内利. 创业学[M]. 周伟民，吕长春译. 北京：人民邮电出版社，2005.

主题，这些品质特征是可以通过学习获得的。

1. 责任感与决策力

创业意味着承担责任，意味着在巨大压力下生活。创业者承担着创业企业能否生存和发展的责任，这种责任感就需要创业者将自己的财产、时间、精力乃至家庭生活奉献给创业企业。

创业者在高度动态、模糊、不确定性的环境中推进新创企业的发展，这就要求创业者拥有面对如此环境而临机决断和思虑长远的决策能力。

2. 领导力

成功的创业者是团队的建设者和领导者，能够在短时间内有逻辑、有重点、直奔主题、清晰明了地向团队、投资人、客户表达自己的想法，让他们产生兴趣。他们往往不需要凭借正式的权力就能影响和领导部下，他们与团队分享财富和未来，以坚强的领导力带领新创企业向前发展。

3. 执着于商机

创业者对客户的需求具有敏锐的认识。他们为了抓住商机锲而不舍，执着于为客户创造和提升价值。这种强大的行动内驱力，帮助他们在克服创业过程中的挫折和失败时具有更强的韧性和毅力，更有利于创业成功。

4. 对风险、模糊和不确定性的容纳度

创业者的创业过程充满了不确定性和风险。创业企业存活率普遍较低，这就需要创业者容忍环境的不确定性和组织结构的缺陷，容纳压力与冲突，以不断解决问题，并对解决方案进行整合。市场上的风险与收益往往成正比，因此创业者往往更愿意为了获取超高的回报而选择投资于未知的风险事业。

5. 创造、自我依赖和适应能力

创业者往往不受传统习俗的束缚，思维发散开放，相信自己所从事的事业或者工作结果受自身努力的影响，且这些事情在自身的控制范围之内，遇到问题从自我主观中寻找原因并提出解决方案，在复杂多变的环境中具有极强的适应能力。

6. 超越别人的动机

创业者大多是目标导向型的，受心中目标的牵引，他们享受在争取成功的过程中克服困难、解决难题、努力奋斗的乐趣，努力在商业竞争中超越别人，脱颖而出，追求成功之后的个人的成就感。

尽管一个创业者可能并不具备所有这些核心品质，也不存在完美的创业者，但按照这六大主题行动可以培养自己的优秀品质，也可以使创业者更加成功。

（四）创业者伦理

创业者伦理是指创业者在从事创业活动中处理各方相互关系的行为规范和准则。毒奶粉、假疫苗等事件引起社会各界强烈关注，暴露了个别创业者在经济利益驱使下会作出违背创业伦理的错误行为，只有时刻遵守商务活动中的商业伦理，才不会在创业浪潮中迷失自我。

1. 恪守商业诚信

诚实守信是中华民族的传统美德。孔子有“民无信不立”的说法。在创业过程中，诚信之所以是最为重要的创业者伦理，是因为它是以等价交换为基本规律的市场经济得以运作的基本条件，是正常交易得以建立的道德心理的前提，是交易关系得以长期维系的道德条件。拥有诚信精神可以大大减少交易成本，使交易双方或多方的利益都能得到普遍的尊重和满足。

商业诚信主要包括三层含义。首先是对国家和社会忠诚。创业者进行创业是追求利益的过程，但这种功利诉求不能损害国家和社会的整体利益，必须遵守国家的各项法律法规、道德规范和市场秩序的要求。其次是对消费者真诚和忠诚，诚实经营。一味走歪门邪道，制假售假、虚假宣传，其结果必然是被市场淘汰出局。最后是对生意伙伴真诚和忠诚，真诚是塑造企业形象和赢得商业信誉的基石，是竞争中克敌制胜的重要砝码，是现代商业企业的命根子。

2. 秉持消费者至上理念

为人民服务是社会主义社会处理人与人之间关系的基本道德要求。将这一道德要求落实到创业活动领域中去，就要求创业者将消费者放在至高无上的地位，树立服务精神。

消费者对产品或服务是否满意直接影响着整个社会的商业满意指数。因此创业者在创业之初，必须秉持消费者至上的理念，在创业过程中，首先，他们需要审慎地选择创业项目，找到公众的痛点，为消费者解决真正的问题。其次要尊重消费者的价值偏好和人格，急消费者之所急，想消费者之所想，通过不断提升产品和服务的人性化，维护消费者的选择权、安全权、知情权、表达意见权等一切合法权益。最后要全程做好服务工作，通过丰富自己的服务知识、熟悉服务程序、掌握服务方法、锻炼服务技能以提高自身服务修养，对于顾客的意见要耐心倾听并协助解决，与客户共同成长。

3. 开源节流的俭约精神

站在社会的角度看，社会资源、财富总是有限的；站在创业者的角度看，创业资源更是紧张。如果在创业中没有节俭自律的精神，挥霍浪费，再厚实的家底也有耗尽的那一天。

开源：国家、社会、学校支持创业的政策资源，创业者自身教育背景、专业技能、信誉、个人素质等能撬动外部资源的资源都应该被创业者重视并利用。节流：创业者要做好投资规划，正确测算创业所需资金。创业过程中，再好的项目也不可能马上就会有收入，因此必须要提前做好预算和储备，不要一开始就盲目购买设备，有时候租赁或者二手设备也是创业者不错的选择。

4. 依法规范经营

创业活动一方面是自发的，它要求创业者在市场机制的引导下，自由自主地组织商品经营活动；另一方面创业活动又具有约束性，它要求创业者遵守法律法规、伦理道德、风俗习惯等市场秩序，按照商品经济的规律和原则办事或行为。

我国自确立市场经济体制以来，经过 30 多年的发育和完善，市场经济的法律法规已基本建立，与市场经济相适应的新的道德观念逐步形成，大部分创业者能够严格要求自己，不搞弄虚作假、不走歪门邪道、不违反市场秩序，自觉遵守市场准则和道德规范，初步具备了规范、合法经营的理性精神。任何人都要清醒地认识到假冒伪劣、偷税漏税、污染环境、行贿受贿、损公肥私等违法违规行为必将害人害己。创业者既不能“以身试法”，也不能因为“法盲”而触犯国家法律，必要时可以咨询律师确保自己的决策行为符合国家法律法规。

（五）关于创业者的一些谬论

尽管创业者呈现出如此多样的品质特征，但舆论宣传往往热衷于一些非典型案例，造成关于创业者品质特征的如下谬论[①]：①创业者是天生的，并非后天培养的。②创业者是赌徒。③创业者主要受金钱激励。④创业者应该是年轻且精力充沛的。⑤创业者喜欢公众的注意。

第二节 创业过程

创业是一个复杂的过程。一个人无论是基于生存动机还是机会实现动机，在其决定创业之后，一般要经历选择创业项目、制订商业计划、整合创业资源创办企业，对创业企业进行管理的过程。最后，根据生命周期理论，企业都不可避免会走向衰落，管理企业衰落也是创业者的必修课。

一、创业的基本过程

创业企业在成长期将经历作坊式、规范化、规模化三个阶段（图 2-5）。

1. 作坊式阶段

这一阶段是企业的创始阶段。在创始阶段，企业需要完成从“0”到“1”的原始积累。这一时期的企业拥有灵活的组织架构、高效的运营机制，能够不断试错。作坊阶段，创新对于企业的驱动力很大，企业也需要具备迅速变现的营销能力以维持企业运营。

2. 规范化阶段

规范化阶段是企业的成长期，是企业从“1”到“N”的阶段。这一时期，企业凭借原始积累迅速成长，产品的规范化、标准化程度不断提升，需要寻求新的增长点。当员工破百时，不规范的流程和不完善的制度对企业的桎梏将会凸显，企业需要进行专业化转型，以便能应对业务扩张给企业带来的挑战。

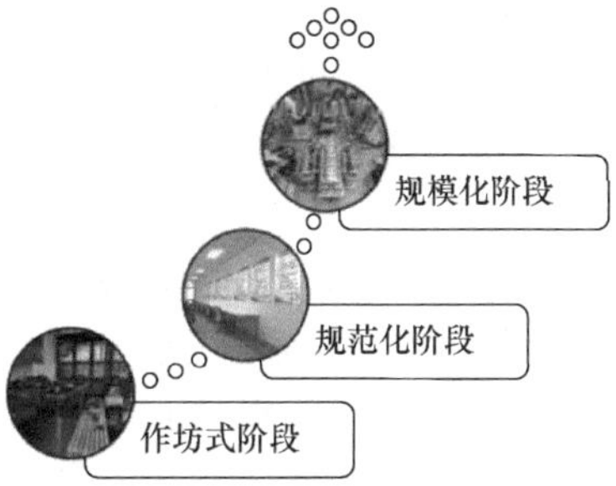

图 2-5 创业的三个宏观阶段

① 布鲁斯·R. 巴林格，R. 杜安·爱尔兰. 创业管理：成功创建新企业[M]. 3 版. 杨俊，薛红志，等译.北京：机械工业出版社，2010.

3. 规模化阶段

这是企业的成熟期，是企业从“N”到“$N+$”的阶段。这一时期，企业已经摸索出自己的生存法则，能够稳步地保持利润增长。由于企业规模的扩大，企业必须保持创新精神，不断将优势逐步规模化，并产生规模化效应，衍生出新的业态，创造出新的创新空间。

二、新企业的创立

从“0”到“1”创办一个新企业通常会经过选择创业项目、制订商业计划、资源获取和整合、创办企业四个关键步骤（图 2-6）。

图 2-6 创业的四个关键步骤

（一）选择创业项目

1. 发现商机

创业就是对有利可图的商机进行发现、利用、开发的管理过程，而识别和选择正确的商机也是一个成功的创业者最重要的能力之一。很多人都有尝试创业的想法，但是不是所有的想法都蕴含着良好的商机。商机实质上是一种尚未被满足的市场需求，是需求与满足在时间、地点、成本、数量、对象上的不平衡状态。商机通常有以下几个来源。

1）个体需求

日常生活中，谁都会碰到“不满意”的情况，有的人选择抱怨，而有的人则从自身或朋友的不满意中发现了解决问题的商机。例如，旅行箱的发明者罗伯特·普拉斯曾是一名飞行员，经常携带行李包飞来飞去。行李包移动不是太方便，他便琢磨着寻找一种更舒适方便的方式来完成此事。他利用相关工作经验和知识发明了一种带轱辘的旅行箱新产品，并开创了一个箱包生产的新行业。“如果你想创建一家企业，那就去参加一个聚会，去聆听，你将听到人们抱怨。每一个抱怨都等于一种需求，一个问题，一个空缺。满足它，解决它，填满它——这就是你的企业。”这是联邦快递（FedEx）创立者弗瑞德·史密斯（Fred Smith）的一点建议。

2）环境变化

环境变化是商机最主要的来源之一，它包括经济力量的变化、社会发展趋势、技术发展水平以及政策导向的变化。

（1）经济力量的变化。经济力量常常会影响消费者的可支配收入水平，而收入水平反过来又会影响消费者的购买动机。例如，随着人们生活水平的提高，根据饿了么发布的 2022 年中国咖啡产业发展的相关报告，2021 年中国咖啡行业市场规模达 3817 亿元，同比增长 27.2%。其中女性消费金额占比继续上升至 65%，25～40 岁年龄段的职业女性是咖啡消费的绝对主力。了解了大家愿意把钱花在什么地方，并且谁最有意愿去消费则能够更准确地捕捉商机。

（2）社会发展趋势。社会发展趋势必然会影响人们的物质消费水平和精神文化生活。

例如，随着绿色、环保、节能减排成为社会发展的趋势，煤炭、钢铁、化工等环境污染较严重的行业就需要慎重选择。即便餐厅、洗车行等环境污染较小的企业，为了长久发展也要事先考虑到可能对环境产生的不利影响，预先了解相关政策，必要时请当地环保部门进行评估。如果无视企业对环境造成的负面影响，将会遇到很多麻烦，不仅影响计划创办的企业的生存和可持续，甚至不能注册。

（3）技术发展水平。技术发展水平为我们创造和赢得了技术型创业机会。现阶段较为常见的技术型创业机会至少有五种：实现新功能的新技术的出现；新技术替代旧技术；“竞争前技术”的新突破；国家或区域之间“技术势差”引发的技术转移与扩散；新技术带来的新的技术问题。很多情况下，技术本身并不是商机，认识到如何利用新技术满足人们的需求才是商机。

（4）政策导向的变化。政策导向可以为创业者带来政策型创业机会。最有可能诱发或直接形成创业机会的政策变化主要涉及三个层面：一是基本经济制度的变革，如经济体制变革；二是发展政策的变革，如产业发展、区域发展政策变革，其中更多地表现为宏观上发展战略的调整；三是市场或产业规制政策的变革，如资本市场、产业技术、环境保护等方面的政策变革。这些新政策的出台往往会引发新的创业商机。例如，国家新设立经济开发区，必然带动附近基建等行业的兴起。

3）市场缝隙

市场缝隙又称利基市场（niche market）。niche 来源于法语。一些创业者“见缝插针”，利用大企业在实现规模经济时忽略的一些细分市场，通过专业化经营，成功地创建了缝隙企业。因市场出现缝隙而引发的创业商机主要有：市场中出现了凭借高技术手段才能满足的需求；市场中形成了新的消费需求；先进国家（或地区）产业转移带来的市场机会；发达国家或地区对落后地区的示范效应诱发的市场需求。敏感的创业者往往善于发现这些市场缝隙而捕捉到创业商机。例如，老干妈（陶华碧）专注于生产辣椒酱，产品远销海内外。

2. 商机筛选

发现商机并不等于找到创业项目。发现的商机只有经过商机识别才可能生成创业项目。识别备选商机时应运用减法——减去那些有商业价值但没能力掌握的项目、目标消费者定位模糊或是缺乏核心竞争力的项目，最后还要对幸存下来的备选项目做进一步筛选，直至最终选定一个创业项目。筛选和识别时，应该遵循以下标准：

（1）符合社会发展趋势。创业者所要创造的产品或服务需贴合社会发展大趋势，因为一方面大趋势下聚集着庞大的人群，他们有着共同的需求；另一方面符合社会大趋势的项目具有生命力，能持续兴旺，而不符合社会发展趋势的项目会逐渐衰弱。

（2）能够解决某个问题。识别商机时要看创业项目是不是能够解决某个问题，只有解决了具体问题的项目才会持久，才能吸引源源不断的消费群。

（3）有市场潜力。市场潜力是指具有足够潜在增长空间的正向市场需求，即未来有多少消费者。市场潜力可以通过问卷调查，对比自身产品与竞品的受众群体、消费频次、使用反馈的区别等方法进行预测。

（4）满足真实需求。真实需求就是确实有人要买。刚性需求、鲜少有替代品、用户体验好等是真实需求的一些特质。

（5）能够具备相匹配的资源。创业需要资金、时间、人才、技术等多方面的资源。上述资源不必百分之百具备，但至少要具备其中一些重要条件，如资金资源或技术资源、人力资源等。

（二）制订商业计划

计划是管理的五项要素之一。尽管一些专家会指出像史蒂夫·乔布斯、比尔·盖茨、迈克尔·戴尔等许多创业者没有商业计划最后也成功了，但是同样存在有力的证据证明，在初创阶段存在多重影响因素和不确定性的情况下，一个经验不丰富的创业者通过商业计划的准备过程能获得丰富的经验。

一份完整的商业计划书通常包括封面、计划摘要、企业概况、产品服务介绍、行业分析、市场预测与分析、营销策略、经营管理计划、团队介绍、财务规划、风险与风险管理等内容。撰写一份商业计划书的基本流程主要有以下五步（图 2-7）。具体的撰写方法我们将在下文详细介绍。

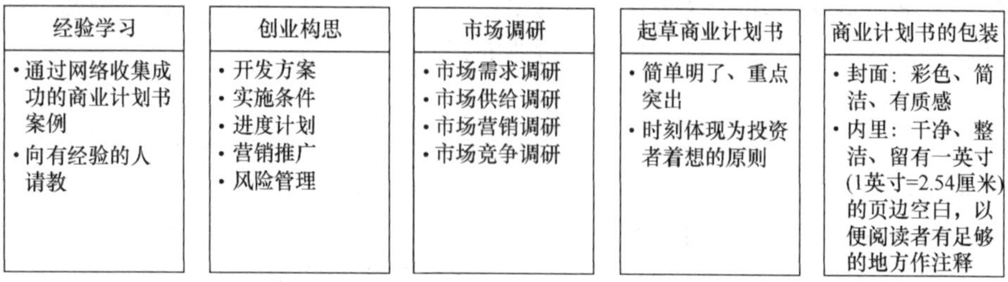

图 2-7　撰写商业计划书的基本流程

（三）资源获取和整合

“巧妇难为无米之炊”，在选定了创业项目、制订好商业计划后，如果没能获得资源支持，创业最终也只能是纸上谈兵。

1. 资源获取

创业所需资源主要有创业人才、创业资金、创业技术等，获取途径包括以下几种。

（1）获取创业人才的主要途径。在创业初期，创业者最主要的还是要靠自身，因此，创业者创业前可以多参加一些相关的社会活动，或者进入相关企业进行实习或工作，增加对行业和市场的了解，学习企业运营经验，建立人际关系网，熟悉相关工作技能。创业经常需要通过组建团队的方式开展。创业者要注重在日常工作、生活中发现那些有共同价值观、共同目标、愿意共担风险，同时思维互补、技能互补的朋友、同事，与他们沟通创业愿景，形成创业团队。

（2）获取创业资金的主要途径。资金资源是必不可少的创业条件。从产品研发、推广到销售都需要资金支持，创业资金的多少直接制约着创业规模和速度。大部分创业者常常会选择工作几年、积累一定经济基础后再进行创业。在自有资金之外的资金，一般有以下几种获取途径：从父母、亲友等社交关系网中获取资金；通过抵押、贷款获取资金；通过政府项目资金获取支持；吸引有资金的创业同盟者加入创业团队或以股权换取企业投资；等等。

（3）获取创业技术的主要途径。创业技术决定了初创企业的市场竞争力和所需创业资金的体量。对于一些高新技术创业，是否掌握核心技术直接决定着创业成本和市场地位。创业者应该在平时养成关注相关领域科技动态、浏览各种科技报道、参加科研会议的习惯。想要获取自身所掌握的创业技术之外的技术，创业者可以通过吸引技术持有者加入创业团队、购买技术、技术外包等方式获得。

2. 资源整合

创业获取的创业资源往往都比较有限，而且任何一个创业都不可能解决了所有问题后再进行创业。从这个角度说，所有创业都会面临资源贫乏的问题。创业者所要做的就是识别现有资源，利用现有资源撬动尽可能多的外部资源，使所有资源能够被充分利用和挖掘，使得企业能够创立和发展。创业过程中，资源整合流程主要包括以下四个步骤（图 2-8）。

图 2-8 资源整合流程

（1）识别创业资源。并非所有的资金、技术都是创业所需要的资源，其中也有不符合企业发展的伪资源。创业者要根据商业计划书、企业发展目标、组织愿景等辨别真伪资源，不能来者不拒。同时，要根据发展战略对创业资源进行先后主次划分，分析资源的数量、质量、可利用程度。

（2）控制创业资源。创业者通过各种渠道获取的创业资源通常是零碎的、散乱的，创业者需要快速适应新情况，熟悉“家底”，将他们创造性地、有机地整合起来，这是后续的资源利用与开拓的重要前提。

（3）利用创业资源。创业者通过多种方式获取并掌握创业资源后，最关键的就是运用科学方法对创业资源进行细化、配置和激活，将有限的资源配置到最优位置，协调各项资源使之相互配合，并最终转化为企业的盈利点，取得最佳经济效益。

（4）开拓创业资源。创业者要有独到的眼光、独有的经验和技巧，通过发现对他人来说可能是无用的、废弃的资源，或者在以前没有联系的资源之间建立联系来拓展资源的范围和功能，为企业下一步发展作准备。

（四）创办企业

1. 选择企业的组织形式

在进行工商注册之前，创业者必须作出的一项决策是决定企业产权的组织形式。企业组织形式规范了企业与出资人、企业与债权人、企业与政府、企业与企业、企业与职工等内外部的关系。不同的企业法律组织形式，各有优势和劣势。南开大学张玉利教授等总结了各种企业组织形式的利弊，可供创业者选择参考，如表 2-2 所示。

表 2-2 各种企业组织形式的优劣比较

企业组织形式	优势	劣势
个人独资企业	企业设立手续非常简便，费用低	创业者承担无限责任
	创业者拥有企业控制权	企业成功过多依赖创业者个人能力
	可以迅速对市场变化作出反应	筹资困难
	只需缴纳个人所得税，无须双重课税	企业随着创业者退出而消亡，寿命有限
	在技术和经营方面易于保密	创业者投资的流动性低
合伙企业	创办比较简单、费用低	普通合伙人承担无限责任
	经营比较灵活	企业绩效依赖合伙人的能力，企业规模受限
	企业拥有更多的技能和更强的能力	企业往往因关键合伙人死亡或退出而解散
	资金来源较广，信用度较高	合伙人的投资流动性低，产权转让困难
有限责任公司	创业股东只承担有限责任，风险小	创立的程序相对复杂
	公司具有独立寿命，易于存续	存在双重纳税问题，税收负担较重
	可以吸纳多个投资人，促进资本集中	不能公开发行股票，筹集资金的规模受限
	多元化产权结构有利于决策科学化	产权不能充分流动，资产运作受限
一人公司	设立比较便捷、管理成本比较低	缺乏信用体系，筹资能力受限，财务审计条件严格，运营较难
	鼓励个人创业以及技术型企业的创立	
	风险承担责任小，经营机制灵活	
股份有限公司	创业股东只承担有限责任，风险小	创立的程序复杂
	筹资能力强	存在双重纳税问题，税收负担较重
	公司具有独立寿命，易于存续	上市公司财务公开，不便严格保密
	职业经理人进行管理，管理水平较高	政府限制较多，法规要求较严格
	产权可以以股票形式充分流动	

资料来源：张玉利. 创业管理[M]. 3 版. 北京：机械工业出版社，2013

2. 工商注册

新办企业的工商注册流程依次是预先核准企业名称、办理企业登记手续、领取营业执照、到公安机关指定的部门刻制印章（图 2-9）。

3. 税务报到

税务报到一般是进行税务登记，并且也是认定税种的过程，根据我国有关法律规定，凡是在我国境内从事生产、经营的纳税人都要进行税务登记，一般来说税务登记要在领取营业执照后 30 日内进行办理。现在国税与地税已经合并，在税务局就可以办理全部的税务报到相关业务。

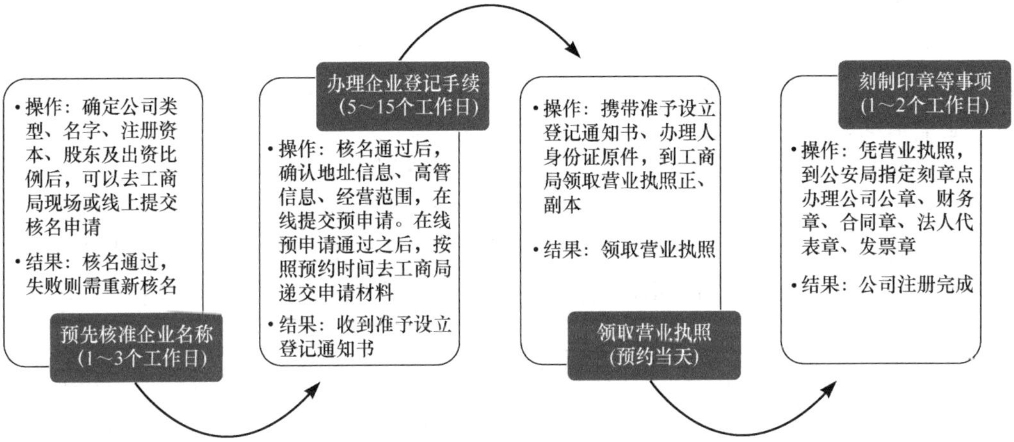

图 2-9 新企业工商注册流程

资料来源：杨京智. 大学生创新创业基础：大赛案例版[M]. 北京：人民邮电出版社，2020，有改动

4. 开立银行账户

中国人民银行规定，企业必须拥有自己的基本账户，可以根据企业经营的需求，选择一家合适的银行开设基本账户。

三、创业企业的管理与成长

企业初创期是企业生命周期中最为脆弱、最易夭折的阶段。一方面企业资源非常有限，内部组织处于磨合阶段，抗风险能力差；另一方面企业还没有获得外部顾客的认可，还谈不上品牌，也没有广泛的社会网络支持企业的成长。因此，创业者在企业初创阶段往往要经历多重磨难，才能呵护企业走向稳定成长。

（一）创业企业的管理

创业企业还没有自己的顾客，创业者面临的首要问题是如何将千辛万苦生产出来的产品转化为商品，实现商品从创业企业向目标顾客的转移，同时实现货币从目标顾客向创业企业的转移。因此，创业企业尽管面对各个方面的管理问题，但不可能像大型企业那样从事管理，而是需要抓住创业企业初期的核心问题也是最为重要的问题展开运营，即市场开发和现金流管理。

1. 创业企业的市场开发

摆在创业企业面前的首要问题是形成销售渠道。在市场分析的指导下，企业应首先做好市场定位工作；其次要做好市场营销组合，即做好产品与品牌策划、定价策略策划、分销渠道策划和促销策略策划；最后要做好客户关系管理。此部分内容将在下文展开阐释。

创业企业的特殊性在于资源有限，而且顾客对其一无所知，因此创业者在策划市场营销时，要着重考虑开展低成本的营销活动，而且重点放在赢得第一单客户和宣传企业知名度上，有时甚至要求创业团队带头实施全员营销，以便在最短的时间内实现销售零的突破。有了订单，会在很大程度上激发创业者和企业员工的士气。

2. 创业企业的现金流管理

现金是企业的血液，创业企业的前期阶段几乎都是在做资金投入工作，急需实现现金的回收，加之创业企业资源非常有限，现金管理稍有不慎，很可能因企业资金链断裂给企业带来现金危机。

要实现经营现金流的正常流动，企业可以着重在以下几个方面开展工作。

（1）加强应收账款管理。赊销是市场上一种常见的促销方式。但是作为初创企业，为了保证资金链运转，有时宁可在价格上作出一些让步，也不要在赊销上作出让步。即便需要赊销，也需对顾客的信用作出谨慎评估，并对形成的应收账款及时催收，以保证企业现金流的稳定。

（2）获得供应商的信用。创业计划书的一个重要宣讲对象就是企业的主要供应商。企业通过宣讲未来规划，可以增加供应商对企业的信心与了解，赢得供应商的信用支持，给予创业企业购买原料时一定的账期，以支持企业现金流的稳定。

（3）控制费用开支。初创阶段，有限的现金要用在市场开发这个刀刃上，尽最大可能节省可以推迟的费用支出，确保企业能够安全度过初创期。

（二）企业成长管理

创业企业成功开发市场，并有了稳定的现金流之后，创业者心中不断探索未知世界的冒险精神又会驱动他们寻找新的商业机会，从而促使企业成长。此时，创业者务必保持清醒的头脑，要确定企业的成长战略，要禁得住各种商业机会的诱惑，否则，企业很有可能过早走上多元化的道路，过早分散企业的资源，因而不利于企业的成长。

此前所确定的竞争战略和商业模式，主要适用于企业现有产品市场的经营。创业者在考虑企业成长时，要对企业的成长路径和成长方式作出决策。

1. 企业的成长路径

一般来说，随着创业企业的成长，企业一般遵循如下的成长路径。

（1）市场增强路径。在此阶段，企业经营的重心还是提升现有产品或服务的市场占有率，追求的是规模经济。企业可以采取的路径有市场渗透、市场开发和产品开发。此三种路径在第十四章进行介绍。

（2）一体化路径。创业者在创立和经营创业企业的过程中，除了对本企业的产品市场熟悉外，也日益熟悉竞争者、上游合作伙伴和下游合作伙伴的产品市场。随着企业营销能力和管理能力的增强，当市场增强路径已经不能满足创业者的雄心时，他们下一个选择可能是兼并收购同业企业，即实行横向一体化。随着规模的扩大，企业对原材料、机械设备的需求规模也日益扩大，此时创业者可能实施后向一体化战略，即向上游发展，生产原材料或机械设备。同时，随着销售规模的扩大，企业往往实施前向一体化战略，自己建立分销渠道，以加强对市场的控制。

（3）多元化路径。随着企业规模的扩大，一体化经营已经不能满足创业者做大企业的欲望，他们往往走向技术同心多元化、市场同心多元化和不相关多元化，以实现企业的战略协同，从而获得范围经济。

2. 企业的成长方式

企业要实现上述成长主要有两种战略：一种是内部成长战略；另一种是外部成长战略。

1）内部成长战略

内部成长更关注于依靠自身资源实现企业的发展，主要方式有专业化成长、多元化成长、国际化发展。

（1）专业化成长战略。专业化是最普遍的企业成长战略。专业化成长战略是指企业通过将资源集中在具有优势的技术、产品、市场上，谋求行业领先地位的发展战略。当企业将有限的资源集中在优势领域后，通常需要通过在既定的市场上扩大现有产品市场份额或者进入新的地区、新的消费群体来增加收益。

（2）多元化成长战略。多元化成长战略是指企业的产品或服务跨一个以上产业的经营方式或成长行为。企业选择多元化成长战略通常是为了分散专业化的风险，或者充分发挥企业资源的效益。但多元化发展同时意味着企业将面对更多的不确定性，会增加企业的风险。

（3）国际化发展战略。随着企业实力的不断壮大以及国内市场的逐渐饱和，有远见的企业家们开始把目光投向本土以外的全球市场。国际化发展战略是指企业将其具有价值的产品与技能转移到国外市场，从而创造价值的战略。大部分企业采用国际化发展战略时，是把在母国开发出的具有差别化的产品转移到海外市场来创造价值。在这种情况下，企业大多把产品开发的职能留在母国，而在东道国建立制造和营销机构。

2）外部成长战略

外部成长战略往往是通过并购、获得特许经营权、战略联盟和合资企业来实现的。

（1）并购。并购是一个企业购买其他企业资产或股票，吸收其成为自己的一部分的行为。根据企业现有业务进行横向并购从而扩大规模，或者对业务前端或者后端进行纵向并购实现产业链的延长，均能够使创业企业规模迅速扩张，核心竞争力迅速增强。但企业并购是一把“双刃剑”，一方面能够实现迅速增长，另一方面并购后整合失败率很高，很难达到预期效果，创业者需要谨慎开展并购工作。

（2）获得特许经营权。特许经营是指企业授权其他企业，通过协议明确权利义务和风险分担，约定其在一定期限和范围内购买其产品，使用其商标和企业经营方法的行为。取得其他企业的特许经营权是创业者进行创业的重要途径之一，授予其他企业特许经营权则是企业重要的扩张战略之一。通过授权其他企业获得特许经营权，能够帮助创业企业通过收取特许经营费积累资金，并且随着规模的扩大，授权企业的规模效应将逐渐显现。

（3）战略联盟和合资企业。战略联盟是指两个或两个以上的企业为了实现各自的战略目标而达成的合作关系，通常分为研发联盟和市场营销联盟两种形式。研发联盟是指为了某种新产品或者新技术，双方签订协议，汇集各方优势，大大提高了成功的可能性，加快了开发速度，各方共担开发费用，降低了单方开发的风险。市场营销联盟通常将拥有专业技术的创业企业与拥有开发和营销经验的大型成熟企业联合在一起，通过互补资产组合，能够更快地生产出产品，快速地走向市场进行销售，而且价格也更便宜。当创业企业没有资源将技术量产或者推向市场时，战略联盟是一种不错的选择。合资战略是指两个及以上的公司共同出资创建一个新公司以满足出资各方的发展需求，也是创业企业快速成长的一种方式。

第三节 创业企业的衰退管理

根据企业生命周期理论，所有企业都会经历发展、成长、成熟、衰退几段发展历程。每个创业者在创业之初都应该考虑退出战略。

一、企业衰退迹象

企业衰退通常会出现一些预警信号，创业者应该谨慎地洞察这些信号。美国企业家卡贝氏在《企业成长的哲学》一书中指出，大企业的衰退并非没有预兆。这种预兆经常表现为以下七个明显的信号。第一，固守陈旧的作业方法，总认为旧的方法最好而不愿意革新。第二，没有设定新的企业目标，决策带有很大的盲目性。第三，反省思考能力逐渐减退，整日纠缠于外部事务。第四，制度主义过于根深蒂固，无法用宽松而有弹性的制度来适应日益变化的社会环境。第五，进取的积极性逐渐消失，使好机会从眼前溜走。第六，新人被老人的经验所束缚。新来的年轻人尽管敢闯敢干，却得不到升迁的机会，因为职位都被原来的“有经验的”人占据了。第七，无法宽容批评，缺乏虚心接受不同意见的心胸。

创业者应该对这些衰退信号时刻保持警觉，并时刻更新自己的危机处理计划。

二、企业退出市场的障碍

现实生活中，与市场进入相比，市场退出的难度更大，主要原因包括以下几个方面。

（一）心理障碍

一般说来，创建新企业、进入新市场代表着企业业务扩张，是创业者地位、权力、声誉、利益提升的表现，由于利益的驱动，企业本身就具有自我扩张的欲望。而市场退出却是企业的“自我毁灭”，也就意味着要“自我否定”，对于创业者来说在其思想感情上可能更加难以接受。

（二）识别障碍

机遇总是瞬息万变、难以捕捉的。但是与市场进入机遇相比，市场退出征兆信号更为隐蔽，常常是在企业表面运行正常，甚至是企业最为繁荣、经营层还在自我陶醉的时候，实际上已经潜伏着危机萌芽。这就要求管理层不仅要有急流勇退的决心和魄力，还要有明察秋毫的眼光与智慧，及时地作出市场退出的决策。这正如股市上的一句流行语所言，“会买股票的不一定是专家，只有会抛股票才是股林高手”。

（三）制度障碍

在市场经济中，由于存在着结构性的壁垒，因此无论市场进入还是市场退出总是有一定难度的。我国有大量政策支持创业，相比之下，对退出市场的政策支持相对滞后。因此有时候市场退出比市场进入要困难得多。

三、企业退出战略

企业进入衰退期后，对于创业者来说，把自己的企业转交给一个更好的经营者或者以最大的价值结束，从而成功地实现企业退出是企业生存的一件大事。企业退出方式主要有以下几种：私人出售股票、并购、代际转移、售卖企业、员工持股计划、企业收购、企业破产等。每种退出战略都有各自的优缺点，重要的是在创业起始阶段就应有一个退出战略或计划，而不是等到已经来不及时再被迫作出仓促的选择。下面重点介绍售卖企业战略和企业破产战略。

（一）售卖企业战略

1. 直接售卖

直接售卖是最常见的售卖企业形式之一。创业者售卖企业，可能是因为想转向别的创业，也可能单纯想要停止创业。如果不是急于出售，在这个过程中可以考虑以下战略：

（1）分析自己的企业是在小市场里占有大份额，还是在大市场中占有小份额。通常情况下小市场中占有大份额的企业估值会更高。

（2）评定公司设备。设备越先进越能增加企业估值。

（3）保持好企业的管理团队。允许其与重要客户接触，以减少企业对创业者的依赖。

（4）整理好企业的财务报表，包括预算和现金流。

2. 员工持股计划

员工持股计划（employee stock ownership plan，ESOP）是一种新型股权形式。企业内部员工出资认购本公司部分或全部股权，委托职工持股会（或委托第三者，一般为金融机构）作为社团法人托管运作，集中管理，员工持股管理委员会（或理事会）作为社团法人进入董事会参与表决和分红。员工持股计划包括两种类型：①企业员工通过购买企业部分股票而拥有企业部分产权，并获得相应的管理权；②员工购买企业全部股权而拥有企业全部产权，使其职工对本企业具有完全的管理权和表决权。员工持股计划能在较大程度上激发员工工作动力，增强员工的归属感和使命感。

3. 管理者收购

相比于将企业卖给全体员工，创业者有时更想把企业移交给忠诚、重要的管理层。管理者收购（management buy-outs，MBO）是指公司管理者收购公司的行为。与一般的企业买卖和资产重组强调收益权，即买卖价差和资本运营的增值不同，管理者收购除了强调收益权之外，还强调控制权、共享权和剩余价值索偿权。收购对象既可以是企业整体，也可以是企业的子公司、分公司甚至一个部门。管理者收购的主要投资者是目标公司的经理和管理人员，他们往往对该公司非常了解，并有很强的经营管理能力。通过管理者收购，他们的身份由单一的经营者角色变为所有者与经营者合一的双重身份。

（二）企业破产战略

破产是指企业面临重大财务危机，陷入生存困难，不能清偿到期债务或者明显缺乏清偿能力时，由债权人或债务人诉请法院宣告破产并依破产程序偿还债务的一种法律制度。创业多始于私营中小企业，在发展到一定阶段后将面临更大的生存竞争压力。创业者的心理疲劳和创业冲动衰减，再加上中小企业发展的外部环境的变化，企业经营的法律法规日益完善，劳动力成本日益增高，企业员工、消费者、顾客的维权意识日益增强，导致其发展的空间越来越窄，生存越来越困难。因此，创业失败申请破产是比较常见的。

但是，针对有维持价值和再生希望的企业，经由各方利害关系人的申请，在法院的主持和利害关系人的参与下，仍有希望进行业务上的重组和债务调整，以帮助债务人摆脱财务困境、恢复营业能力。

1. 破产的预警信号

创业者应该对企业和环境中的一些信号保持敏感。下面这些信号能够让创业者尽早预判破产，减少损失：①财务管理松弛，以至于没人能解释钱是怎么花掉的。②重要管理者不能提供重要交易的文件，也不能解释重要交易。③现金流出现问题，以至于不得不通过大幅度降价等方式尽快收回成本。④核心人员离职。⑤缺少原材料，无法满足订单需求。⑥出现税务问题。⑦供应商要求以现金付款。⑧银行贷款有附加条件。⑨顾客投诉量增加。

例如，当企业出现问题时，可能创业者或者企业内部的人还没有意识到问题，但是供应商已经嗅到风险，因此会改变常规，坚持要求企业先支付货款。向银行申请新贷款时，银行表面上增加了抵押，其实可能是银行发现了企业的价值正在缩水。当创业者看到企业出现任何一个破产信号时，应立即寻求注册会计师或律师的帮助，防止破产的发生。

2. 破产程序

不能把破产案件简单地归结为清算倒闭事件。《中华人民共和国企业破产法》（简称《企业破产法》）鼓励当事人积极寻求以避免企业倒闭清算的方式来清理债务。破产程序包括三种：和解、重整和破产清算。在三种程序之间，存在一定的可转换性。在它们之间，当事人有一定程度的选择自由。具体来说，包括以下要点：

（1）债务人在提出破产申请时可以选择适用重整程序、和解程序或者破产清算程序，债权人在提出破产申请时可以选择适用重整程序或者清算程序。

（2）债权人申请债务人破产清算的案件，在破产宣告前，债务人可以申请和解，债务人或者其出资人可以申请重整。

（3）债务人申请适用破产清算的案件，在破产宣告前，债权人或者债务人的出资人可以申请重整，债务人也可以申请和解。

（4）在债务人进入重整程序或者和解程序后，具备《企业破产法》规定的特定事由时，法院可以依据当事人的申请或法定职权裁定宣布债务人破产，并转入破产清算程序。

（5）债务人一旦经破产宣告进入破产清算程序，则不得转入重整或者和解程序。

四、创业失败的现实

创业过程充满着不确定性，而失败本质上就是探索不确定性的一种方式。若能从创业失败经历中吸取教训、总结经验，冷静地善后，而不是一蹶不振，也意味着其具备一定的创业潜力。

首先，也是最重要的，创业者应该与自己的家人先进行探讨、磋商。尽管创业者面临破产已经很艰难了，但是他的家人更加艰难。因为除了那些家族企业，创业者的家人一般不会参与到企业的经营中，因而对于企业潜在的风险是一无所知的。因此，破产即将发生时，创业者应该第一时间向自己的家人解释当前的情况，这种讨论也能帮助创业者减缓由破产所带来的压力。

其次，创业者应该从外界专业人士、朋友或者商业合作伙伴那里寻求帮助。即使这些人中大部分只能对你表示惋惜和同情，但是只要有一个人愿意伸出援手，就有可能扭转企业现在的局面，帮助你避免破产的发生。这些能够提供有力帮助的人通常来自大学、退休高管、中小企业发展中心、行业协会等。

最后，在失败的局面无法挽回的时候，及时终止企业也是一种非常明智的选择。如果将花费在拯救濒临死亡的企业上的成本花费在重新开始或者做别的事情上可能会显得更有效。如果扭转局面重新开始是有可能的，聪明的做法就是制定一个时间表，如果你计划的扭转局面的工作没有在规定时间内完成，则应直接终止现有企业。

➢ 拓展学习

杰弗里・蒂蒙斯，小斯蒂芬・斯皮内利. 2005. 创业学[M]. 周伟民，吕长春译. 北京：人民邮电出版社.
黄明睿，朱梦梅，马小龙. 2021. 创新创业基础与实践[M].北京：科学出版社.
雷家骕，葛健新，王华书，等. 2021. 创新创业管理学导论[M].北京：清华大学出版社.
李肖鸣. 2018. 大学生创业基础[M]. 4 版. 北京：清华大学出版社.
罗伯特・D. 赫里斯，迈克尔・P. 彼得斯，迪安・A. 谢泼德. 2017.创业学[M]. 蔡莉，葛宝山，等译. 北京：机械工业出版社.
姚梅芳. 2007. 基于经典创业模型的生存型创业理论研究[D]. 长春：吉林大学.
张香兰，程培岩，史成安，等. 2018.大学生创新创业基础[M]. 北京：清华大学出版社.
郑懿，熊晓曦. 2020.大学生创新创业基础：微课版[M]. 北京：人民邮电出版社.

➢ 思考题

1. 企业创建流程有哪几个步骤？
2. 如何克服创业过程中的复杂性和不确定性？
3. 创业企业如何做好企业管理？

第三章　创新创业环境

本章重点

国家创新体系
创新创业政策

引导案例

科技创新生态优化促进中小企业新发展

2021年中央经济工作会议指出，要加快构建新发展格局，全面深化改革开放，坚持创新驱动发展，推动高质量发展。社会各界积极响应，涌现了一批优秀的企业家、创业者，下面将讲述一些科技领域的创新创业的故事。

区域协同 联动创新：中小科技企业孵化（曲奕）

江苏赛腾医疗科技有限公司创始人王维宁是国内首款便携式心肺辅助系统的研发商，他获得一笔创投资金并在上海张江设立研发中心。王维宁的张江之旅，与孵化器负责人兼创业导师曲奕有着密切的关系。

由于上海具有国内首屈一指的区位优势，又是人才高地，还可提供稳定、丰厚的创业基金，因此对科技型企业具有极大的吸引力。曲奕在采访中提到，2009年，上海就放开了民营资本进入孵化器的限制，因而培育了崇尚创新、宽容失败的土壤，使得科技企业和孵化器能够茁壮成长，并进一步带动所在区域不断涌现出各类科技创新。

产研对接 加速发展：科技成果转化（翁永妍）

栾鹏博士团队曾解决了电子功能材料领域多项难题，是一支非常有潜力的优秀团队。然而之前因为种种原因，团队的研发成果被束之高阁，难以走向市场。2020年6月，团队迎来了转机，经由翁永妍的推介，团队接触了苏州市产业技术研究院（简称"产研院"），栾鹏博士团队联合产研院及另一家单位，三方合力注资8000万元研发资金，成立了苏州思萃电子功能材料技术研究所有限公司。

不到一年时间，公司与4家企业签订了几千万元的订货合同。到了2021年底，公司还成功投运了第一条新材料产线，年产值预计达到5000万元。事实证明，产研院作为专门帮助科技创新团队进行成果转化的机构，充分调动了各方面资源，为企业的成果转化牵线搭桥，不仅促进了科技创新能力的提升，还为当地留住了有潜力、有前景的优质企业和企业家。

明确权属 激发活力：高新区生物产业（邓晖）

2019 年，四川全省推进职务科技成果权属改革试点，45 家试点单位率先完成职务科技成果分割确权 634 项，作价入股创办企业 100 余家，吸引投资近 70 亿元。

乘着改革的东风，成都高新区与四川大学合作建成了“成都前沿医学中心”。通过高新区生物产业发展局副局长邓晖，我们了解到，他们建立了“先确权、后转化”的职务科技成果转化模式，将科技成果的所有权赋予了科研人员。

对此，作为四川大学华西医院一级教授，同时也是成都赜灵生物医药科技有限公司董事长兼首席科学家的陈俐娟对改革有着很深的感触。2019 年 4 月，公司初创，只有十几人的团队。在新政之下，团队创新的积极性得到了极大的增强，公司业务迅猛发展，盈利节节攀升，迅速壮大到 50 多人，估值也达到了 7 亿元。

资料来源：科技创新生态不断优化（高质量发展在身边）[EB/OL]. http://m.people.cn/n4/0/2021/1213/c125-15343777_1.html，2021-12-13，有改动

第一节 经济全球化与贸易保护主义

20 世纪 90 年代以来，世界经济发展以经济全球化的进程明显加快为特点。贸易全球化作为经济全球化的最初表现形式和最显著标志，也是衡量经济全球化发展进程最重要的尺度之一。贸易全球化有力地推动了全球化的进程，成为全球化在广度和深度发展的动力源泉，但贸易全球化所要求的贸易自由化却并非一帆风顺，与之对立的贸易保护随之发展。新贸易保护主义的发展已成为贸易全球化的重大障碍，使经济全球化的发展速度受到影响①。

一、经济全球化

（一）经济全球化的定义

“经济全球化”（economic globalization）这个词最早是由 T. 莱维于 1985 年提出的，但至今没有一个公认的定义。国际货币基金组织（International Monetary Fund，IMF）认为，“经济全球化是指跨国商品与服务贸易及资本流动规模和形式的增加，以及技术的广泛迅速传播使世界各国经济的相互依赖性增强”。而经济合作与发展组织（Organization for Economic Co-operation and Development，OECD，简称经合组织）认为，“经济全球化可以被看作一个过程，在这个过程中，经济、市场、技术与通信形式都越来越具有全球特征，民族性和地方性在减少”。

可以从三个方面理解经济全球化：一是世界各国经济联系日益紧密、相互依赖程度日益提高；二是各国国内经济规则不断趋于一致；三是国际经济协调机制强化，即各种多边或区域组织对世界经济的协调和约束作用越来越强。总的来讲，经济全球化是指以市场经济为基础，以先进科技和生产力为手段，以发达国家为主导，以最大利润和经济

① 王迎. 经济全球化进程中的贸易全球化与新贸易保护主义[J]. 赤峰学院学报（自然科学版），2017，33（9）：77-80.

效益为目标，通过分工、贸易、投资、跨国公司和要素流动等，实现各国市场分工与协作、相互融合的过程。

例如，苹果手机的生产就是经济全球化的生动缩影。美国博通的芯片、韩国三星的显示屏、日本索尼的图像传感器等，全球 200 多家供应商的零部件汇集到富士康生产线完成组装，再飞往全球消费者手中。可以说，没有经济全球化，就没有今天全球市值超两万亿美元的“苹果帝国”。商品、资本、技术、信息等大规模的跨疆界流动是全球化的基本特质。全球化以市场经济为基础，以先进科技和生产力为手段，以发达国家为主导，以最大利润和经济效益为目标。

知识库

苹果公司 2020 年主要供应商

苹果公司的主要供应商为苹果公司提供材料、制造和组装服务。2020 年苹果最新供应商名单中，苹果公司中国供应商有 98 家，占据总数的 49%，包含中国大陆 42 家，中国台湾 46 家，中国香港 10 家；美国公司 35 家，约占 18%；日本公司 33 家，约占 17% ；韩国公司 14 家，约占 7%；其他国家 20 家。苹果供应链上的中国公司 2020 年新增数量最多，相比 2019 年，中国大陆新增厂商 12 家。

资料来源：苹果最新 200 家供应商名单出炉，中国大陆成最大赢家！[EB/OL]. https://caifuhao.eastmoney.com/news/20210531191307400022710，2021-05-31

（二）经济全球化的进程与现状

2017 年 12 月，习近平总书记在接见回国参加驻外使节工作会议的使节时发表重要讲话指出：“放眼世界，我们面对的是百年未有之大变局。”[①]回顾近年，国际格局在悄然发生新变化，全球治理逐步出现新趋势，2019 年末出现的新冠疫情更是对全球提出了新挑战，加剧了变化的进程。一些国家政策内顾倾向加重，保护主义抬头，“逆全球化”思潮暗流涌动。这些现象与因素都增加了经济全球化进程的不确定性，并使经济全球化经受巨大挑战。

关于经济全球化进程，习近平总书记沿着世界市场的发展脉络将其划分为以下三个历史阶段[②]。

（1）殖民扩张和世界市场形成阶段。西方殖民主义者制定和推行的弱肉强食的丛林法则，给国际社会造成了极不公正的经济政治秩序。在西方国家内部，生产社会化与生产资料的私人占有的基本矛盾不可调和，内部形成了巨大的贫富鸿沟，这是西方资本主义国家不断爆发经济政治危机的根本原因。在西方国家之间，由于争夺原料、市场和劳动力，不仅造成市场和势力范围的划分，而且彼此之间的冲突和战争接连不断。西方国

①习近平：放眼世界，我们面对的是百年未有之大变局[EB/OL]. http://news.cnr.cn/native/gd/20171229/t20171229_524081025.shtml，2017-12-29.

② 学而时习工作室.“经济全球化潮流不可逆转”——习近平总书记纵论经济全球化（一）[EB/OL]. http://www.qstheory.cn/zhuanqu/2020-12/22/c_1126868335.htm，2020-12-22.

家靠巧取豪夺、强权占领、殖民扩张，到第一次世界大战前基本完成了对世界的瓜分，世界各地区各民族都被卷入资本主义世界体系之中。

（2）两个平行世界市场阶段。第二次世界大战结束后，一批社会主义国家诞生，殖民地半殖民地国家纷纷独立，世界形成社会主义和资本主义两大阵营，在经济上则形成了两个平行的市场。东西方两个阵营的对立和两个市场的分割，特别是由于美国和苏联两个超级大国的争霸所造成的错综复杂的世界政治经济局面，给世界各国的共同发展和人类文明的进步，带来了许多不利影响。

（3）经济全球化阶段。随着冷战结束，两大阵营对立局面不复存在，两个平行的市场随之不复存在，各国相互依存大幅加强，经济全球化快速发展演化。2008 年国际金融危机的爆发，使我们所处的经济全球化阶段呈现新的历史特征。金融危机后，由于经济社会问题频现，一些国家在政策调整过程中只顾自身利益，催生了各种形式的保护主义。尤其是对全球的主要经济体而言，其政策的溢出效应和回荡效应很强，在出台政策调整措施后往往导致他国采取相应的应对措施，这反过来又使该国不得不采取进一步的调整政策。政策调整引发的连锁反应，不仅破坏了各国政策的延续性和可预期性，也侵蚀了国际合作和经济全球化的根基。

（三）经济全球化的困境及挑战

经济全球化提高了资源配置的效率，但也造成了越来越多的负面影响。由于深层次矛盾长期累积，未能得到有效解决，经济全球化因此出现波折并受到质疑。当前，围绕经济全球化有很多讨论，支持者有之，质疑者亦有之。几年前，美国还说“拒绝全球化就是拒绝太阳升起”，而今天美国政界却有人声称，“全球化带给美国千千万万工人的只有贫穷和悲伤”。

1. 经济全球化的负面效应显现

经济全球化是一把“双刃剑”，在快速发展中积累了一些矛盾和问题。比如，在全球产业链、价值链中，发达国家长期占据高端，获取了大部分利润，而新兴市场国家和发展中国家向产业链、价值链高端攀升无比艰难。又如，当世界经济处于下行期时，增长和分配、资本和劳动、效率和公平的矛盾更加尖锐，一些国家经济结构失衡、贫富分化严重等问题更加突出。在全球分工格局形成后，资本、劳动力、商品等在全球范围内向使用效率较高的国家或地区流动，加剧了国际竞争和世界经济的不平衡和不平等。尤其是在不公正、不合理的国际经济旧秩序未能得到根本改变的情况下，不同国家、不同阶层不能平等地享受全球发展红利。全球收入不平等加剧进而成为经济全球化的阻碍因素之一。

2. “逆全球化”政策的挑战加大

“逆全球化”的代表事件非英国公投脱欧和美国总统大选中特朗普获胜莫属。特朗普于 2017 年 1 月 23 日签署行政命令，正式宣布退出跨太平洋伙伴关系协定（Trans-Pacific Partnership Agreement，TPP），标志着美国贸易政策进入新的时期。

“逆全球化”趋势出现的根本原因，是经济全球化在带来繁荣和发展的同时，也带来了贫困、冲突、分配不公和环境污染等问题。特别是 2008 年国际金融危机爆发后，虽经过多年的调整，但全球经济并没有迎来理想的复苏，而是陷入持续的结构性低迷状态。由于美国国内阶层分化、社会分裂日益严重，人们开始质疑甚至反对全球化，于是民粹主义、保守主义、孤立主义等呼声四起。当这股思潮通过民众的选票上升为国家意志和政治行动的时候，就演变成了“逆全球化”思潮。

二、贸易保护主义

（一）贸易保护主义

贸易保护主义（trade protectionism）是指在对外贸易中实行限制进口以保护本国商品在国内市场免受外国商品竞争，并向本国商品提供各种优惠以增强其国际竞争力的主张和政策。它是一种为了保护本国制造业免受国外竞争压力而对进口产品设定极高关税、限定进口配额或其他减少进口额的经济政策。它与自由贸易模式正好相反，后者使进口产品免除关税，让外国的产品可以与国内市场接轨，而不使它们负担国内制造厂商背负的重税。贸易保护主义经常被人们与重商主义和进口替代联系起来。重商主义认为，保持一个可观的贸易顺差对一个国家是很有利的。

（二）贸易保护主义目的

贸易保护主要是为了保护国内市场以促进国内生产力的发展，这与早期的重商主义保护贸易的目的很不相同。重商主义限制进口，鼓励出口，其目的是积累金银财富；其主张的保护贸易的目的则是提高创造财富的生产力，表现方式主要有出口补贴、进口关税和进口配额。国家广泛利用各种限制进口的措施，保护本国市场免受外国商品的竞争，并对本国商品给予优待和补贴，以鼓励出口。

第二节　国家创新体系

创新和创业是新兴经济发展与增长的核心，它们通常被认为是最合适的国家政策和制度或是国际贸易规则。国家创新体系包括正式的政策、制度和管理，可以对一个国家和地区创新与创业的程度、方向产生深远的影响①，其对于身处其中的企业同样影响力巨大，因为它影响了企业创新的方向和活力。

一、国家创新体系的提出

1996 年，经合组织发表了《1996 年科学、技术和产业展望》，其中一部分是“以知识为基础的经济”。中国科技部于 1997 年 2 月组织翻译出版，这本小册子强调了在知识经济中“知识网络”与“国家创新体系”的重要性。1998 年 1 月，党中央、国务院作出建设国家创新体系的重大决策，决定由中国科学院开展知识创新工程试点。2003 年左右，我国学术界展开对国家创新体系的深入研究，并迅速得到国家科技决策和管理部门的高

① 约翰·贝赞特，乔·蒂德. 创新与创业管理[M]. 2 版. 牛芳，池军，田新，等译.北京：机械工业出版社，2013.

度重视。2006 年，《国家中长期科学和技术发展规划纲要（2006—2020 年）》指出：全面推进中国特色国家创新体系建设。2012 年 9 月，中共中央、国务院印发了《关于深化科技体制改革加快国家创新体系建设的意见》，就深化科技体制改革、加快国家创新体系建设提出了具体的要求。2016 年 7 月，《“十三五”国家科技创新规划》又提出了建设高效协同国家创新体系的新目标。2021 年 3 月，《中华人民共和国国民经济和社会发展第十四个五年规划和 2035 年远景目标纲要》[①]（简称“十四五”规划）阐述了有关国家创新体系完善的四个方面的重要内容，包括强化国家战略科技力量、提升企业技术创新能力、激发人才创新活力、完善科技创新体制机制。

知识库

关于提升企业技术创新能力

创新是引领发展的第一动力，是推动高质量发展、建设现代化经济体系的战略支撑。党的十九届五中全会通过的《中共中央关于制定国民经济和社会发展第十四个五年规划和二〇三五年远景目标的建议》（以下简称《建议》）提出要提升企业技术创新能力，并对企业技术创新能力建设提出了明确的要求，指明了企业技术创新能力建设的重点和方向，意义十分重大。

（一）提升企业技术创新能力是坚持走中国特色自主创新道路、实施创新驱动发展战略、建设世界科技强国的重要内容。当前，我国科技创新仍然存在一些亟待解决的突出问题，企业技术创新能力不强，尤其是企业对基础研究重视不够，重大原创性成果缺乏，底层基础技术、基础工艺能力不足等。我们必须紧跟新一轮科技革命和产业变革的步伐，充分用好新科技浪潮的“科技红利”，大力提升企业科技创新能力，把科技的力量转化为经济和产业竞争优势。

（二）提升企业技术创新能力是重塑我国国际合作和竞争新优势、推进“双循环”新发展格局的形势所迫。我们必须深刻认识到，目前我国在一些关键核心技术方面受制于人的局面尚未根本改变，创造新产业、引领未来发展的科技储备远远不足，很多产业还处于全球产业链、价值链中低端。因此，只有大力推动企业技术创新，加快关键核心技术攻关，提升产业链供应链现代化水平，才能下好先手棋、打好主动仗，把竞争和发展的主动权牢牢掌握在自己手中。

（三）提升企业技术创新能力是我国经济社会实现高质量发展、全面建设社会主义现代化国家的必然要求。面对新形势新要求，我们要统筹中华民族伟大复兴战略全局和世界百年未有之大变局，充分发挥科技创新在高质量发展中的引领作用，要大力提升企业自主创新能力，尽快突破关键核心技术，这是关系我国发展全局的重大问题，也是全面建设社会主义现代化国家的必然要求。

① 中华人民共和国国民经济和社会发展第十四个五年规划和 2035 年远景目标纲要[EB/OL]. https://www.gov.cn/xinwen/2021-03/13/content_5592681.htm，2021-03-13.

资料来源：李晓红：提升企业技术创新能力[EB/OL]. https://www.gov.cn/xinwen/2021-01/01/content_5576167.htm，2021-01-01，有改动

二、国家创新体系的内涵

1999 年，冯之浚和罗伟在其主编的《国家创新系统的理论与政策文献汇编》中提出，“国家创新系统是指一个国家内部各有关部门和机构间相互作用而形成的推动创新的网络，是由经济和科技的组织机构组成的创新推动网络”①。国家科技创新体系主要由创新主体、创新基础设施、创新资源、创新环境、外界互动等要素组成。目前，我国基本形成了政府、企业、科研院所及高校、技术创新支撑服务体系四角相倚的创新体系，我国的科技体制改革紧紧围绕促进科技与经济结合，以加强科技创新、促进科技成果转化和产业化为目标，以调整结构、转换机制为重点，取得了重要突破和实质性进展。

（一）什么是国家创新体系

《国家中长期科学和技术发展规划纲要（2006—2020 年）》中指出：“国家创新体系是以政府为主导、充分发挥市场配置资源的基础性作用、各类科技创新主体紧密联系和有效互动的社会系统。”②

（二）国家创新体系组成要素

国家创新体系是由一组相对独立而又功能相关的机构和部门相互作用而形成的开放的网络系统，其构成要素包括创新活动的行为主体，以及各行为主体的联系和相互作用，如图 3-1 所示。

1. 创新活动的行为主体

1）企业

企业作为技术研发的主要力量，是国家创新体系的行为主体。企业的创新活动是市场驱使的经济活动，其创新活动以创造收益、扩大市场占有率为主要动机，受市场需求的引导，因此，大部分企业的技术研发主要集中于应用技术和新产品研发。可以说企业是连接创新成果与市场的一座桥梁。企业的创新不仅包括技术创新，也包括管理创新、制度创新、组织创新和文化创新，发达国家的企业往往还参与知识创新，特别是技术知识创新。

2）研究机构

研究机构包括大学研究机构、国家科研机构以及民间非营利性科研机构。研究机构与企业性质不同，其创新活动一般属于非营利性，注重基础研究。国家科研机构则主要开展与国家利益紧密相关，涉及国计民生的高风险、耗资大、企业无力承担或不

① 冯之浚，罗伟. 国家创新系统的理论与政策文献汇编[M]. 北京：群言出版社，1999.

② 中华人民共和国国务院. 国家中长期科学和技术发展规划纲要（2006—2020 年）[EB/OL]. https://www.gov.cn/gongbao/content/2006/content_240244.htm.

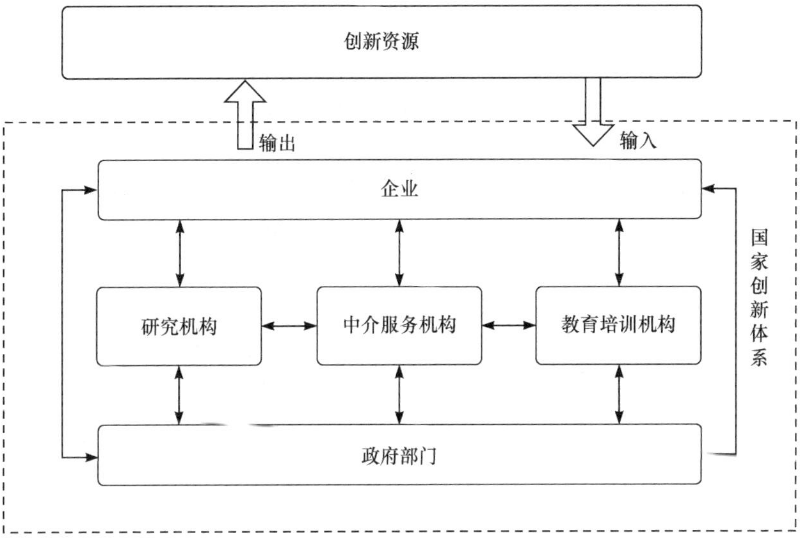

图 3-1 国家创新体系基本结构

愿开展的技术研究。研究机构的主要职能是实现知识传播、人才培养、提高人民生活质量。

3）教育培训机构

教育培训机构主要包括各大中院校、继续教育体系和职业培训系统等。教育培训机构的主要职能是为国家创新体系提供各种高素质人才，包括技术人才以及各种管理人员。人才的培养可以使创新充满活力，也可以促进技术的扩散和转移。部分教育培训机构在培养人才的同时也参与科研活动，这种教学与实践模式相结合的教育模式有利于人才的培养。

4）政府部门

在国家创新体系中，政府的主要作用是政策制定、提供支持、实施保证和资源配置等。创新政策可以分为供给、需求和环境三大方面，其主要任务是规范创新主体行为、保护创新主体利益、维护国家和公众利益，为创新活动提供良好的环境。

5）中介服务机构

中介服务机构包括生产力促进中心、技术咨询机构、工程技术研究中心、高科技园区、创新中心、孵化器及风险投资机构等，它是创新体系主体相互作用的纽带，其主要职能是提供信息服务、交易场所、资金和保险服务等。中介服务机构是创新活动分工的产物，它的存在促进了技术转移，为中小企业的技术创新提供支持，减少创新成本，降低创新风险。

2. 各行为主体的联系和相互作用

各行为主体的协同合作是完善国家创新体系的重要因素。经合组织认为，在国家创新体系中，各创新要素间的相互作用对技术创新起着至关重要的作用。各行为主体的相互作用主要包括以下几个方面。

（1）企业之间的合作，主要是技术合作。

（2）企业与研究机构的合作。企业可以促使研究机构的科技成果商业化，而研究机构的一些基础研究成果也为企业的技术创新提供了基础和平台，二者之间的技术和人才流动促进了技术扩散与转移。

（3）中介服务机构与其他行为主体的合作。中介服务机构可以促进知识的传播和技术创新活动的开展。

（4）政府与其他行为主体的合作。政府通过创造良好的环境、规范行为主体活动、提供政策和资金上的支持促使各行为主体的健康发展和相互协调。

3. 国际交流

国家创新体系是一个开放的系统，绝对封闭的国家创新体系注定要失败，各国之间创新资源的输入和输出使国家创新体系充满活力，并能不断发展壮大，因此我们要加强国际合作，包括学术交流、招商引资、技术合作等。

知识库

2020 美国国家创新体系解读

2020 年 11 月，美国信息技术和创新基金会发布了《2020 美国国家创新体系解读》（*Understanding the U.S.National Innovation System*，2020）报告。报告介绍了美国国家创新体系的历史，分析了美国国家创新体系的现状与优劣势，提出发展创新需要依赖“创新成功三角”，需要正确构建商业环境，贸易、税收和监管环境，创新政策环境。

美国创新体系的主要优势在于商业环境和监管环境，但在创新政策方面较为薄弱。美国认为创新应该留给市场，而政府的作用是支持“要素投入”。面对来自中国的经济、技术和军事挑战，情况已经发生了变化。虽然美国在许多领域占据较大优势，但部分领域的优势与我国已经开始缩小，美国的地位正在明显下降，这包括为大学和联邦实验室提供资金支持，以及其他创新投入——因为联邦政策制定者不愿优先考虑联邦预算过程中的投资。事实上，这折射出美国社会不愿投资于未来和公共产品的现状。因此，未来只有能将“创新成功三角”的三个方面有效协调的国家才可能是全球创新竞赛的胜者，并将获得更强的经济活力。为实现“创新成功三角”的协调构建，美国需要改革监管体系，改善创新政策，以扭转创新政策环境长期恶化的趋势。

资料来源：中国科协创新战略研究院. 创新研究报告-第 10 期[R]. 北京：中国科协创新战略研究院，2021

第三节　创新创业政策

政策是国家政权机关、政党组织和其他社会政治集团为了实现自己所代表的阶级、阶层的利益与意志，以权威形式标准化地规定在一定的历史时期内，应该达到的奋斗目标、遵循的行动原则、完成的明确任务、实行的工作方式、采取的一般步骤和具体措施。

2006 年，党中央和国务院确定全面实施《国家中长期科学和技术发展规划纲要（2006—2020 年）》，之后，我国密集出台了大量的创新政策，以支持我国能够迅速跻身创新型国家行列。

一、创新创业政策概述

（一）创新创业政策的含义

创新政策指的是鼓励和推动新的技术或设计在工业企业应用，把新的发明和构想物化成经济效益的政策。创新政策是一种政府为了鼓励创新行为而实施的公共措施，包括法规、条例及一些实际措施。创业政策的目的是促进创造和创新，是政府实施的一种支持措施，目的是鼓励新兴企业的创建、兴起。

（二）创新政策的范围

1. 创新政策在科技领域的应用

创新的核心是经济活动，是企业响应其市场环境的策略。一个国家的科学和技术储备，以及高水平的人力资源，是企业赖以生存的源泉。但有些国家在政策层面曾单方面强调科学和技术的储备，使研究机构与产业部门长期分离，对经济未能起到正向的促进作用。对此，各国自 20 世纪 70 年代就开始解决科技政策调整问题，着眼于让科技直接作用于经济，主要采取了以下几项措施。

（1）重组政府职能部门，以使负责科学、技术和工业的国家决策机构一体化，从而加速产学合作，并使科技计划与产业目标一致。

（2）增加工业研究的经费投入和拓展研究机构经费的来源渠道。

（3）设立新型面向工业需要的研究中心和改革研究机构单纯的研究职能。

（4）鼓励研究机构创办和合资创办公司等经济实体。

（5）鼓励科研人才向企业流动，并鼓励与企业交流。

2. 创新政策在教育和培训领域的应用

创新需要良好的“土壤”，只有在适当的社会环境、文化环境和教培环境中才能不断发育。在促进创新方面，教育和培训系统往往占据着中心地位。它不仅能培养出足够多的专门合格人才，而且能促进知识的传播，激发人们对创新的兴趣以及创新思想。为达成这样的目的，创新政策主要着眼于以下几个方面：①教育方针的改革。②采用多种形式，鼓励大学增设面向企业需要的课程。③鼓励合作办学和企业办学。④改革传统的人才培养模式。

3. 创新政策在工业领域的应用

企业是创新活动的主体，是创新行为的直接承担者和创新效益的实现者，因而创新政策的核心部分必须从支持企业的创新行为和提升企业的创新能力着眼。一般而言，创新或技术变革通常指一个过程，它包括了三种互有重叠并相互影响的方面。

（1）发明方面：指的是有关新技术或改进技术的思想，科学研究是这类构想的主要来源。国家的政策支持一般包括：增加给企业的研发经费投入和吸收企业参与国家重大的科技发展项目；鼓励企业自身开展研发活动，并支持他们组建新型的实验室或研究社团；其他如企业技术人员的培训、企业与研究机构间的人员交流、参与国际合作的机会等。

（2）革新方面：当发明第一次转向商业应用并且得到实际应用之时，革新就实现了。国家的政策支持一般包括：政府出面组织科技成果的商业应用；支持新创企业的产生和发展，许多国家都有明确的优惠政策支持科技人员领办企业，并对一些小的新创企业的成长提供法律或资金方面的援助；支持资本的有序流动，为新创企业造就良好的融资环境；对大中型企业实施必要的协调和改组计划，使之能在国家重大的技术领域有效地配置资源，并引导他们选择正确的技术发展方向。

（3）扩散方面：指的是革新的广泛使用。国家的政策支持一般包括：将产业调整政策和创新扩散政策绑定，限制或淘汰老旧技术和产品，推动、鼓励新技术、工艺、产品的应用；政府出面组织跨地区、跨部门间的技术转移，从而使一项技术创新能够在更多的地区和部门间广泛应用；以政策性支持和经费投入的方式加速改造传统产业，使新技术能在经济的产业部门中发挥有效的作用；鼓励信息咨询部门的发展和地区间、部门间信息服务网络的形成，并通过现代宣传媒介和通信技术，宣传新技术的可行性及潜在的商业机会。

4. 创新政策在财政金融领域的应用

创新政策往往最终表现为财政金融上的支持，这些支持措施可概括为两类：一类是专门用于创新的目的，为创新所设计；另一类则是为一些其他的目的而设计，但却对创新活动有明显的支持作用。我们也可以将其理解为直接的或间接的措施。但不管是直接的还是间接的，都有着一些共同的表现形式，见表 3-1。

表 3-1　技术创新的财政措施种类

序号	财政措施种类
1	政府合同：产品的设计、研究、开发和实现等
2	税收优惠：如为企业开展研发活动和建立研发机构减税；为明显有新技术特征的新创企业减税；为企业或研究机构的工业产权（专利）减税等
3	补助资金：为科技人员的流动提供补助资金；为研究机构开展企业所需研究项目提供补助资金；为科技成果和技术服务项目提供补助资金；为年轻人的创新提供补助资金；等等
4	特别贷款：为研发或科技成果产业化提供低息或无息贷款；为有推广前景的技术项目提供贷款；为小企业贷款提供担保服务；等等
5	风险贷款和风险投资：政府出面进行风险投资，或为风险资本的形成创造条件
6	其他措施

资料来源：王胜光. 创新政策的概念与范围[J].科学学研究，1993，（3）：16-23

二、中国创新创业政策

2018 年国务院发布《关于推动创新创业高质量发展打造“双创”升级版的意见》（以下简称《意见》），标志着我国的创新创业实现了从局部到整体、从现象到机制的跨越，已经成为推动经济增长的重要动力、促进转型升级的重要力量，并成为稳定和扩大就业的重要支撑。《意见》的发布与实施标志着我国的创新创业事业发展进入了新时期和新阶段。

主体层面，该《意见》主要面向科研人员、大学生、农民工、退役军人、归国和外籍人才等创新创业群体。空间层面，《意见》针对国家级新区、开发区、科创中心、双创示范基地等各类功能区提出了明确的支持政策和措施。针对打造“双创”升级版，《意见》着重从环境、动力、创业带动就业、科技支撑、平台服务、金融服务、资源集聚、政策落实等八个方面提出了升级举措，为双创事业提供了坚实的政策保障。

三、国外创新政策简介①

（一）英国创新政策

英国有着雄厚的科学基础。这里不仅是达尔文、法拉第、麦克斯韦等科学巨匠的祖国，也是培育出克隆羊的地方。近年来，令英国人自豪的是，他们以世界1%的人口产出了全球4.5%的科学研究，产出了8%的高质量科学论文。

英国创新战略主要包括以下几个方面。

（1）重视研究与开发，尤其注重基础研究。

（2）强调企业为技术创新主体，并大力扶持中小企业的技术创新。

（3）加强营造创新环境，制定一系列有利于创新的制度、政策和法律法规，大力发展风险投资，解决企业技术创新的资金问题。

（4）大力推动形式多样的官产学研合作，促进科技成果的产业化。

（5）切实加强基础设施建设，完善中介服务体系和创新基础设施，大力发展科技和教育。

随着国家战略的发布，一些详细具体的实施细则也接踵出台。

（1）为保证大学和企业紧密相连，要求大学和企业必须联合申请国家和区域的创新项目。

（2）为促进企业和社会增加创新投入，规定了公共部门、私营部门和慈善机构对创新投入的有关原则和利益分配机制，出台了研发税收减免政策。

（3）为在海外推广和合作开发应用技术，专门设立了国际技术局。

（4）对于那些初创的企业，则建立了较为完善的社会服务体系，为小企业提供财务、法律、企业发展计划、产品营销方面的咨询和策划服务，帮助其获得技术、资金、人才等方面的信息。

（5）英国贸易投资署等政府部门还建立了内容丰富的项目计划、技术转移和资金信息库等。为了协调跨部门的创新政策，英国在9个主要政府部门设立了首席科技顾问制度。政府将权力下放给各区域的发展局，以促进知识转移与地方经济紧密结合，并邀请企业界人士担任科技部门的重要职位，聘请第三方专家对政策的执行进行评估，确保战略的实际执行效果。

---

① 聚焦国外创新政策与法规[EB/OL]. https://www.cas.cn/xw/kjsm/gjdt/200601/t20060109_1010714.shtml，2006-01-09.

（二）美国创新政策

美国能够长期保持经济与科技的绝对优势，与其拥有一套相对完整、高效的科技创新体系有着密切关系。美国科技创新体系的突出特点，是千方百计让企业成为技术创新和产业化的主体，联邦政府则通过提供资助和制定政策法规等方式，为企业和研究机构开展创新营造良好的外部环境。

1. 以商业合同的方式提供资助

为了鼓励企业创新，政府通常以商业合同的方式向企业提供资助。2006 财年，美国政府的研发预算为 1320 亿美元，私人企业的研发预算则达 2000 亿美元。美国企业研发经费的实际使用额占全美研发总支出的比例更高，通常可高达 3/4。

政府研发合同对提升企业技术实力的作用往往大于合同金额本身，这就是倍增效应。一份恰逢时机的商业合同，往往会催生出一个庞大产业。例如，美国国防部为解决战争期间的有效通信问题而提出了一份军事通信技术改进合同，当时谁也没有料到，其研究成果最终竟发展成为今天的互联网。

2. 制定优惠的税收政策

20 世纪 80 年代前，企业从事技术创新被认为是商业行为，由企业自担风险。1986 年，美国制定了《国内税收法》，规定一切商业公司和机构一旦增加研发经费，则该公司或机构即可获得一定比例的退税。该法还规定，研发经费可以由该公司或机构使用，也可以委托其他机构代为研发。

除公司外，个人从事的研发活动如有明确的商业化目的且研究成果的确已商业化，则研究投入同样可以享受退税。该法案对支持企业、高等院校及各种非营利机构等的基础性科学研究起到了很大作用。

3. 培养和引进创新人才

近年来，美国陆续在一批大学中建立起工程研究中心，让不同学科的工程技术人才集中在一起，共同研究国家和产业面临的重大课题。政府各部门也启动了各种培养高层次人才的计划。如美国海军的“青年研究员计划”，是在一些大学和私人研究机构设立基金，专门提供给最近 5 年获得博士学位的青年研究人员。美国国家科学基金会设立了“总统青年研究奖”，每年提供 200 个名额，目的是将最优秀的人才吸引到国家急需的科学和工程领域中来。

美国在引进和留住人才方面，主要有三种方式。

（1）长期执行有效的移民政策。美国《移民法》规定，每年至少为吸收国外各类人才保留 14 万个入籍名额，且加入美国籍的外国移民可保留原国籍。

（2）H-1B 签证计划。从 1990 年开始，美国实施专门为吸收外国人才的 H-1B 签证计划，保证在美国获硕士以上学位的外国人能尽可能拿到这类签证，进入美国的大学和高技术公司工作。签证有效期为 3 年，还可再延长 3 年。

（3）创造自由宽松的学术环境，让外国人才深深感到，他们来美国不仅是为了追求丰富的物质生活，更是为了充分发挥自己的才能。

（三）德国创新政策

德国是最早提出科技创新口号的国家，但在全球化竞争浪潮中，德国除机械制造等少数领域继续居世界领先地位外，在信息技术、生物技术等许多新技术领域的创新地位不断下滑。

为了解决影响德国创新和竞争能力的深层次问题，联邦政府于 2003 年 3 月 14 日提出了“2010 年议程”一揽子方案，决心全面改革。

“2010 年议程”的主要内容包括实施医疗保险制度改革、调整联邦劳动局、合并失业和社会救济金、税改、取消补贴、改革地方财政和修订手工业相关规定等。

科技体制改革的内容包括：研究必须为解决社会问题以及适应未来社会可持续发展服务；到 2010 年使国家和私人研发投入达到国民生产总值的 3%。

联邦教研部将继续推动科研体制改革，重点是完善科研经费分配制度，经费分配引入竞争机制，对生物技术和信息技术研究实行政策倾斜。继续进行科研机构优化调整，将一些分属于原来不同研究机构但研究方向、内容相似或有互补性的研究进行合并。

对教育的投入不足是长期困扰德国的一个老问题，政府一方面要继续实施高等教育免收学费制度，并提供足够的学生贷款和助学金，确保人人有享受同等教育的权利；另一方面又苦于投资不足带来的高等学校办学条件差、缺乏创新成果、学生竞争能力低下等弊病，希望能多渠道引进资金。

（四）日本创新政策

日本在第一期科学技术基本计划中提出“科学技术创造立国”以来，政府在科技体制方面进行了大胆改革。从 2006 年起，日本已开始执行第三期科学技术基本计划，并围绕提高科技创新能力推出了一系列举措。

1. 完善开发资金制度

日本以往政府资金支持的许多有开发价值的科技成果，往往由于缺乏与应用紧密相关的制度支持，大多被束之高阁。因此，日本政府要求那些富有创新性的科技成果要对经济社会作出有形贡献，保证从这些研究成果中产生出重大发明，以增强经济竞争力。

2. 形成创新的良性循环机制

日本政府提出，在向知识经济转型中，必须增强大学和公共研究机构的创新能力。要将大学和公共研究机构在创新活动中产生的新知识应用于社会，产生经济价值和社会价值，并将创新带来的部分收益返还到科研活动中，以形成创新的良性循环。

3. 构筑有创造性的研发体系

日本政府认为，应完善竞争资金制度，加强对竞争资金的管理，确立公正、透明的评价体系。大学和公共研究机构虽然在创新中地位重要，但研发成果要想创造市场价值，还要依靠企业。为此，政府提出，企业的开发战略要与市场需求保持一致，要提高研发效率和增加产业化概率。

知识库

创新生态优化

2021 年 7 月，国务院办公厅印发《关于加快发展外贸新业态新模式的意见》。《关于加快发展外贸新业态新模式的意见》共七个部分 25 条，主要包括总体要求、思路举措和工作保障三方面内容。第一方面，总体要求。提出到 2025 年，我国外贸新业态新模式发展的体制机制和政策体系更为完善。到 2035 年，外贸新业态新模式发展水平位居创新型国家前列。第二方面，思路举措。包括：支持运用新技术新工具赋能外贸发展，完善跨境电商发展支持政策，培育一批优秀海外仓企业。优化市场采购贸易方式政策框架，吸纳更多内贸主体开展外贸，推动传统外贸转型升级。支持外贸综合服务企业健康发展，提升保税维修业务发展水平，稳步推进离岸贸易发展，支持外贸细分服务平台发展等。第三方面，工作保障。包括优化政策保障体系、营造良好环境、做好组织实施等。

资料来源：国务院政策例行吹风会[EB/OL]. https://www.gov.cn/xinwen/2021zccfh/29/index.htm，2021-07-12

第四节　创新创业法规

法规是国家机关制定的规范性文件，主要有行政法规、地方性法规、民族自治法规及经济特区法规等。如我国国务院制定的行政法规，省、自治区、直辖市人大及其常委会制定和公布的地方性法规。设区的市也可以制定地方性法规，报省、自治区的人民代表大会常委会批准后施行。法规也具有法律效力，但法律的效力高于行政法规、地方性法规。

一、与创办企业相关的有关条例和规章

国家层面的有关条例、规定主要包括以下几种①。

（1）《企业名称登记管理规定》。多在申请办理营业执照前用。

（2）《促进个体工商户发展条例》。对申请个体工商户的权益和义务、法律责任作出明确规定。

（3）《保障中小企业款项支付条例》。用于促进机关、事业单位和大型企业及时支付中小企业款项，维护中小企业合法权益。

地方性法规中关于创新创业的节选部分如下。以下条例或规定都需要在准备创业之前，针对地域或地方进行仔细研读，确保创新创业伊始就可以得到正确指引。

（1）《深圳经济特区创业投资条例》。结合深圳经济特区实际情况，为鼓励和规范创

① 该部分参见国家法律法规数据库（https://flk.npc.gov.cn/xzfg.html）。

业投资活动，保障创业投资当事人的合法权益所制定。

（2）《四川省就业创业促进条例》。突出四川特色，设置“第三章创业促进”专章，对创新创业公共平台建立、创业孵化园区建设、创业项目评估推介、创业担保贷款及财政贴息、补贴、奖励、税费减免等鼓励创新创业的政策、制度、服务保障方面作出了全面系统的规定。

（3）《厦门经济特区鼓励留学人员来厦创业工作规定》。结合厦门经济特区实际情况，为鼓励留学人员来厦创业、工作，促进厦门经济特区发展所作出的规定，2002 年 6 月 1 日施行，并于 2011 年 12 月 1 日修正，2012 年 6 月 1 日施行。

（4）《广东省自主创新促进条例》。结合广东省实际情况，为提高自主创新能力，推动产业转型升级，形成以创新为主要引领和支撑的现代化经济体系，促进经济社会高质量发展所制定。该条例适用于广东省行政区域内科学技术研究开发与成果创造、成果转化与产业化、创新型人才建设以及创新环境优化等自主创新促进活动。

（5）《武汉市科技创新促进条例》。结合武汉市实际情况，为发挥科学技术第一生产力的作用，促进科技创新而制定该条例。该条例适用于武汉市行政区域内科学研究、技术创新和科学技术成果转化、推广及相关活动。

（6）《上海市鼓励引进技术的吸收与创新规定》。结合上海市实际情况，为鼓励引进技术的吸收与创新，提高上海市引进技术的吸收与创新能力，加快产业升级和技术进步而制定。该规定适用于上海市范围内引进技术的吸收与创新活动。

（7）《中关村国家自主创新示范区条例》。由于国内外环境发生了显著变化，中关村的发展也进入了新的阶段。为促进和保障中关村国家自主创新示范区建设而制定了该条例，着重加大对创新主体科技研发的支持力度，提高重大科技成果转化和落地概率，加大金融对科技企业的支撑力度，增强示范区内高端产业聚集效应等。该条例适用于中关村国家自主创新示范区内的组织和个人。

（8）其他各区域各地发布的条例或规定，可通过各地政府网或国家法律法规数据库查询。

二、创业前需要了解哪些法律知识

（一）应当了解的法律和法规

1. 选定适合的企业法定形态

企业的法定形态是指国家的法律法规所规定的企业经营的组织形式，也即在工商部门作企业登记注册时企业营业执照上所标识的企业类型。创业者应根据自身实际情况选择合适的企业法定形态，选择时应主要考虑以下因素。

（1）赔偿责任范围：个人资产是否负连带责任。

（2）注册资金：最低限额是多少。

（3）经营场地：有无场地要求。

（4）登记和经营的成本及便利程度。

（5）税费成本：申办经营许可所需的费用、纳税的税率、纳税手续的繁简程度。

（6）经营便利：企业的形象、有无规模局限性、是否适合长远发展。

（7）创业合作：是否需要合作伙伴、有无与境外投资人合作的机会。

2. 关于企业设立和登记注册的法规

对于创业经济组织的具体责任形式，我国《中华人民共和国公司法》（简称《公司法》）、《中华人民共和国个人独资企业法》（简称《个人独资企业法》）、《中华人民共和国合伙企业法》（简称《合伙企业法》）、《中华人民共和国中外合资经营企业法》《中华人民共和国中外合作经营企业法》《城乡个体工商户管理暂行条例》等一系列法规都有明确的规定，针对多种企业组织形式，对不同企业的类型、行为规范、成立的基本条件、企业投资人的权利和义务以及企业的变更和解散等事项作出了规定。

3. 与出资相关的法律

我国实行法定注册资本制，如果不是以货币资金出资，而是以实物、知识产权等无形资产或股权、债权等出资，还需要了解有关出资、资产评估等法规规定。

4. 涉及市场交易及管理的相关法律

创业经营必然涉及市场主体间的各种交易行为，无论是从合同的订立到合同的履行，还是违约责任的承担，都与《中华人民共和国民法典》（简称《民法典》）关系密切。同时应了解《中华人民共和国产品质量法》、《中华人民共和国劳动法》（简称《劳动法》）、《中华人民共和国保险法》和《中华人民共和国反不正当竞争法》等法律中与自身创业有关的法律规定。

5. 与财税相关法律法规

企业设立后，需要税务登记和会计人员处理财务。涉及的常用法律有《企业所得税暂行条例》、《增值税暂行条例》、《营业税暂行条例》和《中华人民共和国税收征收管理法》（简称《税收征收管理法》）。

6. 劳动人事方面的法律法规

若需要聘用员工，将涉及劳动法和社会保险等方面，需要了解劳动合同、试用期、服务期、商业秘密、竞业禁止、工伤、养老金、住房公积金、医疗保险、失业保险等诸多规定。

7. 与知识产权相关的法律法规

目前，我国已经建立了一个比较完备的知识产权法律保护体系，主要包括《中华人民共和国商标法》（简称《商标法》）、《中华人民共和国著作权法》（简称《著作权法》）和《中华人民共和国专利法》（简称《专利法》）等法律法规。

创业经营阶段应该在法律允许的范围内使用他人的知识产权，不能侵犯别人的知识产权，同时又要建立自己的知识产权保护体系，企业名字中的著作权、商标、域名、商号、专利、技术秘密等问题都需要了解，避免他人侵权和自己侵权。

8. 日常运营中经常需要了解的法律法规

有些法律是作为公民就应该了解的，而作为企业经营者则更应该了解，如《民法典》是我们每个人都需要了解的。此外作为企业经营者还应了解诸如《中华人民共和国民事诉讼法》、《中华人民共和国行政诉讼法》和《中华人民共和国仲裁法》中规定的具体诉讼程序，要具有积极收集证据的法律意识，面对交易金额较大、商品较多的经济往来要多采用书面合同文本的形式。

（二）必须要注意的法律风险

在民事经济活动中，有几个法律风险必须要注意，它们经常会引起官司纠纷。

首先，合同签订。签订合同首先要注意的是对公司的主体进行审核，如果涉及行业资质的，可能要对其进行核实，如果之前没有进行过交易的，而且交易数额比较大时，可以委托律师进行核查甚至是进行调查，让一切骗子公司无处遁形。

其次，要重视合同的付款条件、违约条款。付款条件设置要考虑时间、支付方式等，违约条款要考虑是否有可操作性、方便计算。违约金不是越高越好，根据法律规定，违约金最高不得超过标的金额的 30%。

最后，合同的履行过程要严格、准时、要重视自己的权益。平时多保存一些送货单、对账单、短信等凭证，一旦遭遇拖欠货款，要依据诉讼时效及时进行追讨，一旦对方有了逃逸的现象，要及时聘请律师介入，追回货款，挽回损失。

对创业者而言，在创业初期就应注意逐步完善企业的法律风险防范管理体系，包括各种规章制度、业务流程以及责任和监管机制等。

知识库

从控申检察办案看企业法律风险预防

党的二十大报告指出，“高质量发展是全面建设社会主义现代化国家的首要任务”。“深化国资国企改革，加快国有经济布局优化和结构调整，推动国有资本和国有企业做强做优做大，提升企业核心竞争力。优化民营企业发展环境，依法保护民营企业产权和企业家权益，促进民营经济发展壮大。”[①]检察机关以司法实践为分析样本，对办案过程中发现的企业在生产经营过程中现实多发的诉讼风险进行分析，作出在先的涉诉风险提示。从企业所涉及的控告申诉的案件构成来看，既有刑事申诉案件，也有民事诉讼监督案件、行政诉讼监督案件，其中刑事申诉案件和民事诉讼监督案件是主要构成类型。

通过控告申诉案件的办理，检察机关发现，从企业的角度分析、代入，大致有以下两类原因导致纠纷发生乃至损失不可弥补：

一是部分企业法律意识依然较为淡薄，缺乏系统有效的风险防范体系。总体来说，相当一部分企业尤其是中小微企业，法律意识较为淡薄，既缺乏有效的自我保护意识，也一定程度地缺乏“底线不可触碰”的边界意识，往往导致后果发生得不可逆。

二是发生法律纠纷后自救能力较弱。当法律纠纷发生后，逃避、推卸责任都不是正确的做法，积极寻求专业人士、有关部门的帮助，积极参与法律程序，才有可能将法律纠纷对企业的影响降到最低。

① 习近平：高举中国特色社会主义伟大旗帜 为全面建设社会主义现代化国家而团结奋斗——在中国共产党第二十次全国代表大会上的报告[EB/OL]. https://www.gov.cn/xinwen/2022-10/25/content_5721685.htm，2022-10-25.

资料来源：企业法律风险提示——从控申检察办案看企业法律风险预防[EB/OL]. https://www.spp.gov.cn/xwfbh/wsfbt/202307/t20230731_623340.shtml#1，2023-07-31

三、常用的创业法律

（一）基本法律

《民法典》《中华人民共和国票据法》（简称《票据法》）等。

1.《民法典》

《民法典》被称为“社会生活的百科全书”，是中华人民共和国成立后第一部以“法典”命名的法律，在法律体系中居于基础性地位，也是市场经济的基本法。

2.《票据法》

票据关系是因为票据的签发、转让、承兑、保证等形成的以金钱利益为内容的财产关系。票据关系是财产关系，具有私法上财产关系的基本特点，理应受私法调整。为有效保障票据的使用和流通，保护票据关系当事人合法利益，促进经济发展，国家制定《票据法》专门调整票据关系。《票据法》是调整票据关系的法律规范的总括性称谓。《票据法》于 1995 年 5 月 10 日第八届全国人民代表大会常务委员会第十三次会议通过，并根据 2004 年 8 月 28 日第十届全国人民代表大会常务委员会第十一次会议《关于修改〈中华人民共和国票据法〉的决定》修正。

（二）公司企业法律

《公司法》、《合伙企业法》、《个人独资企业法》、《中华人民共和国中小企业促进法》（简称《中小企业促进法》）、《中华人民共和国市场主体登记管理条例》（简称《市场主体登记管理条例》）等。

1.《公司法》

《公司法》是为了规范公司的组织和行为，保护公司、股东和债权人的合法权益，维护社会经济秩序，促进社会主义市场经济的发展而制定的法律。现行版本根据 2018 年 10 月 26 日第十三届全国人民代表大会常务委员会第六次会议《关于修改〈中华人民共和国公司法〉的决定》第四次修正，2023 年 12 月 29 日第二次修订。

2.《合伙企业法》

《合伙企业法》是为了规范合伙企业的行为，保护合伙企业及其合伙人、债权人的合法权益，维护社会经济秩序，促进社会主义市场经济的发展而制定的法律。《合伙企业法》已由中华人民共和国第十届全国人民代表大会常务委员会第二十三次会议于 2006 年 8 月 27 日修订通过，修订后的《合伙企业法》自 2007 年 6 月 1 日起施行。

3.《个人独资企业法》

《个人独资企业法》是为了规范个人独资企业的行为，保护个人独资企业投资人和债权人的合法权益，维护社会经济秩序，促进社会主义市场经济的发展，我国特制定的法律。该法由第九届全国人民代表大会常务委员会第十一次会议于 1999 年 8 月 30 日修订通过，自 2000 年 1 月 1 日起施行。

4.《中小企业促进法》

《中小企业促进法》是为了改善中小企业经营环境，促进中小企业健康发展，扩大城乡就业，发挥中小企业在国民经济和社会发展中的重要作用而制定的法律。2002 年 6 月 29 日第九届全国人民代表大会常务委员会第二十八次会议通过。2017 年 9 月 1 日第十二届全国人民代表大会常务委员会第二十九次会议修订。

5.《市场主体登记管理条例》

《市场主体登记管理条例》是为了规范市场主体登记管理行为，推进法治化市场建设，维护良好市场秩序和市场主体合法权益，优化营商环境而制定。2021 年 4 月 14 日，国务院总理李克强主持召开国务院常务会议，通过《中华人民共和国市场主体登记管理条例（草案）》，为培育壮大市场主体和促进公平竞争提供法治保障。2021 年 8 月 24 日，《市场主体登记管理条例》公布，自 2022 年 3 月 1 日起施行。

（三）劳动法律法规

《劳动法》、《中华人民共和国劳动合同法》（简称《劳动合同法》）和《劳动合同法实施条例》等。

1.《劳动法》

《劳动法》是为了保护劳动者的合法权益，调整劳动关系，建立和维护适应社会主义市场经济的劳动制度，促进经济发展和社会进步，根据宪法而制定的法律。2018 年 12 月 29 日，第十三届全国人民代表大会常务委员会第七次会议通过关于修改《劳动法》的决定。

2.《劳动合同法》

《劳动合同法》是为了完善劳动合同制度，明确劳动合同双方当事人的权利和义务，保护劳动者的合法权益，构建和发展和谐稳定的劳动关系而制定的法律。现行法律根据 2012 年 12 月 28 日第十一届全国人民代表大会常务委员会第三十次会议《关于修改〈中华人民共和国劳动合同法〉的决定》修正。

3.《劳动合同法实施条例》

《劳动合同法实施条例》是为了贯彻实施《劳动合同法》而制定的条例。经 2008 年 9 月 3 日中华人民共和国国务院第 25 次常务会议通过，由国务院于 2008 年 9 月 18 日发布并实施。

（四）知识产权法律

《著作权法》《商标法》《专利法》等。

1.《著作权法》

《著作权法》是为了保护文学、艺术和科学作品作者的著作权，以及与著作权有关的权益，鼓励有益于社会主义精神文明、物质文明建设的作品的创作和传播，促进社会主义文化和科学事业的发展与繁荣而制定的法律。2020 年 11 月 11 日，中华人民共和国第十三届全国人民代表大会常务委员会第二十三次会议通过《全国人民代表大会常务委员会关于修改〈中华人民共和国著作权法〉的决定》，该法自 2021 年 6 月 1 日起施行。

2. 《商标法》

《商标法》是为了加强商标管理，保护商标专用权，促使生产、经营者保证商品和服务质量，维护商标信誉，以保障消费者和生产、经营者的利益，促进社会主义市场经济的发展而制定的法律。现行法律根据 2019 年 4 月 23 日第十三届全国人民代表大会常务委员会第十次会议《关于修改〈中华人民共和国建筑法〉等八部法律的决定》第四次修正。

3. 《专利法》

《专利法》是为了保护专利权人的合法权益，鼓励发明创造，推动发明创造的应用，提高创新能力，促进科学技术进步和经济社会发展，特制定的法律。2020 年 10 月 17 日，第十三届全国人民代表大会常务委员会第二十二次会议通过修改《专利法》的决定，自 2021 年 6 月 1 日起施行。

（五）公司企业税法

《企业所得税法实施条例》《增值税暂行条例》《营业税暂行条例》《税收征收管理法》等。

1. 《企业所得税法实施条例》

《企业所得税法实施条例》是根据《中华人民共和国企业所得税法》的规定制定的。《企业所得税法实施条例》经 2007 年 11 月 28 日国务院第 197 次常务会议通过，2019 年 4 月 23 日修订。

2. 《增值税暂行条例》

《增值税暂行条例》是一个为征收增值税而暂时发布的条例。征收对象为在中华人民共和国境内销售货物或者提供加工、修理修配服务以及进口货物的单位和个人。2017 年 10 月 30 日，国务院第 191 次常务会议通过修改《增值税暂行条例》的决定。11 月 19 日，中华人民共和国国务院令第 691 号公布。

3. 《税收征收管理法》

《税收征收管理法》是为了加强税收征收管理，规范税收征收和缴纳行为，保障国家税收收入，保护纳税人的合法权益，促进经济和社会发展而制定的法律。2015 年 4 月 24 日第十二届全国人民代表大会常务委员会第十四次会议根据《关于修改〈中华人民共和国港口法〉等七部法律的决定》对该法进行了第三次修正。

以上是基本的法律，创业者还需了解与行业相关的法律法规，如从事餐饮业，需了解《中华人民共和国食品安全法》《食品安全法实施条例》等，由于专业性较强，应委托法律专业人员处理。

第五节 创新创业的微观环境

上文对创新创业环境的介绍主要集中在宏观层面，包括了创新的国家体系、政策、法规等，其基础性、重要性毋庸置疑，是广大创新创业者需要熟知的。而离大家更近、更具体的微观环境，也是创新创业者不可忽视的重要方面。了解创业微观环境的影响因素，有助于创业者更加有效地避开相关风险，并减轻或规避可能因环境影响带来的威胁。

一、创业微观环境的内涵

创新创业环境是由宏观环境和微观环境共同组成的，它们之间相互促进、相互影响，除了关注宏观环境外，微观环境也不可忽视。就创新创业者而言，通常会考虑行业、竞争、顾客、公众、中介以及内部各种因素。

由于针对内部环境的研究“百花齐放”，大体上可分为组织结构、生产与技术结构、财务及控制、人力资源、市场营销、研究开发及企业文化等方面。

我国学者将内部环境分为财务能力、组织结构、人力资源、产品及营销、生产能力、研究开发能力①。也有人认为企业内部环境主要分为企业家精神、企业物质基础、企业文化、企业组织结构等四个方面。其中，企业物质基础和企业组织结构构成企业内部硬环境；而软环境包括企业家精神和企业文化②。视角不同，得出的结果不尽相同，专家的分析相对学术，而对于普通实施者而言，需要一些更为直观和具象的指导。因此，我们可以将微观环境看成创业过程中创业者所面临的和对创业活动产生影响的各类非宏观因素的集合。

二、微观环境的主要方面

创业的微观环境是指与企业紧密相联，并能够直接影响企业营销结果的各种因素的综合。关于创业的微观环境，主要包括六个方面。

（一）行业环境

行业环境在某些场景下也可称为运营环境，是指直接影响企业实现其目标的外部力量。例如，物流企业，与其宏观环境相比，行业环境对于物流企业有着更为直接、更为现实的影响。同时，创业者不管进入任何行业，都有可能遇到行业壁垒。

行业壁垒是阻止或限制进入某一行业的障碍，是保护市场、排除竞争的有效手段和重要方法。行业壁垒越坚固，市场障碍越多，创业者越难以加入；行业壁垒越薄弱，市场障碍越少，则创业者越容易加入。壁垒的高低是由市场竞争、社会发展状况、法律体系完善程度等综合因素决定的。这些也是创业者需要考虑和分析的行业环境影响因素。

知识库

国际标准行业分类③

《所有经济活动的国际标准行业分类》（简称《国际标准行业分类》）是生产性经济活动的国际基准分类。其主要目的是提供一套能用于根据此类活动编制统计数据的活动类别。

自 1948 年《国际标准行业分类》第一版通过以来，世界绝大多数国家都采用了

---

① 陈浩义，葛宝山. 基于创业者资源禀赋的新创企业战略选择研究[J]. 改革与战略，2008，（3）：27-30.

② 李晓明. 基于复杂性理论的企业内部环境管理研究[J]. 西安电子科技大学学报，2005，（4）：40-45.

③ 中国国民经济行业分类可在国家统计局网站（http://www.stats.gov.cn/xxgk/tjbz/gjtjbz/201710/t20171017_1758922.html）获取。

《国际标准行业分类》，或根据《国际标准行业分类》制定自己的国家分类。因此，《国际标准行业分类》为各国制定国家活动分类提供了指导，成为在国际一级比较经济活动统计数据的一项重要工具。无论是在各国还是在世界范围内，《国际标准行业分类》都在经济和社会统计领域内按经济活动进行数据分类方面得到了广泛的应用，如国家账户统计、企业统计、就业统计等。另外，《国际标准行业分类》也越来越多地用于非统计用途。

资料来源：联合国经济和社会事务部统计司.所有经济活动的国际标准行业分类：修订本第4版[EB/OL].https://unstats.un.org/unsd/publication/SeriesM/seriesm_4rev_4.pdf，2008

（二）竞争环境

竞争环境是企业生存与发展的外部环境，对企业的发展至关重要。竞争环境的变化不但会产生威胁，也会产生机会。对企业来说，如何监测竞争环境的变化，规避威胁、抓住机会就成为休戚相关的重大问题。目前，在中国加快融入国际经济的背景下，中国企业的竞争环境发生了急剧变化，行业结构、竞争格局、消费者需求、技术发展等都发生了急剧变化，不确定性增强。

市场上从事同类商品生产经营的企业，其竞争者包括现实的竞争者和潜在的竞争者。同一市场，同类企业数量不同，其竞争强度也不同。通过调查竞争环境，创业者一方面可以了解竞争对手的优势，做到取长补短、扬长避短，与竞争者在目标市场选择、产品档次、价格、服务策略上形成差别，与竞争对手形成良好的互补经营结构；另一方面，通过了解市场状况和市场竞争强度，创业者可以根据本企业的优势，制定正确的竞争策略。

（三）顾客环境

创业者在创业之前应当先分析消费者市场，发现潜在需求，锁定目标市场，尤其要关注行业不同周期、不同阶段的产品和服务的不同需求。经营企业活动的起点和归宿就是满足顾客需求。因此，现代社会中企业长期流行一种口号——“顾客就是上帝”，在客户服务中还有一种说法——“客户永远是对的”。

上面所述是站在买卖角度上的狭义的说法。若将顾客的外延再拓宽一些，从接受产品的所有者的角度来看，顾客应可分为内部和外部两类。

（1）外部顾客：组织外部接受产品或服务的组织和个人。例如，消费者、委托人、零售商和最终使用者等，包括最终消费者、使用者、受益者或采购方都属于外部顾客。

（2）内部顾客：组织内部的依次接受产品或服务的部门和人员。内部顾客可以是产品生产流水线上的某位操作者，也可以是产品或服务形成过程中某环节所涉及的部门，或者是帮助顾客使用产品或服务的代理人。根据对内部顾客的描述，创业者也必须意识到，除了重视通常意义上的外部顾客环境之外，也必须“向内看”，构筑和营造内部良好的顾客环境同样非常重要，这是对初创企业“练好内功”的基本要求。

（四）公众环境

公众环境是指企业运行过程中必须面对的社会关系和社会舆论的总称。想要理解为何公众环境也成为创业者所面临的微环境之一，就需要搞清什么是公众，以及公众这一群体的特征。

1. 公众的含义

公众是指与公共关系主体发生联系和作用，其成员面临共同问题、共同利益和共同要求的社会群体。

第一，公众是社会群体，这种社会群体具有明显的类别性，既包含了个人、群体，也指其他社会组织。比如，作为一所学校，公众既可以是学生、学生家长，也可以是其他学校、商店、政府等社会组织。

第二，作为公众的社会群体必须与公关主体发生联系和作用，只有那些与该组织发生了直接或间接联系、作用的才能成为该组织的公众。比如某家商场，只有已经去购物的顾客才可能成为它的公众，而其他顾客就不是它的公众。

第三，成员间涉及共同问题、利益或要求，因而形成某种公众群体。例如，有 100 人到某家商场购买电器，回去使用后发现电器有质量问题，这 100 人便成了这家商场的一类公众群体。

2. 公众的特征

公众作为一类和公关主体发生了联系及作用的群体，一般具备如下特征：

第一，公众具有群体性。尽管社会组织面对的往往是一些具体的、个别的这样或那样的人、问题、关系，但从公共关系角度看，本质上还是需要处理好组织与公众的关系问题。

第二，公众具有同质性。也就是说，公众成员一般都面临共同的问题或存在共同的利益诉求。也正是因为他们在问题、利益和要求上的共同性，所以彼此之间容易产生互动和共鸣，甚至形成心理上、情感上的默契和一致，从而表现出明显的合群意识。

第三，公众具有可变性。公众群体的产生、解体是可变的，而且随着时间的推移，公众群体的构成、态度和作用也会发生变化。如某商家出售一批摩托车，不到一个月顾客纷纷要求退换或退赔。商家了解后马上与厂家联系解决了这个问题，顾客满意而去。这个因摩托车质量问题而形成的公众群体很快便因问题的解决而解散了。

在营销领域，公众对企业的态度会对企业的营销活动产生较大影响，因此，公众因素也成为影响创业环境的重要因素之一。确切地说，当今几乎所有的企业，无论大小，都非常重视公众环境的影响，这是一柄锋利的“双刃剑”。

（五）内部环境

内部环境主要指企业内部环境，是指企业内部的物质、文化环境的总和，包括创业者自身能力素质、团队成员的整体素养、企业资源、组织结构、激励机制、公关水平、企业文化等，也称企业内部条件。内部环境也可狭义地解读为一种组织内部的共享价值体系，包括企业的指导思想、经营理念和工作作风等。企业内部环境管理的目标就是提升企业竞争力、实现企业利润目标，以及营造一种有利的内部氛围。

作为创业者，在创立企业之初，除了要让企业生存下来，还需要有意识地构建并优化企业内部环境，这是每一个企业成长和壮大的必由之路，各行各业，莫不如此。可以说，一个企业的气质、风格、氛围和气场，最初都是其创始人的精神面貌和行事风格熏陶出来的。老板脚踏实地，员工就都习惯于踏实干活；老板喜欢吹牛说大话，那么员工自然喜欢忽悠，满嘴跑火车。华为公司从初创到成长直到成为世界电信行业的领军者，其创始人任正非先生认为，资源是会枯竭的，唯有文化才能生生不息，这句话可以作为企业内部环境的一个很好的注解。

（六）中介环境

中介是指在不同事物或同一事物内部对立两极之间起居中联系作用的环节。在二手市场中，由于交易双方在交易前互不了解，因此可能寻求一位处于中间立场并且具有一定素质的人或公司，对交易进行经济或者信誉上的担保，以推动买卖顺利进行。我们也可以这样理解，中介是可以向客户提供中间代理服务的机构，它本身并不能直接提供相应的服务和物品，但是它能够寻找并安排这些服务和物品，供客户选择并决定。

中介环境是由中间商和服务商两个群体构成的。中间商、批发商、零售商三方面业务水平以及服务商的服务水平参差不齐，导致中介环境不稳定。创业者由于受到能力、经验、资金等因素的制约或因业务属性本身的限制，在创业阶段可能比较依赖中介甚至和中介强绑定，因此必须对中介环境保持关注。

➢ 拓展学习

国务院. 2018-09-26. 国务院关于推动创新创业高质量发展 打造“双创”升级版的意见[EB/OL]. https://www.gov.cn/zhengce/ zhengceku/2018-09/26/content_5325472.htm.

克莱顿·克里斯坦森. 2010.创新者的窘境[M]. 胡建桥译. 北京：中信出版社.

亚历山大·奥斯特瓦德，伊夫·皮尼厄. 2011. 商业模式新生代[M]. 王帅，毛心宇，严威译. 北京：机械工业出版社.

➢ 思考题

1. 如何理解创新在创业战略中的重要性？请用一些案例来说明你的观点。
2. 试分析企业成长过程中可能碰到的障碍。
3. 企业如何做到持续发展？

第四章　创新创业来源与创业机会

本章重点

创新的来源
创业机会的特征与类型
创业机会的筛选与匹配

引导案例

大学生创业，小小宿舍大有可为

Dormi是由几个广东外语外贸大学的学生共同创办的宿舍家居区域性电商，主营业务是为在校大学生提供宿舍家居装饰用品等服务，目标消费群体主要是广州大学城的在校大学生。广州大学城位于广州番禺区，面积不到18平方千米，却有着10所高校以及生活在这里的近20万名大学生。

在创始人余梓熔的概念里，大学是人生中一段特殊而美好的片段，说长不长，说短也不短，大学生活也应该有生活的味道，承载日常生活的宿舍不应该只是靠门牌和方位来标识，不应该千篇一律，它可以有属于自己的标签，有自己的辨识度。通过仔细观察和了解，他们发现不愿趋于同质化且有意愿改变自己宿舍装饰——无论是大改还是小改的大学生不少。在大学城这个小小的区域，"宿舍装饰"这个一般印象中和大学无缘的市场也可以充满商机，于是几个志同道合的人就办起了这样一个平台——Dormi应运而生。

Dormi的意思是"dormitory and I"，取"宿舍与我"之意，将宿舍和居住者看成一个共同体，主打个性化适配。他们的初衷就是让宿舍有一种家的归属感，节奏可以不要那么快，风格可以不要那么高度一致。在学校宿舍这种高度管制的地方，Dormi的想法或许有些理想化，但也并不是完全做不到的。

Dormi最大的竞争优势就是对学生群体消费心理的了解。他们自己就是学生，因此很懂学生的需求以及在装饰宿舍时可能会面临的困难。例如，很多家居卖场或者网店缺少或根本没有针对学校宿舍生活的产品，就更不用提完整的场景化装饰方案了。Dormi恰好填补了市场的这块空缺，不仅可以提供与宿舍相适配的产品，甚至逐步具备了设计组合方案的能力，因此很快就获得了一部分学生的欢迎。除了上面这些，Dormi可提供的基本服务也是到位的，大学城内的学生购买Dormi的产品后，可以获得免费送货上门的服务。团队成员主动承担送货任务，同时与快递公司合作——借助它们的平台优势，因为面向的区域小，团队能够担负送货成本。

经过一段时间的运营，Dormi 逐渐成熟，在学生中也收获了一些口碑。在网站流量未达到预期的情况下，他们借助网购平台——开网店，促使销量有了较大幅度提升，尽管当时项目还未扭亏为盈，但网店流量起来之后收入逐步了有了起色。

然而，大学毕业毕竟是一个绕不过去的坎。和许多其他大学生创业一样，Dormi 的部分团队成员选择了先就业，项目被搁置了。不过，创始人余梓熔未对宿舍家居的未来失去信心。他认为，在对项目进行一定调整后，今后应该仍有机会。

资料来源：大学做起宿舍家居生意[EB/OL]. https://www.yjbys.com/chuangye/gushi/anli/626542.html，2021-02-07，有改动

第一节　创意、创业机会和创业机会的识别

21 世纪是创业型经济的时代。由于全球大公司面临生存压力大、生存环境复杂等挑战，创业逐步趋向繁荣。创业概念现已成为学者们研究的热点[①]。创业机会是创业研究的核心问题，理解创业机会为什么、何时以及如何成为现实是创业领域研究中一个基本点[②]。在创业领域中，机会研究尤为受到学者们的普遍关注。而创意可以促进创业机会的诞生，也可以帮助创业者在竞争激烈的市场中脱颖而出，它可以是创业机会的起点，也可以因创业机会的出现而被激发出来。

一、创意的概念及内涵

（一）创意的概念

创意是创造意识或创新意识的简称，是指通过对现实存在事物的理解以及认知所衍生出的一种新的抽象思维和行为潜能。创意是一种通过创新思维意识，进一步挖掘和激活资源组合方式来提升资源价值的方法。

创意是传统的叛逆，是打破常规的哲学，是破旧立新的创造与毁灭的循环，是思维碰撞、智慧对接，是具有新颖性和创造性的想法，是不同寻常的解决方法。

（二）创意的内涵

创意是一个有着丰富内涵的概念，首先应是一种创造性的思维方式，这种思维方式是一种创造新事物或新形象的综合性思维，包括对一切旧思维进行革命性的改革和创新。其次，创意的表现形式是一个 idea，包含思想、点子、立意、想象等新的思维成果。

目前，对创意的定义和理解方式多种多样，一方面是创意自身具有丰富的概念内涵，另一方面是与创意密切相关的概念，如创造性、创造性思维和创新等概念之间交叉混用

① 张玉利，李乾文，陈寒松. 创业管理理论的最新评述及研究趋势[J]. 预测，2004，23（4）：20-25，32.

② Shane S，Venkataraman S. The promise of entrepreneurship as a field of research[J]. Academy of Management Review，2000，25（1）：217-226.

现象较为突出。所以，要界定创意，需要从概念界定的形式逻辑要求入手，在对比分析中找到“属加种差”（被定义项=种差+邻近的属）。和创意密切相关的创造、创造性思维、创新等概念之间的辨析，如表 4-1 所示。

表 4-1　创造、创造性思维与创新的比较

<table>
<tr><th>概念</th><th>概念本质</th><th>概念差异性</th><th>相同之处</th><th>相互关系</th></tr>
<tr><td>创造</td><td>产生具有独特特性和价值成果的行为</td><td>既包括意识范畴成果，也包括物质范畴（如实物产品）成果</td><td rowspan="3">都具有新颖性、可行性和价值，并且既强调了成果的特性，又强调了实现过程</td><td rowspan="3">创造性思维是基础，其形成和产出就是创造，创造性思维产出结果的商业化就是创新</td></tr>
<tr><td>创造性思维</td><td>意识范畴创造性成果</td><td>既新颖又追求实用性的思考模式</td></tr>
<tr><td>创新</td><td>付诸行动的一切新想法</td><td>发明（新思想）的商业化过程及结果</td></tr>
</table>

资料来源：李宇，陈文婷. 创新创业基础[M]. 大连：东北财经大学出版社，2018

知识库

名人名言——创意

▪ 创造其实只不过是在串联事物。当你问那些有创意的人他们是怎么做到的，他们都会感到些许罪恶感，因为他们并没有凭空创造出什么，只不过是发现了它们而已。——史蒂夫·乔布斯

▪ 创意不只是在于与众不同。任何人都可以作出奇怪的东西，那是很简单的。困难的是，像巴赫一样作出简单却精彩的作品，那才是创意。——查尔斯·明格斯

▪ 创意是源源不断的。你用得越多，就拥有得越多。——玛雅·安吉罗

二、创业机会的内涵

（一）创业机会的概念

创业机会主要是指具有较强吸引力的、较为持久的有利于创业的商业机会，创业者据此可以为客户提供有价值的产品或服务，同时使创业者自身获益。

一方面，创业者要善于抓住机会，把握住了每个稍纵即逝的创业机会，就等于成功了一半。另一方面，我们也经常看到，有的创业者认为自己有很好的想法和点子，对创业充满信心，但是并不是每个新想法或新点子都能转化为创业机会，许多创业者因为仅仅凭想法去创业而失败了。

（二）适合创业的机会

判断创意是否适合创业并不容易，需要天时和地利，也会因人而异。有价值的创意是否适合于创业，还需要考察创业机会的特点。有的创业机会让现存企业开发更合适，而有的创业机会则对新企业有利。创建新企业的过程中面临的困难之一，是经营现存企业的人也想从机会开发中获益。因此，创业者不仅需要识别有价值的创业机会，还必须清醒地判断该创业机会是否适合新创业者去开发。

创业者需要开发适合个人和新企业的机会，且这种优势必须足够大，以抵消现存企业所拥有的优势，创业者经常关注现存企业，特别是大企业不愿意做或做不好的事情，关注利基市场就是创业者经常采取的策略。利基市场容量有限，利润相对薄，大企业人多、成本高，效率也经常会因规模大而降低，开发利基市场不仅没有优势反而会造成局部亏损。当然，创业者不能只寄期望于大企业留下的空间，也应该积极探寻那些对自己有利的机会。

三、创业机会识别

（一）创业机会的识别过程

1. 创业机会识别的总体框架

图 4-1 阐述了创业机会识别过程的基本框架。机会识别是创业者与外部环境（机会来源）的一个互动过程，从图 4-1 可以看出，在这个过程中，创业者根据自己的特征，通过各种渠道与手段获取到外部环境的信息，从而识别出当前顾客仍需要解决的问题，即从当前的产品、服务、原材料和组织方式等方面存在的不足，找到改进或创造“目的-手段”关系的可能性，最终找出带来新产品、新服务、新原材料和新组织方式的创业机会。

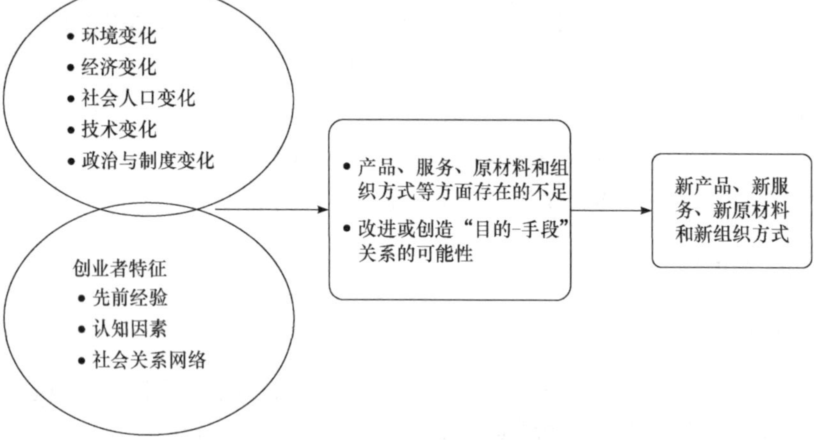

图 4-1 创业机会识别过程的基本框架

资料来源：吴勇，李彬源，周勇军. 创新创业基础[M]. 上海：上海交通大学出版社，2017

2. 创业机会识别的阶段

对于创业者个体而言，创业机会识别过程可分为五个阶段：准备、孵化、洞察、评价和阐述。如果在某个阶段，创业者停顿下来或没有足够信息使识别过程继续下去，那么他的最佳选择就是返回到准备阶段，以便在继续前进之前获得更多的知识和经验。

一是准备阶段。这主要指创业者带入机会识别过程中的背景、经验和知识。因为50%～90%的初创企业创意来自于个人的先前工作经验。

二是孵化阶段。这是个人仔细考虑创意或思考问题的阶段，也是对事情进行深思熟虑的时期。这个阶段需要创业者个人对创意进行系统思考及对各类问题反复推敲，是识别过程中仔细谋划的时期。孵化阶段很重要，不管创业者个体有没有意识到，相关的行为都会出现。

三是洞察阶段。此时问题的解决办法被发现或创意得以产生，这是创业者识别出机会的阶段。这一阶段可能会向前发展，也有可能会使创业者返回到准备阶段。例如，创业者虽然意识到机会具有某种潜力或价值，但仍存在一些难以克服的难题，那么创业者会认为在实现之前需要更多的准备。

四是评价阶段。这是创业机会识别过程中仔细审查创意并分析其可行性的阶段。评价是创业机会识别过程中特别具有挑战性的阶段，因为它要求创业者对创意的可行性采取客观的看法。

五是阐述阶段。这是创意变为最终形式的阶段，此时创意差不多变为了有价值的东西，诸如新产品、新服务或新商业概念，甚至已经形成了能够实现价值的商业模式。需要说明的是，如果创业者在以上某个阶段停留或者缺少足够信息识别，那么建议重新回到第一阶段，继续准备以便在继续前进之前获得更多经验与知识。

（二）创业机会的识别方法

较为常用的创业机会识别的方法有以下五种：创造需求、系统分析、新眼光调查、问题分析、顾客建议。其中一些来自于启发或者经验，另一些则很复杂，需要市场研究专家等外部力量的支持。

（1）创造需求。这种方法在新技术行业较为常见，通过探索新技术、新知识、新模式或新产品去满足市场需求，进而实现其商业价值。通过创造需求而获得机会的难度是很大的，风险也更高，但如果能够成功，其回报也更大。

（2）系统分析。在实际创业过程中，很多机会可以通过系统分析得到识别。创业者个人可以通过分析宏观环境（政治、经济、技术发展、社会现状、国际化趋势、地理特征等）和微观环境（行业情况、消费者等）的状况识别机会。通过市场调查，从环境变化中寻找并判断机会，这是创业机会识别的一般规律。

（3）新眼光调查。创业者个人研究某人的发现或出版的著作时，就是进行调查。利用互联网搜索数据、在报纸上寻找所需信息的文章等都是调查的形式。大量获取信息对发现问题以及更加快速地切入问题很有帮助。创业者在调查中要学会问问题，同时通过不断地获取信息，建立自己的直觉，眼光也将不断得到拓展，并获得很多看问题的新方法。

（4）问题分析。这种方法需要创业者首先辨识出个人或社会尚未被满足的需求或亟待解决的问题，这些需求与问题有时很清楚，有时却很模糊，它们可能被创业者识别到也可能被忽略。问题分析可以尝试去寻找“什么才是最佳的”。对于创业者来说，识别机会的基本原则是一个解决方案是否有效且有回报，否则就毫无意义。

（5）顾客建议。顾客建议多种多样，他们了解产品和服务，更有可能发现新的机会。虽然顾客的建议多样，但某些非正式建议，如“是否这样会更好”也可能让创业者识别出新的机会，创造出新的产品或服务。

知识库

名人名言——创业

- 当一个新生事物出现,只有 5%的人知道时赶紧做，这就是机会，做早就是先机；当有 50%的人知道时，你做个消费者就行了；当超过 50%时，你看都不用去看了! ——李嘉诚
- 今天起，强迫自己每天想一个创意，你将不难发现到处都有赚钱的机会。——藤田田
- 产品要受到消费者喜欢，首先自己要对其满意。——盛田昭夫

第二节 创新来源框架

一个苹果砸出了牛顿力学；入睡的瓦特被一阵开水的响声吵醒，发明了蒸汽机。这是创新中的顿悟。创新不只有顿悟或者灵感突现，创新还有许多来源，如意外发现、观察他人、重组创新、改变规则、知识推动、需求拉动、用户自发创新、对未来的探索等。管理大师彼得·德鲁克（Peter Drucker，现代管理学之父）说：“有些创新的确来自天才的灵光一现，但大多数创新都源自对创新机遇的苦心寻求，即系统化创新。系统化创新始于对创新机遇源头的分析。”①

一、创新的来源

创新是组织持续发展的动力，是一个以新颖的观点或方法发现问题并解决问题的过程。创新有它的内在动力和机缘，识别和发现创新的来源是创新管理的关键内容。创新产生于人们对幸福和美满的追求，以及对危机、风险的规避。识别创新来源、把握创新机会是成功创新的基础。那么,创新究竟来源于何处呢？怎样识别和掌握创新的来源呢？存在一种稳定、可靠的分析方法来帮助人们识别创新的来源吗？

按照彼得·德鲁克的观点，创新来源于变化，正是由于变化的不确定性，企业才需要创新，需要企业家以敏锐的眼光、善于发现的头脑去把握创新的机会。埃里克·冯·希普尔（Eric von Hippel）对创新来源的分类突破了技术创新主要是由制造商完成这一传统观点的束缚，提出了创新策源理论，使企业可以根据自身的职能进行技术创新的合理定位，从而获得创新的发展②。印度学者 P.N.康得瓦拉也对创新的源泉进行了研究。他特别强调管理者的素质对创新的影响，因为创新的最终实施还是要通过管理者来影响成员，最终通过成员的集体努力来达成③。

① 彼得·德鲁克. 创新与企业家精神[M]. 蔡文燕译. 北京：机械工业出版社，2007.
② 埃里克·冯·希普尔. 创新的源泉[M]. 柳卸林，陈道斌，等译. 北京：知识产权出版社，2005.
③ P.N.康德瓦拉. 创新管理：保持并拓展你的优势[M]. 张谊译. 北京：华夏出版社，2005.

（一）企业创新来源的分析

创新来源的不同决定了企业在把握创新来源时需要做的工作也不同。创新的来源可以来源于企业内部，也可以来源于企业外部，具体有：一是凝聚于发展企业组织的内核要素；二是外部固有的渠道。创新的内部稳定来源包括共同愿景、企业文化、核心竞争力、企业家精神、执行力等。创新的外部稳定来源是指与企业的存续活动有相关性，企业虽不能直接控制，却是相对稳定、可长期利用的因素，如大学、政府部门的基础研究、稳定的供应商关系和客户关系等。

（二）企业创新的内部稳定来源

1. 共同愿景

通俗地讲，愿景是我们期望达到的景象，是发自我们内心的、可实现的景象，是组织中的成员普遍接受和认同的寄予未来的景象。共同愿景会使组织成员产生共同的目标感和使命感，它绘制出企业未来发展的整体蓝图，凝聚成员的力量，引领成员为达成企业目标而满腔热情地奋斗，是企业持续发展的原动力。

2. 企业文化

20 世纪 80 年代，威廉·大内（William Ouchi，Z 理论创始人，是最早提出企业文化概念的人，日裔美籍管理学家）等开始研究第二次世界大战结束后日本企业为什么会在短时期内迅速发展的基础上形成企业文化理论。威廉·大内认为，企业文化是"进取、守势、灵活性，即确定活动、意见和行为模式的价值观"。总体来说，企业文化就是企业在长期发展过程中积累而成的一套价值理念，以及成员在实践过程中自觉的行为方式。积极向上的企业文化可以增强成员的凝聚力与战斗力，激发成员的创新精神。而且企业一旦形成自己的核心价值理念和行为方式，就具有相对的稳定性，具有创新性的企业文化甚至能使员工形成创新的习惯，所以企业文化是创新的一项稳定来源。

3. 核心竞争力

"核心竞争力"是美国经济学家普拉哈拉德（Prahalad，核心竞争力理论的创始人之一）和哈默尔（Hamel，战略大师，当今商界战略管理的领路人）于 1990 年合著的《公司核心竞争力》一文中提出的，他们认为核心竞争力是"组织中的积累性学识，特别是如何协调不同的生产技能和有机整合多种技术流派的学识"，"就短期而言，公司产品的质量和性能决定公司的竞争力，但从长期而言，起决定作用的是造就和增强公司的核心竞争力"。核心竞争力是企业在长期发展过程中培育、积累和沉淀下来的，是其他企业难以模仿和复制的。本田公司的核心竞争力是发动机技术，佳能公司的核心竞争力是光纤技术和微电子技术，索尼公司的核心竞争力是小型化技术，宝马汽车公司的核心竞争力是豪华车生产技术，美国西南航空公司的核心竞争力是低成本的管理能力。这些核心竞争力是其他企业难以复制的，从而对新企业的进入形成了强大的壁垒，使拥有核心竞争力的企业能够在行业内保持长期的竞争优势。

4. 企业家精神

"企业家精神"最初是由富兰克·H.奈特（Frank H.Netter，美国经济学家，20 世纪的经济学巨擘之一）提出来的，意思是指企业家的才华、能力[①]。一些经济学家认为，企业家精神是一种稀缺资源，把企业家精神定义为企业管理者对稀缺资源的配置能力。彼得·德鲁克更是认为，企业家精神的本质就是创新。蒙代尔（Robert A. Mundell，1999 年诺贝尔经济学奖获得者，"最优货币区理论"的奠基人，被誉为"欧元之父"）认为，"没有企业家精神，企业就难以生存"。企业家带动了企业的发展，引领企业成员朝气蓬勃地不断创新。IBM[②]的沃森父子，以及郭士纳、惠普的创始人休利特和帕卡德，福特的创始人老福特以及 GE[③]的韦尔奇等一批企业家明星，敢为人先、勇于创新、不断进取，从而推动了企业的发展，带动了社会的进步。企业家精神是创新的一项稳定来源，反映了企业家永无止境的追求。

5. 执行力

"没有执行力，就没有竞争力。"执行力，即贯彻、实施企业的战略决策的能力。保罗·托马斯（Paul Thomas）和大卫·伯恩（David Byrne）在其《执行力》一书中描述道："满街的咖啡店，唯有星巴克一枝独秀；同是做 PC[④]，唯有戴尔独占鳌头；都是做超市，唯有沃尔玛雄居零售业榜首。而造成这些不同的原因，则是各个企业执行力的差异，那些在激烈的竞争中能够最终胜出的企业无疑都具有很强的执行力。"[⑤]一个追求卓越的企业可能有许多创新策略，这些创新策略很多都是美好的，甚至没有错误，但却没有成功，究其原因，在于领导者的执行力差，好的策略没有得到有效执行。而像 IBM、GE、沃尔玛、微软等公司之所以能取得成功，杰出的执行力是其中一项关键要素。杰出的执行力是企业创新的稳定来源，或者说执行力本身就是创新或创新的延续。

（三）企业创新的外部稳定来源

企业创新的外部稳定来源是与企业存续相关联的、具有稳定性的组织或群体，这些来源从本质上看属于利益相关者。企业从研究组织那里可以得到科学理论方面的先导性的信息，也可以从供应商或渠道商那里获得市场变化的信息，这是企业必须面对的，也是必然要面对的，而最佳的选择是企业自觉地去寻找科学成果并将其转化成市场上的商品或服务业务。

二、创新的源泉

彼得·德鲁克在其《创新与企业家精神》一书中指出，"大多数成功的创新都很平凡，它们只是利用了变化而已。掌握方法，企业家就能对创新来源进行一个盘查"[⑥]。因此，

---

① 富兰克·H.奈特. 风险、不确定性和利润[M]. 王宇，王文玉译. 北京：中国人民大学出版社，2005.

② IBM（International Business Machines Corporation），常被翻译为国际商业机器公司或万国商业机器公司。

③ GE（General Electric Company），即美国通用电气公司，创立于 1892 年，又称奇异公司。

④ PC 即个人计算机（personal computer）。

⑤ 保罗·托马斯，大卫·伯恩. 执行力：没有执行力·就没有竞争力[M]. 白山译. 北京：中国长安出版社，2003.

⑥ 彼得·德鲁克. 创新与企业家精神[M]. 蔡文燕译. 北京：机械工业出版社，2018.

大多数有效的创新并不是来自于突发奇想，而很可能是有规律和方法可循的。同时，彼得·德鲁克还提出了关于创新的七个来源。

1. 第一个来源：意外事件

意外的事件是世界上很多著名创新发现的来源。意外事件往往因为改变了周围的变量因素，而让某种新的理论、新的事物展现出来，如果能够抓住它就可以走上创新之路。但是意外事件也只是其中的一个成因而已。意外事件之所以创造了伟大的创新和发明还得益于那些在意外事件发生过程中所参与的人。

2. 第二个来源：不协调事件

人类的很多发展和创新，都是因为不协调所激发的。当流程或者需求与现实状况产生巨大的不协调的时候，科学家们会努力思考如何去解决。和意外事件不同，以不协调事件为来源的创新主要是一种被动的以事件为中心的创新。

3. 第三个来源：流程需求

和不协调事件相似，流程需求作为创新来源，往往也是为了解决某些问题。但是两者的最大不同之处在于，不协调事件的核心围绕某一事件，而流程需求则主要面对一个需要去完成任务。换句话说，不协调事件激发人们去创新以解决这些不协调事件，而流程需求则是通过某些预测或者推论提早发现问题，并迫使组织创新以便为之发展铺平道路。

4. 第四个来源：市场和产业结构

市场和产业结构发生变化往往会促使创新的出现，反过来针对市场和产业结构创新，以改变现有格局也是一种创新的有效方式。美国在 20 世纪初期汽车产业的技术创新是最有力的证明之一。

5. 第五个来源：人口变化

人口变化包括人口规模、年龄结构、人口组合、就业情况、教育情况以及收入的变化。人口变化往往能引发技术创新的出现。因为人口变化对商品类型、购物者以及购买的数量都有重大影响。

6. 第六个来源：认知的变化

从数学上说，“杯子是半满的”和“杯子是半空的”没有任何区别。但是这两句话的意义却完全不同，造成的结果也不一样，如果一般的认知从看见杯子是“半满”的改变为看见杯子是“半空”的，那么这里就存在着重大的创新机遇。

7. 第七个来源：新知识

基于知识的创新是企业家精神的“超级巨星”。它是人们通常所指的创新。当然，并不是所有基于知识的创新都非常重要——有些的确微不足道。但是在创造历史的创新中，基于知识的创新占有很重要的份量。然而，知识并不一定都是指科技方面的，基于知识的社会创新有时甚至更加重要。

基于知识的创新所需的时间最长。首先，新知识和它成为可应用的技术之间有很长的时间跨度。其次，新技术转变为产品、工艺或服务又需要很长时间。

第三节　创新搜索战略

创新的来源很多，信息纷繁复杂，就如同在搜索引擎中搜索某个关键词会出来许多结果，有的相关度较高，有的则基本无用。那么如何有效地进行搜索呢？实际上，即便是大型的企业或组织都无法有效应对搜索的随意性，对于独立的创业者仅依靠其有限的资源就更加困难了，这意味着他们必须开发出一套有效的搜索方法①。

一、创新搜索空间地图

在展开创新搜索之前，有必要构建一张搜索地图，用地图去覆盖待搜索的区域。为此，可构建一个简单的坐标系，以此来覆盖搜索空间。

（一）渐进式和突破式创新

可以认为渐进式创新完成的是“做得比别人更好”的任务，而突破式创新完成的是“做得和别人不同”的任务。

突破式创新一般可能带来更大的收获，同时也伴随着较高的风险或成本。因为这意味着我们需要进入陌生的领域进行探索，我们不能完全确认前进的方向和路径是否正确，因而很有可能失败。在这种方式下，我们用来进行创新搜索的工具和类型，可能有所不同。

基于以上，可以将渐进式的这一端到突破式的那一端设置为纵轴，即从“做得比别人更好”到“做得和别人不同”。

（二）现有框架和新框架创新

面对纷繁复杂的外部信息，人们总有一套自己去接受、消化和处理的模式，相似的情况也在个体创业者、企业和组织中依然存在。他们“观察”外部环境并且注意那些他们认为相关的事物、机会、风险、竞争、合作等，其实就是一套他们自己的模式或框架。构建这样的框架能够为组织带来一定的稳定性，但这也限制了创新可能性的搜索空间。而这种框架一旦牢固地建立起来，就会成为一种“盒子”，未来创新就会发生在盒子的内部。

突破“盒子”的思考和工作往往是非常困难的，这需要你，至少你的思维跳出“盒子”。因为组织每天工作所需的流程、规范和工具都受到“盒子”的约束，而且这种框架和组织中的其他部门、成员，甚至竞争对手、客户和供应商均有联系，一定程度上还会加固这种框架，使其更加难以突破，整条链上的组织、角色莫不如此。对于个人，约束看上去少些，但由于个人的智慧和力量有限，阻力同样很大。

尽管那些框架十分强大，但历史上仍有很多成功的创业者，他们通过不同的方式观察世界以搜索并发现机会，这些突破框架的创业者看待事物的新方式屡屡成为后人普遍

---

① 约翰·贝赞特，乔·蒂德.创新与创业管理[M]. 2 版. 牛芳，池军，田新，等译.北京：机械工业出版社，2013

接受的方案，而他们的创新也往往改变整个游戏的规则。类似的，可将创新搜索从旧框架到新框架的过渡过程设置为横轴。

（三）创新搜索空间地图的建立

将上述两个维度联系在一起构建一个坐标系，就可以得到创新搜索空间地图，如图 4-2 所示。

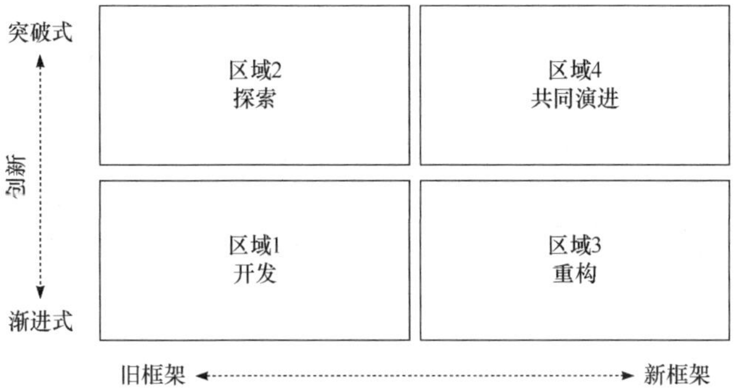

图 4-2 创新搜索空间地图

资料来源：约翰・贝赞特，乔・蒂德.创新与创业管理[M]. 2 版. 牛芳，池军，田新，等译.北京：机械工业出版社，2013

纵轴表示突破式 / 渐进式创新的程度，横轴表示不同的框架，基于此来分析个体和组织可以采取的战略。对此，首先需要搞清一个重要问题：开发还是探索。

1）开发

利用我们已经知道的事物作为基础进行渐进式创新。组织或个体利用知识资源或者其他资产，用一条“安全”的路径，将事情做得更好来保证期望的收益，创新研究者称之为“开发”。但这种创新容易产生路径依赖，换言之，过去的经历会在很大程度上对我们未来的行为产生影响。

2）探索

跨越至新的知识领域，这一领域虽然充满了风险但能够使组织做新的和不同的事情，这种创新被称作“探索”。现今环境充满不确定因素，要确保竞争优势很多时候需要依赖于“做不同的事”，即革命性的产品或流程创新，而不是对现有产品的模仿和变形。

无论是私人企业竞争还是公共服务领域改革，我们需要充分认识到“开发”也许并不是一种最佳的战略。曾经我们以为，短信和通话业务的质量与资费已经很体贴用户的时候，微信横空出世，几乎让短信全军覆灭，让手机通话不再是唯一的选择，让电信运营商痛不欲生，而腾讯则成长为真正的巨无霸和生态的所有者，这是一个典型的案例。当今世界，打败一个传统业务或厂家很大程度上已经不再一定是同行所为。突破性的创新往往碾压了改良，因此需要学习一些探索机会的新方法来帮助解决这些问题。

二、创新搜索的战略

（一）开发式

图 4-2 中，区域 1 对应的是“开发”，如前所述，这是一种渐进式的改善，一般发生

在稳定和共享的框架下。在这里，搜索基于原有的框架，即遵从组织的流程、规范，按照组织中既定的创新搜索方法论开展搜索活动。搜索活动一般包括拓宽或加深与现有关键参与者的关系，贴近供应商、销售渠道或客户，建立战略联盟等。个人创业者，也应着眼于产业链，搜寻和自己的创业方向相同或相近的部分。

但显而易见，这类搜索行为会受到较大的外部影响和制约，也因此需要组织或个人加强和外部网络（如顾客、供应商及其所处环境中其他的相关者）的联系。

另外，我们也应看到，搜索问题、将其定义清楚并进行推广会使得一些相关但非专业人士也参与进来，他们可能会质疑搜索结果和创新的关系。因为这些职能部门或个人通常都会站在自己的角度提出意见，而提出伊始，创新者未必能清晰地看到它们和创新本身的关系或价值，然而，这本身就是创新搜索过程中一个非常有意义的环节。

例如，公司的采购部门也能像营销和市场那样提供具有价值的搜索渠道——因为他们能够与外部相关者保持接触；业务的流程创新可以通过吸收来自组织内部的渐进式的改进建议来完成，这正是日本持续改善管理方法的具体应用。

（二）探索式

区域 2 对应的是“探索”，包括搜索新的疆域、将已知边界向外拓展或采取不同的搜索技术，但这种探索仍然在已有的框架中进行。例如，企业中，新技术、新产品的研发和演进由路标来设定，路标受到市场和业务发展战略的约束，业务的发展和存续又受到组织整体战略的约束或监控，这种制约本身就是框架的一部分。类似的还有市场策略创新，其目的在于通过贴近用户的设计、潜在需求分析等方式增强客户的黏性。这些行为都具有风险性和实验性，但仍在现有框架的监控之下，这种框架对所有参与者的行为，包括其创新战略产生制约作用。

上述探索一般要求组织内架构的专业化达到较高的水平。组织或个人在实际操作过程中，有时还会引入外部专业资源，如大学、公共实验室、商业实验室或面向特定领域的战略联盟等。类似地，市场研究工作也因为高度专业化而经常需要商业性中介机构的参与或介入。

创业者一般都能敏锐地感觉到区域 2 可能存在重大的机会，即拥有高度专业化知识的个体或新创企业，如从大学拆分出的高科技企业，很有可能成为大型企业青睐的对象。这种对新的和现有的企业都有利的相互依赖的共生模式在制药、电子、软件和生物科技行业相当普遍。

（三）打破框架式

区域 3 对应的是“重构”，包括搜索可能产生新架构的空间，探索环境中各种要素的新排列组合。

举例来说，廉价航空市场并没有采用新的产品和流程，拥有或可利用的资源依然还是机场、飞机等，但航空公司可以通过识别市场中的新要素，如学生、老人，即那些之前没有使用过飞行交通工具，但一旦价格下降就极有可能购买航空服务的人群，针对性进行产品、流程或合作模式的创新，如在线预订、付款和开票，与热门的旅游服务公司合作等，其结果是重新构建并创造了新的市场空间。

在区域 3 搜索到的创新结果往往可以使企业和现有组织以外的创业者获得双赢，因为他们能够采用新的视角另辟蹊径，面向新的要素构建新的服务方式。最重要的是，这不一定是在核心产品或流程方面采用突破式创新，而更多的是通过改变要素或其组合方式加以实现。

有时组织或个人需要在关键环节改变视角、调整方向，以便在不同条件下生存和竞争。日本富士公司是一家照片和影像行业的全球性厂商，该公司在坚持了传统产品多年之后，利用其在现有业务上积累的丰富经验，将其业务延伸至皮肤护理行业并开始扮演重要角色，这表明公司在重构过程中开启了新的创新空间。站在个人创业者的角度，如具备基础学科知识（如数学、物理、计算机等）的创业者或小型团体，因其专业的普适性，会更加契合这种重构式的创新搜索特点。

（四）复杂环境探索

区域 4 对应的是“共同演进”，面向复杂环境，创新在产品或流程的演进中逐渐浮现出来。在共同演进的过程中，由于不同要素之间相互也会影响，结果难以预测，因而导致创新的轮廓不那么清晰。

例如，健康护理产业很难在更高的需求、人口老龄化和开支缩减的压力下生存长久。有相当多的因素，如技术、市场、全球分销、公共 / 私人部门的拆分、不同利益群体的游说等，使得准确预测未来可能出现的新模式变得困难。

此时，我们往往需要应用一些简单规则或原则在区域 4 这个创新空间开展工作。这种模式通过内部各种因素看似“无序”的交互作用使系统转到一个特定的方向并逐步稳定下来，这时候主导模式就出现了。就好像在创新生命周期的某个阶段，我们能够发现大量的证据——此时技术和市场的新组合相互交织，众多的创业者在不断尝试各种想法，最终在一片混乱中，某个主流方向或方式出现并占据了先机，进而确定了未来的创新模式。汽车和自行车就是这方面的例子。

在这种复杂空间下工作的创业者需要了解一些规则①。

（1）尽早参与。最终的主导设计有时在初期就已出现了，参与晚的话有可能会错过机会。

（2）活跃参与，准备试验。复杂性往往导致不存在绝对正确或最佳的答案，因此需要积极尝试。

（3）为失败做好准备。在区域 4 工作是尝试和学习的过程，很多努力是无效的。

（4）留意系统中已经发现的微弱信号并且放大那些有效的信号。

此外，创业组织或个人还需要充分意识到在这个领域中没有既定的模式，这一点非常重要。这对那些抱有创业心态、准备好采用不同方式观察事物、愿意接受新方式并充分利用新机会的人是有利的。

① 约翰·贝赞特，乔·蒂德. 创新与创业管理[M]. 2 版. 牛芳，池军，田新，等译.北京：机械工业出版社，2013.

三、创新搜索的方法

（一）构建广泛网络

创新过程中，和潜在资源建立广泛而深入的联系非常重要。例如，20 世纪 50 年代英国的研究表明，一个成功的创新公司和不那么成功的公司的关键区别在于，其和创新资源联系的“广泛”程度。创建新企业的创业者知道构建社会网络的重要性：寻找机会的精髓在于建立他人也许会忽略的联系。

如果我们进入探索空间，这一点则尤其重要。我们需要不同的知识结构和视角。创新一直是一个多角色游戏，需要来自不同知识储备的参与者一起创造新鲜的东西。

现今，客户的想法和期望对产品、服务的创新产生了愈加重要的影响。因此，众多的技术或方法被开发出来以获取这些真实的想法和期望，而以用户为中心进行设计的趋势已经逐步成为主流，这一点在服务行业的创新中体现得尤为明显。

未来，以活跃的用户作为创新合作者有可能带来更多的贡献，这是一种被称作“大规模客户化”的趋势。像宝洁公司这样的研发大户（年度研发预算大约 30 亿美元，全球研发科学家和工程师超过 7000 人）也在从根本上重新思考公司的研发模式，将其口号从“研究与开发”转向“联系与开发”，其目的是从封闭式创新改为 50%的创新外包。

（二）开放式搜索

在“探索”创新空间，具备不同的视角十分重要，而作为创新成功的关键要素，广泛建立网络以及与关键利益相关者建立强有力的关系已经是创新研究的共识。以下列举了一些方法。

1. 派出侦察员

这是一种常规途径，却往往行之有效。其内容包括派遣员工（全职或兼职，在有些国家他们被称为创意猎头）执行搜索活动以捕捉好的创意。他们搜索技术触发器、正在浮现的市场或趋势、竞争者行为等，其共通之处在于在意料之外寻找发现。搜索不限于组织所在的行业，也包括其他行业或者与当前行业完全无关的其他领域。对于创业个人或小团体而言，通常都需要躬身力行。

2. 探索多重未来

探索多重未来是一种全新的视角，它所采用的思维拓宽了现有框架。其做法之一是直接探索，因为许多对未来的研究提供了某些可能引发创新的创意资源，尤其是那些没有遵循原有技术路径的项目。壳牌的“游戏政变”计划就是其中一例，在实施过程中，它尽可能使用那些从未用过的方法来识别可能的未来业务。

探索多重未来方法的另一个实践是建立“概念”模型或原型，通过对模型或原型引入不同的输入方式以探索可能的后续反应。例如，汽车工业常用的概念车不是一个产品模型，而是一种用于理解和修正未来可能产品的原型。

3. 利用网络

互联网是开展搜索的常规区域，那里有丰富的资源和强大的搜索引擎以助力创新的搜索。网站中介服务将需求和手段联系起来，创造了一个全球范围的创意市场，以提供大量的预兆信号。一个走得更远的扩展是将网页作为开放式的工具，就像一个实验室，用以引导试验、测试原型。例如，网站第二人生（www.secondlife.com）——一个人们可将自身的渴望和兴趣投注于此的游戏空间，它能够提供大量的早期创新信号，甚至创造新的趋势。例如，2006 年美国成衣零售商 American Apparel①在第二人生上开设了一间虚拟商店，用于商品的在线展示和销售。还有宝马公司，在其上建立了一个虚拟创新代理——一个允许外部供应商和用户发表意见的论坛，用于讨论与产品或流程相关的任何话题。

4. 和活跃用户合作

当前出现了一种新的搜索方式，就是将用户看作创新过程中的活跃参与者，而不再仅仅是被动的消费者。用户的创意和洞察有利于打开新思路，创造出新的市场、产品和服务。目前这种方式所面临的主要挑战是如何识别真正的活跃参与者并与之合作，同时还需规避恶意的搅局者。

活跃用户往往处于主流的前端，根据扩散理论，他们甚至不是早期采用者，而是活跃创新者。他们容忍失败、承认犯错，但在错误中也能学到更多。因此他们有浓厚的兴趣参加“Beta 测试”、开发软件或其他的在线产品。活跃用户喜欢参与并不仅仅是因为他们对产品和服务充满疑问，而是他们愿意提供改进建议。比如，乐高公司发现在其用户——开发者社区中参与者的主要动机在于他们的创意所产生的产品是否被实际采纳并创造出来。

5. 深入挖掘

现代市场调查往往从访谈等倾听“顾客的声音”开始，但有时人们说的和实际做的并不一致。因此，其他一些方法被引入以挖掘在特定场景下需求的相关信息。研究者通过观察、融入研究对象的日常生活等方式获得更加深入的体验，而不是仅仅通过询问。“深入挖掘”是用以描述此类方法的一种术语，其他还有“体验设计”等。这些方法已被广泛采用，并逐步成为一种有效的创新工具。

英国航空港管理局（British Airports Authority，BAA）曾作了一些研究用于调查 2020 年的用户概况及需求。比如，通过观察老年人在机场的行为，他们注意到老年人比较频繁地去卫生间，于是便在第 5 候机楼修建了更多的卫生间。然而，当有人跟随他们去了卫生间才发现，他们去那儿并不是为了上厕所，而是洗手间比较安静，人们可以听清广播。

6. 探索和学习

对于创新，一种行之有效的方法就是先弄出一个东西来试试，然后从结果中学习，尽管其结果可能是失败的。采用这种方法，新兴的趋势、潜在的设计等都可以在一个连续性的学习过程中被探索出来。

这种原型方法特别适用于产品型公司，如 Bang & Olufsen 公司②重新建立了原型部门，并将其作为公司创新的核心。原型部门尽可能早地参与创意，为创新过程提供了强有力的支持。

① American Apparel 中文名为 AA 美国服饰，由 Dov Charney 创建于 1986 年，公司总部位于美国洛杉矶。

② Bang & Olufsen 是 1925 年在丹麦斯特鲁尔（Struer）创建的世界顶级视听品牌。

7. 公司创业

对于大型组织来说，它们擅长在熟悉的领域以及既定的框架内寻找机会，因此，它们需要寻找新的方法向组织外部搜索。一种有效的方式就是公司创业：鼓励公司员工开展内部创业。一种被广泛应用的方式是建立特别团队，并为其提供宽松的环境和合理的预算以探索多样化的可能。公司创业定义很宽泛，包括从简单的资金投入（用于内部或外部创意搜索均可）到活跃搜索以及实施团队合并、分拆等。

例如，诺基亚发明了一种公司创业方法以支持创新搜索和发现，它的目的和宗旨是“让我们找找看，那些新玩意都在哪”。诺基亚也投资与移动互联网相关的新创公司，并且拥有一个名为“Innovent”的第三方团队，用于支持有望成为未来希望的新生创业者。

8. 利用中介和桥梁

派出侦察员或者利用互联网有可能带来的仅仅是大量的信息，却不一定能够带来新的有用的连接。管理所面临的难题之一就是管理网络，不管是组织内部还是外部网络。越来越多的组织利用社交网络工具和技术去构建和管理其网络，并定位什么位置能够产生联系，这是一个正在成长的专业服务领域，这些组织可被认为是提供特殊服务的专业中介。中介是一种得到广泛使用的方法，用以帮助社会创业者和可能获取的资源（如资金、知识、员工和那些愿意提供服务的人们）建立联系。

（三）搜索组织内部

许多创新案例表明，经验和创业能力都十分“普通”的员工群体事实上也掌握了许多知识，尤其是生产或业务流程中各种必要的细节，而这些细节往往是创新的起点或关键点。因此，越来越多的公司或组织都不约而同地发起或采用某种称之为“参与创新”的活动将知识和经验也作为创新的资源，如创新奖励计划、问题处理小组和创新竞赛等。

许多公司或组织都意识到，员工的能量和激情足以带来新的创意。而当搜索转移至探索模式时，员工的创意往往会成为公司内部创新的一个重要来源。这使得鼓励内部企业家精神（“内部创业”）越来越流行，像 3M（Minnesota Mining and Manufacturing Corporation，美国企业，于 1902 年成立，素以产品种类繁多、锐意创新而著称于世）和谷歌（Google，美国企业，全球最大的搜索引擎公司，业务包括互联网搜索、云计算、广告技术等，同时开发并提供大量基于互联网的产品与服务）这样的公司试图用一种半正式的方式匹配这种趋势，并且为员工分配一定的时间和空间用以探索他们自己的创意。

部分案例中，公司鼓励一种“私下干”的文化氛围，这是一种对相关创意的战术性支持。一个典型的例子是宝马公司的“U 形船项目”，即宝马 3 系，这是和公司打造高品质、高性能跑车的主流想法不一致的。只有一个小组的员工为该项目工作，甚至只能用一部大众老式的老爷车——兔牌汽车作为原型，这在开始被认为是一种不上台面的“试水”，然而结果却令人惊喜十足——这款车在新市场中获得了空前的成功。

四、创新搜索的空间

现在回到本节之初的创新空间地图，我们可以看到，当跨越不同的区域时，创新搜索需要采用不同的方法，包括结构、工具和技术等。表 4-2 提供了相关概览。

表 4-2　创新搜索空间

序号	区域	挑战	工具和技术	结构
1	“业务不变”：在固定条件下的创新，对核心业务模式干扰很少	开发：扩展和改进现有技术和市场边界增量，和关键参与者建立紧密和强有力的联系	▪ 新产品/服务开发的“最佳实践” ▪ 靠近顾客 ▪ 技术平台和系统开发工具	▪ 正式和主流结构 ▪ 组织内高度参与 ▪ 现有角色和功能（包括生产和采购等）
2	“业务模式不变”：在现有框架下探索	探索：通过尖端技术推动技术和市场边界搜索，和关键战略知识资源保持联系	▪ 研发和市场开发的搜索工具或技术 ▪ 扩大战略知识搜索范围	▪ 专业领域的正式投资，如研发和市场调查等
3	框架：采用环境中新的或其他要素；大量匹配、替代架构	▪ 重构：探索其他可能，引入新的要素 ▪ 试验和开放式搜索 ▪ 边界和外围很重要	▪ 可能的未来，微弱信号检测 ▪ 用户引导的创新 ▪ 极端的和边缘用户 ▪ 原型：探究和学习 ▪ 创造性技术私下开发	▪ 外围或即兴的 ▪ 挑战：授权工具 ▪ 创投小组 ▪ 内部创业，侦察员 ▪ 未来小组、中介、边界扩展和咨询代理
4	突破式：全新的领域和可能性。在未知和已有要素基础上建立的新架构	共同演进：需要和利益相关者共同营造，参与创新过程越早越好，越活跃越好	复杂理论：反馈和放大，探究和学习，原型机指导和利用边界对象	▪ 远离主流 ▪ 领有执照的梦想家 ▪ 外部代理和支持者

资料来源：约翰·贝赞特，乔·蒂德.创新与创业管理[M].2 版. 牛芳，池军，田新，等译.北京：机械工业出版社，2013

第四节　创业机会的特征与类型

许多创业者在一开始都认为自己有很好的想法和点子，对创业充满了信心。有想法有点子固然重要，但是并不是每个大胆的想法和新颖的点子都能转化为创业机会。许多创业者因为仅仅凭想法去创业而失败了。这说明对于想法或点子，应该还有一些关键信息没有考虑全面或根本不具备条件，需要进一步去挖掘和明晰。

一、创业机会特征

如何判断一个好的创业机会呢？《创业学》的作者杰弗里·蒂蒙斯教授（美国创业学教育和研究的领袖人物之一，有 “创业教育之父”之称）提出，好的创业机会具有以下四个特点：第一，它很能吸引顾客；第二，它能在你的商业环境中行得通；第三，它必须在机会的时间窗内被实施；第四，你必须有资源和技能才能创立业务。

综合以上，我们可以总结创业机会应具有以下特征。

（1）潜在性。创业机会并不是一种现实的、明确的、具有价值的产品或服务。创业机会从潜在的需求变成现实产品或服务的过程也是创业者不断躲避风险、创造价值的过程。

（2）持续性。创业项目呈现出一定的持续性特点。这里的持续性表示，创业机会持续一定的时间，从而使创业者有可能去发现、评价和开发利用。

（3）可行性。在实际的创业活动中，创业者必须利用整合到的资源，提出切实的战略开发方案，结合可行的创业机会，方可提升创业机会的价值。这里的可行性主要表示，创业机会不超出创业者所拥有的资源、利用资源的能力等必备条件的范围。

（4）实时性。实时性是指，创业机会必须在机会窗口存续期内加以开发利用。由于创业机会存在于一个动态的、发展变化的背景下，通常被比喻为“窗口”，这说明机会的实时性很重要。一般来说，市场规模越大，待定机会的时间跨度越大。但如果创业者一定要等到天时、地利、人和各种条件都具备的时候再开始实践，可能机会已经不复存在了。

二、创业机会类型

目前对创业机会理论进行研究的学者众多，各个研究者的研究领域不同，不同学科都有其特有的研究视角。因此，创业机会从不同角度看有多种分类方法。

1. 从环境变化角度看创业机会

1）技术机会

创业者通过对引进技术的消化、吸收与改进，也能够形成技术机会。创业者可以进行创造性模仿、消化、吸收引进技术，减少对技术提供方的依赖，实现更大的经济效益，甚至在新旧技术结构的相互适应下形成新的技术结构。创业者还能形成自我研究开发的能力，即根据市场的需要，通过自主开发研究，进行改革创新。

2）市场机会

市场机会也就是市场变化产生的创业机会。市场并非总是客观存在着机会，它需要创业者不断地探索寻找；需要创业者充分发挥想象力，发现事物背后的机会线索；需要创业者用新的观点去理解现实所发生的事物，从新的角度意识到机会的存在。

3）政策机会

随着我国市场经济的发展及人口的增长，劳动就业问题成为社会关注的焦点，促进创业也成为政府重点关注的问题之一。国家和地方各级政府（如劳动和社会保障、财政、金融、工商、税务等机构）纷纷出台了相关政策，给予创业者更多的支持。

2. 从目的-手段关系的角度看创业机会

1）目的-手段关系的明确程度

（1）发现型机会：目的或手段任意一方的状况未知，等待创业者去发掘机会。例如，一项技术被开发出来，但具体的商业化产品尚未具体出现，需要不断尝试来寻找市场机会。手机技术最早出现在战争中，后期才真正出现在市场为平民所用。发现型机会较为常见，是当前创业者在创业时主要的识别对象。

（2）识别型机会：市场中的目的-手段关系十分明显，如市场明显存在供不应求的情况时，创业者可通过目的-手段关系的有效连接来辨别机会。通常，识别型机会更多地出现在供需不平衡的市场中，对创业机会的创新程度要求不高，如果拥有更多的资源就可以较快进入市场。

（3）创造型机会：目的和手段都不明朗，因此创业者要能更敏锐地观察判断，从而创造出有市场价值的新机会。当然，这种状况下对创业者要求非常高，因为建立两者连接关系非常不易，但这种机会一旦被识别并被有效开发，伴随的利润和风险也是巨大的。

2）依据目的-手段关系中的目的性质

（1）问题型机会：当前某市场领域，消费者存在问题尚未被解决而产生的机会。这类机会在人们的日常生活中和企业实践中大量存在。例如，顾客在使用过程中对产品或服务质量不满，进而表达出个人的意见、建议或需求，这其中都存在着价值或大或小的各种创业机会。为什么网约车会大量存在？就是因为部分城市交通高峰时期出租车供应不足及提供的服务难以让顾客满意，而网约车恰好可以弥补这些不足。普通人看到的是问题与不足，创业者则需要发现机会。

（2）趋势型机会：在变化中识别出并确定未来的发展方向，能判断出以后的潜力与发展。这种情况更多地出现在时代变迁或环境动荡的时期。在这种情况下，各种新的变化持续出现，但很难被多数人认可与接受。如果能够识别并把握，就可能成为未来发展的先行者。这类机会出现在经济变革、人口变化、制度调整与文化习俗变革等多个方面，一旦这种趋势被人们接受，机会所产生的影响往往是长远的，而伴随的利益也是巨大的。

（3）组合型机会：将现有的产品、技术、服务等因素进行有机组合而得到的创业机会，目的是实现全新的价值与用途。这类机会好比嫁接技术，对已存在因素重新组合，而实现的功能却与之前不同，效果倍增。比如日本动漫产业，将青少年喜欢的卡通人物与简单的社会实践结合，形成新的组合，不仅满足了青少年的需求，更满足了成年人的需求，获得了巨大的成功。

3）依据“目的-手段”关系中的手段方式

（1）复制型机会：对当前手段的模仿创新。现在市场很多创业活动都是复制行为、模仿他人或异地的成功模式，来满足当地的需求，多发生在生存性企业。

（2）改进型机会：对当前手段的渐进创新。“山寨”创业活动多数来自于改进型创业机会。

（3）突破型机会：对当前手段的突破创新。网上购物相对于传统购物、智能手表相对于机械手表等则属于突破型创新。如创业者更擅长突破型创新，就会给现存企业带来更大的影响与冲击，因为他们关注某些重大变革所引发的契机而创造出新的产品或经营模式。

第五节　创意与创业机会匹配

把握住一个好的创意将会给个人创业带来很大的优势。如何进一步在创意中寻找创业机会？两者有直接关系吗？瑞典学者凯伊·米可斯（Kaj Mickos）（创新领域的发明家、顾问、企业家和研究员，创新工厂及“72 小时创新竞赛”理念的创始人）认为“创业可能涉及创意，或者也并不涉及；创意可能涉及创业，或者也并不涉及”。结合实际，我们认为这个主张是比较中肯的。

一、创业机会筛选

当已经识别并拥有了多个创业机会之后，下一步则要将创业机会进行缩减，最后只留下最适合自己的创业机会。通过回答 4 个问题来分析每个创业机会：顾客、竞争对手、资源和需求，以及你的技能、知识和经验，具体见表 4-3。

表 4-3　创业机会 4 个问题询问表

项目	具体问题
顾客	你怎么知道你所在地区对这家企业有需求
	谁将是这家企业的顾客
	顾客的数量是否足够多
	顾客是否有能力购买这种产品或服务
竞争对手	你要创办的企业在创业地区同类企业中是否唯一
	如果有其他类似的企业，你如何才能成功地与他们竞争
资源和需求	你如何才能提供顾客所需的产品并保证服务质量
	你从哪里获得资源来创办这家企业
	你从哪里能够得到创办这家企业的建议和信息
	企业是否能得到需要的设备、厂房和合格的员工
	你是否能够得到满足这些要求所需要的资金
你的技能、知识和经验	你对这家企业的产品或服务了解多少
	你有哪些技能、知识和经验能够帮助你经营这家企业
	为什么你认为这家企业会盈利
	你能想象未来 10 年中自己一直在经营这家企业吗
	你的个性和能力如何才能适应这家企业的经营
	你对这家企业是否确实感兴趣，是否愿意投入大量的时间和精力使其成功

资料来源：李新庚. 创新创业基础[M]. 北京：人民邮电出版社，2016

二、从创意到创业机会

（一）创意与机会

机会是具有商业价值的创意，表现为特定的组合关系。机会来自一定的市场需求和变化。机会在创业的整个过程中占据十分重要的地位，可以说机会是创业过程的源头，一个新企业创业过程的核心就是发现机会，新企业的创立过程是由机会驱动的。企业的成功离不开创意的产生与创业机会的发现。

从创业机会的表现形式这一角度来说，创业机会的发现可以被视为创意的发现。创意与机会既有联系又有区别。首先，创意是一种主观想法，机会是客观存在。其次，机会可以被视为创意的发现，是指一个创意可以在特定环境中行得通的可能，是给自己带来好处的可能；创意是提供的产品或服务，主要是满足别人的需求，给别人带来实际的好处和用处。最后，创意可以产生机会，但并非所有的创意都是适合自己的机会。感知到机会的创意才是好的创意，机会是创业的原动力。

（二）把握创业机会的方法

1. 关注信息

创业者需要养成留意、收集各种有关机会信息的好习惯。获取信息的来源很广，一般有广播电视、报纸杂志、互联网等传播媒体，还有专业书籍、资料、专家讲授、街谈巷议、朋友交流等各种所见所闻。创业者要想全面地获取信息，通常可以从消费者、现有企业、政府机构、研发机构等渠道入手。

1）留意消费者的反馈信息

对于创业机会的好与坏、新产品市场的大与小，消费者具有最终的决定权。消费者是企业产品需要面对的最终购买者，直接走进消费者，分析消费者的市场需求特征，是获取信息的重要环节。很多创业者往往以自身的经历、体验、感觉替代了消费者的感觉就自认为已经很了解消费者了，而事实上是不够全面和客观的。很多创业者都是通过和消费者的交流获取到了意想不到的创业机会信息。

2）留意现有企业的相关信息

同行也是创业机会的另一个重要信息来源。创业者对行业内现有企业的产品或服务进行追踪、分析和评估，能够找到现有企业的产品或服务可能存在的缺陷，或者发掘行业内现有企业尚未涉足或者相对比较薄弱的领域。创业者不仅可以在现有企业的市场中发掘有关创业机会的信息，而且也可能发现其他领域的相关创业机会信息。

3）留意政府机构的信息

市场受政策影响很大，新政策出台往往引发新商机，而政府部门则是这些重要信息的官方来源，如果创业者善于研究和利用政策，就能抓住商机站在潮头。例如，政府对于企业排污等指标的强制要求使得企业不得不投入成本以满足环保要求，这就为环保产业创造了利好和机会。政府本身并不参与市场，但新企业的经营是处于政府的种种法律、法规管制之下的，创业者要顺应法律和政策的动向，去寻找和把握创业机会。

4）留意研发机构的信息

很多科研机构或者大学都拥有很强的研发能力，但由于种种原因而没有发挥研究成果的最大效用或商业价值，创业者若将其重新包装和推出，有时可以取得出人意料的效果。此外，很多创业者一开始就是研发者，他们往往因为自己的研究成果无法商业化而选择创业，这在IT行业中是相当普遍的。我国最早的一批软件公司就是一些程序员以出售自己的研发成果而开始创业的，美国的硅谷更是科技创业者的天堂，创业者不仅可以自己研发，还可以通过和其他研究者合作获得创业的思路。

2. 善于观察

1）观察别人的成功经验

许多创业者在有了自己的创业梦想后，常常会陷入不知道如何观察、分析创业机会或无从下手的境地。虽说成功创业者的经验不能放之四海而皆准，但学习成功创业者的优点与长处却可以使其他创业者的思维更开阔，遇到创业机会也能更容易把握。

2）观察市场的竞争情况

创业者需要观察分析行业内原有竞争者、潜在竞争者、替代品竞争者的基本情况，切实了解新企业所面临的竞争环境。现实中，一旦某个创业机会逐渐显露出来，就必然会有其他创业者、竞争者蜂拥而至。但是，倘若某个创业者想利用特定机会并获得创业的成功，就必须具备与其他创业者、竞争者相竞争的能力。

3）观察创业机会的现实性

即使某个创业机会是一个很有前景的机会，但对于特定的创业者而言，他仍然需要判断“这一机会是不是自己能够加以利用的创业机会，是否值得自己开发这一机会”。为了能作出理性的判断，有必要弄清几个问题。首先，是否拥有利用创业机会所需的关键资源。其次，观察是否存在可开发的新市场以及可以占有的远景市场，其中可开发的新市场是创业者最先需要考虑的。最后，判断存在的风险是否可承受，若评估风险不可承受，则需要慎重考虑创业的可行性。

3. 注重分析

创业者需要对市场变化保持敏感，持续进行市场调查分析工作。许多大公司通常设有专职部门负责进行此项工作。这些途径和方法有：订阅相关行业的各种报纸杂志，及时获取最新消息；参加行会及其他专业性的社团组织；参加贸易展销会之类的公众集会；监测和分析各类营销业务活动的效果等。

创业机会并不是一成不变的，这要求创业者必须对市场及未来的发展趋势作出准确的分析，并进行充分的准备。只有这样才有可能赢得更多、更好的创业和成功的机会。国内外许多成功的创业者，大多数都是经过对市场趋势的准确、冷静分析而获得创业机会并走上成功之路的。

4. 及时捕捉

1）从市场供求差异中捕捉创业机会

供求必定存在差异，不可能完全匹配，这些差异也是创业者的创业机会的源泉之一。不同顾客群体的需求也是有差异的，创业者应善于发现特殊需要，只有这样才可能发现和把握商机。同时，创业者要学会克服从众心理和传统习惯思维的束缚，在行业或市场发展中形成的空白地带寻找和把握机会。

2）从市场的“边边角角”捕捉创业机会

“边边角角”往往容易被忽视，但这也是新企业可以利用的空隙。因此，想要捕捉创业机会，也需要不断提升发现和把握机会的能力。中小企业，尤其是小型企业，要充分发挥灵活多样、更新更快的特点，识别、重视边角并加以妥善利用，通过合理的经营，增强竞争实力，最终达到占领目标市场甚至创造市场的目标。

3）从竞争对手的缺陷中捕捉创业机会

很多创业机会是缘于竞争对手的失误而“意外”获得的，如果能及时抓住竞争对手策略中的漏洞及时补位，也许就能比竞争对手更快、更可靠、更适宜地提供产品或服务。为此，创业者应追踪、分析和评价竞争对手的产品和服务，找出现有产品存在的缺陷，有针对性地提出改进产品的方法，形成创意，并开发具有潜力的新产品或新功能，也能出其不意，成功创业。

4）从市场变化的趋势中捕捉创业机会

产业的变更或产品的替代，既满足了顾客需求，同时也带来了前所未有的创业机会。任何产品的市场都有其生命周期，产品会不断趋于饱和达到成熟直至走向衰退，最终被新产品所替代，创业者如果能够紧跟产业发展和产品替代的步伐，通过创新则能够不断寻求新的创业机会。变化中常常蕴藏着无限商机，许多创业机会产生于不断变化的市场环境中。许多很好的创业机会并不是突然出现的，而是对“先知先觉者”的一种回报。聪明的创业者往往选择在最佳时机进入市场，当市场需求爆发时，他已经做好准备。

5）在行业交界处捕捉创业机会

企业通常对本行业的创业机会比较重视，因为它能充分利用自身的优势和经验，发现、寻找和识别机会的难度相对较小，但是同时也会因面临同行业的激烈竞争而降低或失去成功的机会。由于各企业都比较重视行业的主要领域，因而在行业与行业之间有时会出现很少人，甚至无人涉足的中间地带。这种机会比较隐蔽，需要创业者有丰富的想象力和大胆开拓、创新的精神，这种创业方式选择的空间往往很大。

知识库

创业引导扶持

5G融合应用正处于规模化发展的关键期。2021年7月5日，工业和信息化部、中央网络安全和信息化委员会办公室、国家发展和改革委员会等十部门联合印发《5G应用“扬帆”行动计划（2021—2023年）》，提出“坚持需求牵引。充分发挥市场在资源配置中的决定性作用，强化企业在5G应用发展中的主体地位，进一步释放消费市场、垂直行业、社会民生等方面对5G应用的需求潜力，激发5G应用创新活力。坚持创新驱动。围绕5G行业应用个性化需求，加大技术创新力度，加强关键技术和产品研发，奠定5G应用发展的技术和产业基础。遵循5G技术、标准、产业、网络和应用渐次导入的客观规律，紧扣国际标准节奏，有重点地推动5G应用发展”。

➢ 拓展学习

埃里克·莱斯. 2012. 精益创业：新创企业的成长思维[M]. 吴彤译. 北京：中信出版社.
彼得·德鲁克. 2018. 创新与企业家精神[M]. 蔡文燕译. 北京：机械工业出版社.
杰弗里·蒂蒙斯，小斯蒂芬·斯皮内利. 2005. 创业学[M]. 周伟民，吕长春译. 北京：人民邮电出版社.

➢ 思考题

1. 如何理解和区分创意与创业机会？
2. 通过举例，谈谈你对创新来源的认识。
3. 如何看待创业机会与商业机会之间的关系？
4. 把握创业机会，你觉得还有哪些好方法？

第五章 资源整合

本章重点

创业资源的内涵与类型
创业资源整合的概念
创业资源整合的原则
风险资本的运作程序

引导案例

再生银行模式创业

美国再生银行（recycle bank）模式是再生资源回收利用领域通过技术与商业模式创新获得成功的典型案例。它同时也是一个创业资源整合的典型案例。我们从创业资源整个视角来看这个案例。

2001 年，美国纽约市正在考虑取消城市垃圾回收计划，此时，福特汉姆法学系学生帕特里克·菲茨吉拉德（Patrick Fitzgerald）敏锐地意识到回收计划运行不当的原因在于，没有任何经济鼓励措施鼓励人们参与回收。于是，他起草了一份商业计划书，其中包括如何从经济角度刺激民众参与回收，如何增强企业运营的可持续性，从而使城市和市政当局可以看到回收率呈指数型增长的结果。2003 年，他联系了在哥伦比亚攻读 MBA 的高中同学罗恩·高南（Ron Gonen），两人一起建立了回收银行，经过一年的努力，他们完成了公司的创业计划。同时，他们从报纸报道上发现了一个机会：美国费城每年会产生 75 万吨垃圾，仅垃圾处理这一项，政府每年的开支就高达 4000 万美元，且对可回收垃圾的分拣做得很差。

两个小伙子决定创业，然而缺乏资金，他们又是如何将自己的想法付诸实际，如何整合资源创业，并利用这种模式做到了美国最大的垃圾回收公司的呢？

他们通过电话找到了素不相识的费城市长："我有一个方案，可以很好地解决垃圾处理问题，而且每年能够节约上千万美元的开支！"此时的官员们正在因为垃圾回收新闻忙得焦头烂额。费城市政办公室里，菲茨杰拉德和高南拿着自己的计划书，亮出了方案：他们负责处理全市的垃圾，政府每年仅需补助 1200 万美元；转卖可回收垃圾所得的收入，双方平分。这样的条件，没人能够拒绝，现在有人主动来接手这个烫手的山芋，何乐而不为？更何况转卖可回收垃圾，每年还有数百万美元的进账。

和政府部门谈妥之后，2004 年，再生银行的试点在费城一个全市最贫穷的社区开始。再生银行给社区的每家每户投放装有 RFID[①]标签的再生资源回收桶。每周，装有 RFID 检测装置的垃圾回收车会自动获取相对应的居民 ID[②]，然后为回收的垃圾称重，并进行数据记录和储存，最后由再生银行的系统转化为排放者的积分，最后存入居民的账户。排放者每投放 10 磅[③]可再生垃圾，再生银行就向他支付 5 美元，这笔钱划到专门为排放者开立的银行卡上。居民拥有了这些积分后，可以到参加了该计划的任何一家商家消费，并可以享受折扣优惠，如星巴克、强生公司等。这种垃圾回收模式激励消费者积极参与废品的回收。社区居民垃圾回收的热情大涨，社区环境有了很大改善。

但是“再生银行”的利润何来呢？在帕特里克·菲茨吉拉德看来，垃圾回收不仅只是政府所关心的范畴，许多企业因为企业责任和声誉的缘故，每年都会投一大笔钱在垃圾回收处理上，如捐钱给环保机构，但垃圾处理成效总体不佳。于是，两个小伙子决心将这些乐意做环保的企业纳入“再生银行”模式中。他们与企业们签订合同：企业将原来用于垃圾处理的捐赠费用给再生银行，再生银行将会收集居民们已经分好类的垃圾，并且按重量给居民钱，这个钱会被划到专门的银行卡上。拿着这张银行卡，居民可以到参加了该计划的任何一家商家消费。

这种既捐款得名又获得消费者回馈的方式，企业怎么能不踊跃参加呢？尽管他们必须把居民消费额的一部分（小于 50%）给菲茨吉拉德和高南，但是这样做也绑定了消费者，而且垃圾回收工作效率提高，远比原来单纯捐款要好。商家没有理由不选他们。

不出所料，试点很成功，垃圾回收率由原来的 25%提高到了 90%。之后，好多社区都主动加入进来。再生银行开始陆续覆盖费城大大小小的社区。

覆盖消费者的规模上来之后，整个模式一形成，消费者得到实惠，也会吸引更多的企业加入。有 400 多家商家参加了这个计划，包括可口可乐、卡夫食品、全食超市（Whole Foods）、家得宝（Home Depot）、连锁药店来德爱（Rite Aid）等。在商家不断涌入的同时，政府也给予了积极的回应。

至此，再生银行模式形成了一个包含消费者（同时是垃圾排放者）、企业、政府在内的自给自足的良好的正循环生态系统。借助高科技，再生银行形成的商业模式是：

第一步，在政府的支持下与环保机构合作或收购整合环保机构，扫清障碍，利用其资源和人力使整个计划得以顺利实施。

第二步，申请政府的早期补贴，作为启动资金，建立回收分类垃圾高科技体系。

第三步，住户每投递 10 磅可回收垃圾，菲茨吉拉德就向住户赠予 5 美元。钱每天支付一次，划到专门为住户开立的银行卡上。

第四步，住户拿着银行卡，可以到参加该创意计划的任一公司或商家消费。

---

① RFID 是 radio frequency identification 的缩写，常被翻译为射频识别。

② ID（identity document），是身份证标识号、账号、唯一编码、专属号码、工业设计、国家简称、法律词汇、通用账户、译码器、软件公司等各类专有词汇的缩写。

③ 1 磅=453.6 克。

第五步，商家从持卡住户的消费中获得利润，然后拿出其中 10 美元（如占利润的30%）支付给菲茨吉拉德和高南。

第六步，菲茨吉拉德和高南又将每天获得的垃圾卖掉获得赢利，政府每年 1200 万美元的补贴也成为其利润。

对于两个创业者来说，一开始什么都没有，但是创业者把政府、商家、顾客和再生银行巧妙地拉进了同一个利益共同体，而且每一个都是赢家。政府节约了资金，住户得到了实惠，商家获得了更多消费者，又为环保事业作了贡献，再生银行也从中赚到了钱。这些资源都被整合到创业者手中。这说明资源整合不求为自己所有，但求为自己所用。

资料来源：自白晶．“再生银行”，离我们有多远?[J]. 绿色中国，2010（24）：56-59，有改动

在创业过程中，如果没有足够的创业资源，即使识别出很好的创业机会，组建了创业的团队，也难以有效地抓住机会，将机会背后的利润挖掘出来。创业机会、创业团队、资源是创业成功的必备要素。缺少了创业资源，就难以有效地将机会变成现实。

然而资源整合并非易事，作为一名优秀的创业者，需要学会利用和整合创业资源。本章介绍资源的整合。

第一节　创业资源及其分类

缺乏资源是创业者在创业过程中面临的一个重大问题，创业初期最缺的不是钱，往往是资源，尤其是对于缺少社会关系网络、工作经验以及创业资金的大学生创业者来说。一方面，创新和企业成长必然消耗大量的资源；另一方面，创业企业自身还很弱小，无法实现资源的自我积累和资源增值。因此，创业者只有抓住机遇，获取足够的外部创业资源，整合内外部资源，才能实现创业企业快速增长。

一、创业资源的内涵

资源是指对于某一主体具有支持作用的各种要素的综合，包括物质资源、能量资源和信息资源。创业的前提条件之一就是创业者拥有或者能够支配一定的资源。

创业资源是企业创立及成长过程中所需要的各种生产要素和支撑条件。企业资源基础理论（resource-based view，RBV）主要代表人物杰恩 · 巴尼（Barney，1986，1991）认为，创业资源是指企业在创业的整个过程中先后投入和使用的企业内外各种有形的和无形的资源总和。对于创业者来说，最基本的资源是创业项目、团队和资金，同时还包括产品和技术、销售渠道、潜在顾客等各种资源。创业的过程是创业者识别、获取、利用、整合各种资源从而谋求机会进行价值创造的过程，因此，可以说创业的过程本身也是一种资源重新整合的过程。

根据企业资源基础理论，企业是资源的捆绑，但并非所有资源都具有同等的战略意义，只有资源与 VRIN 框架相匹配，才能作为竞争优势的基础。这里，VRIN 的含义是：

一是有价值的（valuable）资源。它是企业构想和执行发展战略、提高效率的基础。

二是稀缺的（rare）资源。把握稀缺的资源是企业保持长效竞争力的有力武器，这种

资源可能是产品或服务的专利权，也可能是智力资本或有才能的人。

三是不可模仿的（imperfectly imitable）资源。它指的是其他企业不太容易能够模仿复制的资源，常常需要同时具备以下三个特点：①历史条件独特，时机过了就不容易获得成功；②因果模糊性，竞争者很难从外部发掘资源出现的原因所在；③复杂性，这种复杂性既体现在技术的复杂上，又体现在社会现象的复杂上。总之，具有无法仿制的资源可以帮助企业以小博大，走向成功。

四是难以替代的（non-substitutable）资源。有效的资源不能是既可复制又不稀缺的替代品。创业成功的关键在于必须实现对创业资源的高效利用。对于创业者来说，只要是对其创业项目和创业企业的发展有所帮助的要素，都可以归入创业资源的范畴。创业资源共同作用，形成创业产品和创业市场，才能创业成功并促进企业持续成长。

二、创业资源的类型

分类方法可以帮助我们更好地了解创业所需资源。按不同的标准分类，可以将创业资源分为不同类型。

（一）自有资源和外部资源

根据资源所有者的不同，创业所需资源包括自有资源和外部资源。自有资源来自内部机会积累，是创业者自身所拥有的可用于创业的资源，能够自由配置和使用的各种资源，如创业者自身拥有的可用于创业的自有资金、自己拥有的技术、自己所获得的创业机会信息、自建的营销网络控制的物质资源管理才能等。甚至有时，创业者发现的创业机会也可能是创业的资源。

外部资源可能包括来自朋友、亲戚、商业伙伴或其他投资者的投资，或者包括借来的人、地、设备或其他的原材料（有时由客户或供应商免费或廉价提供，或通过提供未来服务、机会等换取到的），有些还可能是由社会团体或政府资助。外部资源更多地来自外部机会的发现，并在创业的早期阶段发挥关键作用。

创业者或者创业企业并不具有外部资源的“归属权”，但通过寻找与其他主体的某些利益共同点，则可能在一定程度上配置和利用外部资源。常见的外部资源可能来自原材料供应商、技术供给者、分销商、广告商以及相关政府部门等。

对创业者来说，利用外部资源是一种非常重要的方法，特别是在创业和成长的早期阶段，其中最为关键的是具有资源的使用权（并非追求“归属权”），并能控制或影响资源部署，这需要非常强的资源整合技巧。

当然，自有资源是企业成长的依托，拥有自身资源将对获取外部资源的结果产生重要影响。创业者首先应该致力于扩大提升自有资源，自有资源（特别是技术和人力资源）可以帮助我们获取和利用外部资源。

（二）核心资源和非核心资源

根据影响企业基本竞争力的大小进行分类，创业资源包括核心资源和非核心资源。核心资源主要就是人力资源、技术资源和组织管理资源。这三种资源涉及初创企业的核心竞争力，是创业机会识别、机会筛选和机会运用几大阶段的主线。

人力资源是最宝贵的资源。对于企业来说，人力资源首先是一种知识财富，是企业创新的源泉。就创业者来说，创业中的人力资源包括创业者与创业团队的知识、训练、经验，也包括团队及其成员的专业智慧、判断力、视野、愿景，甚至是创业者、创业团队的人际关系网络。首先，创业者本身的素质在创业者的成长中起着重要的作用。创业者的价值观和信念，是新创企业的基石，而其个性、对机会认识的把握以及整合其他资源的能力将直接影响到创业的成败。其次，创业团队的人员组成是否能胜任岗位，是否契合公司发展战略，是否在管理、技术、生产、营销、财务等方面配置全面也是影响创业成功与否的重要因素。最后，合适的员工也是创业人力资源的重要部分，适合的人员招聘、培养及使用计划，以及有效的员工激励制度的建立对于企业可持续发展也会产生重要影响。

技术资源是积极的机会资源，它包含三个层次：一是包括生产产品的各种工艺流程、加工方法在内的关键技术和制造流程等；二是将生产流程、方法等付诸实践的专用生产设备；三是对生产系统中所有资源进行有效组织和管理的知识、经验与方法。对于初创企业来说，具有商业价值的科技成果的引进和积极探索是企业基础和保持市场竞争的源泉。创业企业是否拥有核心技术，核心技术与国内外同行相比可利用空间何在，是否利用知识产权保护制度建立起自己的技术保护壁垒，以及能否让投资者理解技术的价值是技术资源能否被有效利用的关键所在。

创业中的组织管理资源一般指企业的组织结构、作业流程、工作规范、信息沟通、决策体系、质量系统、管理制度，以及正式和非正式的计划活动等。组织资源通过对管理活动的配置整合，为组织及其成员带来利益，能够起到增值的作用。组织资源来自于创业者或其团队对新创企业的最初设计和不断调整。由于创业过程通常被解释成组织的形成过程，所以对于创业企业来说，组织资源是具有标志性意义的一类资源。一般来说，人力资源只有在组织资源的支持下才能更好地发挥作用，企业文化也需要在良好的组织环境中培养。

非核心资源主要包括资金资源、场地资源、社会资源、环境资源等。虽说这些资源是非核心资源，然而对于创业企业成功创业来说，也起到重要的作用。

资金资源一般指的是企业的资本。如何有效进行创业资本融资，如何保持稳定的资金周转率，实现预期利润目标，是创业成功的瓶颈。

场地资源是指企业用于研发、生产和运营的场地。良好的场地资源可以显著降低企业运营成本，促进生产，在短期内积累更多的客户或找到低成本供应商。

社会资源指由于人际和社会关系网络而形成的关系资源。

环境资源作为周边资源，对企业的发展有重要影响，指的是创新创业所处的国家政策和法律环境、经济环境、地区环境、产业环境、社会和文化环境等。例如，随着我国经济的快速发展，创新孵化事业也在不断发展，并且跑出了自身的加速度。科技部火炬中心发布的《中国创业孵化发展报告（2022）》显示，2021 年，全国创业孵化机构数量达 15 253 家，其中孵化器 6227 家、国家级科技企业孵化器 1287 家，众创空间 9026 家、国家备案众创空间 2551 家[①]，充分展现了以孵化器和创业活动为基础支撑的创业经济发展新面貌。众创空间，也是一种创新型孵化器。“众”是主体，“创”是内容，“空间”是载体，是顺应创新 2.0 时代用户创新、开放创新、协同创新、大众创新趋势，根据互联网及其应用深入发展、知识社会创新 2.0 环境下的创新创业特点和需求，通过市场化机制、专业化服务和资本化途径构建的低成本、便利化、全要素、开放式的新型创业公共服务平台。创新创业孵化器企业，如优客工场，成立于 2015 年 1 月，倡导消费升级，以空间为平台，为创新创业企业提供全产业链服务，建设基于社群的商业社交平台与资源配置平台，为创业企业创业助力。因此，环境资源能使创业者有机会接触到大量的外部资源，有助于透过网络关系降低潜在的风险，增强合作者之间的信任（表 5-1）。

表 5-1 创新创业孵化器一览表

孵化器名称	孵化领域
优客工场	互联网、移动互联网、科技
北大孵化器	软件、计算机、新材料、节能环保、文化创意
创客总部	软硬件结合、移动游戏、互联网金融、O2O、电商、在线教育、移动互联网应用
飞马旅	创新服务业、无线互联、智能科技、生物医疗
启迪之星	移动互联网、纳米新材料、节能环保、文化创意、智能硬件
创新工场	移动互联网、数字娱乐、在线教育、智能硬件
苏河汇	消费、旅游、文创、大健康、企业服务
创智空间	互联网、移动互联网
联想之星	TMT、医疗健康
创新谷	移动互联网、TMT
起点创业营	健康服务、环保科技、TMT
3w 咖啡	移动互联网、文创、TMT
车库咖啡	互联网、移动互联网、科技

资料来源：肖晴. 智慧创业新生代——能量与资源的双效管理宝典[M]. 天津：天津科学技术出版社，2018

（三）有形资源和无形资源

根据资源的形态划分，创业所需资源包括有形资源和无形资源。有形资源是以价值货币衡量的物质资源，企业作为一种社会经济组织，自然资源、建筑物、机械设备、原材料、产品、资金等是企业赖以生存的有形资源。无形资源是非物质形式资源，其价值难以准确衡量，如企业名称、商标、商誉、专利、营销能力、管理制度、信息资源、人力资源、企业文化、政治资源等。无形资源往往是吸引有形资源的重要手段。

① 科学技术部火炬高技术产业开发中心.《中国创业孵化发展报告（2022）》发布[EB/OL].http://www.chinatorch.gov.cn/kjb/hjdt/202209/ba72e1e68bc946d7a80f48a8ab690bd6.shtml，2022-09-26.

对于创业企业来说，获取有形资源较为容易，但是缺乏影响企业竞争能力的无形资源。无形资源是企业长期积累和学习的结果，难以通过购买和模仿取得。

（四）要素资源和环境资源

根据对企业成长的作用，创业所需资源可以分为要素资源和环境资源。创业者获取创业资源的最终目的是利用、组织和整合这些资源，追逐并实现创业机会，提高创业绩效和获得创业的成功。所以，创业资源在创业过程中的作用主要体现在：要素资源可以直接促进新创企业的成长，包括场地资源、资金资源、人才资源、管理资源、科技资源等；环境资源则可影响要素资源并间接促进新企业的成长，包括政策资源、信息资源、文化资源、品牌资源。

总体而言，创业资源的类型包括创业的人力资源、创业技术资源、创业的资金资源、创业的组织管理资源、创业的环境资源。

知识库

创业者在企业成长的各个阶段都会努力争取尽量少的资源来推进企业的发展，他们需要的不是拥有资源，而是控制这些资源。

——创业研究领域教父霍华德·史蒂文森（Howard Stevenson）

第二节　创业资源的整合与获取

一部人类的文明史也就是一部资源整合史。创新、创业不能等待资源。作为创业者，要学会整合资源。本节重点围绕创业资源整合的含义、基本原则、流程以及创业资源的获取途径展开论述。

一、创业资源整合的含义

资源整合，是指一个系统内各要素相互渗透，协调一致，构成整体，从而使各要素发挥最大效益，达到 1+1>2 的效果的活动或过程。

创业资源整合，简而言之，就是寻找并有效利用各种创业资源的过程。资源整合的目的在于成功创业，并促进企业可持续发展。因为，其一，创业资源在未整合之前大多是零散的，要发挥其最大的效用，转化为竞争优势，为企业创造价值，就需要新创企业运用科学方法将不同来源、不同效用的资源进行配置与优化，使有价值的资源融合起来，发挥“1+1>2”的放大效应。其二，任何企业家都不可能拥有世界上所有的资源，创业者手中可支配的资源总是有限的，同时创业过程中也会遇到非常多的挫折和障碍。例如，很多时候面对企业现金流断掉的情况，创业者就必须积极寻找外部资金。创业者想要取长补短，就必须充分利用自己手中可支配的资源，与他人形成联盟合作关系。资源不求为自己所拥有，但求为自己所用。这里的资源整合就是“拿来主义”，把别人的资源拿来自己用，但是如何让别人痛痛快快地把资源交给创业者去用是问题的关键。

创业资源整合的过程具备两个基本特点：第一是尽可能多地发现有利的创业资源，不同资源利用的成本相差较大；第二是尽量以高效率的方式配置、开发和使用创业资源，在使用资源的时候尽量能节省就节省。

可以说，企业的基本竞争力是整合资源的能力，整合资源的能力越强，基础竞争力就越强。创业者创业活动成功往往取决于他们拥有和能够整合的资源，以及开发利用这些资源的能力。优秀的创业者在创业过程中展示的最佳创业技能之一是创造性地整合和利用资源，特别是那些能够带来持续竞争优势的战略资源。

二、创业资源整合的基本原则

资源是需要整合的。创业者能否成功地开发出机会，进而推动创业活动向前发展，通常取决于他们掌握和能整合到的资源。对于创业者来说，整合资源应该秉持以下基本原则。

（一）杠杆效应的原则

对于创业者来说，资源似乎有限。但换句话说，如果将资源与资源联系起来，资源的可能性将无限扩展。创业者在资源整合时，要考虑创业资源的杠杆效应。用创业者的自有资源来撬动更大的资源，从而发挥创业资源更大的效用。

创业者可以从三个方面发挥资源的杠杆效应：一是尽可能长期地使用资源，延长资源的使用寿命，有利于节约创业的成本。二是更为充分地利用别人没有意识到的资源，许多资源看起来似乎是没有必要和废弃的，但创业者可以通过他们独特的经验和技能来整合和重塑资源。三是利用别人的资源达到自己的目的。例如，许多高科技创业者没有接受过职业培训，对某一特定技术领域了解较少，但凭借其对创业机会的敏锐识别，很快实现了相关资源的整合。翻开阿里巴巴创业史，其创始人马云一再声称自己“不懂技术”，但却创造了阿里巴巴的商业奇迹，正是凭借创始人自身独特的经验和能力，敏锐地识别了创业机会，执意选择在互联网领域创业，通过创业愿景、激励等管理方法创建了执行能力一流的技术团队。通过连接、整合资源，阿里巴巴的创业者将有限资源转化为无限可能性的力量。在这个创业成功的案例中，创业者的智慧和他人拥有的技术团队资源实现了完美的整合，实现了“1+1>2”的杠杆效应。

许多创业者早期所能获取与利用的资源都相当匮乏，而优秀创业者在创业过程中所体现出的卓越创业技能之一，就是创造性地整合运用资源。

如何努力创造吸引人才的条件以获得长期保持持续发展的内在动力，是创业者最为迫切的责任。作为一名优秀的创业者，应该善于利用发现的眼光，了解周围资源的特性，学会利用别人看不到的资源及资源的价值，或者利用别人的资源，创造性地将它们结合起来，以资源撬动资源，实现创业资源的杠杆效应。另外，在创业的每一个阶段，创业者都要问自己，怎样才能用更少的资源获得更多的利益。

（二）节约的原则

节约是创业者在进行资源整合时，应该持有的一种基本理念。创业者资源的稀缺，意味着创业者必须“节约”。特别是大学生创业者，没有足够的工作经历积攒创业所需的资金，没有足够的信用记录，也没有宝贵的个人资产，这使得从银行或投资者那里筹集创业资金变得困难。许多关于初创企业融资的报告表明，创业者的初创资金主要来自创业者个体或家人、朋友。而传统的外部融资来源，如银行贷款，对大多数创业者来说几乎是不可行的。即使是风险投资，也只是青睐少数具有成长潜力的企业。

在这种情况下，创业者必须采取更具成本效益的办法，努力在现有资源有限的情况下，尽可能实现最大的效益。要想实现商业目标，应尽量减少对外部资源的依赖，最大限度地发挥创业者在企业内部资源中的作用。

节约意味着减少资源的使用量,但过度强调削减成本可能会影响产品和服务的质量，甚至会限制创业的发展。例如，为了生存和发展，一些创业者不重视保护环境或侵占他人的知识产权，滥用他人的知识产权，甚至以次充好。虽然这样的创业活动可以使创业者短期获得利益，但从长远来看，它们的发展潜力是有限的。

因此，节约是一个先决条件，即明确创业者的创业目标，选择可行的、最低成本的方式实现创业目标。例如，创业往往需要办公空间，这时在不影响创业使命的情况下，创业者可以向政府或大学创业园或创业孵化器寻求帮助，使用那里免费或廉价的办公室或与其他创业者共享办公设备等，也可以利用兼职人员、招聘实习生等来节约成本。创业者要完全相信自己能想出好的想法并以较低的成本获得较高的收益。

节约不仅是资源受限的情况下所采取的必要策略，同时也可以帮助创业者更多地控制企业的所有权和管理权。外部融资从根本上降低了创业者在企业中所占的份额，从而减少了创业者在企业中分享的利益和管理权的份额。同时，节约可以在一定程度上降低创业者必须承担的风险，增加企业的灵活性，提高创业者的控制和管理能力，但是不要事无巨细。

（三）共赢的原则

在开发和使用资源时，不能仅仅从创业企业的自身利益出发，而必须坚持双赢的原则。现在已经不是“单打独斗”的年代，创业者必须学会“抱团取暖”。资源共享往往可以吸引广泛的资源，共同创造更多的收益，使双方共创双赢。如果有利益影响或驱动，实现共赢就变得轻而易举。因此，如何建立资源共享机制是事关资源整合的重要问题。

第一，资源整合要求侧重于有关组织或人员，并找到尽可能多的利益相关者。创业者可以把创业过程中某一个创业活动所涉及的利益相关者都列出来，以瞄准创业中整合资源的对象。利益相关者指的是创业活动中的服务对象、内部的员工、创业合伙人、原材料提供者、地方政府、企业所在地居民等。其中，服务对象即客户，是最重要的利益相关者。

第二，创业者要分析资源整合的对象，同时分析这些利益相关者的利益及其活动、利益的强度和接近程度、整合资源的可能性，以识别利益相关者的利益所在，寻找共同利益。

双方的利益有时是直接的，有时是间接的，有时是明确的，有时是含蓄的，有时甚至是无关紧要的。利益并不意味着资源的整合就可以实现，必须找到或发展共同利益或共同点。作为创业者，在确定利益相关者之后，必须认真分析每个利益相关者的利益，应该敏锐地寻找到共同利益。在大多数情况下，要增强相对薄弱的利益关系，这样做更有利于资源整合。

第三，资源整合是多方面合作，共同利益的实现需要共赢的机制来保障。现实问题是，共赢多数情况下难以同时实现每一个利益相关者的追求，更为可能的是一些人先获利，一些人后获利。在设计共赢利益机制的时候，如何把别人的利益整合起来，从而把别人的资源整合到创业者的创业过程中，关键是让利益相关者感觉到在合作中是“优先获利的”。

（四）逐步渐进的原则

对于任何一个创业企业或者创业团队来说，有利的创业资源都是难以完全被发掘、配置和利用的。整合资源要遵循渐进原则，讲求效率，根据对资源的需求程度以及资源开发和利用的成本、收益和不确定性三者的综合考虑，逐步寻找和利用各种创业资源。也就是说，创业者应根据创业项目的不同阶段，来分析项目在不同阶段所需资源的多少以及所需资源的种类。对于每一种创业资源，都应当选择一个适当的整合时机，以降低资源的维护成本。对于不同的资源需要渐进开发和使用，即使对于同一种创业资源，也存在逐步开发的问题。尤其是对于创业团队和创业企业来说，创业活动的前期其资源开发的能力和经验都往往相对较弱。

如果对外部资源整合过于冒进，那么反而会增加企业的负担，如外部借债过多往往会成为企业的累赘，会给企业的长远发展带来隐患。所以整合资源应遵循渐进原则。

同时，整合资源时要充分协调好当前利益与长远利益之间的冲突，不仅要照顾眼前利益，还要考虑长期利益。

三、创业资源整合的流程

资源整合的流程，是一个资源需求识别、列出资源配置清单，以及资源获取、开发、配置和使用的过程，整个过程一定是围绕创业机会展开的。资源整合的流程，如图 5-1 所示。

（一）资源需求识别

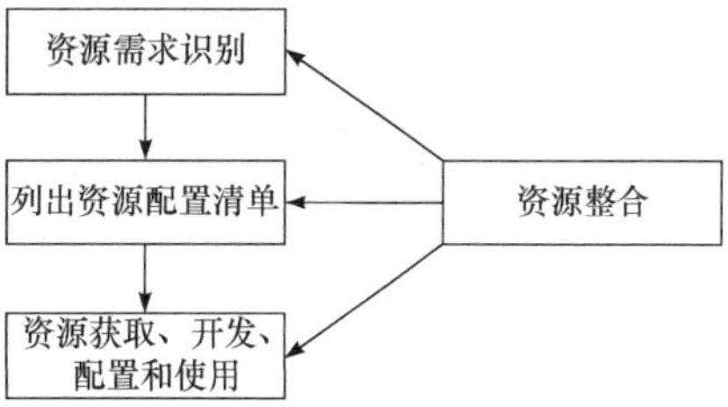

图 5-1　资源整合的流程

在创业初期，创业者需要对初始资源和关键资源进行识别，并依据创业目标确定创业行为的资源需求。创业资源识别越准确，创业者越能够更好地根据自己的状况来开发机会。

整合资源的前提要求创业企业必须明确创业项目目标是什么，为什么要实现这个目标，并对创业项目进行客观的评估。在此基础上，创业者才能清楚为什么去做，以及如何完成和达到目标。

只有明确了创业目标，创业者才能判断资源的需求，才能回答为什么需要这些资源，哪些资源是不可或缺的，哪些是希望获得但非必需的。

（二）列出资源配置清单

列出资源配置清单可以很好地帮助创业者明确创业缺少的资源类型。创业者应该创建资源配置清单列表，包括团队、技术、产品、市场、营销、财务等，并准确分析和描述资源，将资源分门别类，查看需要考虑的问题。

对照资源配置清单，创业者需要知道自己想要的资源是什么，防止盲目地进行资源的获取和整合。如此才能知道如何使用资源：一方面让自己的资源升值，实现资源价值的最大化；另一方面，询问自己需要哪些资源，并为如何获得这些资源制定策略（表 5-2）。

表 5-2　资源配置清单

资源名称	需要考虑的问题
团队	团队人员是否能胜任岗位，是否契合公司发展战略，配置是否全面（管理、技术、生产、营销、财务等），团队是否有人员招聘、人员使用计划，是否建立了有效的员工激励制度
技术	是否拥有核心技术 核心技术与国内外同行相比优势在什么地方 能否利用知识产权保护制度，建立起自己的技术保护壁垒 能否让投资者理解技术的价值
产品	主要的产品是什么 产品的目标客户群体的价值点有哪些 产品的主要特性是什么 产品如何生产，生产的原材料供应、生产条件、生产环境是否安全，是否符合相关质量、行政审批、市场准入、环保政策，产品生产能力是多少 是否建立了产品生产标准、质检标准和生产成本控制体系 产品包装、仓储、运输问题如何解决
市场	目标市场规模有多大 目标市场年度增长率是多少 目标市场本身处于什么（空白/新开发/高成长/成熟/饱和）阶段 目标市场分布状况是怎么样的 是否了解产品的消费群体、消费能力、消费方式、消费习惯，以及影响消费的主要因素有哪些 产品的客户价值是什么（客户为什么必须要买我们的产品） 产品的主要竞争者的情况是怎样的 如何与竞争者竞争 是否面临行业性垄断局面，是否具有潜在的竞争对手，这些对手是否能够形成新的威胁
营销	产品定价依据是什么、价格是多少，影响价格变化的主要因素和相应对策是什么 产品销售计划（季度、年度）是多少 营销队伍如何组建，销售激励如何设计 产品售前、售后服务有哪些 如何构建营销（自营、代理、网络）渠道，如何激励代理商，如何保证回款，市场促销手段有哪些 如何利用广告、公关、媒体的资源 如何进行产品销售统计、销售情况记录，并计算产品的销售周期
财务	能否按月列明资金（包括厂房租赁、生产设备采购、原材料采购、仓储运输费用、人工费用、水电燃料费用、营销费用等必要性支出）使用计划 能否列明销售收入明细表 能否列明成本费用明细表 能否列明薪金水平明细表

续表

资源名称	需要考虑的问题
财务	能否列明固定资产明细表 能否列明资产负债表 能否列明利润及利润分配明细表 能否列明现金流量表 能否进行财务指标（盈亏平衡点）分析

资料来源：张海霞，金海燕. iCAN 创新创业之路[M]. 北京：机械工业出版社，2015，有改动

（三）资源获取、开发、配置和使用

资源短缺是每个初创企业都存在的问题。资源整合中缺少什么并不重要，重要的是要知道缺乏资源在谁手里？作为创业者，必须及时出击寻找自己需要的资源，再对症下药。

一旦了解了其他人拥有的资源以及他们所需的资源，就可以有针对性地整合开发。创业资源整合的关键是资源互补。只有资源互补，才可能实现资源的整合，达到共赢的状态。

然而，如果没有与另一方建立良好的信任关系，就不可能进一步整合资源。从这里，我们可以看到诚信在资源整合中的重要性。如果创业者的诚信记录非常好，它肯定会显著提高整合效率；反之，就会降低资源整合效率。配置和使用资源，要把它们放在正确的地方，如果没有最大化地利用资源，就会导致更多的不必要的消费，甚至是浪费。

四、大学生创业资源常见的获取途径

创业资源对于新创企业不可或缺，意义重大。那么对于创业者，特别是大学生创业者来说，如何获得创业资源呢？重要的创业资源的常见获取途径如下。

（一）人力资源的获取途径

这里的人力资源不是指初创企业成立后需要招聘的员工，而是创业者及其团队拥有的知识、技能、经验、人际关系、商业网络等。

对于大学生来说，校内外的实践和实习活动、参加校园创业大赛或者挑战杯大赛等竞赛是获取人力资源的重要途径。现在大学里几乎都有创业课程、创业者协会、科技和发明协会，以及讨论或实践创业的学生社团、沙龙、论坛和讲座等。这些团队有固定的活动时间，学生可以与志同道合的朋友交谈，甚至可能有机会与成功的创业者进行请教。一些创新创业课程不仅由教师教授，还会邀请校外创业者教授，这不仅是创业者了解创业的重要途径，也是创业者与其他创业者、创业导师和企业家建立联系的重要机会。如果可能，可以尝试在学校期间参与商业活动，如尝试做校园或地区代理等。在这个过程中，创业者不仅可以赚点钱，增长市场知识，还可以锻炼大学生创业者的组织、协调的能力，开阔视野和提升沟通的能力。大学生还可以考虑进入企业为他人工作，通过积累工作经验、学习行业技能，建立客户资源渠道，了解业务知识，学习开拓市场的方法，有利于为以后创业的成功打下基础（表 5-3）。

表 5-3 一些大学生创新创业竞赛

序号	竞赛名称	序号	竞赛名称
1	中国国际“互联网+”大学生创新创业大赛	12	全国大学生电子商务“创新、创意及创业”挑战赛
2	“挑战杯”全国大学生课外学术科技作品竞赛	13	全国大学生创新创业训练计划年会展示
3	iCAN 大学生创新创业大赛	14	全国大学生集成电路创新创业大赛
4	ACM-ICPC 国际大学生程序设计竞赛	15	全国高等院校数智化企业经营沙盘大赛
5	“学创杯”全国大学生创业综合模拟大赛	16	中国大学生服务外包创新创业大赛
6	全国大学生电子设计竞赛	17	未来设计师·全国高校数字艺术设计大赛
7	全国大学生市场调查与分析大赛	18	全国企业竞争模拟大赛
8	中国机器人大赛暨 RoboCup 机器人世界杯中国赛	19	中国大学生机械工程创新创意大赛
9	中美青年创客大赛	20	“挑战杯”中国大学生创业计划竞赛
10	全国高校商业精英挑战赛	21	全国大学生水利创新设计大赛
11	全国大学生工业设计大赛	22	全国大学生机械创新设计大赛

资料来源：笔者根据《2022 全国普通高校大学生竞赛分析报告》竞赛目录整理

（二）技术资源的获取途径

如何获得创业项目的技术资源，把必要技术资源转变成自有技术呢？下述五种方法是获取技术资源的有效途径。

（1）吸引技术持有者加入创业团队。

（2）购买他人的成熟技术并进行市场化分析。

（3）通过对技术市场寿命的分析，从而购买具有前景的技术，然后通过进一步改进来开发它，以满足商业需求。同时，创业者还可以购买核心技术，并在此基础上进行技术创新，但这需要大量的时间和成本，因此需要提前做好相关准备。

（4）招募技术持有者作为员工。

（5）团队自行研发。

对于准备创业的大学生来说，可以关注高校实验室、教师或学生的研究开发成果，到国家知识产权局查阅各种专利申请，及时关注科技信息，搜索各种科技报告，分析各类科技成果，从而获得巨大的商机。政府机构、同行创业者或同行企业、专业信息机构、图书馆、学术研究机构、新闻媒体、会议和互联网等都是创业者获取这些信息的渠道。大学生创业者可以根据实际情况，选择一种或多种途径尽可能高效地获取有效的信息。

（三）资金资源的获取途径

从外部资源中获取资金的途径主要有以下几种。

（1）依靠朋友和家人寻找资金，双方形成债权债务关系。

（2）抵押贷款、银行贷款或商业贷款，这一途径对于大学生来说较难获取。

（3）争取获得政府计划的支持。

（4）所有权融资，吸引新的创业联盟者加入创业团队；吸引现有企业以股东身份成为新企业的股东，并且开展创业活动。

（5）制定详尽可行的创业计划书，吸引风险资本家等进行投资。

（四）营销渠道资源的获取途径

在初创企业获得创业资金后，创业企业想要生存下去，就必须要进行营销。营销网络将帮助初创企业推销其产品或服务进入市场，并使初创企业盈利。一般来说，初创企业既可以利用他人现有的营销网络和公共流通渠道，也可以创建自己的营销网络，将其与其他人的营销网络相结合，扬长避短，使营销网络更好地适应初创企业的要求①。

（五）市场、技术与政策信息资源的获取途径

创业者需要在创业阶段引入市场、技术与政策信息资源。创业者可以通过政府机构、同行创业者、专业信息机构、互联网等来获取有关市场、技术与政策信息资源。

五、创业资源整合的影响因素

创业资源整合，需要新企业在创建与成长发展过程当中对组织内外可获得的一切资源进行选择、吸收、配置与利用。那么怎么才能保证创业者有足够的能力整合到更多的、不为自身所掌控的资源呢?

以下三个因素将会对创业者的资源整合起到决定性的作用。

（一）整合主体的获利保证

资源整合并不是资源买卖，资源整合是一种“1 + 1 > 2”的正和游戏，在一个正确、完整的资源整合案例之中，每一个被整合的资源都应当获得效率最高的利益回报。因此，能否顺利地对资源进行整合，最关键的一点是资源整合后的共同体联合获利，而且回报要大于他们自身付出的回报期望值。

（二）整合主体的开放性

创业者的项目或者平台必须是愿意接纳各种资源的，只有在这样的前提下，创业者才能够保证资源进来而不受任何不必要的阻碍。同时，保证足够的开放性还可以提升资源被整合的“主动性”，会有资源主动要求加入到平台项目当中来。

（三）接触资源的能力

整合资源并不需要绝对掌控资源，但是创业者必须保证自身项目、平台可以让资源方知道。无论是通过媒体，还是口碑，只有让更多的资源方知道，创业者的机会才会更多。如果考虑一个绝对大的数字的话，当创业者的告知可以达到足够数量的资源方时，那么创业者甚至有可能拥有绝对的主动权，可以在同类型资源之间进行比较、筛选，找到不但可以完成资源整合，同时可以保证创业者利益最大化的模式。

资源整合是一种“通过连接而被动掌控世界的方法”，这同掌控甚至是垄断某个资源

---

① 王卫红，金伟林，何伏林. 创业基础[M]. 杭州：杭州出版社，2017.

有很大的差别。再次强调，创业者可以接受自己的资源被其他人共享的先决条件必须是创业者也可以分享他人的资源，而这并不是资源间的置换，而是考验创业者的资源整合能力。

第三节 风 险 资 本

风险资本是创业者创建企业时重要的融资渠道，风险资本投资是最受创业者欢迎的股权融资方式之一。对于大多数创业者，尤其是对于大学生创业来说，资金依然是稀缺的资源，如何借助外部资源获取资金，是一个资源整合的问题，资金获取的知识和技能是创业者需要学习的重要内容。本节介绍风险资本相关知识。

一、认识风险资本

风险资本是一种由专业机构对具有较大成长潜力的创业企业承担的高风险、谋求高回报的资本形态。故而风险资本往往以高风险和高回报著称。风险资本投资是股权融资的主要方式之一，其突出的特点是：无须任何财产抵押，以公司的股权与投资人的资金相交换，具有资金使用期限长、没有定期偿付的财务压力、可以获得投资人提供的资金以外的资源支持等优势。

风险资本是一种有组织、有中介资本的形式。风险资本家或风险基金管理者是资本供给者和使用者之间的中介。在大多数情况下，这些中介机构是以有限合伙的方式组成的独立基金。资本支持创业是经济创新的重要动力，由此诞生了一大批耳熟能详的公司。当前，如果创业者没有风险资本的支持，恐怕就会输在起跑线。我国有许多成功的优秀企业，如腾讯、阿里巴巴、京东等都曾在某一个阶段获得风险资本的支持。风险资本家将专门风险基金（或风险资本）投资于新的企业，帮助管理队伍将公司发展到可以“上市”的程度，一旦达到这一目标，典型的风险投资公司将售出其在公司的权益，转向下一个新的企业。

风险投资在行业上又细分为很多种类型，如天使投资（angel invest）、狭义的风险投资（venture capital，VC）、私募股权基金（private equity，PE）等。天使投资人通常是指投资于非常年轻的公司以帮助这些公司迅速启动的投资人。在风险投资领域，“天使”这个词指的是企业家的第一批投资人，这些投资人在公司产品和业务成型之前就把资金投入进来。天使投资人通常是创业企业家的朋友、亲戚或商业伙伴，由于他们对该企业家的能力和创意深信不疑，因而愿意在业务远未开展之前就向该企业投入资金。一笔典型的天使投资往往只是区区几十万美元，是风险资本家随后可能投入资金的零头。而风险投资、私募股权基金则分别是在企业发展早期到成熟期的投资人，到了扩张期那就只有私募股权基金了。

如同天使投资者对项目的选择有所偏好，风险投资机构也是如此。创业者在向风险投资机构寻求融资时，应对机构进行深入了解，以便沟通。

知识库

著名的风险投资公司

就像华尔街已经等同于美国金融业一样，在创业者眼里“沙丘路”（Sand Hill Road）便是风险投资公司的代名词。沙丘路位于硅谷北部的门罗公园市（Menlo Park），斯坦福大学向北一个高速路的出口处。它只有两三千米长，却有十几家大型风险投资公司。在纳斯达克上市的科技公司至少有一半是由这条街上的风险投资公司投资的。其中最著名的包括红杉资本（Sequoia Capital）、KPCB（Kleiner，Perkins，Caufield &Byers）、NEA（New Enterprise Associates）、Mayfield 等。NEA 虽然诞生于美国“古城”巴尔的摩，但经营活动却主要在硅谷，它投资了 500 家左右的公司，其中 1/3 上市，1/3 被收购，投资准确性远远高于同行，它同时是中国的北极光创投的后备公司（backing company）。Mayfield 是最早的风险投资公司之一，它的传奇之处在于成功地投资了世界上最大的两家生物公司，基因泰克（Genentech）公司和安进（Amgen）公司，除此之外，它还成功投资了康柏、美国硅图公司（Silicon Graphics，Inc.，SGI）公司和美国闪迪（SanDisk）公司等科技公司。而所有风险投资公司中，最值得大书特书的便是红杉资本和 KPCB 了。

资料来源：吴军. 浪潮之巅[M]. 北京：电子工业出版社，2011

二、风险资本的运营特征

风险资本运营有三个直接参与者：提供资本的投资者、使用资本的公司以及管理资本的风险资本家。

风险资本中，资本的供给者主要是效益类长期投资者，其中包括退休基金、基金会、保险公司以及富裕的家庭或个人。风险资本的使用者一般是新生高新技术企业。风险基金或风险资本家是投资者与企业之间的中介，其主要职能是发现和审查投资机会，开展资本运作使其及时到位，筹集额外资本，监测和管理资本的使用并使之增值。

风险基金的基本组织形式是有限合伙制，其中风险资本家作为一般合伙人（general partner）投资 1%到基金中，其他投资者作为有限合伙人（limited partner）投资其余的 99%。投资者进行初始投资，并承诺在基金的生命期内逐步扩大其投资规模。有限合伙制一般以 10 年为一个周期，需要时可延长 1～2 年。在一个周期结束时，所有现金和股份都分配给投资者。作为共同投资者，风险资本家积极参与其投资企业的管理，但有限合伙人通常不被允许扮演管理者角色。

一般来说，风险投资具有以下几个重要特点。

（1）风险基金与企业分担风险。风险资本家需要与企业家密切合作，帮助企业规划、提供咨询服务，并直接参与管理，管理也是作为投入的一部分。

（2）风险投资是一项长期且流动性较差的投资。一旦投资，风险资本家和企业家就形成了命运共同体。风险资本要伴随企业走过相对较长的一段时期，直到退出。这一时期通常为 3～7 年。

（3）风险投资极具风险，要求风险资本家具备高度的专业精神，以便在项目选择上做到高度的专业化和程序化，并尽可能锁定风险。

（4）风险资本家在审查项目的财务指标之前，更应关注项目的市场前景、发展战略以及管理团队的素质等。

（5）风险资本通常不以企业分红为目的，而是作为退出时资本估值的回报，通常将公司上市或出售的那一刻作为退出的时间。风险资本投资者的薪酬分为固定薪酬和可变薪酬：固定薪酬是按已投资金额的 2%～3%收取管理费；可变薪酬是投资收益后 15%～25%的基金利润，其余由投资者获得。

风险资本运作过程可分为筹资过程、投资过程和收获过程。筹资过程是风险资本家从机构投资者和富裕家庭或个人筹集资金的过程。就整个风险资本产业而言，筹资过程的难易程度取决于政府的政策法规以及其运作的社会经济环境。投资过程和收获过程是风险资本运作的两个重要环节。

三、风险资本的运作程序

风险资本包括无中介、无组织直接投资资本，以及中介机构、有组织的风险投资资本等间接投资资本。风险投资运作过程分为融资过程、投资过程、管理过程和退出过程。

（一）融资过程

融资过程是风险资本活动的起点，在此过程中，基金管理人要准备基金募集说明书，并和出资人商谈基金管理的细节问题，最终签署文件，成立基金。

（二）投资过程

投资过程包括项目初步筛选、尽职调查、项目估值、交易设计、谈判等一系列程序。风险资本投资瞄准的是具有巨大增长潜力的创业企业。

1. 筛选项目

风险资本家要从大量项目中筛选出最有可能成功上市的项目进行投资。风险资本家既可以从宏观层面上依据投资项目所处行业领域、发展阶段、投资规模等因素进行评价，又可以从微观层面依据投资项目的商业计划书的质量、创业者的素质、技术、产品、市场前景、财务等因素进行分析评价。

2. 尽职调查

尽职调查往往是投资决策中的重要一环，其目的是通过作大量的研究和准备来避免风险投资失败。主要调查的内容包括政策风险、企业基本情况、行业与企业竞争力分析、重大合约及法律诉讼事项、企业发展规划等。调查的结果成为风险资本投资的决策依据。

3. 项目估值、交易设计和谈判

审查阶段完成之后，如果风险投资者认为所申请的项目前景较好，那么便可开始进行投资形式和估价的谈判。项目估值会根据企业在不同时期的成长情况确定注资金额和方式。交易设计和谈判主要涉及约定投资者对投资企业的估值和计划投资金额，被投资企业应承担的主要义务和投资者要求得到的主要权利，以及投资交易达成的主要条件等。

（三）管理过程

管理过程指的是风险资本机构参与投资企业的管理过程。风险投资家一般都会积极参与被投资企业的经营管理，并提供增值服务。

（四）退出过程

风险资本退出是风险资本规避风险、收回投资、从中获利的关键。风险投资是资本价值获得补偿的形式，不断循环运动是风险资本的生命力所在。没有退出机制，风险投资就难以发展；退出机制不健全，风险投资的发展也就不迅速。风险资本家投资对于企业的目的不是获得企业长期控制权，几年后，无论新创企业是成功还是破产，风险资本都将退出企业，所以风险投资的退出是风险投资运作过程的最后也是至关重要的环节。

退出方式取决于被投资企业的一般条件和外部财务环境，包括首次公开募股、股权转让、清算退出等。

1. 首次公开募股

首次公开募股（initial public offering，IPO）被业界公认为最佳的退出方式之一，也是投融资双方梦想的皆大欢喜的结果。它具体是指被投资企业首次在证券市场上发行股票，投资者借助被投资企业 IPO 的帮助，经过一定期限的禁止出售其股份，以获得高回报并退出的一种方式。一般来说，以这种方式退出具有较高的投资回报，为了上市，对参与公司的要求很高（如公司财务、盈利及公司治理必须达到一定规模），且必须符合有关上市规则。具体来说，外资股可根据上市地的不同划分为外国境内上市与境外上市。而国内上市也可以细分为主板上市、中小板上市，以及从 2009 年 5 月 1 日起开始生效的创业板上市。可以说，创业板的推进，将带动更多的风险资本投资于先进技术、创新型中小企业中，推动中小企业的发展。

2. 股权转让

由于能够 IPO 的投资项目屈指可数，因此，股权转让在行业内较为常用，也是最便捷的退出方式。关于股权转让，大致可细分为以下几种。

（1）股东回购。股权回购是指有限责任公司回购股东所持有的公司股权，也就是说，由原创业者以特定的溢价收回投资者所持有的本公司的股份，让投资者实现退出的目标。双方投资协议的一般条款和条件通常在股东收购中定义。我国《公司法》对有限公司股权回购有明确的规定。

（2）管理者收购。这意味着投资公司的管理者利用自有资金或利用财务杠杆等手段通过股权转让协议收购投资者的股份。

除了上述两种特定的股权转让外，还存在投资者将股权转让给下轮投资者或产业的形式，以达到资本退出的目的。

3. 清算退出

这是投资和融资双方都不愿看到的结果。但毕竟项目能够成功的概率有限。业界也经常用“三败七负”来形容。因此，当投资者发现被投资的公司（项目）无法继续增长或没有必要继续投资时，他们会选择将损失降到最低。因此，投资失败和清算退出在该行业也很常见。

四、风险资本的作用

风险资本在扶持高新技术产业发展中发挥着重要作用。例如，在美国，70%的风险资本投向于以信息技术为主的高科技产业，而像微软和网景等成功的高科技公司在发展历程中均得到了风险资本的扶持。

风险资本可以刺激经济增长。得到风险资本支持的企业一般是新兴行业，发展前景良好，增长势头强劲，成为经济新的增长点。

风险资本是证券市场发展的主要动力。风险资本通过支持初创企业的增长与壮大，并推动其上市，推动证券市场的发展。

风险资本作为一种特殊的股权资本，促进了我国经济的发展。然而时至今日，我国的风险资本无论是融资渠道还是规模数量，仍存在一些亟待解决的问题，而这些问题在一定程度上已成为我国风险投资行业发展的“瓶颈”。

➢ 拓展学习

《创业路上的变与不变》编委会. 2018.创业路上的变与不变[M]. 上海：上海交通大学出版社.

布鲁斯·R. 巴林格，R. 杜安·爱尔兰. 2010. 创业管理：成功创建新企业[M]. 杨俊，薛红志，等译. 北京：机械工业出版社.

杰弗里·蒂蒙斯，小斯蒂芬·斯皮内利. 2005.创业学[M]. 6 版. 周伟民，吕长春译. 北京：人民邮电出版社.

李珍晖. 2017. 互联网+时代中国大学生创业案例[M]. 北京：中国传媒大学出版社.

马克·J. 多林格. 2006. 创业学——战略与资源[M]. 3 版. 王任飞译. 北京：中国人民大学出版社.

➢ 思考题

1. 创业所需资源主要有哪些？

2. 简述整合资源的原则。

3. 简述风险资本的含义。

4. 随着我国迈入老龄化社会，未来社会对养老院的需求预计将快速增加。假设你是一名创业者，你识别到了这个机会，认为创建养老院将会有非常大的利润空间，请你说一说创建养老院需要哪些资源，需要如何整合资源。

第六章 创业团队

本章重点

创业团队的基本要素
创业团队的组建原则
创业团队股权分配原则
创业团队的决策机制

引导案例

雷军组建小米创业团队

2010年，从金山出来休息了几年的雷军，准备出山创业。他很清楚，创业无非三要素，即人、事、钱，而人是最关键的。于是，他开始组建创业团队。

第一个找的人是林斌。林斌因为当时在谷歌中国负责安卓的研发，而谷歌与优视动景有业务来往，从而认识了当时在优视动景担任董事长的雷军。有一天，林斌告诉雷军他准备出来创业，雷军随即邀请他一起做安卓手机，但林斌没有急于表态，电商模式能否做成、创业资金从哪里来，这些都是他所担忧的。雷军以他做过卓越的过来人身份力证电商能成，同时抛出一句热血的话，“你拿着谷歌和微软的股票无非是为了投资，但最好的投资是投资自己”。最后，林斌卖掉大部分谷歌和微软的股票，全部投入到小米。

合伙计划一经敲定，两人分头挖人，雷军找来在金山的老下属黎万强。黎万强从2000年开始加入金山，10年间，从底层员工做到金山软件设计中心设计总监，再到金山词霸总经理，长于用户界面和人机交互。有一天，黎万强找雷军聊辞职的事，并扬言要开个摄影棚。雷军一听就笑了，说“别扯淡了，跟我干吧”。就这样，黎万强成为小米第三位联合创始人。

林斌以同样的方式挖到微软旧同事黄江吉加入。当时，黄江吉在微软的研发团队面临重组。林斌力劝黄江吉出来和他以及雷军一起创办一家中国人自己的公司。黄江吉异常动心。林斌趁热打铁，把他介绍给了雷军。初次见面，雷军对于创业的事儿只字不提，只是和他一起聊各种电子产品，从手机到电脑，从iPad到电子书。在长达几个小时的面谈中，黄江吉当场判断定，对面坐的两个人是要做点什么事情的，虽然他彼时还不知道他们具体要做什么，但是在临走之时，他放下一句话，“我先走了，反正你们要做的事情，算上我一份”！

除了黄江吉，林斌还挖来了自己在谷歌的下属洪锋。2010 年 2 月，雷军与洪峰见面，踌躇满志的雷军开始唾沫横飞地告诉洪锋：他是谁，打算怎么做手机，还有小米能给洪锋什么。但洪锋始终面带微笑，一言不发。过了很久，洪锋才终于发话，用很冷静的口吻，一连问了好几个一针见血的问题。在洪锋看来，创业团队的价值观必须一致，“大家觉得什么重要、什么不重要是一致的，这点非常非常重要”。雷军的为人处事，恰好是他认同的。人靠谱、事靠谱、钱靠谱，那就没什么好犹豫的了。洪锋随即答应加入小米创业团队，负责移动互联网产品开发。

在洪峰的推荐下，长于工业设计的刘德也加入进来。刘德在工业设计界赫赫有名，曾创办了北京科技大学工业设计系，是美国艺术中心设计学院建校 80 多年来招收的 20 多位中国毕业生之一。2010 年 5 月，洪锋邀请刘德跟雷军等见一下，在长达 6 小时的见面会上，雷军告诉他要做手机，“这是个巨大的机会”，并邀请刘德加入。一个月后，刘德同意加入。于是，工业设计、用户界面和人机交互、软件工程、移动互联网应用研发和产品设计等人才已经聚齐，唯独还差了做硬件的，直到周光平的出现，才打破了这个局面。周光平从 1995 年开始就在摩托罗拉工作，是做手机方面的专家，但已经 55 岁高龄。双方接连见面约谈好几次，有一天，正在出差的雷军突然接到林斌电话，林斌说：“周博士同意了！”至此，六位联合创始人全部到位。

资料来源：雷军组建小米团队的那些事[EB/OL]. https://www.dsb.cn/88716.html，2018-10-22，有改动

21 世纪被称为信息时代，为创业的蓬勃发展造就了时代机遇。创业就是从创意策划到实现其市场价值的过程。在瞬息变化的商业背景下，创业不能仅依靠单兵作战来实现目标，而是要通过团队协作实现共同目标。因而，团队创建成为创业的关键要素。但是，如何有效创建一个团队，如何加强创业团队管理呢？本章将围绕创业团队的组建、创业团队的股权分配、创业团队的运作机制等内容详细阐述。

第一节　创业团队的组建

一、团队与创业团队的概念

（一）团队与群体

团队在企业中出现，大约要从 20 世纪 50 年代美国的一次观念更新思潮说起。当时，很多美国人认为，如果赋予个人足够的人权尊重，就可以激励其负起责任并更加努力地从事自己的工作。因此，许多公司形成了一些机制使雇员可以就有关改进公司经营方面的问题提出建议。这一思潮传到日本后，日本企业界逐渐成立了质量小组。20 世纪 70 年代，“质量小组”这一概念传播至西方的管理层，许多公司欣然接受了这种管理方式，团队由此产生。一些国际知名公司，如沃尔沃、丰田、通用等，开始把团队引入企业的生产过程。20 世纪 80 年代后，美国企业中出现了大量团队，发展至 90 年代，团队方式成为许多国际著名公司的主要运作形式，并成为这些公司在竞争中求胜的法宝，因此团队

建设成为管理方面的热点。

1. 团队的定义

简单来讲，团队就是一群人为一个共同的、明确的、具有挑战性的任务而组成的工作群体，各成员紧密联系、互相依赖、共担风险，扮演着独特的角色，拥有必要的权威、自主权和资源，并致力于达到共同的目标。《西游记》中的师徒四人分工明确、相互依赖、共担风险，最后实现了取得真经的目标，因此师徒四人也属于团队。

2. 团队与其他群体的区别

1）团队与组织

组织是指为了实现共同的目标而按照一定的规则组合成的群体。组织与团队有显著差别：组织必须有明确的领导人，而团队在不同的发展阶段对领导人有着不同的要求；组织的目标必须完全一致，而团队成员可以有自己的目标，各目标可以存在个性化差异；组织的协作性一般，而团队则是齐心协力；组织中的责任按层级划分，而团队的每一个成员都要承担相应的责任，甚至共同负责；组织成员的技能可以相同，也可以不同，而团队成员的技能则是互补的；组织绩效是个体绩效的累加，而团队绩效是大家共同合作的结果。

2）团队与群组

群组的特征是强调个人的工作成果，成员相互间的互补性较弱，注重个人的工作责任，有固定的领导人；而团队的特征是有共同的目标和成果的，成员相互间是一种积极互补的协作关系，解决问题的方式是共同讨论与决策，所有成员都是团队的管理者。具体而言，团队的目标明确、任务明确、角色明确、沟通渠道明确。

知识库

日本全面质量管理小组简介

日本从明治维新开始学习西方国家经验，并于20世纪50年代引入西方全面质量管理方法。日本科学技术联盟从1949年开始设立由企业、大学和政府人员构成的质量管理研究小组，定期开办质量管理基础课程，并将小组的成果传达给产业界。科学技术联盟于1950年邀请美国的质量管理专家戴明（Deming）博士访问日本并为科学技术联盟的技术专家和各地企业高层举办了质量课程和讲座，推动了全面质量管理方法在日本企业中的广泛运用。日本在实行质量管理过程中，注意与日本文化较好地结合，注意发挥团队作用，推动各个层面参与质量管理，建立全面质量管理小组，并将之广泛应用于各行业的质量实践，形成质量管理的浓厚氛围。“日本制”的质量水平大幅提高，推动了经济的快速发展。

资料来源：中国质检体制机制的历史沿革及内在规律[EB/OL]. https://www.cqn.com.cn/zgzlb/content/2016-05/12/content_2913929.htm，2016-05-12

（二）创业与创业团队

1. 创业的定义

创，即创造、开创、创业；业，即事业、行业和独特性的工作。所以，创业的含义分为狭义和广义两个方面。狭义的创业，指创办一个新企业的过程。广义的创业，指某个人发现某种信息、资源、机会或掌握某种技术，利用或借用相应的平台或载体，将其发现的信息、资源、机会或掌握的技术，以一定的方式转化、创造成更多的财富、价值，并实现某种需求的过程。

2. 创业团队的定义

从所有权角度出发，Kamm 和 Nurick ①将创业团队定义为两个或两个以上的个体，他们共同建立公司且同时拥有所有权。Mitsuko②则从人员构成角度把创业团队定义为参与且全身心投入公司创立过程，共同克服创业困难和分享创业乐趣的全体成员。Chandler 和 Hanks ③从参与的时间角度，认为创业团队是在公司成立之初掌管公司的个体或是在公司营运的头两年加盟公司的成员，但是并不包括没有公司股权的一般员工。Harper④指出，创业团队是指这样一群创业者，他们拥有共同的目标，这个目标需要其共同协调与合作才能达到。该定义突出了创业者行动的结合，从团队协作的角度来解释创业团队的含义。

本书所提创业团队主要指为进行创业而形成的集体，一般是指在创业初期，两个或两个以上人员才能互补，参与公司创建、制定发展战略和从事企业管理，占有公司股份或享有一定企业所有权，为了实现共同创业目标彼此担负相应的责任的群体。创业团队是价值创造和创业活动的主体，居于创业过程的核心和主导地位，是创业活动的基础。创业团队的定义侧重于是否拥有新企业所有权、何时参与创业过程以及是否积极参与新企业运营活动，在企业创建之初或创业初期加入团队并积极参与新企业或团队运营管理的人员才称为创业团队成员。

3. 大学生创业团队的定义

大学生创业团队，顾名思义，就是以大学生为主体进行创业而形成的群体。大学生经过学习，系统掌握创业理论知识，熟悉创业流程方法，了解创业的法律法规以及相关政策，在此基础上把握商业机会，由有相同目标和价值观的人组建团队，他们构建合理的团队规模和结构，彼此互相信任、团结合作，以实现创业的目标。

二、创业团队的基本要素

创业团队的基本要素主要包括五个方面，即创业团队的目标（purpose）、人（people）、定位（place）、权力（power）和计划（plan）。

1. 目标

目标是团队成员都非常关心的问题。创业团队首先应该有一个确定的共同目标，通过共同的目标把团队成员凝聚在一起，通过共同的目标为团队未来发展指明方向。

---

① Kamm J B，Nurick A J. The stages of team venture formation：A decision-making model[J]. Entrepreneurship Theory and Practice，1993，17（2）：17-27.

② Hirata M. The roles of the start-up teams and organizational growth in Japanese venture firms. Behavioral Science[J]. Research，2000，52:109-120.

③ Chandler G N ， Hanks S H. An investigation of new venture teams in emerging businesses[C]//Reynolds P D ， Bygrave W D，Carter N M，et al. Frontiers of Entrepreneurship Research. Wellesley：Babson College，1998：318-330.

④ Harper D A. Towards a theory of entrepreneurial teams[J]. Journal of Business Venturing，2008，23（6）：613-626.

2. 人

企业经营的基础是人，在竞争激烈的市场环境中，人才决定企业命运。因此，人是构成创业团队的最核心的力量。人力资源是所有创业资源中最活跃、最重要的资源之一。

3. 定位

创业团队的定位很重要。这个定位既包括创业团队的定位，即创业团队在企业中处于什么位置，也包括个体（创业者）的定位，即个体作为成员在创业团队中扮演什么角色。比如苹果和小米，苹果的定位是做产品，以产品带动销售；而小米则不同。

4. 权力

创业团队中，领导者的权力大小与团队的发展阶段、创业组织所在行业相关。一般来说，创业团队处于初期阶段，行业为传统行业，领导权会比较集中；创业团队处于成熟阶段，行业为新兴行业，领导者所拥有的权力相应越小。

5. 计划

团队目标的实现需要具体的行动计划，以保持团队沿着正确的方向前进；否则，再宏伟的目标，如果团队的发展计划出现了致命失误，最终也可能会南辕北辙，一无所获。

三、创业团队的组建原则及步骤

一个好的创业团队对企业的成功起着举足轻重的作用，好的创业团队的组建应遵循以下几项原则。

（一）创业团队组建原则

创业团队在组建过程中一定要遵守某些原则。创业者在组建团队时，通常遵循的一个基本原则就是互补原则。只有团队成员实现互补，才有可能发挥“1+1>2”的协同效应。实践证明，创业团队的规模越大，团队成员的经验就越需要具有互补性，团队创业成功的可能性就越大，其成长速度也会越快。除此之外，创业团队组建还需要尽可能遵循以下几个原则。

（1）目标明确原则。只有目标明确，才能让团队成员清楚地认识到共同奋斗的方向，才能真正激励各成员为了实现目标而共同努力。

（2）精简高效原则。为了减少创业期的运作成本，创业团队应在确保企业高效运作的前提下尽量精简。

（3）分工明确原则。团队成员间分工明确，能够发挥个人特长和优势，让每个人根据专长去完成相应的工作，进而提高工作效率。

（4）动态开放原则。创业团队不是一个封闭的团队，创业过程是一个充满不确定性的过程，可能会因为发展需要不断有新的成员加入，也可能因理念等多种原因有人离开。

（5）诚实守信原则。重承诺、守信用是对创业团队成员基本的道德要求。创业团队成员通常会全面介入企业的经营管理，了解企业内部情况，如果不守诚信，企业的资金、人员、关系等都可能遭到不必要的损害。

（二）创业团队的组建步骤

创业团队的组建是一个相当复杂的过程，不同类型的创业项目所需的团队不一样，创建步骤也不完全相同。概括来讲，大多数创业团队的组建步骤如下。

1. 明确创业目标

创业目标包括总目标和子目标。创业的总目标是通过开展创业阶段的规划、组织和管理等工作，实现企业从无到有、从小到大。总目标确定后需进一步分解，从而形成若干可行的、阶段性的子目标。目标的确定，对于选择创业合作伙伴以及后期整个团队章程的制定都起到决定性的作用。

2. 制订创业计划

确定创业目标后，还需要制订周密的创业计划。创业计划是以团队为整体来考虑的计划，是对未来不同的创业阶段需要完成的阶段性任务的一种安排，通过逐步完成这些任务最终实现创业目标。

3. 选择创业伙伴

创业团队成员的选择是创业团队组建的关键，创业团队至少需要伙伴在能力或技术上互补。规模上，团队成员太少无法实现团队的功能和优势，而过多又可能会产生交流障碍，创业团队规模控制在 2～12 人最佳。

4. 明确职责权限

创业团队职权划分就是根据执行创业计划的需要，确定团队成员所要担负的职责和相应享有的权限。职权划分既要避免职权的重叠和交叉，也要避免职权空白和疏漏。此外，由于创业环境具有动态性和复杂性，因此成员职权也应根据需要不断进行调整。

5. 构建制度体系

创业团队的制度体系主要包括团队约束制度和激励制度。创业团队需要通过各种约束制度，如纪律条例、组织条例、财务条例等，避免成员作出不利于团队发展的行为。创业团队要实现高效运作还需要建立有效的激励机制，如奖惩制度、考核标准和激励措施等，以充分调动成员的积极性。创业团队的制度体系应当以规范化的书面形式确定下来，以免带来不必要的混乱。

6. 团队调整融合

随着团队的运作，团队在人员匹配、制度设计、职权划分等方面的不合理之处会逐渐暴露出来，这时就需要对团队进行调整融合，这是一个动态、持续的过程，有效地调整融合的关键就是要保持团队成员间经常、有效的沟通与协调，强化团队精神。

知识库

贝尔宾团队角色理论

贝尔宾团队角色理论起源于 20 世纪 60 年代末。梅雷迪思·贝尔宾博士在英国剑桥大学产业培训研究所工作期间，与亨利管理学院联合开展了一项合作研究。该项研究的内容为成功和失败团队在商业游戏中的竞争表现。它是唯一的一个基于团队第一手人群的实验研究。研究者对亨利管理学院参加学习的管理者组成的“辛迪加团队”，进行不同的团队模拟实验：对象被分配到不同构成的团队中，随时间的推移，不同类别的行为被确定为团队成功的潜在因素。后来，这些成功的行为集群被命名，就得到了团队角色。随后经过长达九年半的时间，研究人员对后续几百个团队的观察、实践和研究，思考探讨解决团队构建、构成、设计、团队业绩预测等层面的问题。贝尔宾团队角色理论认为，一支结构合理的团队应该拥有九个团队角色，即鞭策者、执行者、完成者、外交家、协调者、凝聚者、智多星、审议员和专业师，这九个团队角色在团队中起着互补但同样重要的作用。

资料来源：R. 梅雷迪思·贝尔宾. 团队管理：成败启示录[M]. 袁征，李和庆，蔺红云译. 北京：机械工业出版社，2017

第二节 创业团队的股权分配

股权分配对于每一个创业团队来说都是绕不开的话题。许多创业团队在创业初期因为对股权问题不了解或者不熟悉，忽视了股权分配，只进行了名义上的或者简单的平均分配，引发了诸如创始人不和、对簿公堂甚至被迫离开创业公司的后果。那么，如何对股权进行分配呢？首先，创业团队的股权分配需要有一个合理的结构，股权的分配应该是一个动态的过程，要能够与创业团队成员的贡献挂钩。同时股权分配必须以法律为基础，进行契约化，只有这样才能在创业之路中，避免因股权问题引起的诸多纠纷。

一、股权概述

无论是老牌的上市公司，还是新兴的创业公司，发展过程中都可能遭遇“股权之殇”。几乎所有的创业团队在成立之初都是众志成城、同仇敌忾，但是为什么后期会出现纷争呢？为了弄清楚这个疑问，首先需要来了解一下股权的含义。

（一）股权的概念和特征

《公司法》规定，公司股东依法享有资产收益、参与重大决策和选择管理者等权利。

1. 股权决定股东对公司的财产利益

股权最本质的权利是财产利益，主要包括股息和红利的分配权、剩余财产分配权、优先认购权等。创始人、投资人及其他股东拥有股权的比例决定了他们可以从公司获得多少财产利益。我国《公司法》规定，有限责任公司的股东以其认缴的出资额为限对公司承担责任；股份有限公司的股东以其认购的股份为限对公司承担责任。自然人主要通过债权和股权两种方式投资一家公司，股权和债权都代表了相应投资人未来从公司获得的权利。企业资产负债报表上的负债部分是公司的债权人持有的公司权益，而所有者权益就是公司的股东持有的公司权益。债权通过偿本付息的方式来偿还，利率一般固定，因此未来收益一般可预测。股权却不同，收益有可能上不封顶，随着公司的发展，公司的资产逐渐增加，偿还完公司债务后的权益都归属股东。当然风险与收益成正比，当企业经营不善，面临破产清算时，公司剩余资产优先偿还债权人的债务，有剩余的再偿还给股东。

2. 股权从根源上决定公司的控制权

公司控制权是指选择和监督公司代理人的权力，以及对公司的经营管理决策权。股权凭借其表决权、选择管理者的权利等支配性权利，从根源上掌握了控制权。

依据我国《公司法》，“股东大会是公司的权力机构”，拥有公司一切事项的决策权。根据《公司法》，“股东会会议作出修改公司章程、增加或者减少注册资本的决议，以及公司合并、分立、解散或者变更公司形式的决议，必须经代表三分之二以上表决权的股东通过”。股权与控制权并不是完全对应的关系，比如我国《公司法》规定“股东会会议由股东按照出资比例行使表决权；但是，公司章程另有规定的除外”。

3. 股权可以受到限制

股东的权力与其出资义务相对应，股东只有履行好了出资义务才可以享受相应的股东权利。如果股东在履行出资义务方面存在问题，公司可以对其股权的行使作出一定的限制。

4. 股权的责任

股权不只是代表着权利，也意味着责任和义务。我国《公司法》规定，“公司是企业法人，有独立的法人财产，享有法人财产权。公司以其全部财产对公司的债务承担责任。有限责任公司的股东以其认缴的出资额为限对公司承担责任；股份有限公司的股东以其认购的股份为限对公司承担责任”。

因为有限责任公司的股东所认缴的出资额数量是确定的，股东责任相应具有金额上的确定性。而股份有限公司的股东出资是折算成股份的，因此股东责任具有比例的确定性。

（二）股权结构类型

股权结构是指股份公司总股本中，不同性质的股份所占的比例及其相互关系。根据相关研究者的实务经验和研究，主要存在两种股权架构类型：一是一元股权架构，二是二元股权架构。

1. 一元股权架构

一元股权架构是指股权的股权比例、表决权和分红权等都是一体化的，即同股同权。在这种架构下，任何股东的权利都根据股权比例来区分，这是最简单的股权架构形式，但是需要避免公司出现僵局的情形。现实中存在几个表决权的关键节点：①企业中有一方股东的出资比例达到了 33.4%以上；②企业只有两位股东并且双方的出资比例分别为 49%和 51%；③存在一方股东的出资比例超过 66.7%；④只有两股东并且各自出资比例均为 50%。如果是第三种出资比例，对任何表决事项都可以单方面形成有效的公司决议，除非公司章程对股东需“同意”的人数作出最低限制。第四种股权架构模式最糟糕，因为双方的表决权相同，意味着公司作出任何决定都需要双方达成一致，这种决策机制往往会导致决策受阻，不利于企业的发展。

2. 二元股权架构

二元股权架构是指股权在股权比例、表决权和分红权之间作出不等比例的安排，即同股不同权，将股东的权利进行分离设计。这种架构设计适用于将决策权留给创始人，仅仅将分红权分配给某些合伙人的情况。

二、创业团队股权分配的原则

考虑到创业团队股权分配可能出现的问题，为了有效规避这些风险，在实际的股权分配中，应把握一些根本性的原则，以保证创业团队和初创企业的长久发展。

1. 公平性原则

创业团队股权分配的本质是一个交易的过程，在参与创业的过程中，每个成员或许扮演着截然不同的角色。有的成员投入资金，有的投入技术，有的投入人脉关系，等等。因为每种贡献的性质不同，所以难以等价对比大家的贡献。但是，股权分配必须有一个相对统一的量化标准，不能仅凭拍脑袋就决定了成员的股权比例。虽然没有明文规定创业团队应该如何分配股权，但是所有的创业团队都应该遵循一个核心的原则，那就是公平原则。

创业往往需要经过长时间的付出才能收获成功，在这个过程中，需要不断地投入各种资源要素浇灌初创企业这棵小树苗，让其茁壮成长，因此权力和利益的分配导向也应该能够向那些长期为创业公司作出贡献的成员倾斜，比如可以采取按照年度、项目进度、销售额增长以及市场份额变化等划分股权分配的时间点，分阶段地分配股权。分阶段地分配股权有一个好处，那就是可以让团队更重视长期利益，更好地规避短期效应。

2. 核心团队掌握控制权原则

目前的创业，基本上都需要引入外部资金，投资人在考虑是否投资一个创业团队的时候，一方面他们会思考创业的商机与模式，另一方面他们也非常重视创业团队的股权架构是否合理。当创业企业准备上市时，股权架构也必须符合资本市场的要求，因此在进行每次的融资时，创业团队都需要对团队的股权进行规划与调整，以便为投资者留出适当的空间。

同时，随着多轮的融资，创业团队的股权必然会遭到稀释，这就会出现公司的控制权旁落的风险。尤其是创业团队内部出现意见分歧时，投资者往往是“压死骆驼的最后一根稻草”。比如苹果公司的创始人史蒂夫·乔布斯也曾被迫离开自己的创始公司，这些案例也说明了核心团队掌握公司控制权的重要性。

知识库

创始人一票否决权

当创始人的股权低于50%时，创始人可以争取公司的股东赋予其一票否决权。这些否决权主要针对公司的一些重大事项设置，如合并、分离、解散、融资、上市、重大资产出售、重大人事任免等。创始人可以要求对于公司重大事项的决定，没有其同意表决不允许通过。一票否决权可以用于保护创始人的意志，这是一种应对策略。

资料来源：如何从股权层面实现对公司的控制权？[EB/OL]. https://www.sohu.com/a/426035665_120404297，2020-10-21

3. 激励性原则

创业就像是进行一场接力赛，需要有人将接力棒传递下去。在创业的过程中，需要不断吸纳各种专业的人才为团队补充新鲜的血液。保证团队的活力，股权分配应该以贡献值为依据，不能仅对最初的成员进行分配。如果仅考虑对原始成员的股权进行分配，一方面会滋长团队成员的惰性，另一方面对于新进入的成员而言缺乏激励性。所以，对于后进入的团队成员，也必须要考虑他们的股权问题。在进行股权分配时必须留出一部分，用于吸引行业的人才。

4. 可操作性原则

一个精确合理的股权分配与激励方案，往往都是非常复杂、全面的。但是，再好的股权和分配激励方案，要是操作起来过于复杂，实施的成本也过高，那么就没有可操作性，最后都会流于形式。因此，股权分配的方案需要在精确性、复杂性和可操作性这三者之间取得一个平衡，使得分配的方案能够简单地落地实行。

5. 合法化原则

股权分配必须契约化，我们日常中可能习惯口头上的约定，但是口说无凭，尤其是股权分配涉及团队成员之间的利益。一旦团队成员发生冲突，正式的契约就能够避免出现法律上的股权纠纷，从法律上为团队的稳定性提供保障。同时将股权分配契约化，能够给让团队成员感到股权激励是实实在在的，而不是空话。

三、创业团队股权分配的常见方式

目前公司在成立初期的股权分配方式一般有以下几种。

1. 单一股权分配

简单来说就是，根据公司合伙人在公司成立时期投入的资金比例分配相应股份，这种股份分配方式最简单，相对于其他股份分配方式来说，较为适用于同类职员对等关系的公司。这种股份分配方式将每个成员的利益与公司绑定，可以使成员积极投入到工作中去，促进成员工作效率的提升。

2. 奇数合伙人股权分配

这种分配方式的特点是企业的合伙人数量一般是奇数，通过让股东形成制约关系保证公司的稳定。任何的个体都没有决定权，而彼此的制约关系是稳定的基础。此种分配方式的弊端是会造成股东之间的共谋与不正当博弈。

3. 分散化股权安排

家族企业为了让尽可能多的家族成员持有公司的股份，不论其是否在公司工作，所有家族成员都享有平等权利。管理股权分散的家族企业一般有两种：外聘专业的职业经理人员管理、由个别家族成员管理。

4. 预留股份机制

预留股份机制是为了吸引优秀的人才，专门设置一部分未分配的股份用于激励部分高级人才的机制。创业团队在选择股权分配方式前，需要明白“旧时代股权”已经结束。

过去股权分配的核心甚至唯一依据是出多少钱，“钱”是最大变量。步入了合伙创业时代，“人”才是最大的变量。创业者必须学习和重视股权分配的常识。

第三节 创业团队的运作机制

创业团队是为了实现某一特定的创业目标而组成的，要实现其创业目标，必须依据团队角色理论进行合理分工，把总目标分解为若干个分目标，分配给团队成员去完成。在实现创业目标的过程中，最关键的因素不是团队成员个人的能力，而是建立整个创业团队良好的运行机制，使团队成员的个人能力在团队的范畴内形成互补，并使之有机融合，以实现团队创业能力的最大化。创业团队的运作机制主要包括决策机制、沟通机制、激励机制。

知识库

团队成熟度

理查德巴雷特认为，团队成熟度有七个阶段，所有这些阶段都是互相依赖的。

第一阶段：生存意识。团队专注于自身的生存，需要拥有足够的资源。

第二阶段：关系意识。团队关注团队成员之间的和谐关系。

第三阶段：自尊意识。团队关注其业绩，以及在其运营方式和结果方面建立集体自豪感。

第四阶段：转型意识。团队能够反思自己的集体流程并参与成为一个学习团队。

第五阶段：内部凝聚力意识。这个阶段重点在于培养团队使命的共同意识和团队共同的价值观。

第六阶段：有所作为意识。这个阶段团队的重点是与所有主要利益相关者建立合作伙伴关系。

第七阶段：服务意识。这个阶段，团队专注于凝聚集体力量，以便为所有利益相关者创造可持续价值。

资料来源：贾德芳. 创业团队建设与管理[M]. 北京：清华大学出版社，2021

一、创业团队的决策机制

当创业团队设定好一定的计划、方针之后，决策者必须设想好有可能产生的最好结果和最坏结果，然后考虑如何应对各种可能发生的情况，以作出更好的业务决策。

（一）决策概述

1. 决策的概念

决策就是在解决问题的多个选择或者多个方案中，依据问题的条件、环境和目标结果进行科学、合理、充分的判断，并选择一种最有效的可执行方案付诸实施。决策是一个过程，是解决问题和实现目标的必要条件，是行动的基础，没有决策的行动是不可能成功的。决策的作用是至关重要的，是一项任务的核心步骤，是最有挑战、最具风险性和最关键的工作。

2. 决策的特性

决策是一项具有目标性、普遍性、特殊性、可行性和重要性的工作，为了达到某个目标或者解决某个问题，需要及时作出合理的决策。决策必须要有明确的目标，决策具有很强的目的性和目标性。在人类活动中，无论是个人还是集体，无论是家事还是国事决策，决策无处不在、无时不在，无论是学习、工作还是生活，都不可避免地面临新选择和新机会，都需要人们作出自己的选择或者决策，因此决策普遍存在于事物发展的全过程中。决策一定是针对特定问题、特定目标的多个解决办法或者实现方案，从两个以上的选择中找出能够取得期望效果的方案，它明显具有一定的特殊性。在行动和活动中，决策起着决定性的作用，正确的决策才能让活动有好的结果，使行动有意义。

3. 决策的要素

要全面、有效地开展一次决策，作出正确的决策，必须具备一些基本的要素:决策者、决策对象、决策目标、决策方案和决策方法。

1）决策者

决策者是决策的主体，是决策过程的核心要素，是决策过程中最积极、最能动、最主动的因素。决策者处于主导地位，是决策成败的核心。决策者的能力非常关键，一个能力结构合理的决策者不仅能使参与决策的人各展所长，而且可以通过有效的能力组合，充分发挥集体决策者的力量。不同背景、不同专业、不同能力的决策者组成的集体更可能作出正确、合理的决策。

2）决策对象

决策对象是决策过程的课题，是决策者有能力改变其行为或者对其产生作用和影响的系统。决策对象随着人类认识的提高和科技的发展也在不断发生变化。

3）决策目标

没有目标就没有决策，决策目标是决策的必要因素。决策目标是指在一定的内部条件和外部条件下，决策者针对所要解决的问题而期望取得的成果与实现的价值。只有树立正确的决策目标，才能避免决策的失误。

4）决策方案

一旦确定了决策目标，就要制订决策方案。决策者围绕决策目标，收集与决策对象相关联的信息，并识别影响决策目标结果的重要信息，通过分析各类信息，最终形成多个决策方案。决策者依据客观条件和现实环境，筛选出有价值的信息，考虑各种可能性，拟定所有可行性的解决方案。决策方案的建立是一项具有挑战性的工作，决策方案质量的好坏直接影响决策的成败。决策者应该具有足够的智慧，综合评估决策方案是否与资源、能力相适应，以及决策方案在经济和社会上是否科学、合理和可行，充分发挥综合能力提出更多、更好的点子和想法，只有这样才更有助于决策的成功。

5）决策方法

为了增强决策的正确性，决策者必须掌握科学的决策方法。一般而言，决策方法可分为定性分析法和定量分析法。其中，定量分析法通常可分为三种情况:确定型决策分析、风险型决策分析和不确定型决策分析。从集体决策的角度来看，常用的决策方法有民主决策、精英决策、共识决策等。

（二）决策的过程

1. 确定决策目标

决策者根据所要解决问题的性质确定未来所要达到的期望和结果。针对复杂问题，决策者要抓住问题的关键，确定主要目标，然后遵循一定规则进行分解，形成多目标集合。决策目标也是决策者制定和确定决策方案的基准，正确的目标才能保证高效、高质量的决策方案。全面考虑问题的限制条件、现实环境和指标要求，是判断决策目标是否合理的重要依据。

2. 信息收集与分析

确定决策目标之后，决策者就可以开始收集与问题和决策对象相关的所有信息。因为良好的决策需要足够多的有价值的信息来支持。而且，分析问题的前提条件也是要收集足够多的有效信息。检查、整理完信息数据之后，决策者就可以仔细分析这些信息，对重要信息进行排序，确定有价值的关键信息，这有助于决策者把握住目标。

3. 拟定决策方案

决策者分析完各类信息以后，就要尽量将各种可能实现决策目标的方案设计出来。可供选择的方案越多，决策者对比、鉴别、选择的空间也就越大，因而选出的方案就更加有利。因此，拟定可供决策者选择的多个决策方案是决策过程的一项重要内容。决策方案是决策者围绕决策对象，解决决策问题，实现决策目标的方法和途径。在这一阶段，决策者必须开拓思维，充分发挥想象力，这有助于拟定出更多、更好的决策方案。人们常用的方法有头脑风暴法和德尔菲法。

4. 确定决策方案

决策方案的确定是决策过程的拍板行动和关键阶段，是指决策者根据决策目标和决策对象，应用科学决策方法与工具对各种决策方案进行分析、权衡和论证，从中挑选出令决策者满意的方案的过程。决策方案是否符合决策目标的要求是评判方案的基本原则。对于方案的抉择，最根本和最重要的考量就是所选方案是否对解决决策问题的效果会更好。

5. 决策执行、反馈与调整

最合理的决策方案出炉后，决策过程并没有结束。决策者必须明白决策需要执行，执行的目的是落实决策的主导思想。决策是解决如何做正确的事，执行是解决如何正确做事，再好的决策方案没有落实执行也毫无意义。决策者不仅要作出决策，还要执行好行动方案，实现决策目标。在执行过程中，必须对执行情况进行监督和检查，及时把决策方案与执行情况的变化和客观情况反馈给决策者，以便对原有决策方案作出必要的补充和调整，形成新的决策方案。只有这样才能形成动态的决策反馈循环，这样做也有助于提高决策方案的质量和决策者的决策水平。

（三）决策的方法

一旦决策者明确了决策目标和决策方案，就需要考虑采用有效的方法，选择正确的决策方案，决策方法对方案的选择和决策结果会产生重大影响。决策方法有很多，通常包括定性分析法和定量分析法。定量分析法又分为确定型决策分析、风险型决策分析和不确定型决策分析。

决策的硬技术主要指建立在数学模型基础上，运用电子计算机辅助决策的方法，该技术大大提高了决策的准确性和实时性。决策的软技术是指建立在心理学、社会学、行为科学等基础上的专家法，即专家创造力技术，指通过结构合理的专家群体，依靠现代科学手段掌握大量信息，迅速、严密地分析、归纳和演绎，提出决策的目标、方案、参数，并作出相应的评价和选择。决策的软技术适合受社会因素影响较大、所含不确定因素多的综合性决策，某可以弥补决策的硬技术缺乏对社会和人文因素进行定量测算分析的缺陷。

二、创业团队的沟通机制

（一）沟通的内涵

创业过程中，最核心的任务是沟通，团队内部如果不能建立有效的沟通，势必会影响整个团队的工作成效，影响创业团队目标的顺利实现。

沟通是人与人之间、人与群体之间思想与感情的传递和反馈的过程，是一个人获得他人思想、感情、见解的一种途径。通过沟通，团队成员可以分享彼此的观点、思想，也可以消除误会、增进了解。

首先，沟通是信息的传递。有效沟通，意味着信息不仅要被传递，而且还需要被理解。有效的沟通应该是接收者收到的信息与发送者发出的信息完全一致或者意义相同。在沟通的过程中，沟通双方通过语言、身体动作、表情将要表达的信息传递给彼此。有效的沟通，需要团队成员在沟通过程中学会倾听、善于表达、相互理解，并且随时调整沟通方式，有效传递彼此的信息。

其次，沟通的信息是包罗万象的，信息的种类也是多种多样的。沟通过程中的信息可分为事实、情感、价值观、意见、观点等。如果信息接收者对信息的理解与发送者不一致，就可能导致沟通障碍。沟通不仅传递消息，而且还表达赞同、欣赏，或者不满、厌恶的情感，甚至提出自己的意见、观点。

最后，成功的沟通能使双方达成一致协议。当沟通双方出现意见分歧时，不少人常常将分歧出现的原因归结为对方未能完全理解自己的想法。他们认为良好的沟通是使别人接受自己的观点，但是在日常生活或工作中，经常会有已经非常明白对方的意思但是依然不同意对方看法的情况发生。事实上，沟通双方能否达成一致协议，别人是否接受自己的观点，并不单纯是由沟通良好与否这个因素决定的，往往还需考虑双方的根本利益、价值观念是否一致等其他关键因素。成功的沟通，其实更应该定义为在传递完整信息的同时，沟通双方能准确理解信息的含义，而非双方接受彼此的意见并达成一致。只有认识到这一点，团队成员才能正确看待并有效开展沟通活动，而不会将出现的任何问题都归结为沟通不成功。

（二）沟通的功能

良好的沟通有助于强化团队文化，提升团队成员士气。不良的沟通会危害团队成员间的关系，影响团队的业绩。

1）控制

团队与个体最显著的区别就在于，团队是一种组织，不论组织形式是什么，个体在团队中都不再是一个人单打独斗，而是需要服务于团队的整体发展，与团队其他成员相互协作。一旦形成团队，个体就要受到团队的控制。这里所说的“控制”，不是约束个体所有的行为和思想，而是要求个体了解团队的方向，了解其他人的想法，要将个人的行为与组织行为结合在一起。沟通有利于帮助团队管理成员，帮助团队成员有效完成使命，帮助成员之间相互协作。一个企业要成为一个有战斗力的团队，思想必须保持高度统一，思想不统一的团队就像一盘散沙。思想的统一是通过有效的沟通与思想灌输完成的。

2）激励

有效的沟通能影响甚至改变团队成员对工作、生活的态度，调动他们的积极性，激发出超群的创造性。通过沟通，可以使成员明确应该做什么，如何来做，没有达到标准时应如何改进工作，做得好可以得到什么奖励，等等。通过沟通，传递正面、积极、有益的信息，有利于激励团队形成健康的团队文化和积极的工作氛围。

3）表达

沟通是人与人之间的思想和信息的交换。对于团队整体而言，沟通是完成任务、达成目标的一种有效手段。而对于团队成员来说，沟通还是一种表达自我、交流情感、宣泄情绪的途径。每个成员在其中发挥着各自的作用，担负着各自的责任，团队成员以沟通这一社会交往形式来表达自己的想法、情绪，得到他人的认可或者帮助。对于创业团队来说，沟通尤为重要，一旦沟通受阻，不仅信息得不到有效传递，而且因为内部情绪无法表达可能严重影响团队成员的工作效率、判断力、积极性，使团队的工作成效大打折扣。每个团队成员都有经济的、社会的、心理的、精神的等不同层面的内在需求，成员通过沟通能够增进彼此的信任与理解，从而增强团队的凝聚力、吸引力。有效的沟通同时也是一种尊重，团队成员之间应进行经常的、有效的沟通。

4）决策

团队在执行任务或完成目标时离不开决策，决策会影响团队前进的方向、完成任务时使用的方法、开展行动后产生的后果。企业的任何决策，无论是规章制度的执行还是某一部门工作计划的完成，如果只有自上而下的命令和推行，没有自下而上自觉、自发的理解和支持，就很难持久和深入，成效也会大打折扣。因此，让部属和需要配合的部门充分了解某项工作的重要性和具体的实施方案、步骤，是工作中重要的一环。

决策的正确与否有时候能改变一个团队的命运。正确的决策不是凭空冒出来的，而是基于信息分析研究出来的。决策的过程，其实就是一个对信息进行筛选、加工、分析、处理、综合预判的过程。决策的首要前提就是要有信息作支撑。没有信息基础的决策往往是盲目的，对于团队发展来说，这样是相当危险的。沟通不怕产生分歧，伟大的决策都不是在一帆风顺中产生的。

三、创业团队的激励机制

创业团队在整个创业过程中始终应考虑的一个问题是：如何更合理地激励创业团队？这是创业团队成员较为关注的问题。激励就是调动工作积极性，使个人或团队为团队目标而勤奋工作并对团队及个人前景保持乐观状态。激励的水平越高，个人或团队勤奋程度越高，满意感也越强，所取得的工作效能也越高，对团队未来前景也越充满自信；反之，缺乏完成团队目标的热情，个人或团队工作效率也就越低，对团队的未来前景就越缺乏信心。

（一）激励概述

在实际工作中，人的工作潜能通常并未发挥出来，所以创业团队必须在正确认识团队成功要素的基础上，分析影响成员工作热情的诸因素，充分利用各种激励因素，建立激励机制，适时、适度地运用恰当的激励模式和方法，激励和鼓舞成员为团队目标奋发努力。管理团队应最大限度地发挥管理者的智慧，从而使人力资源各项效能达到最大化。

1. 激励的内涵

激励，即激发和鼓励，其目的是获取期望的响应。它是心理学的一个术语，是为获得期望响应而驱动人们朝着某一特定方向或目标而行动的倾向，这种倾向来自被人们所感知的内在驱动力和外部驱动力。一般认为，激励是团队通过设计适当的外部奖酬形式和工作环境，采取一定的行为规范和惩罚性措施，来激发、引导、保持和归化团队成员的行为，以有效地实现团队及其成员个人目标的系统活动。

（1）激励的出发点是满足团队成员的各种需要，即通过系统地设计适当的外部奖酬形式和工作环境来满足成员的外在性需要和内在性需要。

（2）信息沟通贯穿激励工作的始末。从对激励制度的宣传、成员个人的了解，到对成员行为响应过程的引导控制和对成员行为结果的评价等，都依赖信息沟通。团队中信息沟通是否通畅，是否及时、准确、全面，直接影响激励制度的运用效果和激励工作的成本。

（3）激励贯穿成员工作的全过程，包括对成员需要的了解、对成员个性的把握、对成员响应过程的控制和对响应结果的评价等。

（4）激励需要奖励和惩罚并举，既要对成员的符合期望的行为进行奖励，又要对不符合期望的行为进行惩罚。

（5）激励的最终目的是在实现团队预期目标的同时，让团队成员达成其个人目标，即达到团队目标和成员个人目标的统一。

2. 激励的作用

良好的激励在构建高效创业团队方面可以起到以下作用。

（1）客观体现。好的激励使期望绩效得到客观体现。当创业团队明确激励目标后，良好的激励制度可以不断敦促成员一致努力高效地达成目标。

（2）行为塑造。好的激励通过把某一衡量标准与成员行为相应地连接起来，可以明确规范需要实现目标的行为，进而对成员行动产生塑造效果。但是，我们也要意识到，激励制度是一把“双刃剑”，可能导致意想不到的行为和变化。因此，激励制度的设计必须周密考虑，精心评估。

（3）沟通工具。激励机制也能提供一种公正的沟通工具和语言。绩效可以贴在非常显眼的位置或公布在内部网上，以实施实时监控。

（4）自我纠正。良好的激励制度为日常活动提供了一种自组织和行为纠偏的机制。团队在创业工作中一定会发生混乱，而这种自组织的行动纠偏机制是对付这种混乱的最佳方法。

（5）注意力的集中。好的激励还会指出什么是最重要的，以及为了使项目符合预算和使目标按时完成，必须解决的关键问题。因此，好的激励有助于对问题按轻重缓急进行排序，并进行实时调整。同样，它还会指出那些没有关注的问题，而这些问题也是非常重要的。

（6）积极性。好的激励会激发积极性，这是激励的根本目的。同时，它也能表明实现目标需要付出多大的努力。

（二）创业团队激励机制的构建

1. 激励的多样性

在实际的团队管理工作中，激励理论可应用于管理的各个职能、各个环节、各种场合。激励既要重视物质激励，又要重视精神激励；既要考虑激励对象的多样化，又要考虑激励方法的多样化。

1）对象的多样化

激励面向整个团队。激励必须考虑团队成员需要的多样性。有的成员需要高薪，有的成员想成为技术专家，有的关注物质需求，也有的更关注精神需求，激励要从团队成员的个性、心理、特征出发，通过研究个体心理的不同需要，做到对症下药。激励必须考虑激励目标的多样性。企业存在短期和长期目标，当激励制度向短期目标倾斜时，将导致成员更多聚焦短期目标，而忽略企业长远发展。

2）方法的多样化

激励对象的多样化导致激励方法的多样化。人既有物质需求也有精神需求，不能只注重团队成员的物质需求，只依赖奖金的刺激作用，靠年终奖金或红包等进行物质刺激，也不能单纯考虑精神需求，通过“画饼”等来激励成员。

优秀的管理者既注重对成员的物质激励，更重视精神激励。精神激励的方式丰富多样，远远超过相对单一的物质激励方式，如进行口头表扬、赋予光荣称号以及颁发象征荣誉的奖品、奖章等，通过这些方式体现对成员贡献的公开承认，可以满足成员的社交、自尊、自我实现等高级需求，从而达到激励的目的。

2. 创业团队激励机制构建原则

激励机制的构建与实施是以企业和成员的具体需求为基础的，创业团队的激励机制的构建需要基于许多原则，其中有代表性的几条原则如下。

1）利益整合原则

利益整合原则是把个人利益与团队利益结合起来，使个人在为团队的目标作贡献时，个人的目标能够得到保障。在利益整合原则下，团队目标与个人目标互为基础、相互支撑。

2）目标激励原则

目标设置理论认为，目标是驱动人的必要因素。目标激励原则是指创业团队需要确定团队目标，并进一步细化为具体工作目标，接受长期目标和具体工作目标的成员将会进行自我管理和自我激励。

3）适度原则

要注意把握激励的度，要根据激励目标本身的价值大小确定适当的激励量。奖惩不适度会影响激励效果。奖励过度会使成员产生骄傲和满足的情绪，失去提升自己、改进工作的动力；奖励过轻起不到激励效果，反而让成员产生创造的价值不被认可的心理。惩罚过度会让成员感到不公，或者失去对团队的认同，甚至产生怠工或破坏的情绪；惩罚过轻会让成员忽视错误的严重性，可能还会犯同样的错误。

4）按需激励原则

激励的出发点是满足成员的需要，只有满足成员的核心需要的激励，其效用才高。由于对激励的主观感受源于内因，激励要因人而异，不同成员的需求不同，相同的激励起到的效果也会不同。即便是同一位成员，在不同的时间或环境下，也会有不同的需求。

汽车大王福特取得骄人的成功，得益于他既注意招揽人才，又知人善任，能够让他们发挥最大的作用，并让他们在工作中得到成功的快乐和实现价值。福特发现广告设计师佩尔蒂埃在营销方面有很高的天赋，于是福特给了他一个展示的平台，让他负责一款新型汽车的营销策划，结果取得了很大成功。福特看到德国人埃姆不仅技艺精湛，更善于调兵遣将，于是福特对其很重视，并为之提供较大的发展空间，后来埃姆被公认为是汽车工业革命方面贡献最大的人。这些人原来在岗位上默默无闻，后来成绩卓著，都得益于福特发现他们的优点与特长，委以重任，为他们提供足够空间，让他们感觉有成就感，从而为福特公司作出了巨大贡献。

因此，激励必须深入地调查、沟通，不断了解团队成员需求层次和需求结构的变化趋势，并有针对性地制订激励方案，只有这样才能取得实效。团队提供的激励必须对成员具有实际意义，并且针对不同成员提供多元激励，供成员选择。

3. 创业团队激励策略

由于创业工作具有不确定性，且伴随风险、压力及知识负荷等，创业团队构建激励机制时，要着重考虑如下激励策略。

1）关注成员成长

与一般员工相比，创业团队成员更加渴望个人的成长与发展。因此，激励主体应该建立相应的成长发展规划来满足成员的成长需要，包括培训学习和工作内容设计以及知识创业成果的保护。

第一，加强培训和学习。要想发挥培训和学习的激励作用，团队必须通过相关规章制度向员工灌输先进的培训和学习理念。让成员意识到创业工作的过程就是一个不断学习的过程，在此过程中，培训和学习起着十分重要的作用，既能有效应对创业过程中面临的挑战，又能提高个人的市场价值。

第二，设计具有挑战性的工作。创业型人才的工作具有创造性，他们喜欢具有挑战性的工作内容。因此，管理者需为其提供不断发展的、有挑战性的工作。在团队工作过程中，突出工作的意义和挑战性能够让成员通过对工作的承担与任务的完成来验证、体现自身的价值及实力。管理者要让团队成员感受到他们工作的意义、价值和使命感，同时增加工作的挑战性，这样会使成员更加团结并在工作中投入更多的精力，从而起到激励的作用。需要和团队成员进行沟通，把握好工作内容的挑战性与难度，使工作内容符合成员的能力和需求，让团队成员信心百倍地参与创业活动。

第三，保护创业成果。高级知识型成员有着强烈的荣誉感，荣誉激励的作用巨大。知识创业成果的署名和保护就是一种有效的荣誉激励方式，同时也是对知识创业成果的产权保护。这种激励方式不仅有利于团队成员产生知识创业的动机，让他们获得团队的许可，同时也利于知识创业者、共享者和使用者的沟通与交流，从而促进知识创业活动的有效开展。

2）基于团队创业文化的激励策略

创业团队根植于创业文化。如果没有一种良好的支持创业的文化，就算团队成员具有创业动机和能力也将被落后的团队文化扼杀。因此，创业团队在组建的同时，需要培养有利于知识创业的文化氛围，鼓励成员积极表达自己的思路和想法。

营造宽松、自由的创业氛围有利于成员创业思维的活跃和思想火花的碰撞，增强知识创业的协同效应。氛围的自然积淀和发展最终会形成团队文化。团队创业氛围对团队整体发展具有激励的效果，它能激发成员内心的热情，引导成员从内心深处自觉萌发出为团队奉献的精神。创业的氛围有助于培养容忍工作失误和失败的创业精神，使成员敢于尝试、敢于探索，也敢于承担失败的风险。此外，创业氛围还有利于团队精神的形成，它要求团队成员发挥特长和释放个性，明确协同意愿和协同方式，确保团队成员共同完成任务。

比如，国内某知名企业里大多是工作在流水线上的工人，他们自认为没有受过高等教育，没有意识到自己的潜力。当企业将一名普通工人发明的一项技术革新成果加以表彰并以该工人的名字命名时，工人中很快就兴起了技术革新之风。这一措施实施后，员工的创业激情得到激发，不断有新的发明创造出现，都以发明者命名，员工的荣誉感得到了较大幅度提升。对员工发明创造的认可，是对他们最好的激励，及时的激励能让员工对工作有热情、有闯劲，进而也激发出员工更大的创造激情，在组织内部形成良好的工作风气，使企业更富有生机。

➢ 拓展学习

彼得·德鲁克. 2018.创业与企业家精神[M]. 蔡文燕译. 北京：机械工业出版社.
贾德芳. 2021. 创业团队建设与管理[M]. 北京：清华大学出版社.

刘志阳，林嵩，邢小强.2021.数字创新创业：研究新范式与新进展[J]. 研究与发展管理，33（1）：1-11.
龙静，郑松，王乐.2020.创业团队异质性与创新：战略共识和凝聚力的调节[J]. 科研管理，41（12）：238-245.
谢雅萍. 2020.创业团队管理[M]. 北京：高等教育出版社.
熊彼特 J A.2014. 经济发展理论[M]. 叶华译. 南昌：江西教育出版社.
许楠，田涵艺，刘浩. 2021.创业团队的内部治理：协作需求、薪酬差距与团队稳定性[J]. 管理世界，37（4）：216-230.
曾楚宏，王钊，官志华.2020.创业团队成员变更：研究述评与展望[J]. 管理评论，32（12）：112-124.
张玉利. 2010. 创业研究经典文献述评[M].北京：机械工业出版社.
赵宏霞，李豪，杨皎平. 2022.创业期组织文化结构对创业团队结构的顺应与控制[J]. 管理工程学报，36（5）：86-98.

➢ 思考题

1. 何谓团队，何谓创业团队？
2. 创业团队的组建原则有哪些？
3. 创业团队股权分配的方式有哪些？
4. 创业团队激励机制的构建应着重考虑哪些方面？

第七章 商业模式

本章重点

商业模式的概念
商业模式设计
商业模式创新

引导案例

你知道麦当劳的商业模式吗?

麦当劳是我们熟知的一家全球性的跨国连锁餐厅，目前在世界上拥有大概 3 万家分店。麦当劳主要向顾客售卖炸鸡、汽水、汉堡和薯条等美式快餐食品。麦当劳与可口可乐公司形成了战略联盟，成为可口可乐公司饮料的固定销售点。麦当劳是美国《商业周刊》“全球最有价值品牌”中前十名的唯一一家餐饮企业。麦当劳之所以深受中国家长和儿童的喜爱，是因为麦当劳针对一些套餐设置了儿童玩具，对儿童颇具吸引力。直到现在麦当劳也是大家约会和周末放松的首选地点。然而麦当劳的成功并不是单纯依靠餐饮服务来完成的。

“麦当劳不仅仅是一家餐厅”这句话完美解释了麦当劳的成功。在餐厅背后，麦当劳依靠的是完整、全面的经营系统。这里的经营系统包括强大的供应链、有效的市场推广、营销系统、专业选址以及服务至上的管理理念等。强大的供应链使麦当劳将从上游公司采购的物资卖给下游的加盟店，从产品差价中获利。有效的市场推广使麦当劳获得了更高的知名度，吸引顾客消费，吸引线下加盟店。专业选址使麦当劳通过开发新门店实现增值。服务至上的管理理念使麦当劳始终坚持顾客至上原则，顾客永远第一。麦当劳制定的标准包括质量、服务、清洁和价值。因此无论在哪一家麦当劳门店，你都能享受到无差别品质的食物和贴心的服务。

如今麦当劳的市值已达到 2000 亿美元，属于世界餐饮行业的龙头企业。它也曾像其他企业一样遇到经营危机，为渡过难关，它推出了“胜利者计划”：核心是 5P 理论，即产品（product）、地点（place）、价格（price）、促销（promotion）、包装（package）、人（people），从顾客和员工的角度出发，提升产品质量，改进门店卫生条件，制定合适价格，关注品牌提升方面的促销。总的来说就是苦练内功，提升顾客的价值感。麦当劳的成功为中国其他餐饮企业提供了可借鉴的经验，这种立足基本、改进内功的方式值得其他餐饮企业学习。综上你可以归纳出麦当劳的商业模式是什么吗？它是如何向顾客创造价值并从中盈利的呢？它真的只是依赖售卖快餐来创造价值并获取利润的吗？

资料来源：邹金宏.麦当劳成功的启示：餐饮王国成功的秘密[M]. 北京：中国物资出版社，2011，有改动

第一节 商业模式概述

一、商业模式定义

关于“什么是商业模式”这一问题，不同的学者给出了不同的回答。首先我们要明确什么是模式，简单来说模式是指事物的标准样式，也可以理解为是做某事或描述某事时所用的计划或图表。关于商业模式，学者给出了不同的理解。

目前，比较让管理学界接受的是奥斯特瓦尔德（Osterwalder）、皮涅尔（Pigneur）和图奇（Tueei）在 2005 年发表的《厘清商业模式：这个概念的起源、现状和未来》（“Clarifing Business Model: Origin, Present and Future of the Concept”）一文中提出的定义：商业模式是一种包含了一系列要素及其关系的概念性工具，用以阐明某个特定实体的商业逻辑。它描述了公司所能为客户提供的价值以及公司的内部结构、合作伙伴网络和关系资本等用以实现（创造、营销和交付）这一价值并产生可持续、可营利性收入的要素。

“商业模式”（又称商务模式）这个专业名词最早于 20 世纪 60 年代出现在国外学者的文献中。综合国内外学术界的相关研究，学者们从不同角度定义了商业模式。

美国北卡罗来纳州立大学教授迈克尔·拉帕（Rappa）①认为，商业模式就其最基本的意义而言，是指做生意的方法，是一个公司赖以生存的模式，一种能够为企业带来收益的模式。他认为商业模式确定了公司在价值链中的位置，并指导公司如何赚钱。

奥佛尔（Afuah）②把商业模式定义为企业获取并使用资源，为顾客创造比竞争对手更多的价值以赚取利润的方法。商业模式详细说明了企业目前获取利润的方式、未来的长期利润获取规划，以及能够获得竞争优势并持续领先于竞争对手的途径。他将商业模式定义为企业的经济模式，其本质内涵为企业获取利润的逻辑。

瑞士洛桑大学学者马格利·杜波森（Dubosson - Torbay）等③认为，商业模式是企业为了进行价值创造、价值营销和价值提供所形成的企业结构及其合作伙伴网络，以产生有利可图且得以维持收益流的客户关系资本。该类理论认为商业模式就是企业创造价值的模式。

印度班加罗尔管理学院教授马哈迪温（Mahadevan）④认为，商业模式是对企业至关

---

① Rappa M A .The utility business model and the future of computing services[J]. Ibm Systems Journal, 2010, 43(1): 32-42.

② Afuah A.Business Models: A Strategic Management Approach [M]. New York: McGraw-Hill, 2004.

③ Dubosson-Torbay M, Osterwalder A, Pigneur Y .E-business model design, classification and measurements[J]. Thunderbird International Business Review, 2002, 44(1): 5-23.

④ Mahadevan B.Business Models for Internet-Based E-Commerce: An anatomy[J].California Management Review, 2000, 42(4): 55-69.

重要的三种流——价值流、收益流和物流的混合体。巴林格和爱尔兰[①]认为，商业模式是企业如何竞争、如何使用资源、如何构建关系、如何与顾客互动的计划或示意图。商业模式是一个由很多因素构成的有机体系。商业模式是一个从研发、制造、销售，直至售后服务的具体的、独特的流程结构。

学者们从盈利、价值创造和系统等视角定义了商业模式，事实上这三者正是商业模式的不同方面，三者之间紧密联系、不可分割。因此，商业模式是企业参与市场竞争、使用资源、服务顾客以获得利润的过程或系统的抽象与概括。

在创新创业管理中，企业要创造新的商业模式并不断改进商业模式，从而给顾客创造出更大的顾客价值，同时企业要获取利润以维持企业自身的生存与发展。企业需要从外部环境中获取各种有形的、无形的资源，并对这些资源进行科学整合，把资源转变为企业自身的竞争力，发展成为动态能力，从而实现企业赖以生存和发展的价值。

现在来看开篇案例，麦当劳的商业模式并不是依靠简单的售卖快餐形成的，它的盈利来源本质上是房地产的不断增值而带来的租金差，全世界每一家麦当劳分店都要上交租金，也就是我们俗称的加盟费。

因此，麦当劳与其他快餐产业相比，它的核心竞争力是品牌的复制和运行能力。当人们走进全世界任意一家的麦当劳餐厅时，购买到的快餐和体验的服务是大致一样的。麦当劳对于快餐的制作有严格的精确到量的标准。所以说，麦当劳的品牌的复制和运行能力比较突出。

知识库

价值创造模式论

商业模式可以被认为是一个创造价值的过程，通过价值创造这一过程，企业将顾客、供应商同自身联系起来，形成合作网络。价值创造过程可分为以下三步。首先，供应商向企业提供原材料，有了原材料，企业才能生产产品。企业获得了来自供应商提供的价值，相应地，企业需要支付给供应商原材料的资金，供应商也获取价值。其次，企业为顾客提供价值，包括为顾客提供高品质的服务，向顾客推荐能满足他们需求的产品。最后，顾客在接受企业提供的服务和产品时，顾客需向企业支付相关产品和服务的费用。

资料来源：德森，陈劲.商业模式的现代思维与创新路径[J]. 企业管理，2020（8）：117-119，有改动

二、商业模式构成要素

商业模式并不是由若干个构成要素简单叠加构成的，而是这些构成要素的有机结合

① 布鲁斯 R. 巴林格，R.杜安・爱尔兰. 创业管理：成功创建新企业[M]. 杨俊，薛红志，等译. 北京：机械工业出版社，2010.

而构成的一个整体。亚历山大·奥斯特瓦德和伊夫·皮尼厄[①]用商业模式画布来描述商业模式。商业模式画布由 9 个模块构成，分别是客户细分、价值主张、渠道通路、客户关系、关键业务、核心资源、收入来源、重要伙伴和成本结构，见图 7-1 商业模式画布。每个方块都代表着成千上万的可能性，因此创业者要从中找到最佳的组合方式来进行企业的创业管理。据此，通常认为一个基本的商业模式的构成要素分为以下六个部分：

（1）产品与性能：企业为顾客提供什么样的产品或服务？这些产品或服务能为顾客带来什么样的价值？

（2）目标市场：企业根据顾客需求的不同特征，所选择的产品或服务提供对象。

（3）定价与收益：企业在各个目标市场所采取的定价策略，如在哪些产品与服务上采取高价或低价、在哪些产品与服务上收费或不收费，以及收费的方式，最终取得总收益的最大化。

（4）市场推广：企业为了提高知名度，将产品或服务的信息传递给目标顾客，激发顾客产生购买动机，并促使这种购买动机转化为实际购买行为而采取的一系列措施。

（5）生产方式：企业所选择的生产运作过程的实现方式，如是大规模生产还是单件小批量生产。

（6）外部合作：企业在研发、生产以及销售等环节中与其他一些企业进行不同方式的合作，以实现优势互补与资源共享，达到双赢或者多赢的目的。

与商业模式画布相比，商业模式的部分构成要素，如目标市场、定价与收益和外部合作，都与商业模式画布中的客户细分、价值主张、渠道通路、客户关系、关键业务、核心资源、收入来源、重要伙伴和成本结构相契合。

商业模式构成要素属于一般性的、大体上的构成要素，在现实中企业会根据自身实际情况和需要组合这些构成要素以形成有利于企业价值创造的商业模式。因而每个企业所选择的商业模式都具有各自的特性。

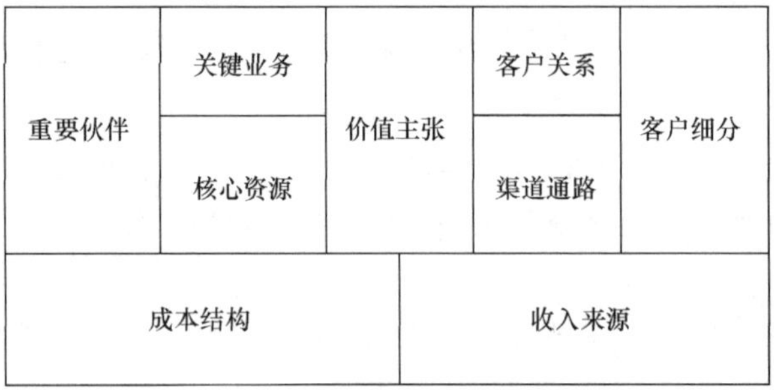

图 7-1 商业模式画布

资料来源：亚历山大·奥斯特瓦德，伊夫·皮尼厄. 商业模式新生代[M]. 王帅，毛心宇，严威译.北京：机械工业出版社，2011

三、商业模式类型

商业模式是与价值有关的基本原理。围绕价值，商业模式有如下几个类型：

① 亚历山大·奥斯特瓦德，伊夫·皮尼厄. 商业模式新生代[M]. 王帅，毛心宇，严威译.北京：机械工业出版社，2011.

（一）盈利模式

盈利模式将企业成本、利润等资金要素纳入考量和评估，盈利模式是商业模式的主要构建思想，之前企业盈利主要依靠的是产品的差价来赚钱，但现在是一个信息大爆炸的时代，信息公开透明，消费者有许多渠道可以购买到商品。因此，特别是在创业初期的企业更要使用更多元化的方式来盈利。

（二）销售模式

销售模式是根据销售对象以及服务所划分的一种商业模式，如一对一营销、关系营销和体验式营销等。企业要把有效的产品和服务提供给目标顾客，为顾客创造价值的同时也给企业自身带来利润，在实际操作中，企业要根据实际情况对销售模式进行合理选择和搭配，最终向顾客传递价值。

（三）渠道模式

渠道模式是指企业生产的产品和提供的服务通过哪些渠道最终到达消费者手中和让消费者感受到。比如，制造商→总经销→省级经销商→市级经销商→县级经销商等，从制造端到消费端经历了许多程序也就意味着通过了多种渠道。渠道模式用于连接消费者和生产者，它构建了一个紧密的关系网络。

商业模式的本质是一组具有盈利逻辑关系的价值链条，每一个环节都对应着相应的企业，每一层级的企业都要获取利润，从而获得生存和发展的条件。企业在创业初期是需要与其他企业合作的，那么产品或服务的价格在经历了这么多程序之后必然会升高。

但现如今随着互联网的发展和信息平台的建设，产品和服务的流通不需要经过这些烦琐的程序了，因此企业在创业初期可以相对自由地制定产品和服务的价格，在给顾客带来较高的价值同时也能使本企业获取更多的利润。

四、商业模式的特点

（一）商业模式的系统性

商业模式的系统性是指商业模式的各个要素之间是彼此联系的，各个要素通过有机联系构成了一个系统。在这个系统里，各要素相互影响，这里的影响既包括各要素之间协同发展，也包括各要素之间相互制约。

（二）商业模式的个性

商业模式的个性是指处于创业期的企业在遵循一般的商业模式原则时，要根据企业自身的发展状况确立属于自己独特的商业模式。独特的商业模式能够为顾客提供独特的价值，从而在市场上占据一定的位置。例如，如家酒店连锁公司以干净、低价、舒适为特色拓展经济适用性住宿和就餐业务，吸引了大批商务人士，如家酒店连锁公司以其独特的商业模式在市场上占据了独特的位置。

（三）商业模式的难以替代性

商业模式的难以替代性则是在商业模式的个性基础上形成的，难以替代性就是指某个企业在创业初期所选择的商业模式只适用于企业自身，其他企业的商业模式是不适合的，那么就是说在创业初期这个企业所选择的商业模式是其他商业模式不能替代的，因而具有难以替代性。

在资源理论当中，我们了解到企业要整合有利资源，并将这些资源转化为能力，在把资源转化为能力的过程中，也就是企业选择一定的商业模式的过程，当资源转化为独特的竞争力时，商业模式也就具有了难以替代性，一种商业模式只适用于某个企业，该商业模式能为企业带来持续价值。

（四）商业模式的创新性

前面讨论了企业选择的商业模式具有难以替代性的特点，所以处于创业期的企业根据企业自身情况选择了某个商业模式之后，在未来的发展中也要不断地进行商业模式的创新，无论是对价值链的活动进行创新还是对商业模式的构成要素进行创新，创新都是很有必要的，只要这个企业有生存和发展的需求，那么它就一定要进行商业模式的创新。"现代管理学之父"彼得·德鲁克认为，当今企业之间的竞争不是产品之间的竞争，而是商业模式之间的竞争。

同时国外的研究也表明，超过60%的成功的创新都是商业模式的创新，而不仅仅是技术的创新。由此可知，一项高新技术如果离开了商业模式，是没有意义的。即使设计出的高新技术多么先进，没有合适的商业模式的支撑，高新技术也发挥不出应有的作用。

企业要想在其他同类型企业的竞争中获胜，创新商业模式便成为企业首要考虑的事情。像电商企业阿里巴巴这样的龙头企业也在不断地进行商业模式的创新，开拓新业务，与新的合作伙伴交流、互相传递价值。

商业模式的创新性是商业模式的首要特点，任何一个在初创期的企业都要进行商业模式的创新，让本企业的商业模式难以替代，具有本企业的鲜明个性并具有系统性。具体的商业模式的创新方法在下文进行具体论述。

第二节　商业模式设计

一、开发商业模式

在设计商业模式之前，还有一项重要的步骤不可忽略，那就是商业模式的开发。商业模式的开发是指商业模式从无到有的一个过程，而设计商业模式是在商业模式开发的基础上进行的。对于创业期的企业来说，商业模式的开发是设计商业模式的重要基础，它能使企业对商业模式有更深层次的思考，明白商业模式到底要解决哪些问题，从而设计出适合企业自身的商业模式。

（一）价值链分析

商业模式的开发可运用价值链活动来分析和操作。上文已经提到商业模式是围绕价值而展开的一组具有盈利逻辑关系的价值链条，因此商业模式与价值紧密相关。下面笔者从价值链分析的两个角度来探讨商业模式开发。价值链是指产品如何从原材料阶段，经过制造和分销活动，最后转移到顾客手中的一个活动链条，见图 7-2 价值链活动。

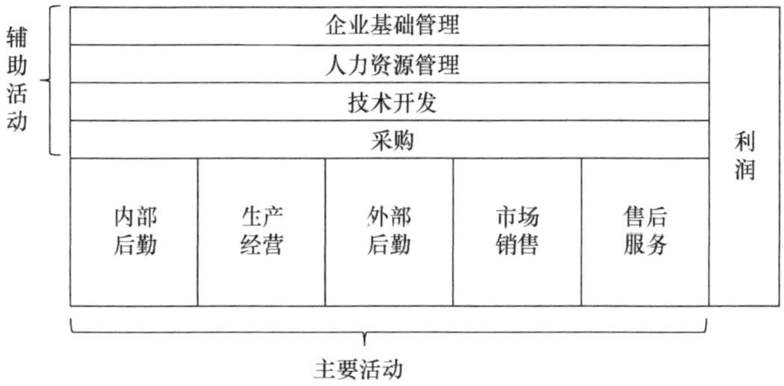

图 7-2 价值链活动

资料来源：迈克尔·波特. 竞争优势[M]. 陈小悦译. 北京：中信出版社，2004

价值链活动分为主要活动和辅助活动。

1. 价值链主要活动

主要活动有内部后勤、生产经营、外部后勤、市场销售和售后服务。

2. 价值链辅助活动

价值链的辅助活动则是为了基础活动的正常进行而开展的。辅助活动有企业基础管理、人力资源管理、技术开发和采购。企业通过分析价值链上的各种活动，来判断哪些活动需要增值。若生产活动需要增值，则企业开发出的商业模式要着重考虑如何将生产活动增值。

根据以上两点，企业需要审视价值链活动上的每一个活动，思考如何将其中的活动进行增值。除了要关注主要活动和辅助活动，也要关注到主要活动与辅助活动的衔接部分，如生产运营和外部后勤相衔接的部分。

随着市场竞争的激烈发展，许多产品和服务并不是在单一的价值链上完成的，企业与企业之间通过产品和服务形成了一种价值网络。这种价值的运输载体是生产的产品和服务，所以企业要在价值链活动中找到自己的位置，扮演好自己的角色，努力识别出商业机会，进行市场分析并开发出商业模式。

通过价值链分析开发出的商业模式只是一种商业模式的雏形，初创企业要想完成经营目标还需要进行商业模式的设计。在开发出商业模式之后，并不能直接对已开发出的商业模式进行设计，而是应该列出商业模式的设计框架。下文也会着重强调这一点。

（二）商业模式开发

商业模式画布在上文有所提及，它是一种可供创业者分析企业形势、规避市场问题、开发商业模式的有效工具。根据商业模式画布，我们可以列出商业模式的设计框架。这个框架可以作为一种描述和使用商业模式的通用语言。

1. 客户细分

客户细分板块是指企业要弄清楚谁才是最重要的客户，到底在为谁创造价值。根据客户细分，可分为大众市场、多边市场和利基市场。大众市场的服务对象是大范围的客户群，这些客户群有着大致相同的需求。多边市场则是指企业为两个或以上的客户群体服务，并且这两个客户群体相联系。利基市场是指在较大的细分市场中具有相似兴趣或需求的小部分顾客所占据的市场。简单来说，利基市场只服务于小群体，个性化特点较为突出，是高度专门化的市场。通常来说，在创业初期，企业一般是通过市场调研发现利基市场的存在，并为这些小部分群体进行服务，不会一开始在范围较大的市场开展业务。

2. 价值主张

价值主张板块指企业需要考虑设计出的商业模式能为哪些客户满足需求，提供哪些产品和服务，以及传递怎样的价值。具体可从以下几个方面来分析：定制化、新颖、价格、风险控制、削减成本、便利性、性能、品牌地位和设计。

1）定制化

定制化是指企业通过满足个别客户或小部分客户细分群体的特定需求来为顾客传递价值。例如，苹果公司内部建立了客户专人负责制，重视客户的个性化需求，收集整理好客户提供的反馈意见并及时给予回应，每一个客户都有其独立的档案，戴尔能根据每一个客户的情况，为客户定制个性化的信息技术解决方案，向客户传递了具有个性化特点的价值。

2）新颖

新颖是指企业为客户提供一种全新的产品或服务。这里的新颖既可以指产品或服务是在原来的基础上进行改进，也可以指相较于其他企业而言，提供了较为新颖的产品和服务。

3）价格

价格是指企业以更低的价格提供同质化的产品和服务以满足那些对于价格敏感的客户细分群体。在产品质量基本一致的情况下，顾客选择你的产品和服务很大程度上是由价格决定的。制定合理的价格也是设计商业模式的重要影响因素。企业向顾客传递的价值是以产品或服务作为载体来提供的，价格的设置对象是产品或服务，价格并不能直接反映企业传递给顾客的价值，如果顾客通过比较发现几家企业能传递的价值基本上是相同的，此时价格因素就会成为顾客选择的主导力量。

4）风险控制

风险控制是指企业能够帮助顾客控制风险从而创造客户价值。任何事情都存在一定的风险，但每件事情的风险程度并不相同，对于风险较大的事情，企业有责任为顾客规避风险。

5）削减成本

削减成本是企业为顾客创造价值的重要方法。这意味着公司管理层能在不影响公司运作的前提下较大程度地压缩日常开支，而不是做赔本买卖，从而形成独特的价格竞争力。

6）便利性

便利性是指使事情更方便或产品易于使用以便创造更多的价值。管理层要将注意力放在公司运作的重要环节上，主要指价值链上的主要活动和辅助活动。

主要活动有内部后勤、生产经营、外部后勤、市场销售和售后服务。辅助活动有企业基础管理、人力资源管理、技术开发和采购。同时，企业需要根据实际情况对上述活动的重要性进行排序，企业要集中精力利用相关资源完成关键活动。

7）性能

性能是指产品或服务所具有的性质和功能。对于大多数企业来说，改善产品和服务的性能是传统意义上的创造价值的普遍方法。顾客最为关注的就是产品和服务的性能，企业为顾客创造的价值主要以产品和服务为依托进行传递。性能可以直观反映产品和服务的质量。

例如，保险柜的主要性能就是保密性强，不易被破解。空调的主要性能就是净化空气，调节温度。顾客会将同类产品进行比较，根据价格、性能选择产品或服务。因此，对于企业来说，不断改善产品和服务的性能是企业运作的重要目标，只有这样才能为顾客创造更有利的价值。

8）品牌地位

品牌地位指顾客通过使用某一特定品牌而发现和获取价值。品牌会潜移默化地对顾客产生影响。品牌的建设具有长期性，品牌能为顾客带来价值，品牌同时也是一种无形的具有经济价值的资产。

根据当代营销学大师科特勒在《市场营销学》中对品牌的解释，品牌是销售者向购买者长期提供的具有特点的利益和服务。因此企业需要构建独特的品牌来为顾客创造价值。

9）设计

设计指产品或服务因优秀的设计脱颖而出。这里的产品设计指从制定产品的设计书开始到设计出最终产品的一系列设计工作。产品的设计任务书需要明确指出产品的各项指标，如产品的性能、结构、规格、外观设计等。①产品设计应是高质量的、先进的，能最大限度地满足客户需求；②要充分利用已有资源，根据实际情况完成产品设计；③产品设计要使得制造者和使用者都能获得相应的经济效益和价值。

3. 渠道通路

渠道通路指企业向客户提供产品、服务所采用的途径。企业需要思考通过哪些渠道可以接触到客户细分群体，这些渠道应该通过什么样的途径整合到最优，哪些渠道的成本效益最高以及哪些渠道最有效，等等。

企业可通过直接渠道、间接渠道或两种渠道混合的方式来接触客户细分群体。直接渠道有在线销售和实体销售两种方式。间接渠道则是通过合作伙伴渠道来接触客户细分群体，主要有合作伙伴店铺和供应商这两种方式。

在渠道阶段，企业需要开展认知、评估、购买、传递和售后这五个方面的相关工作。

（1）认知。认知指企业需要提升顾客对产品和服务的认知，使顾客的认知从原来的不了解甚至是偏见转变为了解和价值赞同。

（2）评估。评估指企业帮助顾客评估公司的价值主张。商业模式其存在的重要性就在于能为顾客和企业提供价值。价值主张指企业所制定的蓝海战略，需要达到消费者诉求的兴奋点，在满足了市场诉求的同时，企业获取了利润。价值主张能够确认企业对于消费者的实际意义。合理构建、有效传递的价值主张能促进商业模式的设计，同时为企业的战略制定奠定基础。

（3）购买。购买指企业应当协助顾客购买其需要的产品和服务，企业需要挖掘出顾客内心的真实需求，详细告知顾客每种产品和服务的性能与差别，为顾客提供真实有效的信息，从而协助顾客购买产品和服务。

（4）传递。传递指企业需要将价值主张传递给客户，产品和服务承载了企业创造的价值，顾客通过购买产品和服务获取企业创造的价值，从而完成了企业价值主张的传递。

（5）售后。售后指企业为顾客提供售后服务，让顾客拥有更佳体验，获取更多的有利价值。

4. 客户关系

客户关系是用来描绘企业与特定的客户细分群体在认知、评估、购买、传递和售后的过程中建立的关系类型。客户关系主要的关系类型有六种，分别为私人服务、自助服务、专用个人助理、自助化服务、社区和共同创作。

（1）私人服务。私人服务是以人与人之间的互动为基础，私人服务可以发生在销售过程中以及销售完成之后。这种互动可以通过面对面服务来完成，也可以通过微信、电子邮件或其他途径进行。

（2）自助服务。企业为顾客提供自助服务所需要的渠道。

（3）专用个人助理。专用个人助理是指企业为单一的客户提供专门的客户代表。在这种关系类型中，企业提供的是一种较为高端的且能最大化地满足客户需求的服务。当然，享受到高端服务也需要一定的资格条件，能与企业建立专用个人助理关系的客户大多为高净值人群，他们是可投资资产较高的社会群体，通常资产净值在 1000 万元以上。

（4）自动化服务。企业根据客户信息主动向客户提供服务。自动化服务流程往往与自助服务流程结合在一起。例如，客户在线填写问卷向企业提供信息，企业提供定制化服务。又如，在线商城根据客户填写的信息资料和购买记录向客户推荐相关产品和服务。

（5）社区。社区主要指利用用户社区来与现存的客户和潜在的客户建立一种更深层次的关联，这里的社区更偏向于在线网络社区。比如，微信群、QQ 群以及各种电商购物群，通过在线网络社区，企业能够将各类潜在用户连接起来，通过现有客户来寻找潜在客户，不断延伸企业的价值链，密切与客户的关系，实现客户价值管理。

（6）共同创作。共同创作是指顾客和企业一起创造价值，在共同创造价值的过程中，顾客同时获得了价值。对于企业来说，这种关系类型能有效减少价值传递过程中的价值失真问题。企业以顾客为中心，鼓励顾客参与产品的设计、研发和创新等过程。这种关系类型灵活性较强。以顾客价值为导向，让顾客充分参与到产品的设计过程中，只有这样企业才能充分考虑到顾客的意见，使设计出的产品能最大限度地满足顾客需要。

企业在创业初期也会进行市场分析，确定目标顾客，并根据目标顾客的特点来设计产品，但在市场分析过程中企业与顾客所建立的关系的亲密度远低于共同创作这一关系的亲密度。

通常来说，在创业期的企业很难与顾客建立共同创作这种关系类型，这是由于在初创期企业所拥有的顾客资源较少，因此很少有顾客会与刚建立的企业建立共同创作的关系。

但不可否认的是，企业的最终目标是创造价值并传递价值，因此企业需要与顾客建立共同创作的关系。企业应该从顾客视角考虑问题，主要有两点：一是努力为顾客创造更多价值；二是尽量避免出现价值失真现象。价值失真现象指价值在传递过程中，经历了多种渠道，导致最终价值与初始价值存在差异，价值减少的现象。

5. 收入来源

收入来源这一板块是用来描述企业从每一客户群体中获取的资金收入，主要包括经常性收入和一次性收入。企业选择特定的商业模式首先要保证企业自身可以生存，其次才能考虑企业进一步发展的问题。

生存与发展都离不开资金流的正常运转。因此在这一板块企业需要思考如何利用选择的商业模式来获取利润，以便为企业的正常生存和发展获得现金流。

同时企业还需思考怎样创造价值让顾客愿意付费，顾客愿意通过哪些途径来支付费用，每种收入来源占总收入的比例是多少。收入来源可以分为七种，即资产销售、使用收费、租赁收费、订阅收费、经纪佣金、授权收费和广告收费。

（1）资产销售。资产销售是企业通过销售实体产品的所有权来取得收入，当产品从企业转移到顾客手中时，所有权也相应发生变化，顾客手中的部分资金同时也转移到企业的资金流中。

（2）使用收费。使用收费指企业通过向顾客提供一定的服务来收取费用。

（3）租赁收费。租赁收费指企业通过向顾客出租营业设备、仓库和运输工具等获取的收益，可以理解为是一种暂时性、具有排他使用权的授权行为。

（4）订阅收费。订阅收费指企业通过销售重复使用的服务来获取资金，订阅收费是一种较为高级的收入模式，当顾客订阅了相应的服务，企业就会在一段连续的时间内为顾客提供该服务。这种收入模式能有效培养顾客特定的服务使用习惯，增强顾客黏性。

（5）经纪佣金。经纪佣金指企业通过提供中介服务来获取佣金，从而获得的收入来源。例如，房产中介公司向买房人和卖房人提供服务，撮合交易，收取服务佣金就属于此类。

（6）授权收费。授权收费指企业通过向客户授权知识产权的使用来获得的资金收益。例如，授权客户使用外观设计、文艺作品以及与商业有关的标志、图像和名称等并收取一定的费用。

（7）广告收费。广告收费指企业通过提供广告宣传获得收入来源，常见的企业类型主要为广告公司，广告公司为顾客设计宣传方案来获得收入来源就属于此类。

同时还需注意的是，每种类型的收入来源有固定定价和动态定价两种方式：固定定价是按照统一的标准来对企业提供的产品或服务进行定价；动态定价较为灵活，是指企业根据市场需求和自身供应能力，将同一产品以不同的价格在合适的时机销售给不同的细分市场或不同的消费者，以实现收益最大化的策略。该定价方式的最终目标是让顾客接受价格并愿意付费。

随着互联网的崛起，动态定价已成为互联网环境下的新型经济特征，以及新兴商业模式中收入来源的重要方式之一，动态定价方式可分为以下三种。

（1）基于时机定价方式，是根据消费者在不同时间所能承受的价格差异来决定价格。有些产品在导入期制定较高的价格。当产品进入衰退期，制定较低的价格以便清理多余库存，使资金流能够正常运转。

（2）基于动态推销方式。采用这种方式的原理是利用顾客在不同时间、不同渠道下表现出的差异性价格承受心理，据此企业设计不同的产品组合，并在不同渠道和不同时间下对产品进行差异化定价。

（3）基于市场细分方式。这种方式是指企业根据顾客的消费记录为顾客推荐适合的能满足顾客需要的产品或服务。典型案例是亚马逊网络书店，每当用户登录网站时，亚马逊会追踪用户的网上购买记录，并根据购买记录为用户推荐相关书籍，通过精确的数据分析，为顾客推荐合适的产品，实现个性化服务。

6. 核心资源

核心资源用来描述让商业模式有效地发挥作用的重要资源。核心资源包括四种类型：实体资产、知识资产、人力资源和金融资产。实体资产包括厂房设备、基础设施、不动产和销售网点等；知识资产包括伙伴关系、顾客数据库、专利产权和设备；人力资源包括招聘、培训、绩效、薪酬和劳动关系等。金融资产包括现金信贷、现金和股票期权池等。

其中，人力资源在企业发展中显得尤为重要，企业间竞争归根到底是人才的竞争。因此，初创期企业要不断开发人才、引进人才，从而促进商业模式的正常运转。

7. 关键业务

该板块用来描述为确保商业模式正常运行，企业必须开展的重要业务。关键业务类型可以根据价值链中的主要活动与辅助活动来划分，主要有以下三种类型：制造产品、网络平台、解决问题。

（1）制造产品。在制造产品方面：企业应进行产品的设计、制造等活动，这些活动与价值链中的主要活动基本重合。

（2）网络平台。在网络平台方面：企业应对交易平台、网络服务、软件和品牌进行管理，完成价值链主要活动中的市场营销和售后服务等。

（3）解决问题。在解决问题方面：企业需要聘请专业人才为企业进行市场预测、决策设计，以及对人员进行培训、进行知识管理等，从而为顾客提供解决方案。这些业务属于价值链中的辅助活动。

在价值链活动中，主要活动与辅助活动相辅相成、互相促进，某一环节活动的改变会影响其他环节的活动。在关键业务板块中也是如此，以上提及的三种关键业务类型相互关联、互相影响。

某一业务的经营情况会影响其他关键业务的成本与收益，如果企业采用某项先进的生产技术，在产品的制造过程中就能减免一些不必要的工序，同时减少次品出现。

8. 重要伙伴

重要伙伴包括企业生产、研究开发和营销等领域合作伙伴。在创业初期，企业需要明确哪些是重要供应商，哪些是重要合作伙伴，需要从供应商和合作伙伴那里获取哪些的核心资源，合作伙伴开展了哪些关键业务，企业在获取了核心资源之后如何利用并开展自身的关键业务呢？现如今周围环境蕴含了丰富的创业机遇，合作与发展已成为大多数企业的共同认知。

当今世界不同企业之间的关系主要是竞合关系，即在竞争中合作，实现互利共赢。目前，企业间主要有四种合作关系类型：第一种是在非竞争者之间的战略联盟关系；第二种是在竞争者之间的战略合作关系；第三种是为开发新业务而形成的业务合作关系；第四种是企业为确保持续的原材料供应而构建的供应商关系。

在创业初期，企业需要与其他企业建立亲密的合作伙伴关系，这种关系能有效支持商业模式的运行，从而为企业、合作伙伴和顾客创造价值。企业间的合作伙伴关系可以发挥以下三种功效。

（1）减少不确定性。企业面临的竞争环境具有较强的不确定性，只有通过合作伙伴的信息共享，才能为企业减少竞争环境的不确定性。

（2）提高生产效率。建立合作伙伴关系可以利用伙伴企业的资源和能力，降低企业生产成本，推动生产效率的提高。

（3）便于开展业务。企业通过获取特定的资源来开展相关业务。初创期企业可以通过其他企业提供的资源或业务活动来获得本企业需要的资源，从而拓展本企业的关键业务。

9. 成本结构

成本结构用来描述一个商业模式所需的全部成本。在这一板块，企业需要思考哪些是商业模式运营的固定成本（即不随外部环境变化的运营成本），哪些核心资源花费最多，哪些关键业务花费最多，等等。

成本结构分为两种类型：成本驱动和价值驱动。成本驱动指企业以成本优先，采用低价的价值主张，实行业务外包，从而创造和维持最经济的商业模式。价值驱动则指企业优先考虑如何为顾客、合作伙伴、供应商和企业自身创造价值。因此，企业会着重开展价值链上的主要活动与辅助活动，以价值创造为导向，企业根据前期的市场调查，为顾客提供高度个性化的服务。

二、设计商业模式

商业模式的设计是一个在实践中不断试错，最终达到最优状态的过程。下面主要谈谈商业模式的设计原则、方法和步骤。

（一）商业模式的设计原则

设计商业模式要根据商业模式的核心原则和企业在创业初期的各方面状况以及价值等因素来确定。模式一旦确定，就意味着企业制定的一系列战略就要按照确定的标准来执行。商业模式也是如此，商业模式在一定程度上可以被认为是企业制定出一系列活动的准则。因此，商业模式的设计要遵循一定的原则。

1）持续盈利原则

这一原则要求企业设计的商业模式能给企业自身带来价值利润，判断一个商业模式能否成功主要看其商业模式能否持续为企业盈利，所以说，持续盈利原则是根本原则。

2）创造价值原则

这一原则要求企业设计的商业模式要为顾客创造价值，价值如何创造，创造多少以及怎样让顾客持续拥有价值都是要考虑的问题。对于初创期的企业来说，一开始可能会有一些新顾客抱着好奇的心理购买产品或服务，但也有可能没有顾客光临。

对于新顾客而言，企业要做的就是让顾客在完成第一次购买之后仍会产生继续购买的需求。同时，新顾客在第一次购买之后除了产生二次购买的需求外，也会向周围家人及朋友推荐该企业的产品和服务。因此，企业就吸引了回头客并有机会为他们创造价值。简单来说，商业模式的设计要能够留住老顾客，吸引新顾客。

3）资源整合原则

这一原则要求商业模式的设计要整合一切有效的和可利用的资源，避免出现资源闲置的问题。资源分为有形资源和无形资源。有形资源主要有机器、厂房设备和资金等资源，关系资产则属于无形资源。在企业的实际运营中，对于无形资源的合理运用能让企业获得竞争优势，从而形成成功的商业模式。所以说企业要维护好与合作伙伴间的关系，实现互利共赢。

4）创新原则

这一原则要求商业模式在设计完成之后要不断地进行调整与创新。商业模式的创新是企业生存和发展的重要支撑，尤其是对于初创期的企业来说，创新并不意味着选择一个其他企业都没尝试过的领域。创新原则是指对商业模式的创新，设计出适合企业自身发展的商业模式。

5）组织效率原则

这一原则要求商业模式的设计必须使得组织活动是高效率的。投入与产出的比例决定了组织活动是否为高效率的。企业的投入主要有花费在设计商业模式方面的人力、物力和财力的总和，以及前期的调研成本，那么产出主要表现为企业最后呈现出的商业模式。

如果说前期在人力、物力和财力方面投入过多，但最终呈现的商业模式无法让企业给顾客提供持续且有利的价值和给自身创造价值，那么这样的商业模式设计就不符合组织效率原则。

只有当企业在前期的投入较为适中，同时最后呈现的商业模式既能为顾客创造价值又能为企业自身带来盈利，这样的商业模式设计才符合组织效率原则。

6）前瞻性原则

这一原则要求企业设计出的商业模式要与企业的经营目标一致，管理学十分强调目标的重要性。一切活动都必须围绕目标而展开。前瞻性原则是商业模式的灵魂所在，商业模式要与企业的经营目标相结合，一个成功的商业模式必须与企业的经营目标紧密联系。

商业模式实质上是一种使企业完成经营目标的运营机制。企业的经营目标是什么呢？在创业初期，企业首先要生存下去，其次再考虑不断发展获取利润，实现盈利的目标。那么一切围绕企业经营目标而开展的活动，其背后都有特定的商业模式的支撑。

设计出的商业模式既要容易操作，同时又必须体现企业的经营目标。商业模式最突出的效用在于它能让企业在未来能够永久发展下去，强调前瞻性，而不仅仅拘泥于现在的状况。因此，企业要保证商业模式在动态环境中保持活力和灵动性，商业模式的设计的过程是曲折反复的。商业模式必须具有长久的有效性和适用性以保障企业持续盈利。

（二）商业模式的设计方法

商业模式的设计需要一定的方法。关键因素分析法、目标管理法、参照对比法是常用的商业模式设计方法。

（1）关键因素分析法。关键因素分析法指要找到比较重要的目标，并对若干个目标进行分类排序，依据次序选出接下来要完成的各个事项，逐一攻破，最终实现目标。

（2）目标管理法。目标管理法指在选出几个重要目标时，还要考虑这一个目标能否分成若干个子目标，如何通过子目标来实现总目标，设计出较为完美的商业模式。

（3）参照对比法。参照对比法指企业在创业初期对于如何完成创业目标没有一个很明确的方案，那么此时就可以参照其他成功的创业企业的做法，弄清楚其他企业采取这种做法的原因所在，并将自身企业的状况同其他企业作对比，在对比中选择合适的商业模式，其他成功企业的做法不能够完全照搬，而要依据自身企业的情况和外部环境来进行部分选择。

（二）商业模式的设计步骤

商业模式的设计是为了一个统一的目标，即为顾客创造价值和让企业自身获取利润。设计商业模式的过程中会涉及资源的整合利用和价值创造。因此，商业模式的设计包括以下几个步骤。

（1）发现价值。为了发现价值，可以通过市场细分发现目标顾客，并根据目标顾客制订相应的计划以实现顾客价值，这是基本要求。

（2）构建价值网络。在这一步，企业需要构建价值网络并维护价值网络。创业初期的企业需要和其他企业进行合作，通过合作实现优势互补，创造单个企业无法创造的价值。在高度分工的商业环境中，只有合作才能共赢。

（3）实现价值。实现价值，即企业通过资源整合规划形成自己独特的竞争力，为顾客和合作伙伴提供价值之外，企业自身也从中盈利，在市场中持续生存和发展下去。

所以说，设计商业模式需要遵循一定的原则，选择适当的方法，按照正确的步骤来进行。设计商业模式既体现了科学性，又体现了艺术性。科学性是指设计商业模式有一套严谨的程序，艺术性是指设计商业模式要根据复杂的企业情况而定。不同发展时期的企业应该设计不同类型的商业模式。

设计商业模式的核心思想是企业需要创造有利价值，在创造价值的过程中，企业要综合运用多种方法，创造出满足合作伙伴和顾客需要的价值。企业也通过价值这一纽带，与合作伙伴和顾客搭建关系网络，实现互利共赢。

知识库

关键因素分析法

关键成功因素分析法（critical success factors，CSF）是以关键因素为依据来确定系统信息需求的一种管理信息系统总体规划的方法。在现行系统中，总存在着多个变量影响系统目标的实现，其中若干个因素是关键的和主要的成功变量。通过对关键成功因素的识别，我们可以找出实现目标所需的关键信息集合，从而确定系统开发的优先次序。

资料来源：陆雄文. 管理学大辞典[M]. 上海：上海辞书出版社，2013，有改动

第三节　商业模式创新

一、什么是商业模式创新

商业模式的设计不是一成不变的，当前企业面对着高度不确定性的市场，市场瞬息万变而且市场信息也不可能完全获得，由于不同的行业存在差异，同时宏观环境和微观环境在不断变化，当前没有任何一家企业的商业模式是一成不变的，也没有一个商业模式能永远为企业带来盈利。创新是商业模式最重要的特性。对于初创期企业来说，商业模式创新尤为重要。

企业无法保证设计的商业模式一定能够获得利润，同时一个商业模式不可能一直获得利润。因此企业应该不断地关注市场，根据市场需求适时调整商业模式的结构，使其可以一直在竞争激烈的市场中保持独有的竞争力。我们从商业模式的构成要素、价值链活动和动态变革的角度可以更加深入地理解商业模式创新。

商业模式创新围绕价值，从设计商业模式的步骤进行创新，对盈利逻辑关系链条上的价值活动进行创新。其最终目的是完成价值创造和实现创新，这里就涉及价值链，企业的价值链由主要活动和辅助活动组成。这一系列的活动涉及企业的生产经营、市场销售、售后服务等活动。为实现价值链的创新，企业要对这些活动不断进行优化和调整，以适应外部环境的变化，在当今日新月异的世界，创新就是应对变化的首要法则，创新要追根溯源、回归本质。

商业模式需要对于每一项活动进行创新，包括对自身价值链的延展、拆分和重构，每一种组合都代表着不同的商业模式。关于价值链的延展可以通过加强与上下游合作伙伴的关系来实现，企业应该加强合作联盟关系，多与其他企业进行业务交流和价值分享。

关于价值链的重构可以通过重新进行市场细分、重新选择目标顾客，并为新的目标顾客制定相应的价值创造方式来实现。关于商业模式的创新方法有许多种，但最终都是要向顾客传递价值，在这一过程中企业要加强同外部的合作并获取利润，达到生存和发展的条件。只有持续不断地进行科学创新，才能确保企业在创业初期在市场占据一定位

置，逐渐吸收外部丰富的资源，发展并形成自己的核心竞争力。完成第一次创新并不意味着企业就可以永久地获得商业价值，一些行业的龙头企业，如腾讯和阿里巴巴都在不断地对商业模式进行调整，以使企业形成独特的市场竞争力。

国内外的许多学者都对“商业模式创新”这一概念作出了较为详细的定义。每种定义都代表着学者不同的角度，每种定义也都有其合理性。下面就简要介绍典型的商业模式创新的定义。

（一）国外学者对商业模式创新的定义

塔克（Tucker）①认为，商业模式创新就是站在客户的立场，通过运用各种想象力来让事情变得更加完美的一个过程。

麦格瑞塔（Magretta）②则从价值链的角度分析商业模式创新，他认为企业对原有价值链活动的调整，或者对价值链活动的创新都属于商业模式的创新。

西格尔考（Siggelkow）③认为，商业模式的创新包括微创新、巩固创新，当调整的过程达到一定的限度时就称之为商业模式创新。

（二）国内学者对商业模式创新的定义

周娟和乔为国④认为，商业模式创新就是将新的商业模式引入原有的商业体系之中，从而为企业自身、顾客以及合作伙伴和供应商创造最大化价值的过程。

罗兴武等⑤认为现有商业模式创新可分为基于过程视角的商业模式创新和基于结果视角的商业模式创新。基于过程视角的商业模式创新聚焦于企业商业模式逐步改变的过程，基于结果视角的商业模式创新则聚焦于创新的范围和新颖程度。前者关注要素的变化或要素间关系的变化，而后者关注对于企业或其所在行业而言的新颖度。事实上，这两种视角本身并不冲突，商业模式是由一系列要素所组成的，而这些要素需要按照一定的主题进行编排和连接，商业模式创新的过程和结果均体现在这些要素和主题的变化上。

近几年来国内外学者对商业模式创新进行了大量的研究，学者们从不同角度界定了商业模式创新。商业模式创新的定义到目前为止并不完全统一，但是对于商业模式创新的理解也形成了一些共同的认识，即商业模式创新的实质是帮助企业和顾客更好地交流沟通，让顾客认同企业创造的价值主张，并接受企业传递的价值理念，使顾客愿意为企业传递的有利价值付费，同时帮助企业为合作伙伴和自身创造最大化价值的方式。

商业模式是商业战略形成的基础，商业模式创新是战略的实施过程，可以解释为商业模式创新是对原有商业模式的进一步改进与升华。企业可从价值链层面或是从顾客角度来完成商业模式的创新工作，每完成一次商业模式创新，就代表企业完成了战略实施

---

① Tucker R B.Strategy innovation takes imagination[J].Journal of Business Strategy, 2001, 22（3）:23-27.

② Magretta J .Why business models matter[J].Harvard Business Review, 2002, 80（5）:86-92, 133.

③ Siggelkow N.Misperceiving interactions among complements and substitutes: Organizational consequences[J].Management Science, 2002, 48（7）:900-916.

④ 周娟，乔为国. 商业模式创新的政策依据与工具初探[J].中国经贸导刊， 2014(10)：55-56，69.

⑤ 罗兴武，刘洋，项国鹏，等.中国转型经济情境下的商业模式创新：主题设计与量表开发[J].外国经济与管理，2018，40(1)：33-49.

的具体程序。

创新之后的商业模式也是战略形成的重要基础，从商业模式到商业模式创新再到战略，前一级是后一级形成的重要基础，企业从选择商业模式到战略实施需要经历循序渐进的过程，越级发展难以让企业在竞争中取得优势，尤其对于初创期企业来说，每一步都需要走在正常的轨道上，对于商业模式的开发、设计与创新应基本按照正常程序进行。

知识库

创新创业政策

2018 年 9 月，国务院发布《关于推动创新创业高质量发展 打造“双创”升级版的意见》，其中强调：强化大学生创新创业教育培训。在全国高校推广创业导师制，把创新创业教育和实践课程纳入高校必修课体系，允许大学生用创业成果申请学位论文答辩。支持高校、职业院校（含技工院校）深化产教融合，引入企业开展生产性实习实训（教育部、人力资源社会保障部、共青团中央等按职责分工负责）。

资料来源：国务院关于推动创新创业高质量发展 打造“双创”升级版的意见[EB/OL]. https://www.gov.cn/zhengce/zhengceku/2018-09/26/content_5325472.htm，2018-09-26

二、商业模式的创新原则

初创期企业在明确了商业模式创新的内涵以及储备了相关商业模式创新的理论之后，接下来就是遵循商业模式的创新原则予以实施。

（一）顾客价值最大化原则

顾客价值最大化原则是指商业模式创新可以围绕价值链上的环节或是商业模式的组合要素进行创新。无论企业采取哪种途径和方法，最终呈现的商业模式必须为目标顾客创造有利价值。

这一原则符合商业模式画布中的价值主张和客户关系，即企业通过特定的商业模式为顾客传递怎样的价值主张，并与目标顾客建立怎样的关系。

只有目标顾客接受了企业的价值主张，顾客才会愿意支付相应的资金费用，这些资金费用就是企业利润收入的重要来源，也是初创期企业能够维持生存、赢得发展的重要保障。坚持以顾客价值为导向，不断创新商业模式必能为企业带来持续盈利收入，保证企业在创业过程中处于优势地位。

（二）资源挖掘与整合原则

资源挖掘与整合原则是指企业核心竞争能力的形成依靠对关键资源的有效整合。这里的关键资源既包括有形资源也包括无形资源。同时这些资源具有异质性，即难以在其他企业间流通，难以被其他企业获取。

资源的整合不是指对资源的简单叠加，而是指通过对资源的功效分析，根据功效来将一些资源进行有机结合。资源经过有机结合会让企业发挥出极致的竞争力，这对于初创期企业来说十分重要。

通过对资源的优化配置和合理利用，企业将关键资源转变为特定的活动。通过活动，企业形成独特的竞争力。由战略定位可知，核心竞争力能够保证初创期企业屹立于环境复杂的市场之中。

（三）控制风险原则

控制风险原则是指企业在创业时期应该有效规避风险。当今企业之间的竞争主要围绕商业模式来展开，对于初创期企业来说，风险远远大于机遇，周围人的不理解、复杂的市场环境等都会大大增加创业失败的风险。影响企业成败的因素既有内部人员变动、组织结构变化，也有外部信息更替、政策法规变化等。

以上提到的因素都有可能给初创期企业带来风险。因此，企业在创业时应通过商业模式创新有效控制风险，把风险控制在一定范围内，营造一种较为良好的创业环境。

三、商业模式的创新方法

探讨完商业模式的创新原则，接下来我们将研究有关商业模式的创新方法，主要从顾客价值创新和价值链活动创新的角度来分析。

（一）顾客价值创新方法

在商业模式画布中商业模式由九个构造板块构成。根据商业模式画布，商业模式创新可以通过目标顾客选择和顾客价值分析这两种方法来实现顾客价值创新。

1. 目标顾客选择分析

目标顾客定位就是指企业需要明确服务对象是谁，确定客户细分群体，初创期企业可以通过前期的市场调研，尽早确定目标顾客。一旦确定了目标顾客的细分群体，企业便能够开展一切与目标顾客相关的业务。明确目标顾客是企业开展一切活动的基础。

同样都是服饰企业，森马集团有限公司的目标顾客是15～26岁的社会群体，主要涵盖在校学生和刚进入工作岗位的毕业生。南京陶玉梅服饰设计实业有限公司的目标顾客则是45岁以上的中老年顾客。正因为确定了不同的目标群体，这两家企业也因此选择了不同的销售方式和营销策略。

森马集团有限公司的实体店设计偏时尚风格，售卖的衣服也是主打休闲时尚风格，更能吸引目标顾客。其实体店大多开设在人流量较多的市中心，有利于促使目标顾客产生购买欲望和行为。陶玉梅企业的目标顾客是中老年群体，因此售卖的衣服主要走偏实用和舒适路线，与森马集团有限公司截然不同。

受互联网浪潮的影响，这两家企业也纷纷入驻了电商平台，森马的产品展示模特多为年轻的、充满活力的男性和女性。陶玉梅的产品展示模特多为中年妇女，脸上洋溢着朴实的笑容。有研究显示，当人们看见电商平台上的产品展示模特与自己年龄相仿时，人们会倾向于点进该网页。

因此，对于创业企业来说，在明确了目标顾客之后，需要对目标顾客的群体特点、消费心理和消费习惯等方面作充分了解。影响顾客购买的内在因素有顾客自身的消费需要、购买欲望、个性等，外在因素包括社会影响、政策法规等。初创期企业应通过对目标顾客的定位为之后的商业模式创新奠定基础。

2. 顾客价值分析

顾客价值分析是指企业在创业期要重新思考向顾客传递的价值主张，由于竞争对手的技术改进和顾客需求的变化，企业为顾客创造的价值是否能对顾客产生有利影响。

如果顾客已不接受之前的价值主张，创业期企业可以通过改善商业模式画布中的哪一个板块来为顾客持续创造有效价值呢？

顾客价值分析这一方法的核心要求是企业需要站在顾客的角度来规划企业内部的各项经营业务，努力整合各种优秀资源，为顾客提供具有更大价值的产品。

只有坚持以顾客价值为先，才能够保证初创期企业不会流失太多的客源。好的商业模式能够保证企业在创业期始终拥有一定数量的顾客，从而确保企业有足够的资金流维持自身生存。

因此，初创期企业需要与目标顾客建立一种合适的亲密关系，站在顾客角度不断改善自身所传递的价值主张，改进生产技术，优化资源配置，提高产品的附加价值，完成商业模式创新，提升企业的市场竞争力。

（二）价值链活动创新方法

波特提出的价值链模型，将企业能够为顾客、合作伙伴和供应商创造价值的经营活动分为主要活动和辅助活动。价值链活动创新主要指通过对价值链上的要素进行增加、拆分重构或创新来达到商业模式创新的目的。

1. 价值链要素的增加

该方法旨在打破企业间的边界，拓展企业价值链，促进企业通过合作共赢建立一个覆盖面较广的价值网络，如将传统商业模式中的核心构成要素加入新型商业模式之中。

2. 价值链要素的拆分重构

该方法指企业需要对原有价值链上的活动进行分解，保留能为企业形成更优竞争力的增值活动，剔除对企业价值创造影响较小的活动。活动分解完之后，企业需要将这些零散的活动重组，使重组之后的价值链仍然具有一定的可行性。

与之前的价值链相比，现有价值链能够创造出更满足顾客、合作伙伴、供应商和企业自身需求的有利价值。对于跨行业合作的企业，在创业期进行商业模式创新时，应充分了解合作企业的价值链活动，以便将合作企业的部分价值链活动与本企业的部分价值链活动有机结合，从而重构出可以在两家企业运行的价值链。

3. 对价值链要素的创新

该方法指企业需要对价值链上的某个活动要素进行改进和创新。被选择的要素可以是在该企业运营中起决定性作用的活动，如果不对此要素创新，将会影响企业传递价值主张，价值链的主要作用就在于让企业正确规划各种活动，以达到为顾客创造有利价值的目标。被选择的要素也可以是在价值链中介于两种要素之间的活动，该要素本身可能不会创造较多价值，但由于该要素的关联性，如果不对此要素创新，也会影响价值链的价值创造。

价值链上的活动彼此之间相互影响，虽然只是对某一活动进行创新，但实际上也对其他活动产生了良好的效果。所以说，初创期企业需要重视对价值链活动的创新，无论选择哪个方法，最终目的都是为顾客、合作伙伴和供应商传递持续且有效的价值，同时也为自身创造价值，确保创业成功。

综上，初创期企业在了解了商业模式创新内涵、原则和商业模式创新的途径和方法之后，应充分意识到商业模式创新的重要性，对于商业模式创新的认识应该提高到一个较高的水平线上，商业模式创新是企业在创业期最根本的创新。

➢ 拓展学习

李时椿，常建坤. 2017.创新与创业管理：过程·实战·技能[M]. 5 版. 南京：南京大学出版社.
滕飞，冉春秋. 2018. 创新创业管理[M]. 北京：首都经济贸易大学出版社.
姚凤云，赵雅坦，郑郁. 2017.创新与创业管理[M]. 北京：清华大学出版社.
赵立祥. 2011. 创新型创业管理[M]. 北京：科学出版社.

➢ 思考题

1. 简述商业模式的含义。
2. 简述商业模式的构成要素。
3. 简述商业模式的设计方法。
4. 简述商业模式创新方式。
5. 简述一种最新的商业模式。

第八章　商业计划书

本章重点

商业计划书的核心内容
商业计划书的撰写

引导案例

腾讯的商业计划书

1998年，马化腾与他的同学张志东合资注册了深圳腾讯计算机系统有限公司，在成立初期，公司多次濒临倒闭，所幸遇到了投资人“出手相助”。从天使投资人刘晓松到IDGVC[2009年更名为IDG（美国国际数据集团，International Data Group），IDGVC为IDG技术创业投资基金的简称]、香港盈科数码，再到南非的米拉德国际控股集团（MIH Holdings Limited，MIH），他们是腾讯背后的支持者，缔造了中国创投史上为人津津乐道的经典案例。

1999年，马化腾抱着试试看的心态上线OICQ（Open I Seek You，为腾讯QQ软件的原名），仅用了9个月，用户数就突破了百万；不到1年，用户数暴增至500万。伴随不断增加的庞大用户群，OICQ需要更多的服务器去支撑，而此时腾讯公司账面上只剩下1万元现金。在开源无望的情况下，“腾讯五虎”（马化腾、张志东、曾李青、许晨晔、陈一丹）不仅咬牙将薪水减半，还增加了个人的资金投入。可这些都只是杯水车薪，与增股减薪相比，把公司卖掉也许是一个更痛快的办法。据悉，至少有6家公司拒绝购买腾讯公司的股份。

在出售公司不得其果之后，曾李青向马化腾提议，找一些更疯狂的人谈谈。公司的商业计划书写了很多稿，核心的一点就是需要钱来买服务器和带宽，至于营利模式则写得相对含混，更多的是网络广告和会员费，那时还没有短信，也没有想到动漫等增值服务业务，更没有提到网络游戏。揣着这份略显粗糙的商业计划书，曾李青和马化腾忐忑地敲开了创投机构的大门。

刘晓松在看过OICQ的数据并得知合伙人就是那位牛人马化腾后，同意按腾讯开的条件投资，成为腾讯第一个外部投资人。随后，刘晓松又将IDGVC的熊晓鸽推荐给了腾讯。曾李青拿着改了60多个版本、20多页的商业计划书，拉着马化腾一同会面洽谈。这次会面最终让IDGVC决定冒险投资腾讯，虽然还没有找到靠谱的商业模式，也没有看到清晰的盈利前景，但 OICQ 确实已拥有庞大并不断暴增的用户群。与此同时，曾李青还通过中间人找到了李泽楷旗下的香港盈科数码，他们在 IDGVC 最终拍板之后也同意投资。最终，IDGVC、香港盈科数码联合投资 220 万美元，各占 20%的股份，这是腾讯公司得以继续生存发展的最重要的一笔创业投资。

创业者凭着商业计划书就能筹得大笔资金的奇闻轶事，不断在满怀激情的潜在创业者间流传，到底什么是商业计划书，商业计划书的用途是什么，商业计划书的基本内容有哪些，如何编写制作商业计划书，等等。我们将结合本章内容详细阐述。

资料来源：BAT 巨头当年是怎么拿到第一笔融资的？|《中国创投简史》连载[EB/OL]. https://www.sohu.com/ a/131533075_439726/，2017-04-01

第一节 商业计划书概述

一份缜密、可行的商业计划书可以将一个不错的创意转化成为一个成功企业。商业计划书是获取风险投资的敲门砖，也是一份全方位的公司计划，是对公司或拟建公司进行宣传、分析和融资的文件。具体来说，商业计划书是为新项目、新技术、新创意寻找资金的工具和文件，其目的是使投资者了解公司的运行状况、市场地位和市场前景，吸引投资者把风险资金投入到公司中去。商业计划书也是一种申请风险投资的报告，与可行性研究报告有相同之处，但它们之间也存在着显著差别。可行性研究报告局限在新建项目中，而商业计划书则不一定，它既可以是创业公司的新建项目计划书，也可以是现有公司的融资项目书；可行性研究报告只是商业计划书的某一环节，论证项目的可行性，而商业计划书则是描绘资本运营的整个过程，它关注资本从投入到回收的各个环节。

一、商业计划书的定义和作用

无论是把新技术转变成新产品，把新创意发展成新公司，还是对现有公司进行重组，这些活动都离不开商业计划书。商业计划书是指创业公司、企业或项目单位为了达到招商融资和其他发展目标，根据一定的格式和内容要求而编辑整理的一个向听众（如风险投资者或评审者）全面展示公司和项目目前状况、未来发展潜力的书面材料。商业计划书有相对固定的格式，它几乎包括反映投资者感兴趣的所有内容，从企业成长经历、产品服务、市场营销、管理团队、股权结构、组织人事、财务、运营到融资方案等。

在创业之初，一份完善的商业计划书不仅可以帮助创业者分析创业过程中的主要影响因素，还可以成为创业者在创业过程中的行动指南和风险监控手段。具体来说，商业计划书可以起到以下几方面的重要作用。

（一）商业计划书是风险投资的敲门砖

风险投资者是商业计划书所要面向的重要对象之一。大多数的投资机构或投资人对企业项目进行评审的首要依据就是商业计划书。一份规范的商业计划书对于初创企业是必不可少的。对于寻求资金来源的创业企业而言，商业计划书就像是一份对投资商的书面承诺，其好坏是影响投资的重要因素之一。投资商的投资是带有一定风险的，是一种非常严谨的行为，投资商通常都是在审阅了企业提交的商业计划书后，有投资的意向、想进一步了解企业的详细情况后才会与企业人员会面。初步了解了企业的产品、制度、市场预测等基本情况后，投资商才知道这家企业是否符合他们的投资要求，进而考量与企业之间是否需要进一步商谈。不仅如此，投资商通过商业计划书了解基本信息之后，面谈时提出的问题也更有针对性，可以有效提高面谈效率。所以，商业计划书是吸引融资的敲门砖，商业计划写得好，可以充分彰显企业的吸引力，获得融资的希望则更大。

（二）商业计划书可以促进创业者理清项目思路

创业团队对于自己的创业项目往往没有充分的时间和精力理清思路与探寻公司未来发展计划，撰写商业计划书有助于迫使创业团队从各个角度系统性地思考、审视公司的业务发展计划。商业计划书是初创企业理清自己行动步骤的最好工具和语言，它是一份设计好的、旨在说服犹豫不决的投资人向新生企业投资的文件。同时，它还是创业者将创意和构思转变为现实的企业详细路线图。对于初创公司的创业者来说，商业计划书可以帮助其理顺商业模式。从外部角度看，商业计划书更能有效发现之前发现不了的问题，同时也能开阔思路，获得更多、更新、更好的想法。商业计划书能够帮助企业对其发展思路、商业模式进行一个明晰的梳理，并将发展过程中的关键点整理出来，从而成为企业在创业道路上前进的助推器。

（三）商业计划书为创业项目后续实施和调整提供蓝本

商业计划书是创业者创业项目实施和调整的蓝本。创业者常常在头脑里谋划项目，但不够清楚明确，通过撰写商业计划书，可以把自己的想法、要实现的目标、有助于目标实现的行动计划写下来，并进行推敲、修改，为项目实施、调整提供依据。例如，商业计划书中的财务计划可以作为后续计划的基础，用于监控预算执行和在未来实施调整。

知识库

商业模式与商业计划

商业计划与商业模式不同，商业模式探讨一种生意的可能性，更多地考虑赚钱的关键因素和逻辑。比如，中国门户网站的商业模式早期靠点击率、广告，后期靠广告、无线增值服务及网络游戏等。商业计划主要阐述创业的可行性，系统回答基本问题，涉及项目的执行细节。准备创业一定要思考商业模式，做什么、怎么做、如何去做、如何做得更快更好。如果去找投资，就得写出商业计划，投资者更要看你如何能够确保做成功。

资料来源：张玉利，薛红志，陈寒松，等. 创业管理[M]. 5版. 北京：机械工业出版社，2020

二、商业计划书的核心内容

商业计划书的撰写是一项非常复杂的任务，必须首先按照科学的逻辑对许多可变因素进行系统的思考和分析，在大致思路确定下来后，应当制定一个科学且合理的提纲，最好是按照商业计划或业务体系进行规划。商业计划书的基本内容通常包括以下几个方面。

1. 摘要

摘要是对商业计划书最简练的概括，长度通常以 2～3 页为宜。它的撰写要求精练有力，以结果为主，并能回答风险投资者心中的关键问题。在某些情况下，投资者可能会先阅读摘要，在摘要有足够的说服力时，才会详细地阅读商业计划书。毋庸置疑，摘要是商业计划书中最重要的部分，如果它不能激发投资者的兴趣，那么计划的其他部分也就付诸东流了。摘要的最简洁形式是按照商业计划的组成部分依次简单介绍。创业者应该准备两个相同版本的摘要：一个版本作为商业计划书的一部分；另一个版本则是一个独立文件。独立文件版本通常交给那些在确定是否想看详细版商业计划书之前要求查看摘要的人。作为商业计划书中最重要的部分，摘要的撰写一般放在商业计划书主体完成后。尽管从形式看，摘要位于商业计划书的最前面，但它的撰写却应在完成商业计划书之后。创业项目计划本身随着撰写过程不断发生变化，因此最初阶段很多事情都是不清楚的。

2. 公司介绍

在公司介绍中需要给出公司的基本情况，它包括公司的历史、当前现状、里程碑、法律地位和所有权等，尤其是要阐述企业的愿景、使命等。投资者会关心创业项目，也会关心创业者的理想、抱负，关心企业对经济和社会的贡献。公司历史部分应该简短，但要解释清楚公司创意的来源和驱动力。如果这个故事是触动人心的，一定要讲出来。当前现状部分应揭示企业在发展道路上走了多远。里程碑是值得关注或重大的事件。如果已经注册了企业名称、完成了可行性分析、建立了商业模式并成立了法律实体，那么企业已经完成了几个重要的里程碑。法律地位和所有权部分应该表明谁拥有企业以及所有权是如何分配的。此外，还应该说明企业所有权当前的形式是什么样的，对公司有帮助的关键合作伙伴有哪些等。愿景定义了一家企业期望未来成为一家什么样的企业，是对于公司未来发展蓝图的描绘。使命定义了一家企业为什么存在，存在的理由、价值和意义是什么，它能够界定企业采用的发展路径并将其作为财务和道德方面的指南针。

知识库

公司的组织形式

现代企业制度的组织形式有有限责任公司和股份有限公司两种。

有限责任公司是根据《公司登记管理条例》规定登记注册，由 50 个以下股东共同出资，每个股东以其所认缴的出资额对公司承担有限责任，公司以其全部资产对其债务承担责任的经济组织。

股份有限公司是根据《公司登记管理条例》规定登记注册，其全部注册资本由等额股份构成并通过发行股票筹集资本，股东以其认购的股份对公司承担有限责任，公司以其全部资产对其债务承担责任的经济组织。

资料来源：邓立治.商业计划书原理、演示与案例[M]. 2 版. 北京：机械工业出版社，2018

3. 产品与服务

产品（包含服务）是商业计划书中最重要的部分，也是向风险投资者明晰产品的核心环节。它主要介绍公司产品的概念、性能及特性、产品市场竞争力、产品研究和开发过程、发展新产品计划和成本分析、产品市场前景预测、产品研发团队、产品的品牌和专利等。

4. 行业与市场

这部分内容应该阐述公司外部行业和市场中的关键影响因素。

行业分析主要介绍创业公司所归属产业领域的基本情况，以及公司在整个产业中的地位。阐述的内容要聚焦于公司所在的行业，而不是同时着眼行业和目标市场。在选择目标市场之前，公司要对所在的行业有一定的把握。行业结构是一个行业的聚合和分散程度，相比由少数大公司控制的行业，分散的行业更易于接受新进入者。行业参与者信息也应该阐明。比如，行业中的主要参与者是创新的还是保守的，对环境变革的反应是缓慢的还是快速的。了解一个行业内的关键成功因素非常重要。大多数行业有 6～10 个关键因素，大部分参与者试图从两三个因素上提高自己的差异度。创业者对行业发展趋势也应该予以关注，包括行业趋势和商业趋势。

市场分析主要介绍公司产品的市场情况，包括目标市场、市场竞争中的位置、竞争对手的情况、未来市场的发展趋势等。这一部分的撰写越详细越好，要以那些可信度高和已经证实的数据作为分析基础。一般来说，市场分析的首要任务是对企业将要进入的行业进行细分，识别出特定的目标市场。这个过程将通过市场细分完成。市场可以通过很多方式进行细分，如我们可以通过地理位置、人口统计变量等方式进行细分。有时候一家企业会基于多个维度划分市场，以便于有独特的能力可以深入到这个特定市场。很多创业企业通过找到新的细分市场创造了价值。市场分析中的一个重要部分就是研究目标市场中的消费者行为。一家创业企业越是了解目标市场中的消费者，其产品也就越能迎合消费者的需求。此外，市场分析还应包括竞争对手分析，即针对一家企业的竞争对手进行详细分析。市场分析的最后一个部分是预测一个公司的年度销售额和市场份额。

知识库

行业的主要经济特性

行业分析要从整体上把握行业中的主要经济特性。行业的主要经济特性如下：

（1）市场规模。市场规模也称市场容量，规模不同，对公司和风险投资者的吸引力不同，较大的市场规模常能引起各类公司的兴趣。

(2)竞争范围。竞争市场需要考虑竞争范围是本地性的、区域性的还是全国性的、国际性的。

(3)市场增长速度。快速增长的市场会吸引其他公司进入，而增长缓慢的市场会导致竞争加剧。

(4)行业和产品生命周期。不同的发展阶段，公司的投入和利润不同，对公司的吸引力也是不同的。

(5)竞争者数量及规模。行业中竞争者数量和规模的不同会导致竞争强度的不同，如果行业被几家大公司垄断，则竞争性较弱、垄断性强。

(6)顾客数量及相对规模。顾客数量及相对规模反映了产品对消费者的吸引力。

(7)供应链整合度。在整个供应链中，需要研究行业向前整合和向后整合的程度。

(8)分销渠道。分销渠道包括经销商、代理中间商和辅助机构。

(9)产品与服务的差异化程度。差异化程度反映行业市场竞争的激烈程度。

(10)进入和退出市场壁垒。壁垒高可以保护现有公司的地位和利润，壁垒低则该行业易于被新进入者入侵。

此外，行业的经济特性还包括创新速度、技术水平等。行业分析时，需要结合行业经济特性进行，这样做有助于风险投资者快速了解行业的背景和发展现状。

资料来源：邓立治. 商业计划书原理、演示与案例[M]. 2版. 北京：机械工业出版社，2018

5. 营销计划

拥有了优质的产品和良好的市场机遇，还需要一个切实可行的营销计划来配合。营销计划应该以市场调研和产品与服务的价值为基础，制定产品、定价、促销、渠道等方面的发展战略和实施计划。

描述营销计划最好从阐述清楚企业的营销战略、定位和差异点出发，然后讨论如何从价格、促销组合、销售过程以及分销战略的角度来支撑该计划。企业的营销战略指营销其产品和服务的整体方法，这就涉及如何在市场上进行定位，以及如何与竞争对手区分开来的方法。营销战略为企业如何通过其产品、定价、促销和分销战术而满足目标市场设定了基调并提供了操作指南。此外，创业者还需要描述企业的销售过程或周期以及将会运用哪些具体销售战术。大部分商业计划书都描述了企业的整体营销策略，但很少会提及如何销售产品或服务。

6. 生产运营

产品的生产运营是企业需要关注的重点问题，一般主要关注并解决以下几个问题，包括厂址的选址与布局、生产工艺流程、产品的包装与储运等。此外，产品的质量检验也非常重要。如果是服务类产品，可以结合产品的特点介绍这一部分。

这一部分也需要描述创业企业的地理位置。对于餐馆和零售企业，是否位于大型购物中心或繁华街道边的某个具体位置，会产生显著的差异。此外，这个部分还应该描述企业的设施设备。如果要生产某种产品并打算外包，应该描述如何实现。

7. 管理团队

一个稳定团结的核心团队可以帮助创业者渡过各种难关，是公司最宝贵的资源。很多潜在风险投资者把优秀的管理团队视为商业计划获得成功的最关键因素。所以，有些商业计划书会直接把创业团队的介绍放在本部分。风险投资者通常会向那些最有可能成功运作企业的人进行投资，风险投资者将会仔细考察所投资公司的管理队伍。在这部分需要介绍公司的组织架构、各部门的功能与职责范围、各部门的负责人及主要成员、外部支持专家、公司的报酬体系、公司的股东名单（包括股份份额、认股权、比例和特权）、公司的董事会成员、股权分配等。

很多投资者在浏览完商业计划书的摘要，就直接跳到管理团队部分来评估创始人的优势。如果管理团队不合格，大多数投资者就会直接放弃。从各种相互竞争的商业计划中脱颖而出赢得投资的并非完全依靠创意或市场，而是拥有比其他人更好地执行创意的管理团队。

新创企业的管理团队包括创始人和少数管理人员。创业者应该提供管理团队每个成员的简要描述，包含职位名称、岗位职责、先前的工作经历、先前的成功经验、教育背景等。本部分材料应包括管理团队中每个核心成员的简要介绍，以及他的从业或受雇经历、教育背景和主要成就等。如果管理者的简历中包含有特殊信息，应该在附录中详细说明。如果管理团队成员之间有过共事经历，那么就应该强调这些工作相关的经历。无论人多么优秀，现实中都可能存在大家难以共事的风险。在投资者看来，与彼此陌生的管理团队相比，那些曾有过成功共事经验的管理团队风险较小。如果企业已经拥有或计划设立 5 位董事，商业计划书就必须明确指出董事的来源。对新创企业来说，如果安排 5 位董事，通行的做法是 2 位来自企业外部（并非受雇于企业的人），2 位来自企业内部（企业创立者或关键管理者），1 位留给投资者来担任。本部分最后要介绍新创企业的组织架构，包括描述高层管理团队成员之间的关系等。对新创企业而言，最常见的问题就是没有清晰界定权责关系，当两个或多个创业者地位相当是容易出现这种失误的。为了表明创业者已解决了这个问题，商业计划必须加上组织结构图，即企业内职权与责任如何分配的图形化描述，同时配以简要的文字来说明结构图中的重要关系。

8. 财务计划

财务计划部分包括融资需求和财务预测报告。融资需求要说明公司发展过程中所需要的资金额度、时间表和用途。财务预测是公司发展的价值化表现，它必须与公司的历史和发展趋势相一致，也应该与商业计划中其他部分的讨论结果相一致。此外，预测还应该考虑风险投资者需要的投资回报率、投资回收方式和股权。

财务计划要对企业在未来 3～5 年的资金需求及其使用计划作出解释，这些信息被概括为资金来源与使用说明。在商业计划书中，列出迄今为止企业获得的资金支持来源十分有益。有些商业计划提供了所需资金的投入时间表，这能够阐明追加资金投入的需求，以及企业如果得到追加资金，将如何实现进一步的发展。

9. 风险控制

在商业计划书中，创业者都会对项目作出一番美好的未来规划，但是风险投资者都会害怕面对一个存在着太多不确定因素的创业项目。因此，风险控制分析部分主要是说明各种潜在风险，并向风险投资者阐述针对各类风险所采取的规避措施。

10. 资本退出

在商业计划书中需要设计一种最优的资本退出方式，并且需要详细说明该退出方式的合理性。此外，如果公司在计划期内未完成风险资本退出计划，最好要给出次优方案，只有这样才能让每一个投资人都清晰地知道获利的时间和可选方案。

11. 附录

附录是对商业计划书正文内容的有力补充和说明。在附录中可能出现的附件包括财务报表、主要合同资料、信誉证明、图片资料、分支机构列表、市场调研结果、主要创业者履历、技术信息、宣传资料、相关数据的测算和解释、相关获奖和专利证明、授权使用书等。

商业计划书的基本内容可以根据产品与服务的特点不同而改变，撰写者既可以按照上述逻辑阐述商业计划的实施过程，也可以根据产品与服务的特点拟定撰写逻辑，对基本内容进行合并、精简和扩充。

知识库

IPO 的基本知识

创业者一定要了解证券市场融资的游戏规则，在制定公司发展规划时充分考虑不同类型资本市场 IPO 的要求。创业公司可以选择境内或境外的证券交易市场 IPO，境内市场包括深沪两地主板市场、中小板、创业板三个不同板块的证券市场体系。境外市场包括纽约证券交易所、美国纳斯达克市场、伦敦证券交易所等。从服务对象来看，主板市场主要服务于经营相对稳定的大型成熟企业，中小板市场主要服务于达到成熟阶段的中小企业，创业板市场主要服务于成长阶段中接近成熟期的中小创业公司。许多经济发达国家都建立了创业板市场，包括美国纳斯达克、日本佳斯达克、韩国柯斯达克等。美国纳斯达克市场是世界公认的高新技术企业的摇篮，世界许多知名的科技型企业都选择在那里上市融资，如微软、苹果、阿里巴巴、网易等。

资料来源：张玉利，薛红志，陈寒松，等. 创业管理[M]. 5 版. 北京：机械工业出版社，2020

三、商业计划书撰写前的注意事项

（一）创业机会识别

如何判断一个创业机会是否有市场价值对创业者来说是件非常困难的事情，而这也是风险投资者非常想搞明白的问题。由于各种创业机会的内外部环境和影响因素各有不同，许多研究者给出了不同的思路和方法去识别一个创业机会。例如，许多风险投资者认为，一个好的创业机会需要具备以下几个或全部特点。①技术含量高、壁垒高（有专利，研发时间长、难度大等）。②创意独特，能满足消费者某种独特需求。③产业化程度较高（如化工产品需要已有试用等）。④切实解决目前市场上存在的一些问题，市场容量大。⑤所在行业有国家相关政策的支持，是未来国家发展关注的重点。

在商业计划书制作前，创业者首先要做的事情就是对创业机会进行识别。如果能通过一些方法快速否认该创业机会，就可以避免花费大量的时间去制作一份毫无价值的商业计划书。特别是当创业者面对多个机会选择时，识别的思路和方法就显得非常重要。近年来，我们一直在研究如何通过探讨一系列逻辑问题来对创业机会进行初步甄别的方法。在总结多年实践经验的基础上，我们提出了创业机会识别七大领域经典问题的方法。该方法简单易行，可以在创业初期帮助创业者逐步理清思路，进行机会识别。具体问题如下：

（1）产品问题。该项目提供什么样的产品与服务，产品的功能和特点是什么？研发过程和技术先进性如何？解决了客户的哪些“痛点”问题，具有哪些客户价值？

（2）市场问题。你的产品有哪些市场细分，目标市场如何确定？目标人群是谁，特质和需求如何？这个市场的容量有多大，该项目能否持续盈利？

（3）竞争对手问题。你目前有没有竞争对手，是否存在潜在竞争对手，国内外竞争对手都有谁？

（4）竞争优势问题。与对手相比，你的比较竞争优势是什么？技术优势或模仿性怎么样？如何从性能、价格、市场等多方面进行比较，识别出本产品的比较竞争优势？

（5）战略发展问题。你的产品或服务可以获得持续竞争优势吗？如何获取，发展规划是什么？

（6）管理团队问题。你的创业核心团队都由哪些人构成，在知识和经验上与项目的匹配程度如何，是否有外部专家团队的支持呢？

（7）融资与退出问题。你需要多少风险投资，出让多少股份？融资后的使用计划是什么，预计能给风险投资者带来多少回报，风险投资如何退出？

知识库

绿色创业

绿色创业就是识别、评价和利用经济机会的过程，这些机会出现在市场失灵状态下，有利于企业保持可持续发展，而且与环境有着密切联系。绿色创业关注的是那些把“未来”产品和服务带到现实当中的机会，绿色创业就是对这种机会的识别、创造和利用的过程，同时还包括由谁完成以及将会产生哪些经济、心理、社会和环境结果等问题。总的来看，绿色创业即整合“商业创业”和“可持续发展”两个概念分析企业创业活动，商业创业的核心是机会的识别与利用，目的是价值创造，而可持续发展是综合环境、社会和经济三位一体实现企业成长。据此，绿色创业强调对机会的识别与利用，目的是实现环境、社会和经济协调发展，不仅应考虑环境保护维度，还应该考虑社会和经济维度；不仅表现为非营利机构创造性的商业运作，还表现在企业通过创造性地满足多重需求以提升盈利空间和竞争能力；不仅包括成熟企业处于绿色化目的而进行的内创业，也包括绿色新组织的创生；不仅关注开启和拓展绿色视野的新方法，也关注创造和传播绿色价值的新途径，是推动绿色创意在更广泛社会领域产生影响的新模式。

资料来源：2019-绿色创业：从生态系统到人工智能颜色[EB/OL].https://coe.zufe.edu.cn/info/1020/3520.htm，2019-06-06

（二）创业项目的出处

创业项目的出处也有一定规律可循，一般来说可以从以下几个方面获取。①创业团队目前已经注册（或即将注册）的实体公司的主营产品与服务。②创业团队成员参与的发明创造、专利技术或创意想法。③经专家或企业授权的发明创造或专利技术。④研究发现的概念产品与服务，并准备在未来一段时间内实施该项目。⑤产学研融合项目，如各大学科技园技术转移中心推荐项目、成果汇编项目、孵化器项目等。⑥“互联网+”新技术项目，如很多与虚拟现实（virtual reality，VR）、人工智能、物联网、大数据、云计算相关的项目。⑦电子商务平台项目。利用电子商务平台创业，创业门槛比较低。

（三）资料的获取和注释

在商业计划书制作过程中，获取大量真实、精准和可查的数据对于预测、评估具有非常重要的作用。如果商业计划书中的基础数据存在问题，那么商业计划书就不具有可信度，整个商业计划将失去探讨的价值。

在商业计划书制作过程中，数据来源主要包括问卷调查、深度访谈、年鉴、文献资料、政府工作报告、行业期刊、杂志、咨询公司报告、互联网信息、实地调研访谈等。其中，问卷调查和深度访谈非常重要，它们不仅能补充缺失的知识和数据，更能使创业团队了解自己项目所具有的行业特征，在与风险投资者沟通时也是非常有帮助的。此外，在文中出现关键数据时，最好能标注数据的出处，增加风险投资者对企业的信心。

（四）清晰的结构

风险投资者希望能在商业计划书中快速地找到他们关注的问题，这就要求商业计划书必须有一个清晰的结构。说服风险投资者不仅需要依靠系统分析和数据精准，还要依靠论点和基本论据的组织结构。对任何能使风险投资者感兴趣的话题，都应该进行充分而准确的探讨。一般情况下，商业计划书的篇幅为 30～40 页，如果有特殊需求，内容可以更多一些。

风险投资者阅读商业计划书时，创业者并不在场，因此不能及时地回答问题并提供解释。因此，在提交给风险投资者之前，商业计划书最好先让一些局外人“试读”。

（五）客观的论据

有些创业者在撰写他们的创意时会运用浮夸或激情四射的语言，容易让风险投资者产生怀疑或者拒绝接受。在演示商业计划时可以用一种充满激情的方式去阐述，但是在撰写商业计划书时应该使用比较客观的语气，使风险投资者有机会去思考和权衡你的论据是否合理。

另外，如果商业计划中存在弱点或不足，创业者一定要指出弥补的方法或措施。对于项目的弱点或不足，在制订商业计划时，就应当设计弥补这些不足的方案，并在商业计划书中清楚地表达出来。

（六）通俗易懂的表述

大多数创业者以为用丰富的技术细节、精心制作的图表、详细的数据分析会给投资人留下深刻的印象。但是，在商业计划介绍的初期很少会有技术专家详细地评估这些数据。大多数情况下，简单明了的说明、草图和照片就足够了。如果商业计划书中必须包括产品的技术细节和生产流程，可以把它们放到附录中。技术方面最好的撰写模式就是用最简单的话说清楚最复杂的技术原理，多列举和介绍技术依托的项目和团队、所获专利和奖励、成果鉴定报告，这些都会增加风险投资者的信心。

（七）一致的写作风格

在大多数情况下，一份商业计划书会由多个人合作完成。因此，最后必须对这项工作进行整合，以避免整个商业计划书的撰写风格不一致。

（八）客户需求的满足

在市场中，一个产品与服务取得成功的关键是满足客户需求，而且最好是“痛点”需求。客户希望用他们的钞票换取能满足他们需求或解决他们“痛点”问题的产品与服务。因此，一个成功的产品与服务的第一个原则就是要搞清楚他能满足客户的哪些需求，并且以什么方式去满足。创业初期，许多创业者在谈商业计划时，满脑子都是产品的技术水平及生产的工艺细节。而风险投资者考虑的不仅是这些，他们多数是从市场的角度来考核这一创意的。对公司成败而言，客户价值是第一位，其他所有的事情都是第二位的。如果提供的产品是中间产品，那么你可能还需要进一步关心你客户的需求，因为你如果能为客户创造更多新价值，那么你的客户也将会优先选择你们的产品。

（九）项目的可行性和营利性

如果要真正创建一个新公司，就必须在商业计划书中对创意的可行性进行评估。除了评估可能导致该项目不可行的具体因素外（如法规方面的考虑、产品的标准等），还要评估可能导致该项目所需要的时间和资源。与可行性密切相关的是营利性。一个创业公司必须能够创造长期利润。因此，成功的创意应当明确指出大概能够获得多大利润和获取途径。对于不断壮大的创业公司来说，一个很重要的规则就是在启动阶段所创造的毛利。

（十）知识产权的保护

在与风险投资者沟通创意可行性时，一定要注意对该创意进行保护。保护的方式包括申请专利、签订保密协议和快速实施。第一，尽早对新的产品、流程和外观申请专利，创业成功很可能就依赖一个专利。但是还需要注意的是，当一项专利需要通过公布创意内容来进行保护的时候，该专利也就失去了意义。专利是否可以被别人轻易复制和改进，从而导致他人的胜出呢？有些产品和创意就由于这个原因不申请专利，如可口可乐的配方至今仍是一个秘密，由于从来没有申请过专利，所以可口可乐的配方很难被模仿。第二，法律要求律师和托管人对客户的业务保守机密。在某些情况下，签订一份保密协议仍然是必要的。第三，要想保护自己的知识产权不被侵犯，最好的保护办法是尽快实施商业计划。这样可以有效阻止可能的技术抄袭，因为最后的胜利大多数属于最先实施商业计划的人。

（十一）商业模式的构成

在商业计划书演示沟通环节，经常会有风险投资者要求创业者解释其项目的商业模式。许多人理解的商业模式就是通过什么途径或方式来赚钱。这是对商业模式的一种最简单的理解。但对于创业者和风险投资者来说还远远不够。商业模式是“价值”和“收入”的对称结构。企业一方面要为顾客创造价值，另一方面要获取收入，而把这两个要素关联和配置起来的方式就是商业模式。通俗地讲，包括以下几点。第一，客户价值主张。第二，价值载体。第三，价值创造与价值传递。第四，营利模式。第五，可持续盈利能力。总的来说，任何一个商业模式都是一个由客户价值、企业资源和能力、营利模式构成的三维立体模式，而其本质是可持续盈利的交易结构。

（十二）风险投资的类型

商业计划书最主要的消费者是风险投资者，所以创业者非常有必要了解风险投资是如何参与创业公司成长过程的。

广义的风险投资泛指一切具有高风险、高潜在收益的投资；狭义的风险投资是指以高新技术为基础，生产与经营技术密集型产品的投资。根据美国全美风险投资协会的定义，风险投资是由职业金融家投入到新兴的、迅速发展的、具有巨大竞争潜力的企业中的一种权益资本。如果投资成功，风险投资者将获得几倍、几十倍甚至成百上千倍的回报；如果失败，投进去的钱就算打水漂了。对创业者来说，使用风险投资创业的最大好处是即使失败，也不会背上债务，这样就使年轻人创业成为可能。

目前，风险投资者大概可以分为个人天使投资者、天使团体、风险投资基金、战略投资者等。从投资进程来说可以分为天使轮、A 轮、B 轮、C 轮等。在天使轮融资时，创业团队可能只有一个概念，或者产品还正在开发，或者已经开发出来但还没有太多用户，天使轮的作用是启动项目。A 轮通常是指创业公司第一次从机构投资人那里融资，主要作用是帮助创业公司扩大用户范围，找到或测试商业模式。B 轮融资的作用是创业公司在运营中初步建立起商业模式，并开始形成实际的收入。C 轮融资则是在 B 轮融资的基础上，加速企业的发展，形成规模化的收入，乃至获得一定的盈利，并为 IPO 和并购等投资退出创造条件。

（1）天使投资者（天使团体）。天使投资者是指非正规公司的个人投资，一般可以提供 10 万～100 万元人民币的初期创业启动资金。他们关注创业团队和商业故事，愿意承担高风险，这些投资者是创业者初期融资的最好选择。而天使团体是指由个人投资者组成的较为松散的风险投资团体，他们一般可以为单个创业项目提供 50 万～500 万元人民币资金的投资额度，关注创业者和技术，一般会有投资的侧重领域，承担的投资风险非常高。

（2）风险投资基金（风险投资公司）。有实力的投资者可以筹集资金成立一家风险投资公司，风险投资公司一般会关注高速成长、有巨大潜力，并需要投入大笔资金的创业公司。这些投资公司一般会投资风险一般、较为成熟的公司，并且会详细研究商业计划书、预算和核心团队，期望 3～5 年能够退出。这些风险投资公司一般喜欢投资创业公司的 A 轮、B 轮、C 轮，投资规模可达 100 万～1 亿元人民币。这类投资不适合初次创业的小型创业者，而适合较为成熟的创业公司。

（3）战略投资者。战略投资者一般是大而稳定的投资公司，拥有较多的资金。它们寻找那些能随着时间的推移不断增强现有业务模式、显著改变已有产业竞争格局的创业公司。它们一般专注于某个领域，投资金额为 1000 万～10 亿元人民币。这类投资机构适合对即将上市的创业公司进行融资。

在创业公司发展过程中，风险资本基本会全程参与其中，在不同的阶段起到不同的作用，其最终目标是为了收回资本。

知识库

中国企业创新创业调查

中国企业创新创业调查（Enterprise Survey for Innovation and Entrepreneurship in China，ESIEC）是北京大学中国社会科学调查中心核心调查项目之一，由北京大学企业大数据研究中心组织实施。北京大学国家发展研究院张晓波教授担任中国企业创新创业调查总负责人。

中国企业创新创业调查旨在通过科学抽样和实地追踪调查，获得反映中国企业创新创业状况的微观数据，推动更高质量的学术和政策研究。调查内容主要包括企业家的创业史、企业创建过程、企业基本信息、企业创新、企业间关系以及营商环境等。

资料来源：根据北京大学企业大数据研究中心（https://cer.gsm.pku.edu.cn/）相关资料整理而成

第二节　商业计划书的撰写

一、商业计划书的撰写流程

商业计划书的撰写是一个复杂的系统工程，不同的创业者一般会有自己的撰写思路和技术路线，下面介绍一种被普遍接受的商业计划书撰写流程。

（一）创业计划构思细化阶段

创业者在产生一个新的创意和想法后，需要与创业团队成员或相关领域专家对创意进行初步的研判和构思，并通过相关问题的讨论，判断该创意是不是一个好的创业机会。其核心问题包括项目提供什么样产品与服务、目标客户是谁、市场容量有多大、竞争对手是谁、竞争优势有哪些等。如果对这些方面的问题分析都能得到一个激动人心的答案，那么这个创意和项目就可以进入创业构思阶段。在创业构思过程中，首先，最需要探讨的问题是创业项目的商业模式和发展规划，也就是该公司从小到大的一系列发展过程。其次，需要讨论的是如何把公司发展构想阶段化，以及在每一个阶段需要关注哪些核心问题。最后，根据产品与服务的特点设计商业计划书，一般会经历产品分析、行业与市场分析、市场调研和访谈、商业计划书制作和完善等过程。

（二）资料获取和市场调研阶段

通过查询相关年鉴、报表和文献了解产品与服务即将进入的行业和市场，对所要进入行业的市场结构、政策支持、技术水平等相关问题进行初步研究，这些数据分析可以使创业者由表及里地了解该产品与服务在行业和市场中所处的位置，有利于创业者更好地理解该项目的发展思路。

同现有和潜在客户建立联系。准备一份客户调查纲要，以获取足够多的信息，这些信息包括现有和潜在客户的数量、他们愿意支付的价格、产品与服务对于客户的价值等，此外还应当收集定性的信息，如购买量、购买频次，以及可能拒绝本产品与服务的主要原因，等等。通过这些调查能让创业团队充分了解市场和客户。

竞争对手是另外一个需要重点调研的对象，需要在此环节确定竞争对手并分析本行业的竞争态势。例如，竞争对手产品与服务的特点和性能，他们以往采取的竞争策略，竞争对手的优劣势，等等，可以采取调研和访谈方法进行深入研究，并形成竞争者调查报告。

（三）商业计划书制作

第一，在进行了公司发展战略规划和行业与市场分析后，市场模块是在商业计划书制作过程中首先要完成的部分。它应当建立在客户和竞争者调研的基础之上，可以附上一些市场预测数据、客户调查数据、从各种出版物上剪下来的材料、产品描述或市场营销材料等。

第二，公司运营模块也需要花费大量的时间。针对新公司的运作，需要说明哪些是公司顺利运营的关键要素，如何在建立这家公司时体现这些要素，如何开发产品，如何建立一支销售队伍，如何建立分销伙伴关系，如何选择合适的地址，如何保护知识产权，新公司如何在长时间里进行大量生产，等等。简而言之，详细描述这家公司从现在到未来三年或五年的运作模式。仔细进行财务估算，把握这家公司如何从收入、销售量、客户以及其他推动因素上取得长足发展。

第三，团队建设是商业计划书中的核心内容，需要说明公司发展过程中的主要人员分工情况。通常投资者并不是在向“创意”投资，而是在向“创业者”投资。所以，可以用单独一页纸阐述公司创业团队中每个成员所拥有的资产、股份和职位。针对外来风险投资，可以用一段话说明本公司将出让多少股份来换取多少额度的风险投资。

第四，财务是公司运行的价值化表现。一份公司的完整财务计划，通常包括对公司的价值评估、收益率、三大报表等内容。

第五，撰写摘要和设计封面，完善商业计划书内容，最后形成完整的商业计划书。

（四）答辩陈词和反馈

在与投资者沟通之前，需要准备 10 分钟的答辩稿和 PPT，以便推销自己的创业机会。陈述应当强调创业公司获取成功的关键因素，但这并不是简单地把商业计划书摘要用口头方式表达出来，而是需要通过建立一套容易理解的逻辑把商业计划书的核心内容传递给投资者。你既可以用看得见的一些东西来让投资者深入思考，也可以用简洁的市场分析和可靠的数据给投资者留下深刻的印象。总之，准备得越充分，就越能向投资者说明商业计划中的各种关键问题。

知识库

成功撰写商业计划书的几点建议

- 一定要自己做。没有人可以代替你制订你的计划。
- 投资者关心财务状况，但更关心能够实现预期财务目标的战略。
- 要清楚地体现出与竞争对手的明显差异，不要陷入“我也是”的境况。
- 明确目标市场，提供顾客需求真实存在的证据。
- 认真校对，不要有错别字和语法错误。
- 要有现金流预测，这对新创企业的生存至关重要。
- 保持计划书的整洁，简明扼要，篇幅不要太长。
- 陈述事实，尽量避免“我认为”“我估计”等主观判断和猜测。
- 给计划书设计一个有吸引力的封面。

资料来源：张玉利，薛红志，陈寒松，等.创业管理[M]. 5 版. 北京：机械工业出版社，2020

二、商业计划书摘要的撰写

摘要涵盖了商业计划的要点，以便风险投资者能在最短的时间内评审商业计划并作出判断。商业计划书摘要一般包括公司介绍、产品与服务、行业与市场、营销计划、生产运营、公司管理、财务计划、风险控制与退出方式等，撰写者可以根据需求增减内容。风险投资者希望在摘要里看到关于公司长期使命的明确论述，以及对人员、技术和市场的总体情况的描述。

在介绍创业公司时，首先，要说明创办新公司的思路、新思想的形成过程以及公司目标和发展战略。其次，要求交代公司现状、过去的历史和企业的经营范围。最后，还要介绍一下创业者的背景、经历、经验和特点等。创业者的素质对公司的成长来说往往起关键性的作用。

在摘要中，还必须回答下列核心问题：①公司所处的行业与市场，公司经营的性质和范围；②公司的主要产品和技术等；③公司的目标市场、目标顾客及其需求；④公司的现有合伙人、投资人；⑤公司的竞争对手、竞争对手对公司发展的影响、公司的竞争优势等；⑥公司的发展规划；⑦公司的资金需求、财务信息和退出计划等。

摘要需要尽量简明、生动，多为结论式阐述，不需要详细分析过程，特别要详细说明公司的竞争优势以及获取成功的市场因素。在撰写商业计划书摘要时，需要注意以下事项：

（1）摘要撰写一定要最后完成。完成整个商业计划书的主体内容之后，需进一步提炼整个商业计划书的精华，然后再开始动笔撰写摘要部分。

（2）摘要撰写一定要有针对性。不同的投资者有不同的兴趣点和不同的背景，他们看商业计划书的侧重点不同。战略投资者通常对创业公司之前的成功业绩感兴趣，而天使投资人则对新技术感兴趣。所以在撰写摘要之前先要对投资者作一番调查研究，以突出投资者最感兴趣、最关注的方面。

（3）摘要撰写一定要开门见山，突出重点，切忌行文含蓄晦涩，让人难以琢磨。因为投资者没有时间去琢磨摘要的内容。

（4）摘要撰写一定要细致检查。在摘要全部撰写完成之后，一定要检查语句是否通顺和是否存在错别字问题，最好看看有没有语句逻辑问题，切忌出现这些低级错误。自己检查完之后，再去请别人检查，直到确切无误为止。记住，如果在摘要或正文中出现语法和文字错误，投资者会认为创业者作风不严谨，他们甚至将会对商业计划书的内容和创业团队产生怀疑。而且，写完之后，有必要再请没有相关背景的人检查过目，提出意见。重点了解他们的反馈，看他们是否能马上被你的摘要打动，再结合反馈不断修改完善。

三、商业计划书撰写的基本理论

1. 公司介绍的基本理论知识

公司的设立人应根据国家对企业种类的界定，确定自己对企业种类的选择，一般情况下应在法律规定的范围内确定对企业种类的选择。同时需要介绍公司基本情况，包括公司的法律名称、品牌名称等。介绍公司所从事的主要业务时，要求能够尽可能快速地让风险投资者了解公司的主营产品与服务。在介绍经营地点时，需要列出公司总部所在地点，公司的主要经营和生产场所。此外，要介绍公司业务范围所覆盖的地区情况及变化。

公司的宗旨和目标也是公司介绍时需要介绍的重要内容，要用最精练、清晰的语言来表述公司的使命与指导方针，以及在一定时期内经营活动的方向和要求要达到的水平，用以指明方向、激励员工。

此外，公司的组织形式、申请流程、发展历史以及未来发展规划、公司管理团队也均是在公司介绍时一般要介绍的内容。团队的介绍一般介绍3～5位关键人物，一般需要介绍总裁或总经理、常务副总经理、人事部经理、营销部经理、财务部经理、生产部经理等。

2. 产品与服务的基本理论知识

清楚阐述产品与服务是商业计划书需要解决的核心问题之一。介绍产品与服务过程中，需要用通俗的语言把产品与服务的机理、功能、特点、竞争优势、研发计划等核心内容阐述清楚。根据菲利普·科特勒（Philip Kotler）等著名学者提出的产品三层次理论，在商业计划书中撰写产品与服务部分内容时，可以遵循由内而外延伸的表达逻辑。第一步，说明产品的核心顾客价值；第二步，介绍产品的机理、技术特点、功能、种类和附加服务；第三步，进行产品研发团队与技术水平比较，此外还可以包括与竞争对手产品的性能、成本和竞争力比较等；第四步，产品的影响力，主要介绍产品的获奖情况、新闻报道、订单、已有客户评价和体验等外部评价；第五步，产品的未来研发战略，主要阐述未来的创新发展计划和未来 3～5 年拟研发的新产品等。

3. 行业与市场的基本理论知识

研究行业的经济特性主要的研究对象有市场规模、竞争范围、市场增长速度、行业及产品生命周期阶段、竞争厂家的数量及规模、购买者的数量及相对规模、供应链整合度、分销渠道、产品与服务的差异化强度、行业进入和退出壁垒等，进行行业分析可以有选择地对以上有关经济特性进行分析阐述。同时，还需要对行业变革的驱动因素，如产品创新、技术创新、营销创新等进行分析，以了解推动行业变革的关键驱动因素。

市场结构是指一个行业内买方和卖方的数量及规模分布、产品差异程度、新企业进入该行业的难易程度等。决定市场结构的因素主要取决于市场竞争的强度。当创业公司初次进入某一行业时，需要初步界定该行业的市场结构，这样既可以有效分析竞争对手和进入障碍，也便于公司制定将要采取的应对策略。

4. 营销计划的基本理论知识

营销计划的制定一般包括产品构思和设想、市场调研、市场定位和客户选择、营销策略、销售预测等多个阶段。产品构思和设想需要描述产品与服务，并需要对市场和市场机会作出说明。市场调研是商业计划书的基石，通过调研可以获取一手资料，也可以是二手资料。对消费者的消费结构、消费心理、未来消费趋势，以及竞争对手的技术、工艺、成本、营销状况、融资状况、行业与市场及基本情况等进行调研有助于创业者作出合理判断和预测，为完成商业计划书奠定基础。市场调研后，可以基本确定产品与服务的细分市场和目标客户。有了既定的细分市场和目标客户，就能制定有针对性的营销策略。此外，进行销售预测，也可以帮助风险投资者理解营销目标和财务报表，预测数据可以包括预期销售增长量、预期市场份额、预期总销售额、预期利润等。

5. 生产运营的基本理论知识

创业公司如何选址对企业运作有深远影响。尤其对制造企业来说，选址更是关系成本控制的关键因素。所以，必须使用科学的方法进行选址规划。同时，为确保企业内部工作流程的畅通，需要对多个经济活动单元进行安排。根据工作流程，设施布置分类主要包括产品原则布置、工艺原则布置、定位原则布置和混合原则布置等。公司设施布局是否合理，对公司的生产运营成本和效率有长远的影响。此外，创业者需要对工艺流程、生产运营能力、库存管理、生产作业计划和生产周期、劳动力和原材料要求、质量管理等内容予以关注并分析介绍。

6. 公司管理的基本理论知识

公司管理的基本理论知识涉及内容广泛，主要包括创业公司可选择的公司形式、管理层次设计、公司组织结构设计、相关部门及重要岗位职责介绍、股权划分等。组织是实现目标的重要载体，创业公司应围绕公司使命宗旨、战略目标设计组织结构，并随着组织的发展和战略的变化对公司适时进行组织变革与创新。在创业公司初期，通常采取股份制形式，如何分配股份，特别是如何给创业成员分配股份，是一个非常重要的问题。创业公司股份可以分为几块，如融资所占股份、技术所占股份、管理层所占股份等。实际操作中，作为初创企业，在股权问题上不必拘泥于传统，可综合考虑使用所有权、表决权、分红权等分别确定每个股东的各种权益，以充分发挥创业团队成员的主观能动性。

7. 财务计划的基本理论知识

财务计划的预测都是建立在一系列假设条件基础上的，只有思考这些假设条件之后，风险投资者才能评定财务计划的有效性。财务计划制作一般需要六个方面的假设信息，主要包括产品生产信息、产品销售信息、市场物资供应情况、员工工资支出信息、生产设备支出信息和企业预期发展计划。创业者必须谨慎判断财务计划的说明和解释，用最简单的方式，努力提高风险投资者对企业运营的信心。一般商业计划书中需要给出五年预估的三大报表和财务计划，除此之外，还有一些财务指标和经营指标是创业者和风险投资者都需要了解和关注的，如偿债能力分析、营运能力分析、盈利能力分析等。此外，创业者还需作好盈亏平衡分析，这不仅可以适用于创业公司前期项目规划，也适合日常管理。

8. 风险控制与资本退出的基本理论知识

由于创业环境的不确定性，以及创业机会与创业公司的复杂性，创业者、创业团队与风险投资者能力和实力的有限性而导致创业活动偏离预期目标，因此创业过程中存在技术风险、市场风险、财务风险、管理风险、环境风险等。创业者必须深入剖析创业风险，并通过有目的、有意识的计划、组织、控制等活动来阻止和防范风险损失的发生，削弱损失发生的影响程度。风险投资是一种追逐高风险、高利润、高回报的金融资本。风险投资者的目的并不是为了获取股息而长期持有所投资公司的股份，而是为了通过资本退出方式获取高额回报。这要求创业公司给出资本退出的预期方式。目前资本退出方式主要包括 IPO、并购、回购、清算。IPO 是许多创业项目资本退出的首选方案，因此创业者一定要了解证券市场融资的游戏规则，在制定公司发展规划时充分考虑不同类型资本市场 IPO 的要求。

四、商业计划书的检查

商业计划书的初稿完成之后，还需要花大量的时间进行修改。在检查和修改商业计划书时会涉及商业计划书是否完整、原理是否运用合理、核心问题是否回答准确、文章修辞是否正确等问题，此外还需要特别注意商业计划书中是否存在以下问题。

1. 管理者是否具有与管理公司匹配的能力

商业计划书中，人的因素非常重要，许多重要岗位需要相关领域的专业人才。如果企业缺乏这一类人才，可以留出相应的岗位去聘请相关领域的专业人士参与其中，以弥补知识和经验的不足。

2. 风险投资的退出机制是否明确

风险投资者是没有兴趣长时间把资金放在一家公司进行运行的，许多风险投资者在看完摘要后的第一件事情就是看资本如何退出，并且这种退出预期是否合理和有保障。

3. 市场分析是否完整

产品只有满足消费者需求才能给公司带来利润，这就需要创业者进行市场调研，熟悉市场，设计合理的市场营销方案。一份完备的市场分析报告会让风险投资者坚信你在商业计划书中阐明的产品与服务需求是确实可行的。

4. 风险投资者对项目的疑虑是否能打消

一件产品与服务的独特性、新颖性、完备性是风险投资者进行投资的前提，如果不能阐述清楚产品与服务的功能特点、技术的优越性，会使风险投资者举棋不定。因此，有时你需要准备一件产品模型或几张图片进行详细剖析。

5. 章节是否合理，有逻辑性

商业计划书的内容应该很容易被风险投资者领悟，因此，需要制作索引和目录，以便风险投资者可以较容易地查阅各个章节。此外，还应保证目录中的信息传递具有逻辑性。

6. 摘要是否引人入胜

摘要相当于公司商业计划书的门面，风险投资者首先会认真地阅读它。为了保证风险投资者有兴趣继续阅读下去，摘要需要引人入胜。

7. 公司战略规划是否与具体运营计划保持一致

商业计划书通常都会提出公司的 3～5 年发展战略规划，而后续的营销计划、生产运营、人力资源、财务计划都应该与之相匹配。商业计划书经常会出现前后相矛盾的地方，如市场需要在第三年向全国扩张，而在具体的人员配置和成本中却并未体现出销售人员和营销费用的增加。

8. 文本是否存在语法和文字错误

如果有较多语法方面的低级错误，那么很难让风险投资者相信创业者能够成功地执行该商业计划。

此外，在检查商业计划书时还需要注意一些细节问题，比如说商业计划书要精简。产品与服务、行业与市场分析的内容可以详细阐述，而生产运营和财务数据可以简短精练；要第一时间让投资者知道公司的业务类型；要声明公司的目标；要阐述为达到目标所制定的策略与战术；要详细阐述公司如何使用资金；要有具体资料，有根据和有针对性的数据必不可少；要给商业计划书做一个吸引人且得体的封面；要准备好各类财务数据。在商业计划书制作时，还存在着众多忌讳。第一，忌用过于技术化和专业化的用语来表达产品和生产运营过程，尽可能使用通俗易懂的语言。第二，忌用含糊不清或无根据的陈述或数据。例如，不要仅粗略表达“销售在未来两年会翻两番”，或是在没有详细陈述的情况下就说“要增加生产线”等。第三，忌隐瞒事实真相。例如，在分析竞争对手时，为了体现自身产品竞争优势而隐瞒对手的实际技术水平。第四，忌数据没有出处。数据是支撑商业计划书的基石，任何没有可信度的数据都将摧毁整座大厦。

拓展学习

彼得・德鲁克. 2018.创新与企业家精神[M]. 蔡文燕译. 北京：机械工业出版社.
邓立治. 2018. 商业计划书原理、演示与案例[M]. 2 版. 北京：机械工业出版社.
克莱顿・克里斯坦森. 2010. 创新者的窘境[M]. 胡建桥译. 北京：中信出版社.
王凯，赵毅. 2012. 创业计划书编写理论[M]. 北京：北京理工大学出版社.
熊彼特 J A. 2014.经济发展理论[M]. 叶华译. 南昌：江西教育出版社.
张玉利，薛红志，陈寒松，等. 2020. 创业管理[M]. 5 版. 北京：机械工业出版社.

思考题

1. 商业计划书都包括哪些基本内容，这些内容一般按照什么逻辑阐述？
2. 商业计划书的制作流程包括哪几步，在这些制作环节中我们应该解决哪些问题？
3. 商业模式由哪些环节构成，京东与淘宝的商业模式有哪些差异？
4. 在创业公司的不同发展阶段可能会有哪些投资者进入？

第九章　创业项目路演

本章重点

创业路演 PPT 的制作
如何进行一次成功的路演

引导案例

雷军香港路演：讲述属于小米的故事

2018 年 6 月小米集团（后文简称“小米”）IPO 路演在香港举行。据悉，本次路演是 2018 年以来香港交易所上市规则生效后的同股不同权架构企业 IPO 的首单破冰之旅。小米集团知名度之高，其创始人、董事长兼 CEO 雷军的路演可以说是万众瞩目。

路演开始，雷军带着他的高管团队亮相场内。雷军在路演中提到了小米的地位和发展前景——“小米这样的公司是独一无二的”、“小米应该是腾讯乘苹果的估值”、“小米是新物种”……小米之所以能够成为一种突出的成功案例，雷军介绍了小米能够兼顾物美和价廉两个属性的具体细节：“传统的五号电池在中国卖 3～5 块钱人民币，而我手上的这一盒五号电池才卖 9.9 元，是传统电池 1/3 左右的零售价，虽然制造成本至少贵了 10%。”“要在运作成本和流通成本遥遥领先，才能把一个制造成本比别人高的产品卖到一半的价钱。我们每天都在琢磨怎么生产出伟大的产品，怎么卖出伟大的价钱，一个伟大的公司总是希望提高效率，把产品卖得越来越便宜。”雷军在路演中不仅强调产品的特点和自身的商业模式，还对小米自身的产业链条作出详细的分享，小米有自己的产品技术，也有自己的市场销售，既做研发端也做用户端，把握了价值链条中最高的两端，小米一直可以进行自循环。

当然，并不是说小米的征途在投资人面前就是一马平川的，也会有全球性的基金公司对小米的模式产生忧虑，对此雷军在路演中乐观地表示：“有顾虑是正常的，如此创新的东西，如果大家一看就明白，就不算创新了。往往创新的东西都会超越你的认知，不超越你的认知，怎么能够叫创新呢？”

对于未来及小米的国际拓展，雷军的描述是“每天看世界地图的时候，心潮澎湃。……国际化业务我们才刚刚开始，我们还有很多诸如非洲、中东等地区没有渗透，国际业务在未来 3～5 年都有超高速增长的机会”。基于雷军在香港路演现场中展示小米的模式、雄心和价值，许多在场的投资人都表现出对小米极大的兴趣和期待。

“好的公司靠利润，伟大的公司靠人心。小米要做伟大的公司。”这是雷军在本次路演结束时的总结。

资料来源：小米香港路演最完整还原：雷军讲升级版“故事”有人疯狂抢购有人仍在观望[EB/OL]. http://www.eeo.com.cn/2018/0623/330895.shtml，2018-06-23，有改动

第一节 什么是路演

路演是商业活动中经常出现的一种吸引投资者赞助的方式，指的是通过现场演示的方法，引起目标人群的关注，使他们产生兴趣，最终达成销售。具体形式包括在公共场所进行演说、演示产品、推介理念，以及向他人推广自己的公司、团体、产品、想法等。

一、路演的历史沿革

路演最早出现在美国华尔街，一些股票经纪人为了说服别人来买他们的股票，站在马路上大声地宣传和吆喝，以达到吸引购买者的目的。后来这种交易慢慢转入了股票交易大厅，现今虽然有了比较先进的电子交易手段，但是路演这种特殊的吸引交易客户的方式还是被保留了下来，直到现在一些股票交易现场，仍旧可以看到早期路演的痕迹，嘈杂的大厅中有一个讲台，主持人在那里扯着嗓子高声叫喊，虽然不再是在马路上，而是转入了大厅里，但是本质上它仍然是一种推介活动，目前这种路演的形式已经成为国际上发行股票较为普遍的推广方式。

随着商业活动的不断发展，路演这种广受欢迎的推介形式，逐渐被移植到了企业宣传推广上来，并且路演的形式也变得越来越丰富多彩，如企业产品发布会、媒体发布会、产品展示、产品试用、产品特卖、现场咨询、有奖问答、文艺表演等，与顾客交流的形式多变，其中路演往往能够在活动中潜移默化地扩大企业的知名度，成为群众比较认可的一种宣传推介形式，与那些动辄上百万的广告投入相比，多种形式的路演所投入的费用要少很多，其经济实用的特质更是受到广大企业的由衷推崇。

知识库

A股市场IPO股票发售路演

IPO路演是公司在资本市场上的“首秀”，通常也是公司高管层第一次实施的、面对面的信息披露行为。

由于A股市场上企业IPO股票价格形成的制度背景是累计投标询价制，故企业无论在A股市场主板、中小板还是创业板实施IPO行为，IPO股票价格形成都需要经历路演。

在路演阶段中，先由发行方向投资者宣讲招股意向书中的内容，然后双方针对投资者提出的问题进行互动。与路演起源地美国相比，中国IPO网上路演功能比较单

一，即只有营销的功能而无询价的功能。

自 2014 年初 A 股市场 IPO 重启以来，中国证监会强化了路演监管措施，规定在路演过程中发行方若披露除招股意向书以外的其他信息，将中止发行，且要求招股意向书内容与招股说明书几乎完全一致，只是缺少发行价格、市盈率等需要询价才能确定的信息。所以，中国 IPO 路演已经成为招股意向书的信息披露过程。

资料来源：赵毅. 互联网金融企业 A 股市场 IPO 行为偏好研究——基于融资和增信的双重视角[D]. 哈尔滨：哈尔滨工业大学，2017

二、路演分类

根据路演目的不同，可以分为招商路演、产品推介路演、融资路演和上市路演。对创业者来说，常用的路演为前三种。

（一）招商路演

招商路演是为了达到吸引分销商的目的。

首先，造声势来吸引人们的关注。只有别人对你的产品或者是企业的关注足够多，才可能吸引别人的加盟。造声势较为常见方法有发传单、铺货、陈列。

发传单主要是达到两个目的：一是让消费者知道自家产品的特点；二是让经销商了解到有这样一个产品上市。前期宣传作好之后就是铺货，铺货的目的一方面是让消费者能够买到，另一方面则是让经销商能够买到。在路演过程中铺货是非常关键的环节，只有企业的铺货到位才能真正吸引商家，进而达到招商的目的。最后则是陈列，陈列产品可以帮助销售点把更多的信息传递给消费者。

从发放传单、铺货再到陈列，形成了一个完整的系统，如果说路演招商是一场演出，那么从发放传单到铺货再到陈列，则是产品上场进行表演的过程，这个表演是给经销商以及终端消费者观看的，表演成功与否，直接决定了招商的结果。

其次，找目标。招商路演目的性很强，就是要引起别人的关注，获得经销商的认可。在这个阶段，企业的工作重心应该变为甄别经销商与确定经销商，一般来说经销商的途径来源主要有三个：一是主动联系企业；二是企业自己发现潜力股；三是由别人推荐过来的。如果能够抓住甄别经销商与确定经销商这两个重心，就能够保证路演的效果最佳。

（二）产品推介路演

产品推介路演一般是在城市比较繁华的地段，如超市、商场等人群密集的地方，利用一些比较博人眼球的节目，吸引人们的注意，在表演的过程中，不断加入对产品的介绍，达到大范围宣传推广产品的目的。对于一些新兴的初创企业而言，在没有雄厚的资金投资广告的情况下，精心策划一场商品推介路演，既能起到一定的宣传推广作用，又能减少企业的资金压力，是企业的不二之选。

（三）融资路演

融资路演就是创业者为了获得创业启动资金或者是后续的发展资金，向潜在的投资者进行演说，进而达到获取资本的目的，在“大众创业，万众创新”、互联网高度发达的今天，融资路演变得越来越频繁，几乎每一天都会有很多的融资路演上演。当然创业者千千万万，想要融资路演获得成功也并不是一件轻松的事情，这里面也有很多的学问。融资路演有的是个人发起的，有的则需要借助平台，有的可能只融资一轮，有的可能会持续融资，A 轮、B 轮、C 轮、D 轮，如果企业能够在最需要资本注入的时候，成功获得融资，就能助力企业更好地起飞。

（四）上市路演

很多企业在发展到一定阶段的时候就会计划上市，而上市之前，不少公司都会公开发行股票，这个时候就需要路演来为公开发行股票宣传造势。比如阿里巴巴公司上市之前，马云曾经在美国纽交所公开路演，在马云出众的口才游说下，仅仅两天之后，阿里巴巴的计划募集额度就实现了足额认证。如果把路演作为预售，那么阿里巴巴其实在两天之内就销售完了计划两周售完的订单，这就是路演的惊人威力。

三、路演的关键点

成功的路演一般包括一些关键点，即选择恰当的时间与地点开展路演、路演中营造热烈的活动氛围、确定一个鲜明的活动主题。

（一）选择恰当的时间与地点

在何时何地展开路演活动，这很关键，有时候甚至可以直接影响路演活动的成败。一般说来，路演时间地点的选择主要取决于企业目标受众及其活动习惯。

（二）营造热烈的活动氛围

对于任何一场路演活动而言，都是参加的人数越多，场面越热烈越好。既然如此怎样才能吸引到更多的人来参加活动呢？这就要求活动的主办方一定要花费一些心思来布置路演的活动现场。

首先活动现场必须有吸引力，要用气球、彩带、音响来营造热闹的气氛，对于这些产品展销类的路演，在活动开展之前先进行一段精彩的表演，往往能够取得不错的造势效果。比如，如果活动要推荐的产品是针对老年人的，则可以为观众献上一段京剧表演；如果活动所要推荐的产品是针对年轻人的，则可以来一段年轻人喜爱的街舞。

当把人聚集之后，主持人再介绍企业、产品，以及开展这次活动的目的，就能赢得一个开门红。在演出进行的过程中，工作人员还可以到人群中去散发一些企业宣传页，或者是穿上卡通形象的衣服在周围行走，吸引人们的注意，从而最大限度地将人们聚集到一处引爆气氛，将活动推向高潮。

当然这些路演准备的活动不可太过单调，内容一定要具有吸引力。如果总是唱歌、跳舞没有新意的话，观众看多了就会麻木，反而难以取得较好的预热效果。

（三）确定一个鲜明的活动主题

不管路演采取的是哪种形式，其根本目的都是为了推广企业的产品和品牌。所有的活动最终都是为提升企业知名度服务的，这就要求活动主办方在进行路演之前，一定要给自己的品牌树立一个鲜明的主题，只有这样才更有利于品牌的传播。活动主题是路演的灵魂，只有确定了主题，才能保证所有活动的细节都围绕这个主题展开。比如，企业进行路演的目的是为上市作准备，企业在进行路演时就要时刻谨记路演主题，不可偏离了路演的目的，在路演时一定要讲到企业的优势、营利模式以及企业能为投资者带来什么好处。只有路演的主题不偏离，才可能吸引观众的注意力，最终达到预期的目的。

四、路演的本质

路演的本质其实就是做仪式、讲故事、传精神。仪式是文化的载体，故事是价值的化身，而精神则是信念的终极表现。什么是仪式？对中华民族这个礼仪之邦来讲，其实并不陌生。从古代的结婚仪式、祭祀仪式到现在的开业仪式、剪彩仪式，各种各样的仪式可谓是五花八门，仪式是文化的载体，不管是人的生老病死还是战争、竞争、商业活动，都有一个自成体系的仪式。那么仪式到底是什么呢？从严格的意义上来讲，就是一件事从开始到结束需要接受的步骤以及需要完成的动作。古代举办的一些仪式，往往会以故事的形式流传下来，当一个国家、一个企业的文化力量特别强大的时候，举行彰显性活动所带来的仪式感也会特别强大。

仪式有三个核心关键词：信任，荣誉，尊重。最古典的仪式，当属古代的成亲仪式，繁文缛节数不胜数，当然这也显示出古人对成亲仪式的重视。结拜、祭奠、生死、胜利等情况，也都有各自的仪式。

那么仪式与路演究竟是怎样的关系呢？这需要从路演结果与路演本质的关系说起，路演的结果与路演的本质有着最直接的关系。路演最关键的结果有三种：吸引、信任、跟随。从路演的本质上来说，做仪式产生吸引、讲故事产生信任、传精神产生跟随。

对于企业而言，在进行商业活动的时候，想要成功吸引别人的眼球，仪式是不可缺少的。商业活动中比较常见的仪式有九种：创始仪式、就职仪式、转正仪式、授奖仪式、合作仪式、开工仪式、完工仪式、纪念仪式、告别仪式。这些仪式可以更好地吸引观众，最终使得企业商业路演活动成功地达到目的。

（一）创始仪式

创始仪式是企业创建之后必须要进行的一种仪式。一些大型的企业在创建之初往往会举办比较隆重的创始仪式，为的就是快速吸引各界的目光，同时让自己的员工产生一种依附感。创始仪式最大的意义就是能够让大众以及员工对企业产生一定的信任感。

（二）就职仪式

就职仪式也是商业活动中常见的一种仪式。这种仪式一般发生在企业员工就职与工作交接时，在商业仪式中也比较常见。一些较为知名的企业聘请了优秀的人才，往往也会举办有影响力的就职仪式，就职仪式最大的意义就是使员工对企业产生一定的责任感。

（三）转正仪式

转正仪式简单说来就是从试用转为正式就职的仪式。企业举办转正仪式，很大程度上就是为了让企业员工产生一定的归属感，体现的是对在职员工的尊重，从某种意义上来讲，也是对在职员工的一种褒扬。企业举办这样的仪式，其实也是在向大众推荐自己的企业。

（四）授奖仪式

日常生活中，授奖仪式其实也比较常见，在电视节目中我们也经常能够看到各种类型的授奖仪式，部分授奖仪式既表彰个人也对企业表示赏识与认同，最本质的意义就是体现出了一种人文文化。

（五）合作仪式

在重大的商业活动中，一家企业与另一家企业合作，就某个合作事项达成共识之后，往往会签署合作协议。比较正式的一些企业还会举行新闻发布会，向外界更好地宣传双方的合作。合作意识实则是对价值文化的一种认同。

（六）开工仪式

某个工程或者项目开始之后会举办开工仪式，且开幕仪式实则是一种激励文化，促使基地项目执行者将项目完成得更好。比如，一些建筑公司在举办开工仪式的时候，经常会有剪彩等活动，开工仪式举办得越热闹，建筑公司的知名度也就会越高。

（七）完工仪式

完工仪式在日常的商业活动中也较为常见。比如，一些建筑工程在完工之后经常会有竣工典礼，其中包括揭牌参观等活动。和其他仪式相比，完工仪式具有总结、落实等纪念性作用。

（八）纪念仪式

纪念仪式在生活中也很常见。比如，有的夫妻非常重视结婚纪念日，在结婚纪念日的时候就会精心准备一些活动来纪念这个特殊的日子。纪念仪式所具备的意义，其实就是建立一定的荣誉感。有些企业也会借助这个特殊的仪式来进行商业宣传，如某些大型的商场超市在创建周年之际，往往就会举办纪念仪式，在商场或者是超市的门口搞一些活动，以此吸引顾客的眼球，达到促销的目的。

（九）告别仪式

告别仪式在生活中也很常见。毕业、退伍、离职等都有可能会有一个告别仪式，告别仪式所承载的是一种尊重，是一种感情的力量。

每一个路演高手其实都是非常擅长讲故事的。对于商业路演而言，故事是价值的化身，这是因为故事最容易打动人心，故事可以启发人们思考，因此我们说故事承载着所要论述的事物的价值。除了仪式，世界上第二类容易被流传下来的事物就是故事。创业者如果能够讲一个自己的故事，这个故事能够反映其创业过程中企业从无到有、从小到大乃至反败为胜的种种细节，这样的路演活动往往是令人难忘的。不管是哪类创业者，这样的故事一定有一两个甚至更多，通过这些故事，听众们能够看到创业者的成长转变。

传精神，精神是信念的终极表现，路演的最高境界就是能够在不知不觉中将企业的精神传达给更多的人。很多人提到“精神”这个字眼的时候，往往觉得它只可意会不可言传。但是精神有这样一种神奇的影响力，当我们内心想要去做一件事情的时候，就会产生一种强烈的信念，当这种信念足够强烈的时候，我们就会将这种精神释放出来。世界上最能产生精神的三个字就是“我相信”，现实生活中我们往往会相信自己、相信企业、相信员工、相信别人，“我相信”往往能够激发一个人最大的潜能，从而创造奇迹。我们在商业路演活动中要做的事情就是能够让听众产生这种“我相信”的精神。“我相信”就好像是一粒种子，一旦在听众的心里生根就总会发芽。如果听众能够坚定这个信念，种子越强大，信念就会越强大，种子精神是一种价值，精神需要别人给予。对于创业者而言，给予我们这种精神的人，可以是我们的朋友也可以是我们的亲人，而我们在进行商业路演活动时，同样也可以将这种精神给予别人。传精神也是企业最重要的第三大能量——重生的能量。企业在经历了从生到死、从顺境到逆境的过程后，需要种子的精神以及价值的能量来转败为胜。

做仪式想要达到的结果是吸引，讲故事想达到的结果是使人信任，传精神所要达到的结果则是使人跟随。使人被吸引、信任、跟随就是商业路演活动所期待的最佳结果。在做完仪式、讲完故事、传达精神之后，接下来就是不断地重复与循环，在创业这条路上不论是巅峰还是低谷，总归是要向前发展的。

第二节　投资人的关注点

在项目初期，创业者竞争压力大，为确保项目成功，创业者应更加重视刚启动时的宣传工作，设计一些新颖、有创意的内容，及时披露相关信息，以吸引更多投资人关注。对投资人而言，项目要能够满足投资人对于风险和收益的要求。

一、投资人关注的基础性要素

（一）你是谁

一个优秀路演者需要通过自己的语言魅力，言简意赅地解释清楚自己是做什么的，把自己、自己的品牌和产品紧密结合在一起。

（二）你的产品是什么

路演中直切正题，你卖的产品是什么，如果能够做到让产品自己展示出强大的特点与特性来，那么就取得了更好的路演效果。

（三）你卖的产品的用途

你想要从投资人那里融来资金或者是想让消费者买账，就一定要将产品的卖点展示给他们看。你卖的东西对用户有哪些帮助，你的产品比别人家的产品强在哪里。

（四）自证自说

如何证明自己的说法是正确的。好的证明是路演者进行实际演示，更好的证明就是让现场的观众亲身体验。用户为什么要买你的产品，你需要证明顾客值得购买的理由，如价格优惠、功能新颖、市面唯一。

二、投资人关注的关键性要素

（一）投资愿景如何

对创业者来说，愿景就是指引他前进的灯塔，有了愿景，在创业的路上才能勇往直前；对于投资者而言，愿景就是吸引他目光的焦点，有了愿景，他才愿意为创业者的项目买单。通过愿景，告诉合伙人创业的发展方向、告诉合作者未来前景、告诉投资人未来的发展可能。

（二）资金分配方案

路演过程中，向投资人明确解释资金的分配问题，可以让投资人对创业计划更清楚，对营利模式更了解。资金使用情况一定要详细介绍，必要时可以列出一个详细的财务规划，可以将运营成本、收入、利润等规划到三年以后。

（三）创业指标和行业痛点的解决

创业者需要对企业的未来、企业的营利模式、企业的主营业务、获取关键用户等一系列指标进行详细的规划与分析，充分利用行动指标打消投资人的疑虑。不同创业公司的行动指标各有不同，如采用订购模式，则需要让投资人充分了解用户获取成本、客户终身价值、净流失率、用户转换率、客户数、收入比率、毛利润等关键指标。其他类型的公司，指标相对简单。

如果创业产品能够解决行业痛点或者在解决行业痛点时具备独特的优势，将会更加快速地得到投资人的青睐。

（四）团队与企业竞争力

每一位投资人在投资之前都会对路演团队进行评估，因此团队水准和团队精神是投资者关注的焦点之一，出色的团队和彼此间默契的合作是创业者的追求，也是投资者的期待。因此，这个要素在路演中必须得到重视。

竞争力是路演成功的核心力量，强大的竞争力才是吸引投资者资本的最关键要素之一。路演中必须让投资人直观地看到产品的竞争力，同等投资风险的情况下，拥有更强竞争力的创业者才有可能获得投资。竞争力才是创业者最宝贵的财富。

第三节　创业路演 PPT 的制作

创业路演的 PPT 页数不要太多，每页的篇幅不要太长，总体来说 7～12 页 PPT 展示是比较理想的，时间控制在 8～15 分钟较为合适。过于短小会令投资商感觉缺乏诚意，过于冗长则难以更精准地抓取听者的注意力。

一、创业路演 PPT 的特点

路演 PPT 的设计是基于观众视角，展示对方想听、感兴趣的内容，其主要特点包括以下几个。

（一）项目亮点

一般来说，投资者大多数阅历丰富，见识过各种各样的商业模式和各种类型的创业者。所以，路演者必须将项目最大的亮点在路演 PPT 中予以展示。通过展示创业项目最大的亮点，可以唤起投资者对项目的兴趣。路演 PPT 可以重点展示项目的营利模式、团队成员、专利技术和产品特色等。开始 5 分钟是吸引投资者兴趣的关键时间，如果没有利用好开头的 5 分钟，那么后面的陈述意义就比较有限了。

（二）控制时间

路演 PPT 是为路演服务的，是辅助路演的主要工具之一。所以，其篇幅内容必须紧密结合路演项目本身。一般来说，长篇大论容易使投资者关注点分散，从而影响其对项目的兴趣。15 分钟的路演 PPT 页数应当控制在 15 页左右，同时路演者必须考虑路演过程中播放视频等操作的时间，要分秒必争。充分考虑实际执行路演时可能产生的误差，在时间的把握上符合聆听者的心理状态与信息获取习惯。

（三）投其所好

项目要有针对性，路演 PPT 当中涉及的内容一定要和路演项目高度一致，并且一定是投资者想听和乐意听到的内容。路演 PPT 不能够以自我为中心，仅仅描述自己认为重要的内容，所介绍的内容应当容易被听者接受。路演 PPT 在设计和内容上要简洁明了、重点突出，一定要注意避免出现涉及信息密集、看起来令人吃力的情况，而要选择配色合理、易于接受的页面。

路演 PPT 不一定需要涉及过于专业的术语、数据。投资者不一定是这个领域的专家，过于晦涩难懂的专业知识会使投资者在理解项目时出现障碍。路演最好能深入浅出地进行项目描述，也就是说不妨用最直白的方式来表达你想要做什么、做了什么、目前已做到什么程度，以及想融资多少钱、这些钱怎么用，等等。

（四）巧用细节

在路演 PPT 制作过程中，可以在页面上所使用的图片中加入团队成员的电话号码，以充分利用“黄金广告位”。聆听者中的有心人，也往往通过这一细节规避中介人员，直接联系团队成员。同样，结束页面也是黄金位置，建议页面上放置二维码，投资者或者中介人员会通过扫描二维码添加团队成员的联系方式，这样有助于项目获得二次投资的机会，注意小细节，每一分每一秒都要做到准确无误。

二、路演 PPT 的制作思路

（一）提炼项目精髓

介绍创业项目的整体背景及产生来源，用几句话概括项目内容，用简短的语言介绍项目创业的特色，以求在最短时间内使聆听者产生兴趣。例如，创业项目可以满足消费者什么需求、可以通过哪些营销渠道进行销售、重要数据和目前市场形态是什么样的、目标客户是谁、为客户解决了哪些难点和痛点、项目具备的理念优势和前景目标是什么等。

（二）指出目标市场

项目情况，其中包括行业的现状、现存的问题、市场的发展空间及未来行业发展趋势。同业竞品，即目前及潜在占领和参与市场竞争的有哪些企业和组织，其竞争程度如何。竞争范围和地域优势是什么。政府政策和社会舆论导向，是否支持该行业继续发展下去。成长空间预测，项目将通过什么样的方式获得收益，耗费多长时间可以取得。市场份额有多少。可预测的市场规模有多大。这里的数据可以适当放大或夸张，但前提条件是必须能够经得起后面提问环节的考验。

（三）揭示客户痛点

目标客户的范围划定，即哪些群体是你的商品的购买者，依据商品属性对不同客户群的特点和需求进行细致分析。

对于各个环节和不同类型的客户，产品能够解决哪些实际问题，用户痛点具体在哪里。制作路演 PPT 应该具体明确这些痛点的真实性和科学性。

（四）描述商业细节

路演 PPT 内容中可以既包括企业业务结构，也包括商业逻辑体系、业务基本流程等。

路演者也可以通过网站 APP、线下门店的实体产品及提供服务体验等形式展示产品及服务，并将商品与服务的消费端需求梳理清晰，在路演 PPT 中简明扼要地介绍获得产品及服务收益的实现方式，让投资者了解项目可能实现的收益预期。

路演 PPT 内容中可以进一步介绍企业的商业模式，包括商品如何定价、消费者需求是否稳定、消费者需求频率是高还是低，企业如何盈利，消费者购买的逻辑是什么，企业是当下盈利还是未来盈利，资本运作体系是什么模式，等等。

（五）总结核心优势

内在价值主张，主要包括企业是如何解决客户的痛点的，这种解决方式的特点有哪些，项目的实际意义是什么。

将项目现有的优势和获得的支持，通过展示项目的技术专长、企业拥有的专利知识产权、项目拥有的特有保护政策以及已经开拓、有望开拓的产品渠道等进行说明。

团队文化，这部分需要展现自己的团队成员特有的阅历、具备的资源、超前理念和创新的意识等。

（六）展现核心团队

团队现状，针对包括核心团队人数、个人的从业履历、曾经的商业经验，或参与过的成功案例等在内的关键点进行展示，简要介绍公司的关键岗位及从事该岗位人员的业务能力。项目顾问，包括种子投资者或天使投资者，以及创业融资方面聘请的顾问等。

（七）财务情况分析

盈利点分析包括项目是如何盈利的，盈利点分布是什么样子的，预计收益率是多少，项目预计资金使用情况是什么样的。融资说明包括融资金额、使用周期、股权比例等。

（八）提问环节

在路演过程中，针对投资者的可能提问，创业者可以事先将答案、数据等内容放入PPT之中，如果碰到相关的提问，可根据PPT的内容回答投资者提出的问题。一般投资者都会问产品的实际用户是谁，项目是如何开展运营的，目前项目的业务量有多少，产品营销有哪些途径，企业目前拓展了哪些市场，项目融资后采取怎样的资本退出方式，现阶段已达成的合作有哪些形式，等等。

三、路演PPT常见问题

（一）缺乏整体一致性

路演PPT中的材料要和路演陈述的内容保持一致，有些路演者会直接从商业计划书中复制、粘贴相关内容来制作路演PPT。但是对于不同的路演内容，这样的做法往往会造成数据僵化和缺乏针对性。另外，一些激进的路演者希望额外讲出精彩夸张的故事以吸引投资者，但天马行空的描述和路演PPT上的内容不符甚至冲突，因此这种方式是不可取的。

（二）过分渲染、夸大其词

用生动的语言介绍自己的项目，使项目看上去更丰满、更具诱惑力，本无可厚非，但是过分对某些内容进行夸大就可能出现问题。

（三）数据来源模糊、不可靠

路演 PPT 除了摘抄计划书中的内容以外，还应当包含一些行业信息或数据，这些信息数据需要标明信息来源，通常用脚注的形式来体现：一来表示对数据来源方的尊重和对他人工作的认可；二来也可以表明所引用数据的真实性。

路演者往往会使用各种手段来吸引投资者，数据造假是其中一种方式。例如，修改数字以提高公司总收入或者修改员工人数来制造繁荣假象，或者利用数据所制作的图形与真实数值完全不成比例。路演 PPT 相当于一本销售手册，有些路演者会使用不真实的图片，达到使封面更醒目、插图更鲜艳的效果。这些不真实的信息一旦被识破，就会对创业项目和团队产生毁灭性打击，所以一定要避免数据造假。

（四）未取得相关授权

有时路演者希望披露一些合作伙伴的相关信息，从而表明该创业项目的进展程度，以宣扬自己的实力。因此他们会将与自己已经产生或将会产生业务往来的企业名称甚至 Logo 等信息放入 PPT 中。但是要注意在公共场合中所有披露的信息均须取得相关方的同意。

（五）与竞争对手的比较

在路演 PPT 中，一定少不了竞品分析，少不了与竞争对手的产品进行一番对比。很多负责风控的人士是严禁本项目与其他竞争对手进行对比的，因为很容易产生不公正或误导性的结论。如果必须进行比较，可以采用独立第三方行业顾问报告的数据，前提是必须保证信息的真实性和可靠性。

（六）其他问题

很多突发性问题在路演前是想不到的，如使用的软件版本有问题、演示时超链接失效、音频视频文件无法打开、复杂的动画效果影响路演时间等，这些问题都要提前想好解决办法。

知识库

路演 PPT 的视觉审美

在设计制作路演 PPT 时，一定要符合时代特征与当代人的审美追求。视觉感知往往会对人们心理产生不同程度的影响，因此路演者要学会勇敢地为页面做减法，要精准展示信息内容的核心要素。不采用繁缛的形式，而尽量贴近极简的理念来完成 PPT 的整体架构，从而展现演讲逻辑的清晰秩序，让 PPT 不仅具有协助演讲者梳理思路、辅助提示的作用，还可以彰显演讲者的审美能力与品位，更能让目标受众迅速捕捉、理解和记忆要传达的信息，使路演传播效果得到有效实现。

四、路演 PPT 的呈现技巧

（一）遵循简洁原则

路演 PPT 里的文字只写必需的，切忌引入大段文字。在路演中，PPT 是用来给观众做展示的，不是给路演者做发言稿，不可以照本宣科。路演是在短时间内的快速讲解，所以 PPT 上展示的内容不能出现太多文字，要注意文案的精练。PPT 的本质在于可视化，就是要把原来看不见、摸不着、晦涩难懂的抽象文字转化成由图表、图片、动画及声音构成的生动场景，以求通俗易懂、栩栩如生。也就是说，路演 PPT 一定要形象，一个形象的路演 PPT 至少要具备三个特点。

首先是通俗易懂。路演 PPT 中的文字通常高度凝练，看到、听到文字后人们往往需要上下联想，寻找其中的关键逻辑。所以，路演 PPT 的语言一定要生动、简单，能让投资者在最短的时间内将其转化为自己能理解的语言。

其次是容易接受。连续看几个小时的小说会使人腰酸背痛，但是如果把同样的内容拍成电视剧，即使看一天，大多数人也不会觉得疲惫，可见路演 PPT 的内容必须要做到吸引投资者。这样做有利于他们接受内容，让他们对项目有关注的欲望。

最后是容易留下印象。传统的路演需要投资者记住大量的文字，然而没有多少人能够有耐心做到这件事。形象化的路演 PPT，可以让投资者轻松记住其中的图形、逻辑及结论。所以在制作路演 PPT 时，一定要视觉感受明了，内容高度凝练，优势突出。一定要把项目重点内容放大，让投资者一眼就能看清楚，从而减少演讲时的失误。

（二）时间掌控

一般来说，创业者讲得越详细，就越能体现创业者对路演项目的重视，但这种想法已经不适合现在的路演融资环节。在时间经济时代，不管是投资者还是普通用户都不喜欢长篇大论，大家都喜欢以最快、最有效的方式完成工作。因此，要对投资者容易困惑的内容进行详细说明，而其他地方作一些简要说明即可。路演时长十几分钟较为合适，既可讲清问题，又不易让聆听者感到疲倦。不过在此，对路演者有一个前提要求，就是一定要了解哪些内容是投资者较关心的，哪些内容是非讲不可的，哪些内容是能带来震撼效果的，并据此对内容进行调整。

（三）内容清晰

路演 PPT 虽然是一种常见的展示性文档，但是投资者难以把握路演内容，因为 PPT 需要一页一页地翻，一次只能展示一页内容，前面的内容只能依靠投资者自己记忆。解决的办法，一是可以给每位投资者发一份商业计划书；二是通过 PPT 建立清晰的导航索引，导航索引是包括封面、PPT 内容、目录等在内的一套完整材料的缩影，PPT 每页都有标题栏。主标题主要体现标题本页的主题，如果方便的话页码也尽可能加上。

（四）整体设计要有创意

大部分人认为，制作路演 PPT 只要简单排版就可以，但是随着审美标准的提升，这一观点被越来越多的投资者摒弃。因此创业者要在路演 PPT 制作上体现自己的设计，只有这样才能通过路演 PPT 显现团队具备的创新精神。一个精美的路演 PPT，至少可以起到四种作用：一让投资者视觉愉悦；二让投资者认可你的态度；三赢得投资者的信任；四赢得成功的机会。

路演 PPT 内容上的好坏一时难以评价，但形式上的优劣却显而易见。设计路演 PPT 其实是一件复杂的事情，但也有一些捷径可供我们参考利用：一善于运用专业素材，专业素材既可以让 PPT 拥有外在美和内在美，也可以让 PPT 充满生机；二掌握路演 PPT 排版的基本原则，合理分布内容，层次分明。

（五）合理运用动画效果

绚丽的动画效果能大大提升路演 PPT 的档次，但这不是绝对的，只有合理的动画效果才可以让路演 PPT 变得生动，因此创业者要注意以下几个问题。

（1）片头动画或视频可以使路演 PPT 快速吸引投资者的注意力，演示开始时投资者往往需要短暂的适应期，也许投资者还在想着没处理完的工作，也许还在和其他投资者交谈，因此需要把投资者的注意力拉回来，而精美有创意的片头动画或视频能立即给投资者带来震撼效果，迅速吸引他们的注意力。

（2）清晰的逻辑动画。路演 PPT，如果缺乏逻辑引导，那么将使投资者难以把握重点，有时投资者看完路演 PPT 之后还要思考其中的逻辑关系，因此给路演 PPT 加上清晰的逻辑动画是非常有必要的。路演者可以控制动画出现的先后顺序，引导投资者按照自己的思路来理解 PPT 的内容。

（3）强调动画。很多路演者容易忽视对 PPT 中关键内容的凸显，这会导致整张 PPT 内容一起铺开，很难有效展示出所要强调的重点内容，而动画可以帮助演讲者通过大小缩放、闪烁变色等技巧实现关键内容的重点展示，将所需强调的内容凸显之后画面又可以自动回到初始状态，动画的出现能够展示出路演者控制自如的状态。

（4）片尾动画。加一个简单的片尾动画，可以起到意想不到的效果。一是可以礼貌提醒投资者演示结束并给投资者一定的缓冲时间，让他们准备接下来的活动；二是与片头动画相呼应，做到有始有终，避免给投资者留下虎头蛇尾的印象；三是通过贯穿始终的形式，提醒投资者回忆内容、强化记忆。

（5）情景动画。情景动画就像是在讲一个故事，故事总是有情节和过程的，如果只用一张静止的画面去表达一个完整的过程，几乎不太可能，相反一套连续的动画，则能把这些过程表现得栩栩如生。

图表是路演 PPT 的筋脉。因为路演 PPT 的基本内容就是数据，所以图表是必不可少的，最常见的图表包括柱形图、饼状图、线形图、雷达图等，把数据图表与演讲的逻辑关系充分联系，不仅可以让投资者更容易理解项目发展态势，还可以让投资者一眼看到核心的逻辑关系。

第四节 路演演讲稿写作

许多人认为已经有了路演 PPT，路演 PPT 足以作为演讲蓝本，所以演讲稿准备与否就无足轻重了，也有人认为演讲成功与否还要看演讲者的临场发挥。成功的演讲确实看重演讲者的个人素质和艺术表现力，但也必须看到他们背后往往都需要很长时间的准备和练习，演讲稿作为演讲活动的一部分，必须事先准备好。

一、路演讲稿的要求

路演讲稿在撰写时有一个基本要求，即结构中不能缺少核心观点，开篇和结尾都要包含引人深思的道理。一般来说，路演演讲稿有四项要求。

（一）脉络清晰，逻辑合理

路演演讲的时间一般不会特别长。目前，路演场所比较复杂，所以演讲者必须拥有一个清晰的演讲框架结构，能够让聆听者在短时间内快速掌握演讲的主题内容，紧随演讲者思路，进而把握演讲的核心意图，从而达到良好的演讲效果。演讲稿在结构方面的逻辑顺序有许多种，包括话题顺序、时间顺序、空间顺序，以及“提出问题—分析问题—解决问题”的顺序等，演讲者应根据不同的项目特点和内容来选择演讲稿的逻辑顺序和行文结构。

（二）内容精彩，引人入胜

演讲稿的具体内容往往需要演讲者花大量的时间去构思、整理总结，并凝练成十几分钟的演讲。如果不能在开头几分钟吸引听者，那么这次演讲就基本上失败了，这就要求演讲稿必须在内容上精挑细选，充分加工，以求语言令人入耳即醉。同时我们还应注意：在内容选取上，演讲者一定要结合投资者的投资特点、商业习惯、所处场合和既定主题等，争取尽快吸引投资者的注意力和兴趣点。此外，还可以将话题与听众进行关联，这是一种比较有效的方式，因为人们一般对自己的兴趣都很关注，和自己相关的事情也会格外注意。

（三）论点明确，数据可信

在演讲中大段的文字表述显然显得信息量十足，但也很容易让投资者失去聆听的耐心，因此必须清晰地阐释创业项目演讲的内容要点，以求观点清晰、特点突出，同时演讲者还要合理运用相关数据和事实来有效地支撑已经阐述的各个论点和要点，这些都是演讲稿主体内容写作需要把握的关键点。

（四）结尾有力，回味无穷

演讲的结尾往往需要起到画龙点睛的作用，好的结尾可以使人对整个演讲印象深刻，引起思考和回味，开篇和正文再好，如果结尾语言平淡，整个演讲的精彩程度也会大打折扣，那么要如何做到结尾有力呢？可以采用引文结尾的方式，以达到引人深思的效果。

二、路演讲稿的核心内容

路演讲稿的主要作用是帮助路演实现“讲清楚”和“说服力”两项功能，其核心内容主要包括以下几个方面。

（一）展现商业解决方案

商业解决方案的三个维度包括：用户痛点、方案如何精准解决用户痛点、方案可执行度如何。方案整体要体现价值性，切忌洋洋洒洒但笼统不清、目标不明，而有价值的内容寥寥无几。

（二）阐明项目增长空间

项目增长空间的四个维度包括：市场总量、发掘市场份额的能力、整体增长的稳定性、驱动增长的因素。需要让投资者看到市场对公司产品或服务的需求，并使其相信项目有足够的发展可能性。

（三）客观分析竞争形态

竞争形态的维度有：主要竞品、竞争对手的优劣势和自身项目的核心竞争力。竞争分析一定要站在客观的角度，让投资者了解你在和谁竞争，为什么你的解决方案更好。

（四）提出有效营利模式

有效营利模式的维度包括：行业价值链、利益在价值链中的分配、可靠的收入来源、未来收入的延伸。项目初期，营利要单点发力。如果暂时不能提出合适的营利模式，创业者必须强调项目的其他价值，如市场控制力、有效保护壁垒等予以弥补。

（五）展示强大的创业团队

强大的创业团队的维度包括：内部核心团队成员，外部核心团队成员，他们所拥有的与项目相关的经验、资源和渠道。演讲稿撰写的重点是要让投资者相信这个团队对公司有信心且值得信赖，能将公司带入下一个里程碑。注意，团队介绍时没必要每个人都提到，只需介绍主要成员即可。要用数字突出业绩，用经历及背景来展示实力。

（六）明确未来营销计划

未来营销计划的维度包括：现已达成的目标（如产品迭代、用户数据、财务状况等）、下一步目标、目标达成的具体措施或策略。演讲稿撰写时，要注意时间跨度不能太长，计划数据要切合实际。要让投资者清晰地知道你上一阶段的成果以及下一阶段的目标及执行策略。

（七）制定具体融资规划

具体融资规划的维度包括：计划融资、拟出让股份、资金具体使用计划、对于投资者的回报方式。演讲稿要描述清楚融资金额的合理性和必要性，使投资者感觉物有所值，告知投资者投入计划和拟得的股份的具体数字，同时需描述资金的合理去向。创业者不可将项目估值定得过高、项目用途说得太广，实际情况和计划书描述不能出入太大，投入资金和出让股权比例要合理拟定。

三、路演讲稿的开场与结尾设计

路演实践中，路演的开场与结尾具有重要价值和意义，往往是给投资者留下深刻印象的两大环节，下面分别予以介绍。

（一）开场设计

要实现良好的演讲效果，演讲人就必须找准开场切入点。切入点找得好，能产生事半功倍的效果，可以驱动和调控听众的心理，使投资者更容易接纳路演项目，也可使路演项目所传递的信息更加鲜明集中。

方案一：悬念切入，引发投资者好奇心。设置悬念，能抓住投资者的注意力，引起投资者兴趣，在演讲开篇即设置与主题相关的悬念，通过恰当的烘托和渲染，让投资者急于了解谜底，然后再点出悬念，顺势将其引入。

方案二：数据切入，引发投资者震撼。演讲者以其具有诱惑力的商业数据，如市场规模、价值总量等开场，一下子将投资者最关注的问题在最开始就摆在桌面上，敏锐的商业嗅觉和强烈的商业趋利性，会使投资者不得不被你的演讲吸引，进而顺利将其引入你的商业逻辑中。

方案三：反向切入，启发求异思维。正面切入演讲主题是顺理成章，而反向切入会出奇制胜。反向切入就是脱离听众熟知的视觉和普遍共有的想法，出乎意料，独树一帜，让听众的思维和经验的惯性受到挫折，切合投资者的求异思维，调动投资者的积极性，使演讲达到预期效果。

无论哪种开场方案，演讲者都一定要把握好路演开场的 30 秒，让听众在最短的时间内消除疑问，提出用户痛点或商业价值。

（二）结尾设计

理论上来说，一场路演令听众最为记忆深刻的内容往往是开场和结尾，开场一般始于数据和理想，而结尾往往授予愿景或情怀，当今社会的商业项目一般较为重视商业价值和社会价值。数据用来展示商业价值，而愿景和情怀更易于体现社会价值。一个唯利是图只为满足商业价值，而完全不顾社会价值的企业创始人，无法成为一代大商人，所以创业者在结尾处如果能灵活地利用愿景或情怀来作总结，就更容易让投资者产生共鸣，提升对项目的认可度，正如马云所说的："做企业赚钱、赚很多钱是很多人的想法，但这不是阿里巴巴的目的，让员工快乐的工作成长，让用户得到满意的服务，让社会感觉到我们存在的价值，这才是阿里巴巴的社会责任所在，至于赚钱和社会回报那是水到渠成的事儿。”

四、路演讲稿的注意事项

路演演讲一般属于近景、面对面沟通，所以在遣词造句、语气口吻的选择上，都要尽量口语化，不可以过于学术，演讲是一种口语表达的艺术活动，口语化则是让演讲产生吸引力的重要诀窍之一。如果演讲者不顾口语表达的实际需要，一味的咬文嚼字，很容易让演讲变得枯燥无味、晦涩难懂，进而使投资者失去听下去的兴趣。演讲者只有在运用词语句式及修辞方式等方面，注意与口语表达相适应，用词顺口入耳、通俗易懂、朴素自然，演讲才能在潜移默化中产生效力，使投资者接受。路演讲稿注意事项包括以下几点。

（1）注意措辞。演讲尽量选取有利于口语表达的词汇、能充分体现出演讲者的通俗化表达，以能够让投资者快速理解为准，不要出现太多生僻、专业的词语。

（2）注意口语的精准表达。一个客观事实是，由于演讲时间有限，路演者也无法长篇大论。通常情况下，路演演讲较为简短，演讲中采用修饰成分和连带成分较少的短句更为合适，也有利于聆听者抓住演讲重点，演讲者务必以突出产品特点、宣传企业优势为核心，路演演讲无须华丽辞藻、长篇大论，力求简洁有力、短小精悍。

（3）注意语气语态的选择。演讲者说话的语气及表达方式对实现口语化很重要，采用亲切、商量的语气和语态，以一种同听众谈心的方式来演讲，语言就会很自然、真切，就容易缩短与听众的距离，达到深入人心的效果。

第五节　如何进行一次成功的路演

路演演讲应以宣传鼓动为目的，面对广大听众，以口头语言为主要形式，非口头语言为辅助形式，对自己的产品进行推广介绍，或者系统、鲜明地阐明自己的观点和主张。

一、提升路演感染力

（1）使用第一人称更有亲切感。让演讲者直接与观众对话，容易拉近双方距离。如果时间允许，可以介绍一些亲身经历，这样路演也不空洞。

（2）语调上保持抑扬顿挫。演讲者语调的起伏不仅能使演讲更加生动，而且能表现丰富的感情信息。如果总是用一种平缓的语调来演讲，不仅演讲者本身显得无精打采，投资者也会很快产生厌烦的心理。一般来说，升调传达激昂的情绪，如兴奋、愤怒、谴责、疑问；降调则表达灰暗的情绪，如悔恨、伤心。演讲者要善于运用语调的变化，抑扬顿挫、张弛结合地表达，尤其是在演讲的后半部分，通过激越、高亢的语调，可以将演讲推至高潮。

（3）方言及网络流行语的使用。网络流行语非常适合具有创新性的互联网企业使用，用形象生动、能产生良好效果的网络流行语来表达内容，会使路演演讲效果更加生动。

（4）运用肢体语言。肢体语言包括面部表情、手足动作、站立姿势等，好的手势和表演会给你的路演演讲大大加分。演讲时，演讲者表情要自然，面带微笑，不要紧张得面部肌肉都僵硬了。眼睛要直视听众，与他们进行眼神上的交流。

（5）幽默让现场气氛更轻松。生活中没有幽默是乏味的，人们一般都不喜欢严肃的话题，如果话题太专业，大家就会觉得无聊至极。所以，在演讲现场，演讲者适当加一些幽默内容，创造一种轻松的气氛，会提高投资者对演讲者的接受度，让现场气氛更加轻松。

二、形成个体路演风格

路演演讲的内容必须要与自己的身份、性格、特长、情绪等相匹配。演讲者要时刻注意使言谈举止切实符合自己的身份，符合自己企业的产品风格。形成独特的路演风格需要注意以下四点。

（一）切合自己的身份

任何演讲都是处于某种特定环境或氛围中的，所以演讲者遣词造句必须符合自己的身份，只有这样才能形成独特的个人风格。例如，马云在商业演讲中代表的是整个阿里巴巴集团，他的演讲势必表现出作为一个大企业大气的一面。在内部演讲中，马云是管理者，他的演讲势必要让员工获得激励，让他们能够很好地工作。

（二）切合自己的性格

人与人的性格都是不同的，如有的人稳重内敛，有的人谦虚谨慎，有的人活泼机警。如果你是一个稳重内敛的人，那么最好把这种稳重的、喜欢深思熟虑的特点带到演讲中来，以看问题的深刻性来说服投资者。如果你是活泼机警的人，那么最好把这种直爽豪放、能活跃气氛的特点带到演讲中来，以热情洋溢的风格来感染投资者。如果不是一个在演讲台上控制力极强的人，那么请不要轻易为了营造演讲效果而刻意矫揉造作，这样往往会适得其反。

（三）切合自己的特长

善于演讲的人都是根据自身条件扬长避短，最后形成自己独特风格的。如果你擅长哲理性的思考、严峻的幽默，那么演讲时就要保持这种特色，分析深刻、幽默诙谐、富有哲理，细微处见真功夫。

（四）赋予真实的情绪

在演讲时，不要让投资者觉得你要把自己的观点强加于人，或者表现得过于激动，让投资者来不及反应。不过，你完全可以让自己的情感自然流露，只要是真情实感，都可以宣泄出来。要相信，再煽动性的语言也没有自然的情感有说服力。

➢ 拓展学习

陈丰. 2017. 融资路演：最能打动投资人的路演技巧[M]. 全彩图解版.北京：人民邮电出版社.

马强. 2021. 路演方法论[M]. 北京：人民日报出版社.
尚玉钒. 2019. 融资路演全攻略：商业融资必备策略与技巧[M]. 北京：北京大学出版社.
王静. 2020. 创业策划及路演实训[M]. 北京：电子工业出版社.

➢ 思考题

1. 何为路演，路演有哪些类型?
2. 如何理解路演的本质?
3. 假设你是一位创业初期的创业者，请阐述你将如何吸引投资人关注。
4. 简要说明路演 PPT 的呈现技巧。
5. 简述形成独特路演风格的注意事项。

第十章　新企业设立

本章重点

创业者可以选择的企业法律组织形式及其特点
新创企业名称和选址的各种影响因素
新企业设立的程序

引导案例

苹果计算机公司的设立

美国著名的苹果计算机公司所创造的“硅谷奇迹”是创业成功的典范。苹果计算机公司的设立先后经历了以下过程。

1. 一人技术

沃兹奈克在 1976 年设计出了一款新型的个人计算机，样品“苹果一号”展出后大受欢迎，销售情况出乎意料的好。

2. 两人起步

受此鼓舞，沃兹奈克决定与中学时期的同学乔布斯一起创业，先进行小批量生产。他们卖掉旧汽车甚至个人计算机一共凑齐 1400 美元，但这些资金根本不足以应付这突如其来的发展。

3. 三人合伙

从英特尔公司销售经理职位上提前退休的百万富翁马库拉经别人介绍结识了乔布斯和沃兹奈克两个年轻人，他以多年驾驭市场的丰富经验和企业家特有的战略眼光敏锐地意识到了未来个人计算机市场的巨大潜力。他决定与两位年轻人合作创办苹果计算机公司，经过与乔布斯和沃兹奈克共同讨论，他们花了两个星期的时间制定出一份苹果计算机公司的经营计划书。马库拉又掏出 9.1 万美元入股，此外他们还争取到美洲银行 25 万美元的信用贷款，这样三个人合伙成立了公司，马库拉占 1/3 的股份。

4. 四人公司

三人共同带着苹果的经营计划，随后走访了马库拉认识的创业投资家，结果又筹集了 60 万美元的创业资金。为了加强公司的经营管理，一个月后马库拉又推荐了全美半导体制造商协会主任斯科特担任公司的总经理。之后，马库拉和乔布斯说服了沃兹奈克脱离惠普，全身心投入苹果公司。1977 年 6 月，四个人组成了公司的领导班子，马库拉任董事长，乔布斯任副董事长，斯科特任总经理，沃兹奈克是负责研究与发展的副经理。技术、资金、管理的结合产生了神奇的效果。

5. 企业的名字

因为马库拉意识到公司在黄页号码簿中的排位靠前将有利于市场营销（因为 Apple 以 A 打头），他也相信“苹果”的含义很好，把“苹果”和计算机放在一起，似乎能够产生某种类似于古老印度宗教中的“顿悟”的奇异效果，这将有助于人们记住这一品牌。他们决定保留计算机的名字。

6. 企业的广告和标志

乔布斯找到了硅谷最著名的公关和广告公司的老板——为英特尔设计芯片广告的麦克凯纳。起初麦克凯纳拒绝了苹果公司的要求，但乔布斯三番五次地上门拜访。“我不否认沃兹奈克设计了一台好机器”，麦克凯纳说：“但如果没有乔布斯，那台机器可能至今还躺在电子爱好者商店里。沃兹奈克很幸运，因为他的伙伴是一位福音传道者。”麦克凯纳最终同意为苹果帮忙。他作出了两大贡献：其一是创造了苹果的标志，今天那个被咬了一口的苹果形象几乎人尽皆知；其二是除了在行业杂志上登广告外，还在像《花花公子》这样的流行杂志上刊登彩色广告，广告强调这款低价格家用计算机的实用性。在那个年代，麦克凯纳的这一步堪称大胆，他说：“这是为了唤起全国的注意力，让低成本计算机的概念为全民所接受。”其他公司卖计算机已经两年了，但从来没有一家公司以这种方式刺激公众的想象力。麦克凯纳赋予苹果公司一种“人格”，并使这个品牌在市场上占有一席之位。若干年后，麦克凯纳加入一家著名的创业投资公司，也成为一个投资家。

综上所述，沃兹奈克设计制造了苹果计算机，马库拉有着商业上的敏感性，斯科特有丰富的生产管理经验，麦克凯纳树立了苹果的声誉，但最终是乔布斯以传教士式的执着精神推动了所有这一切。苹果计算机的创业成功是创业团队有效合作的结果。

有人认为，苹果计算机公司的设立过程是硅谷模式的典型，即“人—技术—风险投资”。这个过程是任何创业者都梦寐以求的，但不是每个创业团队都这么一帆风顺。

资料来源：Rawlinson N.History of Apple: The story of Steve Jobs and the company he founded[EB/OL]. https://www.macworld.com/article/671584/history-of-apple-the-story-of-steve-jobs-and-the-company-he-founded.html,2017-04-25，有改动

第一节 新企业的组织形式及选择

在企业创建阶段，创业者会面临很多问题，如确定企业的形式、签署协议、登记注册、融资问题、起草合同，以及申请专利、商标和版权保护等，而这些问题大都是由法律规定的。在每一个创建活动中，都有特定的法律和规定决定创业者能做什么和不能做什么，创业者必须熟悉创业阶段相关的法律法规。当然法律环境对创业的影响并没有到此为止。当新企业创建起来并开始运营后，仍然会遇到与经营相关的法律问题。例如，劳动法规可能会影响到员工的雇佣、报酬以及工作评定等；安全法规可能会影响产品的设计和包装、工作场所和机器设备的设计与使用、对环境污染的控制和保护等。尽管许

多影响可能在某一企业达到一定规模时才产生，但事实上，新企业都追求不断发展壮大，这意味着创业者很快就会面临这些法律问题。而创业者最先遇到的就是新企业组织形式的选择问题。

企业的组织形式是由法律规定的，创业者有权选择设立不同组织形式的企业。但不同组织形式的企业，法律要求设立的条件和程序是不同的，创业者必须了解有关不同企业组织形式的法律规定及其特征，才能结合自己的创业条件作出选择。

当创业者把创业项目确定下来，就要考虑企业形式的问题，即创办什么样的企业？是独资企业、合伙企业，还是有限责任公司？这三种企业形式各有什么优势和缺点？在现有的资源条件和目标约束之下，哪种企业形式对自己最适合？

根据我国相关企业法律制度，创业者可以选择的组织形式有：个人独资企业、合伙企业、公司（含有限责任公司、股份有限公司）以及农民专业合作社、企业分支机构等。另外，根据我国《民法典》的规定，个体工商户，是公民以个人财产或家庭财产为经营资本，经依法登记，在法律允许的范围内从事商业经营的一种特殊民事主体，是介于自然人与企业法人之间的一个比较特殊的民事主体。

一、企业的组织形式

创业者在考察企业的组织形式时，需要考虑以下几个重要因素：实施的难易程度、所需资金的数额、对创业者的备选方案具有限制性影响的法律问题等。创业者应根据不同企业组织形式的特点，选择适合自己的企业组织形式。

1. 个体工商户

个体工商户简称个体户，是指生产资料归个人或家庭所有，以个人或家人的劳动为基础，劳动成果归个人或家庭占有和支配，在法律允许的范围内，依法经核准登记、从事工商业活动的个人。严格地讲，个体工商户不是企业。

个体工商户可以起字号、刻印章、在银行开设账户及申请贷款、与劳动者签订劳动合同等。个体工商户不具有法人资格，以个人或家庭财产对其债务承担责任。

2. 个人独资企业

个人独资企业是指依法设立、由一个自然人投资，财产为投资人个人所有，投资人以其个人立场对企业债务承担无限责任的经营实体。

（1）设立个人独资企业应具备五个条件：①投资人为一个自然人，法律、行政法规禁止从事营利性活动的人，不得作为投资人申请设立个人独资企业。②有合法的企业名称。③有投资人申报的出资。④有固定的生产经营场所和必要的生产经营条件。⑤有必要的从业人员。

（2）个人独资企业的特点：①出资人是一个自然人。②财产归投资人个人所有，其中财产不仅包括企业成立时投资人投入的初始财产，而且包括企业存续期间积累的资产。③个人独资企业不具有法人资格，投资人以其个人财产对企业债务承担无限责任。

3. 合伙企业

普通合伙人对合伙企业债务承担无限连带责任，有限合伙人以其认缴的出资额为限对合伙企业债务承担责任。国有独资公司、国有企业、上市公司以及公益性的事业单位、社会团体不能成为普通合伙人。

（1）普通合伙企业的设立条件：①有两个以上的合伙人，合伙人为自然人的，应当具有完全民事行为能力。②有书面的合伙协议。③有各合伙人认缴或者实际缴付的出资。④有合伙企业的名称和生产经营场所。⑤法律、行政法规规定的其他条件。

普通合伙企业名称中应当标明“普通合伙”字样。合伙人可以用货币、实物、知识产权、土地使用权或者其他财产权利出资，也可以用劳务出资。合伙人以实物、知识产权、土地使用权或者其他财产权利出资，需要评估作价的，可以由全体合伙人协商确定，也可以由全体合伙人委托法定评估机构评估。合伙人以劳务出资的，其评估办法由全体合伙人协商确定，并在合伙协议中载明。

合伙协议是合伙成立的基础，也是合伙人权利和义务的依据，必须以书面形式订立，且经过全体合伙人签名、盖章方能生效。合伙协议应载明以下事项：合伙企业的名称和主要经营场所的地点；合伙目的和合伙经营范围；合伙人的姓名或者名称、住所；合伙人的出资方式、数额和缴付期限；利润分配、亏损分担方式；合伙企业事务的执行；入伙与退伙；争议解决办法；合伙企业的解散与清算；违约责任等。修改或者补充合伙协议，应当经全体合伙人一致同意；但是，合伙协议另有约定的除外。

（2）有限合伙企业的设立条件：①有限合伙企业由二个以上五十个以下合伙人设立；但是，法律另有规定的除外。②有限合伙企业至少应当有一个普通合伙人。③有限合伙人不得以劳务出资。④有限合伙企业登记事项中应当载明下列事项：普通合伙人和有限合伙人的姓名或者名称、住所；执行事务合伙人应具备的条件和选择程序；执行事务合伙人权限与违约处理办法；执行事务合伙人的除名条件和更换程序；有限合伙人入伙和退伙的条件、程序以及相关责任；有限合伙人和普通合伙人相互转变程序。

有限合伙人可以用货币、实物、知识产权、土地使用权或者其他财产权利作价出资，但不得以劳务出资。

有限合伙企业由普通合伙人执行合伙事务。有限合伙人不执行合伙事务，不得对外代表有限合伙企业。

（3）特殊的普通合伙企业：合伙人依照法律规定承担“特殊”责任的普通合伙企业。以专业知识和专门技能为客户提供有偿服务的专业服务机构，可以设立为特殊的普通合伙企业。

“特殊”责任的法律规定：一个合伙人或者数个合伙人在执业活动中因故意或者重大过失造成合伙企业债务的，应当承担无限责任或者无限连带责任，其他合伙人以其在合伙企业中的财产份额为限承担责任。合伙人在执业活动中非因故意或者重大过失造成合伙企业债务以及合伙企业的其他债务，由全体合伙人承担无限连带责任。

特殊的普通合伙企业名称中应当标明“特殊普通合伙”字样。特殊的普通合伙企业应当建立执业风险基金、办理职业保险。执业风险基金用于偿付合伙人执业活动造成的债务。执业风险基金应当单独立户管理。

（4）合伙企业的特点：①合伙企业的利润和亏损，由合伙人依照合伙协议约定的比例分配和分担。②合伙人不具有法人资格。③合伙企业的普通合伙人对企业债务承担无限连带责任。无限连带责任是指合伙企业财产不足以抵偿企业债务时，普通合伙人应以其个人甚至家庭财产清偿债务，而且债权人可以就合伙企业财产不足清偿的那部分债务，向任何一个普通合伙人要求全部偿还。

4. 有限责任公司

有限责任公司是指公司的股东以其认缴的出资额为限对公司承担责任，公司以其全部资产对公司的债务承担责任的企业法人。

1）有限责任公司的设立条件

（1）股东符合法定人数。有限责任公司由 50 个以下股东出资设立。一个自然人或者一个法人也可设立一人有限责任公司。一个自然人只能投资设立一个一人有限责任公司。该一人有限责任公司不能投资设立新的一人有限责任公司。有限责任公司中的一人有限责任公司应当在公司登记中注明自然人独资或者法人独资，并在公司营业执照中载明。

（2）有符合公司章程规定的全体股东认缴的出资额。有限责任公司的注册资本为在公司登记机关登记的全体股东认缴的出资额。根据最新《公司法》的规定，除对公司注册资本最低限额有另行规定的以外，取消了有限责任公司最低注册资本应达 3 万元的限制；不再限制公司设立时股东（发起人）的首次出资比例以及货币出资比例。有限责任公司股东认缴出资额、公司实收资本不再作为登记事项。公司登记时，不需要提交验资报告。

（3）股东共同制定公司章程。设立公司必须依法制定公司章程。公司章程对公司、股东、董事、监事、高级管理人员具有约束力。有限责任公司章程应当载明下列事项：公司名称和住所；公司经营范围；公司注册资本；股东的姓名或者名称；股东的出资方式、出资额和出资时间；公司的机构及其产生办法、职权、议事规则；公司法定代表人；股东会会议认为需要规定的其他事项；股东在公司章程上的签名与盖章等。

（4）有公司名称，建立符合有限责任公司要求的组织机构。有限责任公司的组织机构由股东会（一人有限责任公司不设股东会）、董事会（执行董事）、监事会（监事）组成。股东会由全体股东组成，是公司的权力机构。董事会对股东会负责并报告工作，决定聘任或者解聘经理。监事会由股东代表和适当比例的公司职工代表所组成，监事会有权检查公司财务并对董事、高级管理人员执行公司职务的行为进行监督。

（5）有公司住所。公司以其主要办事机构所在地为住所。公司的住所是法律管辖、文件送达的重要依据。

2）有限责任公司的特点

相对于个人独资企业和合伙企业，有限责任公司具有以下特点。

（1）股东和公司承担有限责任，即股东以其认缴的出资额为限对公司承担责任，公司以其全部资产对公司的债务承担责任。

（2）有完善的组织机构。包括股东会、董事会、监事会等。

（3）具有法人资格。法人是具有民事权利能力和民事行为能力，依法独立享有民事权利和承担民事义务的组织。有限责任公司和股份有限公司都是企业法人，有独立的法人财产，享有法人财产权。公司以其全部财产对公司的债务承担责任。

5. 股份有限公司

股份有限公司是指公司的全部资本分为等额股份，股东以其认购股份为限对公司承担责任，公司以其全部资产对公司的债务承担责任。

股份有限公司的设立，可以采取发起设立或者募集设立的方式。发起设立，是指由发起人认购公司应发行的全部股份而设立公司。募集设立，是指由发起人认购公司应发行股份的一部分，其余股份向社会公开募集或者向特定对象募集而设立公司。以募集设立方式设立股份有限公司的，发起人认购的股份不得少于公司股份总数的35%。

1）股份有限公司的设立条件

设立股份有限公司，应当具备下列条件：

（1）发起人符合法定人数。设立股份有限公司，应当有2人以上200人以下为发起人，其中须有半数以上的发起人在中国境内有住所。

（2）有符合公司章程规定的全体发起人认购的股本总额或者募集的实收股本总额。股份有限公司采取发起设立方式设立的，注册资本为在公司登记机关登记的全体发起人认购的股本总额。在发起人认购的股份缴足前，不得向他人募集股份。股份有限公司采取募集方式设立的，注册资本为在公司登记机关登记的实收股本总额。法律、行政法规以及国务院决定对股份有限公司注册资本实缴、注册资本最低限额另有规定的，从其规定。

（3）股份发行、筹办事项符合法律规定。

（4）发起人制定公司章程，采用募集方式设立的经创立大会通过。

（5）有公司名称，建立符合股份有限公司要求的组织机构。

（6）有公司住所。

其中，第（4）（5）（6）项与有限责任公司的法律规定类似。

2）股份有限公司的特点

（1）相对于个人独资企业和合伙企业而言，股份有限公司的股东和公司承担有限责任，即股东以其认购股份为限对公司承担责任，公司以其全部资产对公司的债务承担责任；有完善的组织机构；具有法人资格。

（2）相对于有限责任公司而言，股份有限公司的注册资本由股东认购的股本总额构成；股东人数无最高限制；经营信息公开；股份可以自由转让；通过发行股票募集股本，融资便利，因而股份有限公司的规模可以迅速扩张。

6. 企业分支机构

个人独资企业、合伙企业、公司都可以依法设立分支机构，分支机构不具有法人资格。分支机构的民事责任由设立该分支机构的企业承担。我国企业设立分支机构的主要形式有分公司（分厂、分行、分部等）与代表处（办事处、联络处等）。前者可以从事经营活动，后者一般从事相关联络活动。

有限责任公司和股份有限公司设立的子公司不是公司的分支机构，其设立的子公司具有法人资格，依法独立承担民事责任。

二、企业组织形式的选择

1. 不同组织形式的区别

1）个体工商户、个人独资企业、一人有限责任公司的主要区别

个体工商户、个人独资企业、一人有限责任公司的区别主要体现在以下几个方面。

（1）名称。个体工商户可以起字号，也可以不起字号，个人独资企业和一人有限责任公司应当有合法的企业名称与字号。

（2）法律地位。个体工商户不具有法人资格，也不是企业；个人独资企业也不具有法人资格，但可以对外以企业名义从事民事活动；一人有限责任公司是具有法人资格的民事主体。

（3）出资人。个体工商户既可以由一个自然人设立，也可以由家庭共同设立；个人独资企业的出资人只能是一个自然人；一人有限责任公司则可以由一名自然人股东或一名法人股东投资设立。

（4）承担责任的财产范围。个体工商户对所负债务承担的是无限清偿责任，即不以投入经营的财产为限，而应以其所有的全部财产承担责任。是个人经营的，以个人财产承担；是家庭经营的，以家庭财产承担。个人独资企业的出资人在一般情况下仅以其个人财产对企业债务承担无限责任，只是在企业设立登记时明确以家庭共有财产作为个人出资的，才依法以家庭共有财产对企业债务承担无限责任。一人有限责任公司的股东仅以其投资为限对公司债务承担有限责任，这也是一人公司作为独立法人实体的一个主要特点。但当一人有限责任公司的股东不能证明公司财产独立于股东自己的财产的，应当对公司债务承担连带责任。

（5）税收。税务机关对个体工商户和个人独资企业的税收管理相对宽松，对建账要求较低，在税款征收方式上主要采用定额或定率征收；而对于一人有限责任公司，要求则严格得多，在税款征收方式上主要采用定率征收或查账征收。此外，《国务院关于个人独资企业和合伙企业征收个人所得税问题的通知》①规定，“为公平税负，支持和鼓励个人投资兴办企业，促进国民经济持续、快速、健康发展，国务院决定，自 2000 年 1 月 1 日起，对个人独资企业和合伙企业停止征收企业所得税，其投资者的生产经营所得，比照个体工商户的生产、经营所得征收个人所得税”。所以，个体工商户或个人独资企业只需缴纳个人所得税，不用缴纳企业所得税；而一人有限责任公司必须缴纳企业所得税，对股东进行利润分配时还要缴纳个人所得税。

2）合伙企业与公司的主要区别

（1）成立的基础与关系。公司以章程为基础而成立，而合伙企业是以合伙协议为基础而成立的。股份有限公司的股东之间是典型的资合关系，有限责任公司虽然具有一些人合性，但由于有限责任制度的存在，资合的色彩也比较重。而合伙企业的合伙人之间就是靠人合关系成立的，即靠人与人之间的信任基础来成立的，所以合伙人之间依附性关系比较强，信用度要求也比较高。

（2）承担的责任。公司的股东都是承担有限责任，而合伙人承担的是无限连带清偿责任，设立合伙企业没有最低注册资本限额的规定，而设立公司却有注册资本最低限额的规定。

3）有限责任公司和股份有限公司的主要区别

（1）股东人数与筹资能力。有限责任公司股东人数是有限制的，股份有限公司股东

① 国务院关于个人独资企业和合伙企业征收所得税问题的通知[EB/OL]. http://www.gov.cn/gongbao/content/2000/content_60309.htm，2000-06-20.

人数是无限制的，因而除个别有限责任公司外，股份有限公司的筹资能力强于有限责任公司。

（2）组成因素与规模要求。股份有限公司以资本联合为基础而组成，这是其显著特点，而有限责任公司除了资本的联合之外，还考虑了人的因素，就是股东之间需相互了解并有一定的信任。一般来说，股份有限公司规模较大，而有限责任公司则规模相对较小。

（3）出资的表现形式与流动性。有限责任公司股东的出资以占公司的出资比例来表现，不发行股票；股份有限公司将其资本划分为等额股份，以发行股票来表现。有限责任公司股东转让出资要受到较多的限制；而股份有限公司的股票流动性较强，易于变现，筹资能力强。

（4）公开性程度。股份有限公司公开程度较高，有较多的公开义务；而有限责任公司则是比较封闭的。股份有限公司管理的规范化程度较高，而有限责任公司则相对较低。这是与它们的筹资状况、公司规模等相联系的。

2. 选择企业法律组织形式的要点

从个体工商户开始，到个人独资企业、合伙企业、有限责任公司、股份有限公司，是一个由小到大的不断发展的企业的组织形态。独资企业和合伙企业是企业的低级形态，随着资本的积累，企业类型和组织形式必然会向规模化方向发展。

表 10-1 为不同组织形式的企业法律特征比较。创业者应根据自己的资源条件和创业目标选择合适的组织形式。

表 10-1 不同组织形式的企业法律特征比较

比较因素	个人独资企业	合伙企业	有限责任公司		股份有限公司
			一人有限责任公司	普通有限责任公司	
创建者人数	1 个自然人	2 个以上合伙人	1 个自然人或法人	50 个以下股东	2～200 个发起人
注册资本	申报的出资	合伙人认缴或者实际缴付的出资	股东认缴的出资额	全体股东认缴的出资额	全体发起人认购的股本总额或者募集的实收股本总额
筹资	个人自行筹集	合伙人自行筹集	自行筹集	股东自行筹集	发起人认购或社会公开募集
出资方式	不限	货币、实物、知识产权、土地使用权或者其他财产权利出资，也可以用劳务出资	货币、实物、知识产权、土地使用权等可以用货币估价并可以依法转让的非货币财产	货币、实物、知识产权、土地使用权等可以用货币估价并可以依法转让的非货币财产	发起人以货币、实物、知识产权、土地使用权等出资；社会公众以货币认购股份
验资	投资者决定	可协商确定或评估	委托评估机构验资	委托评估机构验资	委托评估机构验资
企业财产性质	个人所有	合伙人共有	法人独立的财产	法人独立的财产	法人独立的财产
企业责任	无限责任	无限连带责任	以全部资产为限的有限责任	以全部资产为限的有限责任	以全部资产为限的有限责任

续表

比较因素	个人独资企业	合伙企业	有限责任公司		股份有限公司
			一人有限责任公司	普通有限责任公司	
投资者的责任	无限责任	无限连带责任或有限责任	不能证明公司财产独立于股东自己的财产的，股东承担连带责任	以其认缴的出资额为限对公司承担责任	以其认购的股份为限对公司承担责任
盈亏分担	投资者个人	按约定	投资者	按出资额比例	按股份
权力机构	投资者个人	全体合伙人	投资者	股东会	股东大会
执行机构	投资者或委托他人	普通合伙人或委托他人	执行董事	董事会或执行董事	董事会
所得税	个人所得税	合伙人分别缴纳个人所得税	企业所得税	企业所得税	企业所得税
企业信用	个人资信	任何一名普通合伙人资信	注册资本	注册资本	注册资本

资料来源：根据相关法律法规自行整理

从表 10-1 中可看出，个人独资企业、合伙企业、有限责任公司和股份有限公司从左至右依次排列，设立企业的难度越来越大，对资本和人数的要求越来越高。企业发展程度或规模由小到大，企业资信由弱到强，公司管理由简单到复杂，运营成本由低到高。

通过对这些特征进行对比，我们会发现不同的企业组织形式具有不同的优劣势（表 10-2）。对于创业者来讲，应在分析不同企业组织形式特征与优劣势的基础上，根据自己的资源条件和创业目标选择合适的组织形式。

表 10-2　不同组织形式的企业优劣势比较

组织形式	优势	劣势
个人独资企业	设立手续非常简便，且费用低 所有者拥有企业控制权 可以迅速对市场变化作出反应 只交纳个人所得税，无须双重课税 在技术和经营方面易于保密	创业者承担无限责任 企业成功过多地依赖创业者个人能力 规模有限，筹资困难 企业随着创业者退出而消亡，寿命有限 创业者投资的流动性低
合伙企业	创办比较简单、费用低 经营比较灵活 企业拥有更多人的技能和能力 资金来源较广，信用度较高	普通合伙创业人承担无限责任 企业绩效依赖合伙人的能力，企业规模受限 企业往往因关键合伙人死亡或退出而解散 合伙人的投资流动性低，产权转让困难
有限责任公司	股东承担有限责任，风险小 公司具有独立寿命，易于存续 可以吸纳多个投资人，促进资本集中 所有权与经营权分离，管理效率高	创立程序比较复杂，创立费用较高 存在双重纳税问题，税收负担较重 不能公开发行股票，筹资能力受限 产权不能充分流动，资产运作受限
股份有限公司	股东承担有限责任，风险小 公司具有独立寿命，易于存续 筹资能力强，产权可以充分流动 所有权与经营权分离，管理效率高	创立程序复杂，创立费用高 存在双重纳税问题，税收负担较重 定期报告财务状况，公开财务数据 法律要求和限制较多

资料来源：张玉利. 创业管理[M]. 北京：机械工业出版社，2008

一般而言，创业者选择企业组织形式的要点是：

（1）要考虑个人投资还是与他人合作投资：个人投资的，可以选择个体工商户、个人独资企业、一人有限责任公司；合作投资的，可以选择合伙企业、公司等。

（2）要考虑企业投资规模的大小：规模小的，可以考虑个体工商户、个人独资企业、合伙企业；规模大的，应当考虑有限责任公司甚至股份有限公司。中小企业者一般选择有限公司的形式。

（3）要考虑企业经营风险的大小以及投资人承担风险的能力或预期：风险大或投资人承担风险的能力较差的，宜选用公司；风险小的，可以选择个体工商户、个人独资企业、合伙企业等。

（4）要考虑企业管理与控制能力的差异：对企业的管理与控制能力强的，可以选择风险较大的个体工商户、个人独资企业、合伙企业等；否则，应当选择公司。

第二节　企业名称与企业选址

一、企业名称

企业名称一般是指用以辨认和识别企业的特定标志。它的基本功能是在一定区域范围内和一定行业中，识别不同企业，以避免混淆。当企业生产的产品进入市场以后，企业名称还能起到标识商品出处的作用，并集中反映企业的商誉。因此，企业名称不仅是企业的标志，而且更是企业信用和信誉的载体，它是企业的一项无形财产，并且受到法律的保护。

1. 企业名称的特征和功能

1）企业名称的特征

（1）企业名称权具有专有性，权利人在一定的地域或地区范围内，享有使用企业名称的独占权，并可禁止同行业中其他企业使用相同或近似的企业名称。

（2）企业名称具有地域性或地区性。首先，企业名称只有在登记注册所在国的范围内有效，如外商投资企业使用的企业名称权在我国具有法律效力。其次，在本国范围内，企业名称权的法律效力仅在登记机关辖区内有效。

（3）企业名称权没有时间性的限制，这是它与专利、商标等工业产权最本质的区别，只要企业存在，企业名称权也就依附该企业而存在。

（4）企业名称权既具有人身性，又具有财产性，是人身权与财产权的复合体。

2）企业名称的功能

（1）识别功能：易于识别是一个优秀的企业名称的最基本的功能。企业名称只有具备了识别功能，才能使消费者在众多企业中很快将之分辨出来，因而企业名称应具有显著的特征。

（2）便利功能：一个优秀的企业名称能够使消费者在购物时感到便利，易读、易记、易懂，健康和谐优美，具有很强的视觉识别力。

（3）广告功能：一个优秀的企业名称，本身就是一则很好的广告，具有很强的信息传播效果。

（4）示意功能：企业名称是企业的专有标志，“名正言顺”“名副其实”的企业名称，能准确反映企业的经营方向和特征，从而正确引导消费者，因而具有示意功能，并能引起消费者的购买欲望。

（5）美化功能：一个优秀的企业名称具有很好的寓意、美观的设计，富有艺术性，具有美化企业及其产品的功能。

（6）增值功能：一个优秀的企业，通过其优质的商品或服务赢得消费者对企业的信赖，使企业在社会中建立起良好的信用和信誉，从而使企业名称成为一种无形资产。

2. 企业名称设计应考虑的因素

企业法人和不具有法人资格的企业应当依法选择自己的名称，并申请登记注册。企业自成立之日起享有名称权。

企业名称应符合我国法律规定。按照我国法律规定，企业只准使用一个名称，在登记主管机关辖区内不得与已登记注册的同行业企业名称相同或者近似。企业名称应当使用符合国家规范的汉字，不得使用汉语拼音字母、阿拉伯数字。企业名称不得有下列情形：

（1）损害国家尊严或者利益；

（2）损害社会公共利益或者妨碍社会公共秩序；

（3）使用或者变相使用政党、党政军机关、群团组织名称及其简称、特定称谓和部队番号；

（4）使用外国国家（地区）、国际组织名称及其通用简称、特定称谓；

（5）含有淫秽、色情、赌博、迷信、恐怖、暴力的内容；

（6）含有民族、种族、宗教、性别歧视的内容；

（7）违背公序良俗或者可能有其他不良影响；

（8）可能使公众受骗或者产生误解；

（9）法律、行政法规以及国家规定禁止的其他情形。

3. 企业名称的命名方法

企业名称命名方法有一段式命名法、二段式命名法、三段式命名法、四段式命名法等，其中以四段式命名法最为常见。

一段式命名法一般是仅以企业创办者“姓氏”或“字号”作为企业的名称，如 “王致和”“全聚德”“同仁堂”等。

二段式命名法一般是以创办者的“姓氏+行业”或“字号+行业”作为企业名称，如“林家铺子”“张小泉剪刀”“商务印书馆”“新华书店”等。

三段式命名法是在地名、字号、行业、组织形式这四个要素中选取其中三个要素组合成企业名称。其中比较常见的是以“地名+行业+组织形式”构成企业名称，没有字号。如 “长春第一汽车制造厂”“牛栏山酒厂”“山西老陈醋集团有限公司”等。也有以“字号+行业+组织形式”构成企业名称，没有地名的，如“桂馨斋食品厂”“果仁张（天津）食品有限公司”“杏花楼食品餐饮股份有限公司”等。还有以“地名+字号+行业”构成企业名称，没有组织形式的，如“杭州西泠印社”“北京同升和鞋店”

"天津老美华鞋店"等。还有少量以"地名+字号+组织"形式构成企业名称，没有突出行业色彩，如"上海老凤祥有限公司""太原六味斋实业有限公司""天津市飞鸽集团有限公司"等。

以上三种企业名称主要是由历史原因形成的。随着我国法治建设的完善，这些企业名称已经按照我国《企业名称登记管理规定》[①]重新命名登记，其原有的企业名称大多已改为企业字号或者以商标形式注册登记。

四段式命名法是企业依法命名的主要方法。按照我国《企业名称登记管理规定实施办法》的要求，"企业名称由行政区划名称、字号、行业或者经营特点、组织形式组成。跨省、自治区、直辖市经营的企业，其名称可以不含行政区划名称；跨行业综合经营的企业，其名称可以不含行业或者经营特点"。也就是说，企业名称是由"行政区划+字号+行业+组织形式"依次组成，这是目前企业命名普遍采用的方法，如"四川长虹电器股份有限公司"。对于经国务院批准，国家市场监督管理总局登记注册，注册资本不少于 5000 万元人民币的企业，可以使用不含行政区划的企业名称，如"大唐电信科技股份有限公司"等。若企业经济活动性质分别属于国民经济行业五个以上大类，并且企业注册资本达 1 亿元以上或者是企业集团的母公司，在企业名称中可以不使用国民经济行业类别用语表述企业所从事的行业，如"青岛海尔集团公司"等。

4. 字号与企业名称

字号与企业名称是不同的：第一，从结构上来说，二者是包含与被包含的关系，商号包含在企业名称之中，是企业名称不可缺少的组成部分，我国曾有不少国有企业名称没有商号，如武汉钢铁厂、长沙客车厂等，但这类企业与《市场主体登记管理条例》是不相符的，是计划经济的产物。第二，从功能上来说，字号侧重于区别同行业的不同企业，如"同仁堂"药号与"同济堂"药号；企业名称则是对企业登记地、行业、财产责任形式、组织形式的综合反映，能较全面地反映商品或服务信息。第三，从内容上来说，字号是一种无形财产，能在经营活动中为企业带来除商品和服务本身价值之外的利益；企业名称本身并不具有财产的内容，只有与字号结合才有可能产生财产权。第四，从使用范围来说，字号可以用于商品或者服务的包装、装潢，可以突出使用，以引起相关公众的注意；企业名称只能按有关法律的要求在包装上进行注明，以表明产品或服务的来源。

按照《企业名称登记管理规定实施办法》的规定，"企业名称中的字号应当具有显著性，由两个以上汉字组成，可以是字、词或者其组合。县级以上地方行政区划名称、行业或者经营特点用语等具有其他含义，且社会公众可以明确识别，不会认为与地名、行业或者经营特点有特定联系的，可以作为字号或者字号的组成部分。自然人投资人的姓名可以作为字号"。

二、企业选址

1. 企业选址的重要性

选址是企业创立和发展中的重大决策行为，与国家和地区的环境有着密切的联系，

① 企业名称登记管理规定[EB/OL]. http://www.gov.cn/zhengce/content/2021-01/19/content_5581091.htm，2020-12-28.

涉及众多的因素。企业选址包括两个方面:一是选位，即选择地区，包括不同的国家或地区、一个国家内的不同区域或城市；二是寻址，即在已选定的地区内选择一个具体地点，包括市中心或市郊、商业区或住宅区、路段和街口等。不同地区和地点的商业环境必然对企业的持续竞争力产生重大影响。

企业选址是创业者的一项长期投资，是企业的空间选择，关系着创业者未来的经济效益和发展前景。对于一个特定的企业，其最优选址取决于该企业的类型：制造业选址决策主要是为了追求成本最小化；而零售业或专业服务性组织机构一般都追求收益最大化；至于仓库选址，考虑的是成本、环境以及原材料供应等问题；而零售商店和服务类企业中的服装店、干洗店等都要靠一定量的客流来生存，这类企业要想成功必须靠近它的顾客。

2. 企业选址应考虑的因素

由于各产业的特性存在差异，它们各自要求的空间条件是不同的。农业对土地数量和质量的要求较高，因此倾向于以分散的方式布局在地域广大的农村；而制造业和服务业，由于具有原料指向、交通运输枢纽指向、人口聚集指向等特点，倾向于布局在人口密集、原料充足、区位条件优越的城市区域。对于大型公司，其总部或分公司选址的条件要求很高，更多地考虑高素质的人力资源、优良的区位优势和集聚经济、发达的交通运输网络设施、便捷的信息获取和沟通渠道、良好高效的法治环境和多元文化氛围、专业化服务支撑体系等，因而大型公司的选址对于其全球战略组合、供应链管理、合作伙伴与企业联盟等都越来越具有非凡的意义。对于初创企业而言，由于企业规模和实力的制约，创业者要求的条件可适当降低一些，主要考虑拟设地点的经济、技术、政治、社会文化和自然因素等五个方面。

（1）经济因素。一群具有竞争力的企业和一系列高效运转的机构共同促进了该地区的繁荣，因此新企业在选址时一般应考虑建在一个好的产业集群中。具体来说，选择接近原料供应或能源动力供应充足地区的新企业具有相对成本优势；选择接近产品消费市场的地区具有客户优势；选择劳动力充足、人工费用低且劳动生产率高的地区具有人力优势。

对于一般的消费品销售或服务性企业而言，经济因素还决定了当地的购买力，即购买产品和服务的能力，通常可以用当地的家庭总收入、银行存款、人均零售总额以及当地家庭的数量和家庭收入的总值等指标来反映，这些数据一般与当地繁荣与否有关。很显然，创业者希望企业所在地区的人们对他们提供的产品或服务的购买能力不断增强。

（2）技术因素。新技术对高科技创业企业成功的作用是明显的，但技术本身的进步却更加难以预测，从某种意义上说技术市场的变化是最具不确定性的因素。因此，为了能够了解和把握技术变化的趋势，许多企业在创业选址时，常常考虑将企业建在技术研发中心附近，或建在新技术信息传递比较迅速、频繁的地区。

（3）政治因素。政府对市场的规制也是创业者应该重视的一个方面，创业者应评估现在已经存在的，以及将来有可能出现的，影响产品或服务、分销渠道、价格以及促销策略等法律法规方面所存在的问题，应将企业建在政府支持该产业的地区。当创业者到国外去设厂时，更应该考虑不同国家或地区的政治环境，如政策是否稳定、有无歧视政策等。

（4）社会文化因素。人们的生活态度会影响创业者所生产产品的市场需求，特别是当创业者准备生产的产品与健康或环境质量等有密切关系时更是如此，此时应优先考虑将企业建在其企业文化与所生产产品得到较强认同的地区。

（5）自然因素。选址也要考虑地质状况、水资源的可利用性、气候的变化等自然因素。有不良地质结构的地区，会对企业安全生产产生影响；水资源缺乏的地区对于用水量大的企业来说，会对正常生产产生不利影响。

3. 企业选址的步骤

（1）市场信息的收集和研究。根据影响选址的各项因素，创业者可以自己或者委托咨询机构搜集市场信息，包括劳动力条件、生活质量、与市场的接近程度、与供应商和资源的接近程度、与其他企业设施的相对位置等。对于某些商业服务型企业而言，在市场信息的收集中，最重要的概念是商圈（商圈是指以新店址为中心，以周围一定的距离为半径所划定的销售区域）。创业者需要详尽地了解该地区的市场资讯，包括人口（人口数、年龄、男女比例、住宅人口分布）；就业（就业人口分布数量、类别）；购物场所（所在地区、营业时间、主要顾客）；娱乐（地点、使用率、年限、外观、营业时间）；交通（总乘车人数、车站的乘客数）；竞争者（位置、相对的优点与缺点、预估其营业额）；政府规划与法规（法律的强制性规定、未来计划）；商业动态（经济增长率、失业率、新工程）等。

（2）多个选点的评价。地点优劣评价就是评定一个地点的好坏，即将一个地点同商圈内其他地点的几项特定属性进行评比而得出的结果。通过对市场信息的搜集、汇总、整理及初步定性分析，创业者应该已经得出了若干个企业候选地，这时可以用科学的定量方法进行评价，确定相对最优的方案。常用的选址评价方法有量本利分析法、综合评价法、运输模型法、重心法、引力模型法等。

（3）确定最终地点。创业者根据上述评价，作出自己的财务状况预测和分析，重点评估新企业的各项财务指标，包括获利能力、开发总成本、投资回报率、投资回收期、保本营业额、贡献利润、现金流量等，根据自己的投资能力，确定最终地点。

第三节 新企业设立的程序

新企业的设立程序，主要包括前期准备、企业名称核准登记、前置审批、入资验资、工商登记注册、后置审批等。具体包括企业名称预先核准、入资验资、工商登记注册、刻公章和财务专用章、组织机构代码登记、银行开户和转资、税务登记和领购发票、统计登记、行业管理登记、高新技术企业认定、社会保险登记，以及用工、供水、供电等。企业设立流程，如图 10-1 所示。

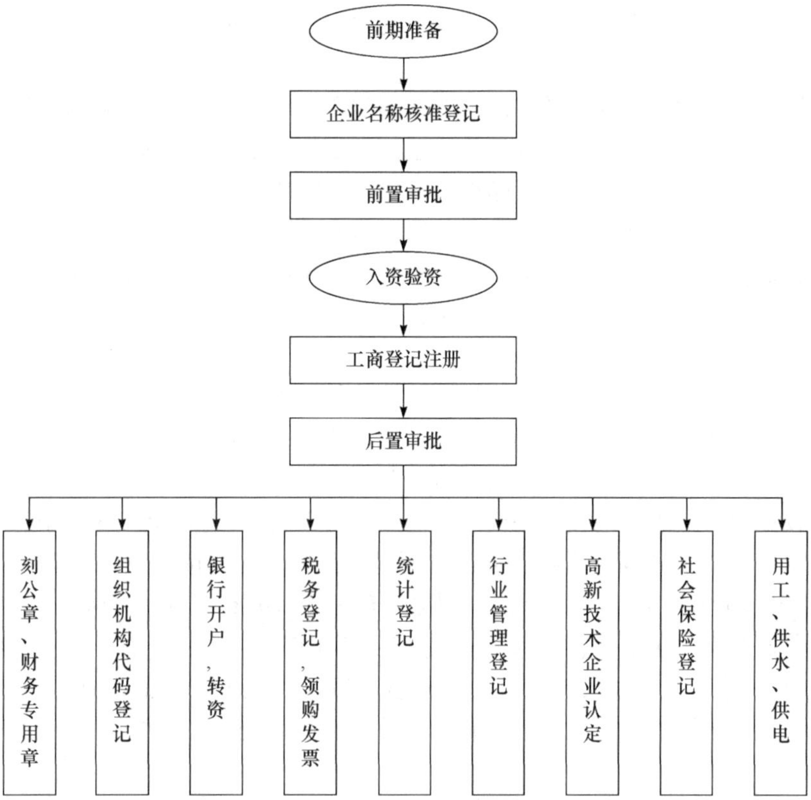

图 10-1　企业设立流程图

一、新企业登记注册前的手续

企业登记注册，是指企业到国家市场监督管理机关申请，经过审核通过，领取营业执照的程序。营业执照的取得，标志着企业在法律意义上的诞生。但是在取得营业执照前，需要办理很多手续，主要包括前期准备、企业名称核准登记、前置审批、入资验资等。

1. 前期准备

前期准备是在企业名称核准登记之前申报事项的确定和申报材料的准备，其中包括创业者要确定企业类型、投资人名单、注册资本、投资额和投资比例、法定代表人、企业住所、经营范围，起好企业名称（可多起几个备选），指定好办理申报手续的代表或委托的代理人，到有登记管辖权的名称登记机关申请名称核准登记。申请时应提交全体投资人签署的“企业名称预先核准申请书”、“指定代表或者共同委托代理人的证明”、投资人身份证复印件，投资人为企业的应提交营业执照副本复印件。

此外，如果使用自然人姓名（该自然人应当是投资人）作字号的，应当提交该自然人身份证复印件及该自然人同意使用其姓名的授权（许可）文件；在同一行业内申请使用相同字号的，应当由字号所有权人出具授权（许可）文件以及加盖其印章的执照复印件；商标注册人使用或授权他人使用其注册商标中的文字作为名称字号的，应当提交商标所有权人出具的授权（许可）文件、商标注册证书（不能提交原件的，可以提交加盖商标注册权人印章的复印件）以及商标所有权人的资格证明。

2. 企业名称核准登记

申请企业名称核准登记，应当由全体出资人、合伙人合作者（投资人）指定的代表或者委托的代理人，向有名称核准管辖权的工商行政管理机关提交企业名称预先核准申请书。法律、行政法规规定设立企业必须报经审批或者企业经营范围中有法律、行政法规规定必须报经审批项目的，应当在报送审批前办理企业名称预先核准，并以工商行政管理机关核准的企业名称报送审批。

国家市场监督管理部门主管全国企业名称登记管理工作，并负责核准下列企业名称：

（1）冠以“中国”“中华”“全国”“国家”“国际”等字样的；

（2）在名称中间使用“中国”“中华”“全国”“国家”等字样的；

（3）不含行政区划的。其中省（自治区、直辖市）级工商行政管理机关负责核准登记国有控股50%以上的公司、注册资本3000万元以上的有限责任公司、股份有限公司、外商投资企业，以及会计师事务所、资产评估机构、人才中介、商标代理、机动车交易等企业。市县级工商行政管理机关负责核准登记除国家、省（自治区、直辖市）级工商管理机关登记的企业以外的其他内资企业、内资企业分支机构、个体工商户的名称。

直接到市场监督管理部门办理企业名称预先核准的，市场监督管理部门应当场对申请预先核准的企业名称作出核准或者驳回的决定。予以核准的，发给《企业名称预先核准通知书》；予以驳回的，发给《企业名称驳回通知书》。预先核准的企业名称在有效期内（公司名称预先核准的有效期为6个月），不得用于经营活动，而是用于验资、办照等后续法律程序。公司名称预先核准登记后，申请人不得跨地域或跨级别向其他登记机关申请设立登记注册。

3. 前置审批

前置审批是指企业在申请工商登记之前由人民政府按照法律规定对特定行业、特定经营范围进行专项审查批准，颁发许可，准予企业从事特定活动的法律程序和行为。按照我国法律规定，企业申请登记的经营范围中属于法律、行政法规或者国务院决定规定在登记前须经批准的项目（许可经营项目）的，应当在申请登记前报经国家有关部门批准，取得许可文件，在企业进行工商登记时向登记机关提交。

根据《中华人民共和国行政许可法》，下列事项设定行政许可：“（一）直接涉及国家安全、公共安全、经济宏观调控、生态环境保护以及直接关系人身健康、生命财产安全等特定活动，需要按照法定条件予以批准的事项；（二）有限自然资源开发利用、公共资源配置以及直接关系公共利益的特定行业的市场准入等，需要赋予特定权利的事项；（三）提供公众服务并且直接关系公共利益的职业、行业，需要确定具备特殊信誉、特殊条件或者特殊技能等资格、资质的事项；（四）直接关系公共安全、人身健康、生命财产安全的重要设备、设施、产品、物品，需要按照技术标准、技术规范，通过检验、检测、检疫等方式进行审定的事项；（五）企业或者其他组织的设立等，需要确定主体资格的事项。”

具体情况如下：设立营利性医疗机构需向卫生行政管理部门申请审批；娱乐经营场所、互联网上网服务营业场所需向文化管理部门申请审批；公章刻制业、拍卖业、典当业、旅馆需向公安机关申请审批；药品生产、经营需向药品监督管理部门申请审批；烟草制品生产、销售需向烟草专卖主管部门申请审批；经营种子企业需向农业行政主管部门申请审批；报纸、期刊、图书批发需向新闻出版行政管理部门申请审批；报纸、期刊、图书零售需向文化管理部门申请审批；等等。

依照有关法律规定，有些企业的设立需要进行多项前置审批，如煤炭开采和生产经营须经省级国土资源管理部门核发采矿许可证、省级煤炭管理部门（发改委）核发生产许可证和经营资格证书；而食品生产、食品流通、餐饮服务应当依法向县级以上质量监督管理部门取得食品生产许可、食品流通许可、餐饮服务许可后，才能办理工商登记。

4. 入资验资

入资验资的程序主要包括到银行开立验资户、办理验资报告两部分。

入资是指有限责任公司在办理设立登记或增加注册资本（增资）时，涉及货币出资的，应将缴付或增加的货币出资存入入资专户的过程。该专户为专款存储，不办理结算业务，在企业设立登记或变更登记期间，该专户中存储的资金不得动用。

验资是投资人携带与出资有关的协议或公司章程、市场监督管理局签发的企业名称预先核准通知书、法定代表人的私章、股东身份证明（单位出资的应提交出资单位营业执照副本）、银行询证函到市场监督管理局确认的银行开设验资专用账户，把各个出资人相应的出资额存入该账户。资金存入后，银行发给每个出资人缴款单，并在询证函上加盖银行印章。

二、工商登记注册

企业的工商登记注册是确认企业的法人资格或营业资格，是企业在法律上成立的法定程序，即企业依照有关法律法规履行登记手续，经工商行政管理机关审核登记注册，取得法人资格或营业资格的过程。企业登记注册包括企业法人登记和营业登记。企业法人登记是登记注册主管机关依法对具备法人条件的企业确认其法人资格所进行的核准登记；营业登记是对不具备法人条件但有条件进行经营活动的个人或组织（个体工商户、个人独资企业、合伙企业以及法人组织下属的不具备法人条件的经营单位）确认其合法经营资格所进行的核准登记。

我国的企业登记机关是各级市场监督管理机关，各级工市场监督管理机关有不同的管辖权。企业在市场监督管理机关依法登记注册、领取营业执照后，方宣告依法成立，取得营业资格。企业成立的日期，为营业执照签发日期。

根据《市场主体登记管理条例》，“国务院市场监督管理部门主管全国市场主体登记管理工作。县级以上地方人民政府市场监督管理部门主管本辖区市场主体登记管理工作，加强统筹指导和监督管理。国务院市场监督管理部门应当加强信息化建设，制定统一的市场主体登记数据和系统建设规范。县级以上地方人民政府承担市场主体登记工作的部门（以下称登记机关）应当优化市场主体登记办理流程，提高市场主体登记效率，推行当场办结、一次办结、限时办结等制度，实现集中办理、就近办理、网上办理、异地可办，提升市场主体登记便利化程度”。

设区的市（地区）市场监督管理局、县市场监督管理局，以及直辖市的市场监督管理分局、设区的市市场监督管理局的区分局，负责本辖区内下列公司的登记。

根据《市场主体登记管理条例》，“市场主体应当依照本条例办理登记。未经登记，不得以市场主体名义从事经营活动。法律、行政法规规定无需办理登记的除外。市场主体登记包括设立登记、变更登记和注销登记”。

不具备企业法人条件的联营企业、企业法人所属的分支机构、外商投资企业设立的分支机构、其他从事经营活动的单位，应当申请营业登记。

1. 不同法律组织形式的企业的登记要求

1）个人独资企业的登记

设立个人独资企业，应当由投资人或者其委托的代理人向企业登记机关申请设立登记。个人独资企业的登记事项应当包括：企业名称、企业住所、投资人姓名和居所、出资额和出资方式、经营范围及方式。

申请设立个人独资企业，应当向企业登记机关提交下列文件：

（1）投资人签署的个人独资企业设立申请书；

（2）投资人身份证明；

（3）企业住所证明和生产经营场所使用证明等文件，如土地使用证明、房屋产权证或租赁合同等；

（4）国家市场监督管理局规定提交的其他文件。

个人独资企业从事法律、行政法规规定须报经有关部门审批的业务，应当在申请设立登记时提交有关部门的批准文件。

2）合伙企业的登记

设立合伙企业，应当由全体合伙人指定的代表或者共同委托的代理人向企业登记机关申请设立登记。合伙企业的登记事项包括企业名称、主要经营场所、执行事务合伙人、经营范围、合伙企业类型，合伙人姓名或者名称及住所、承担责任方式、认缴或者实际缴付的出资数额、缴付期限、出资方式和评估方式。合伙协议约定合伙期限的，登记事项还应当包括合伙期限。执行事务合伙人是法人或者其他组织的，登记事项还应当包括法人或者其他组织委派的代表。

申请设立合伙企业，应当向企业登记机关提交下列文件：①全体合伙人签署的设立登记申请书；②全体合伙人的身份证明；③全体合伙人指定的代表或者共同委托的代理人的委托书；④合伙协议；⑤全体合伙人对各合伙人认缴或者实际缴付出资的确认书；⑥主要经营场所证明；⑦国家市场监督管理部门规定提交的其他文件。

法律、行政法规或者国务院规定设立合伙企业须经批准的，还应当提交有关批准文件。全体合伙人决定委托执行事务合伙人的，应当向企业登记机关提交全体合伙人的委托书。执行事务合伙人是法人或者其他组织的，还应当提交其委派代表的委托书和身份证明。以实物、知识产权、土地使用权或者其他财产权利出资，由全体合伙人协商作价的，应当向企业登记机关提交全体合伙人签署的协商作价确认书；由全体合伙人委托法定评估机构评估作价的，应当向企业登记机关提交法定评估机构出具的评估作价证明。

3）有限责任公司的登记

设立有限责任公司，应当由全体股东指定的代表或者共同委托的代理人向公司登记机关申请设立登记。设立国有独资公司，应当由国务院或者地方人民政府授权的本级人民政府国有资产监督管理机构作为申请人，申请设立登记。法律、行政法规或者国务院决定规定设立有限责任公司必须报经批准的，应当自批准之日起 90 日内向公司登记机关申请设立登记；逾期申请设立登记的，申请人应当报批准机关确认原批准文件的效力或者另行报批。

有限责任公司的登记事项包括公司名称、住所、法定代表人姓名、注册资本、实收资本、经营范围、营业期限、股东的姓名或者名称，以及认缴和实缴的出资额、出资时间等。

申请设立有限责任公司，应当向公司登记机关提交下列文件：①公司法定代表人签署的设立登记申请书；②全体股东指定代表或者共同委托代理人的证明；③公司章程；④股东的主体资格证明或者自然人身份证明；⑤载明公司董事、监事、经理的姓名、住所的文件以及有关委派、选举或者聘用的证明；⑥公司法定代表人任职文件和身份证明；⑦企业名称预先核准通知书；⑧公司住所证明；⑨国家工商行政管理总局规定要求提交的其他文件。法律、行政法规或者国务院决定规定设立有限责任公司必须报经批准的，还应当提交有关批准文件。

4）股份有限公司的登记

设立股份有限公司，应当由董事会向公司登记机关申请设立登记。以募集方式设立股份有限公司的，应当于创立大会结束后 30 日内向公司登记机关申请设立登记。股份有限公司的登记事项和有限责任公司基本相同，不同的是仅登记发起人（而不是全体股东）的姓名或者名称，以及认缴和实缴的出资额、出资时间、出资方式。以募集方式设立股份有限公司的，还应当提交创立大会的会议记录；以募集方式设立股份有限公司公开发行股票的，还应当提交国务院证券监督管理机构的核准文件。

法律、行政法规或者国务院决定规定设立股份有限公司必须报经批准的，还应当提交有关批准文件。

申请设立股份有限公司，应当向公司登记机关提交下列文件：①公司法定代表人签署的设立登记申请书；②董事会指定代表或者共同委托代理人的证明；③公司章程；④发起人的主体资格证明或者自然人身份证明；⑤载明公司董事、监事、经理姓名、住所的文件以及有关委派、选举或者聘用的证明；⑥公司法定代表人任职文件和身份证明；⑦企业名称预先核准通知书；⑧公司住所证明；⑨国家工商行政管理总局规定要求提交的其他文件。以募集方式设立股份有限公司的，还应当提交创立大会的会议记录以及依法设立的验资机构出具的验资证明；以募集方式设立股份有限公司公开发行股票的，还应当提交国务院证券监督管理机构的核准文件。法律、行政法规或者国务院决定规定设立股份有限公司必须报经批准的，还应当提交有关批准文件。

2. 新企业登记注册的程序

企业的登记事项主要包括企业名称、住所、法定代表人姓名、注册资本、实收资本、企业类型、经营范围、营业期限、有限责任公司股东或者股份有限公司发起人的姓名或者名称，以及认缴和实缴的出资额、出资时间、出资方式等。

登记注册的程序是受理、审查、核准、发照、公告。申请登记的单位将应提交的文件、证件和填报的登记注册书齐备后，方可受理；审查内容包括申请者提交的文件、证件和填报的登记注册书是否符合有关登记管理规定，并核实有关登记事项和开办条件；核准是指经过审查和核实后，作出核准登记或者不予核准登记的决定，并及时通知申请者；对核准登记的申请单位，分别颁发有关证照，及时通知法定代表人（负责人）领取证照，并办理法定代表人签字备案手续；公告是指对核准登记注册的企业法人，由登记主管机关发布公告。公告的内容包括名称、住所、法定代表人、经济性质或者企业类型、注册资金或者注册资本、经营范围、经营方式和注册号。企业申请登记应提交《企业设立登记申请书》（内含企业设立登记申请表；单位投资者名录；自然人股东名录；投资者注册资本缴付情况；法定代表人登记表等）、企业名称预先核准通知书、企业住所证明、合伙协议或公司章程、法定验资机构出具的验资报告、股东资格证明、董事、监事、经理任职证明、前置审批许可等文件。

登记主管机关应当对申请者提交的文件、证件、登记申请书、登记注册书以及其他有关文件进行审查，核实开办条件，符合法律规定条件的，登记机关核准设立登记并发给其营业执照，企业即告成立。营业执照是经营单位取得合法经营权的凭证，企业凭营业执照办理刻制印章、开立银行账户、申请纳税登记等事项。

三、新企业注册登记后的手续

营业执照的签发标志着新企业的诞生。但营业执照只是企业取得合法经营权的一个凭证，新企业要真正开始经营，还需要依法办理许多相关手续，即后置审批，通常需要办理刻章、组织机构代码证书、银行开户、转资、税务登记、发票审批、统计登记、行业管理登记、社会保险登记等。

对于房地产开发、建筑施工、道路运输、汽车维修、物业管理、经营性网站、美容美发、洗浴生产加工等经营项目，还需要办理相应的行业后置审批，获得批准后才能取得合法经营权。

1. 后置审批

后置审批项目是指在取得营业执照之后必须办理专项审批的项目。这是企业在领取营业执照之后，由人民政府按照法律规定对特定行业、特定经营项目进行专项审查批准，授予许可或经营资质以及进行认证、认定、评定、登记、备案程序，准予企业从事特定活动的法律程序和行为。后置审批项目由政府管理部门确定。后置审批应提交的文件视审批项目的不同而不同。以建筑业企业为例，后置审批项目包括建筑工程施工许可、建筑施工企业安全生产许可、企业资质等。其中，企业资质分为施工总承包、专业承包和劳务分包三个序列，每个序列按照工程性质和技术特点分别划分为若干资质类别，各资质类别按照规定的条件划分为若干等级。新设立的建筑业企业取得企业法人营业执照后，还应当按照其拥有的注册资本、净资产、专业技术人员、技术装备和已完成的建筑工程业绩等资质条件申请不同种类和等级的资质，经审查合格取得相应等级的资质证书后，方可在其资质等级许可的范围内从事建筑活动。建设项目涉及的建设单位、勘察单位、设计单位、施工单位、工程监理单位都须依法取得相应等级的资质证书，才能在其资质等级许可的范围内承揽业务。

2. 刻制公章并备案

公章，是指单位或者机构的规范名称章，以及冠以规范名称的合同、财务、税务、发票、审验等专用章。按照有关法律规定，需要刻制公章的单位或者机构，应当将单位或者机构设立的批准文件、登记证书和要求刻制公章的证明，以及载明公章的名称、形状、规格尺度、材质、使用的文字和字体、排列的方法及其顺序等内容的材料，报所在地县级以上人民政府公安部门，经公安部门对上述材料以及是否已刻公章等情况核实并将信息录入印章治安管理信息系统，由该单位或者机构委托的公章刻制经营单位刻制。

企业成立后，应持营业执照、法人代表身份证、经办人身份证到县级以上公安机关填写《印章入网管理及刻制审批表》，经审批同意后持《印章入网管理及刻制审批表》前往公安局印章治安管理信息中心办理印章入网登记手续。由取得特种行业许可证的公章刻制经营单位按公安部门核实的、通过印章治安管理信息系统传输的内容刻制公章，并将刻制公章的名称、数量、取章人姓名、取章日期等内容存入印章治安管理信息系统备查。

企业的规范名称章只准刻制一枚，可以另刻制钢质规范名称章一枚，合同、财务、税务、发票、审验等专用章可以刻制多枚，但每一枚必须用阿拉伯数字区别。

企业需要刻制专门用于公务事项的法定代表人、负责人、财务人员等有关人员印章（包括签名章）的，凭身份证和单位证明函到公章刻制经营单位刻制。公章刻制经营单位应当对刻章的有关材料登记造册备查。需要跨省、市、县刻制公章的企业须持企业所在地县级以上人民政府公安部门出具的证明和前款规定的有关材料，向刻制地县级以上人民政府公安部门办理刻制公章手续。

3. 企业组织机构代码登记

组织机构代码是对中华人民共和国境内依法注册、依法登记的国家机关、企事业单位、社会团体等组织机构颁发的一个在全国范围内唯一的、始终不变的法定代码标识，以适应政府部门的统一管理和业务单位实现计算机自动化管理的需要。组织机构代码由八位数字（或大写拉丁字母）本体代码和一位数字（或大写拉丁字母）校验码组成，具有唯一性、终身不变性、准确性、完整性和统一性。组织机构代码已在银行、税务、统计、公安、外贸、海关等领域得到广泛应用。组织机构代码证书是企业的“身份证”，是办理后续手续所必需的一种证件。

根据《组织机构代码管理办法》，“国家质量监督检验检疫总局[①]（以下简称国家质检总局）依法负责统一组织协调全国组织机构代码管理工作”。申请者应在单位核准注册或批准成立之日起 30 天内提交工商行政管理局核发的营业执照（正本）原件（核查用）、复印件（存档用）（有经营期限的营业执照副本也可以）、公章或介绍信、法定代表人或负责人身份证复印件、经办人身份证原件及复印件，到批准设立或者核准登记部门同级的质量技术监督部门提出登记申请。

① 2018 年 3 月，根据第十三届全国人民代表大会第一次会议批准的国务院机构改革方案，将国家质量监督检验检疫总局的职责整合，组建中华人民共和国国家市场监督管理总局；将国家质量监督检验检疫总局的出入境检验检疫管理职责和队伍划入海关总署；将国家质量监督检验检疫总局的原产地地理标志管理职责整合，重新组建中华人民共和国国家知识产权局；不再保留中华人民共和国国家质量监督检验检疫总局。

质量技术监督部门对申请单位提交的证明文件进行审核后，符合条件的赋予代码并核发组织机构代码证书和代码 IC 卡。组织机构代码证书自颁发之日起 4 年内有效，组织机构应当在组织机构代码证书有效期届满前 30 日内进行换证登记。

4. 银行开户、转资

账户是用来连续、系统记录各个会计科目所反映的经济业务内容的工具。银行账户是客户在银行开立的各种存款、贷款、结算等账户的总称，是办理信贷、结算、汇兑和现金收付业务的工具。根据现行法律，每个独立核算的经济单位都必须在银行开户，各单位之间办理款项结算，除现金管理相关办法规定外，均需通过银行结算。企业开立银行账户是与银行建立往来关系的基础。银行账户包括基本账户、一般账户、专用账户、临时账户等。

银行基本账户是指存款人办理日常转账结算和现金收付的账户。企业的工资、资金等现金的支出，只能通过基本存款账户办理，一个企业只能开立一个基本存款账户。企业设立的时候，为入资验资需要曾开设了一个临时账户（验资专用账户），企业获得营业执照之后，需凭“五证合一”（营业执照、组织机构代码证、税务登记证、社会保险登记证和统计登记证）、法定代表人身份证、经办人身份证及企业委托证明、企业公章、财务章、法定代表人私章等资料到当地人民银行申请审批，人民银行会计部门审查通过，录入银行账户管理数据库，发给企业银行开户许可证，企业凭银行核发的银行开户许可证及其他相关资料到一家商业银行的一个营业机构开立一个基本存款账户，原验资户注销，账户资金转入企业基本账户。

5. 税务登记、领购发票

企业在取得营业执照、组织机构代码证之后，还要办理税务登记证、领购发票，才能合法经营。

（1）税务登记。税务登记又称纳税登记，是指税务机关根据税法规定，对纳税人的生产、经营活动进行登记管理的一项法定制度，也是纳税人依法履行纳税义务的法定手续，企业应当自领取工商营业执照之日起 30 日内向所在地税务机关申报办理税务登记。国家税务机关按照国务院规定的税收征收管理范围，实施属地管理，采取联合登记或分别登记的方式办理税务登记。

企业在申报办理税务登记时，应当根据不同情况向税务机关提交营业执照，有关合同、章程、协议书，组织机构代码证书，银行开户许可证，验资报告和资产评估报告，法定代表人身份证，生产经营场所的所有权证明或租赁合同，单位公章，财务专用章，法定代表人章，企业会计制度和财务制度说明书，房屋，土地和车船的有关证件[包括房屋所有权（产权）证书、土地证书、机动车行驶证等]。税务机关应当对纳税人填报的税务登记表及提供的有关证件进行审核，符合规定的，税务机关赋予企业税务代码和税务登记证号，核发税务登记证正副本和税务代码章。

（2）领购发票。发票，是指在购销商品、提供或者接受服务以及从事其他经营活动中，开具、收取的收付款凭证。发票的基本内容包括发票的名称、字轨号码、联次及用途、客户名称，以及开户银行及账号、商品名称或经营项目、计量单位、数量、单价、大小写金额、开票人、开票日期、开票单位（个人）名称（章）等。增值税专用发票还应当包括：购货人地址、购货人税务登记号、增值税税率、税额、供货方名称、供货方地址及其税务登记号。税务机关是发票的主管机关，负责发票印制、领购、开具、取得、保管、缴销的管理和监督。单位、个人在购销商品、提供或者接受经营服务以及从事其他经营活动中，应当按照规定开具、使用、取得发票，企业在领取税务登记证件后，向税务机关申请领购发票。申领发票时，企业应当提出购票申请，提供“五证合一”（营业执照、组织机构代码证、税务登记证、社会保险登记证和统计登记证）、一般纳税人申请审批表、银行开户许可证、企业公章、法定代表人章、财务专用章、发票专用章、法定代表人身份证、办税员身份证、生产经营场所的证明等文件，经主管税务机关审核后，发给发票领购簿。企业凭发票领购簿核准的种类、数量以及购票方式，向税务机关领购发票。

6. 统计登记

我国法律规定，国家机关、企业事业单位和其他组织以及个体工商户和个人等统计调查对象，必须依法真实、准确、完整、及时地提供统计调查所需的资料。从事生产、经营的纳税人领取工商营业执照的，企业应当在领取工商营业执照之日起 30 日内，持组织机构代码证书、营业执照等文件到县级以上统计行政管理部门办理统计登记备案手续，报送基本统计单位备案表，领取统计登记证，并按照规定的统计范围和报表渠道建立统计关系，接受统计调查。

统计调查的内容主要是法人单位和产业活动单位的基本情况，由反映单位基本信息指标、基本属性指标、主要经济活动指标以及专业特有指标组成。基本信息指标包括单位代码、单位名称、单位地址、单位通信号码、单位负责人姓名和职务、开业时间、营业状态、从业人员、企业资产等；基本属性指标包括登记注册类型、法人批准机关或登记注册机关、执行会计制度类别、国有经济控股情况、国民经济行业分类、隶属关系等；主要经济活动指标包括营业收入和主营业务收入、主要产品生产能力等；专业特有指标包括工业企业规模、建筑业企业资质等级，以及零售业经营方式、营业面积等。

企业名称、隶属关系、经营范围和地址发生变更，在变更之日起 30 日内到原统计行政管理部门办理变更登记手续。企业终止、撤销的，应当在终止、撤销后 30 日内，持有关的文件到原登记的统计行政管理部门办理注销登记。

7. 社会保险登记

社会保险是指国家通过立法设立社会保险基金，保障公民在年老、患病、工伤、失业、生育等情况下依法获得物质帮助的社会保险制度。社会保险包括基本养老保险、基本医疗保险、工伤保险、失业保险、生育保险等。

国家机关、社会团体、企业、事业单位、民办非企业单位、个体经济组织等用人单位应当在成立之日起 30 日内凭营业执照、组织机构代码证书、税务登记证、法定代表人身份证等文件到当地社会保险经办机构填写社会保险登记表，申请办理社会保险登记。社会保险经办机构予以审核，发给社会保险登记证件。

用人单位应当自用工之日起 30 日内为其职工向社会保险经办机构申请办理社会保险登记。我国建立全国统一的个人社会保障号码，个人社会保障号码为居民身份证号码。

社会保险费由用人单位自行申报、按时足额缴纳。职工应当缴纳的社会保险费由用人单位代扣代缴。

8. 其他相关手续

创办企业除了办理上述手续外，还需办理用工、供水、用电等手续。有些企业从事的经营项目还需要到相关政府部门办理行业登记和许可，高新技术企业还需要到本地区由科技行政、财政、税务部门组成的高新技术企业认定管理机构进行认定。视不同法规的规定和企业经营项目的不同，企业一般还要办理卫生、防火、污染防治、环境保护、安全生产、质量监督、交通运输、商品检验等手续。

企业进入到正常生产经营阶段后，应注意还需要对部分证照按期办理年检、换证手续，如营业执照、组织机构代码证、资质证书、许可证等，不按期办理者，企业会受到罚款甚至吊销营业执照的处罚。具体项目各个地方政府的规定有些不同，企业应按照国家法律及地方政府的规定办理。

➢ 拓展学习

蔡昕，宁红. 2016.大学生创业指导与实践[M]. 北京：化学工业出版社.

刘小庆，曹静，王存芳. 2019.大学生创新创业[M]. 北京：人民邮电出版社.

宁佳英. 2012. 大学生创业管理（大学生就业指导系列）[M]. 广州：华南理工大学出版社.

➢思考题

1. 企业不同的法律组织形式各自有哪些特点，分别适合什么类型的新创企业？
2. 企业名称的特征与功能是什么？
3. 影响新创企业选址的因素有哪些？
4. 新创企业的设立程序是怎样的？

第十一章 市场营销

本章重点

营销观念的变化
消费者购买行为
市场细分
选择目标市场的策略
产品策略
价格策略
营销渠道策略
促销策略

引导案例

王向东：磷肥厂的营销之路

1999 年，于徐州农校毕业的灌云县图河镇人王向东，在他 20 岁时，放弃了进入事业单位的工作机会，毅然与人合伙投资 100 万元在灌南县创办了磷肥厂。

磷肥厂创建之初，化肥产量颇高，但是如何将化肥销售出去却成了一个难题，他与团队无论怎么宣传，也得不到农户的认可。为了使广大用户能够信任本企业化肥，他采取了先使用后付款，免费送货上门，而且包产量、包赔偿的办法，一举提高了销售量。在化肥销售之初，他是指挥者，也充当搬运工。在四季农忙之时，用户只要打个电话说要用肥，无论是炎热难耐的中午还是风雨交加的晚上，无论是在县内的用户还是县外的用户，他和团队成员都能够准时用车将磷肥送到用户家门口，然后再将一袋一袋化肥从车上扛到用户家里。一天下来，他的肩上、脚上的皮肤都磨破了，晚上到家，饭都不想吃，直接倒在床上呼呼大睡。王向东的妻子经常劝他："你有农技知识，还是去乡镇农技站那里上班吧，不用想要有多少钱，每月的固定工资够吃够喝就行了。"但是王向东却说："坚持就是胜利，万事开头难，不能半途而废。"

功夫不负有心人。凭着勇往直前、吃苦耐劳的精神，磷肥厂化肥销售量越来越高，企业也越做越大。现在化肥厂年均产量已经达到 5000 多吨，企业年均销售额也已经达到 2000 多万元，企业业务覆盖沭阳县、盐城市、连云港市等周边地区。如今，不仅磷肥厂已经在当地小有名气，而且王向东在努力和拼搏中实现了自己的创业梦想，成为众多创业者学习的楷模。

资料来源：灌云县优秀人大代表王向东：激情创业追新梦 情系桑梓谱华章[EB/OL]. http://jsnews.jschina.com.cn/lyg/a/202108/t20210823_2839925.shtml，2021-08-22，有改动

第一节 市场营销概述

企业要想生存和发展，就必须生产出能够满足市场需求的产品，并将产品成功销售。市场营销是指企业确定准消费者需求，通过让消费者了解该产品的方式来促进其购买该产品的过程。

一、市场营销定义

“现代营销学之父”菲利普·科特勒提出：市场营销是个人或集体，通过创造产品和价值并同别人自行交换产品和价值的方式，用以获得满足其需求和欲望之物的社会和管理过程[①]。

2004 年 8 月，在美国波士顿举办的美国市场营销协会（American Marketing Association，AMA）夏季营销教学者研讨会上，市场营销被重新进行了定义：市场营销既是一种组织职能，是为组织自身及利益相关者的利益而创造、传播、传递顾客价值，管理顾客关系的一系列过程[②]。

菲利普·科特勒的定义强调的是市场营销的价值导向，而 AMA 的定义则强调的是市场营销的顾客导向，二者各有所侧重。但是我们不难看出，市场营销是一个传递价值、管理活动的过程，它并不是单独的某一活动，而是由一系列活动组成。

由此可以看出，市场营销是通过创造和传递产品价值的方式，用以满足自身和利益相关者需求的一系列活动。

二、市场营销学的发展阶段

第一阶段：市场营销学的萌芽时期（1900～1920 年）。这一时期由于工业革命的爆发，资本主义经济迅速发展，市场总势态是供不应求的卖方市场。于是企业注重产品的推销和广告。对于市场营销的研究也仅存在于大学中。

第二阶段：市场营销学的应用时期（1921～1950 年）。这一时期，第二次世界大战的动荡以及战后恢复，美国快速发展以及大萧条，种种机遇和挑战，使得市场营销理论研究被广大企业所重视。企业仍只注重产品推销，注重研究如何让推销和广告效果更好的方法。与此同时，研究有助于提高推销效果的专业型企业组织机构开始出现。

第三阶段：市场营销学的繁荣发展时期（1951～1980 年）。这一时期，发展和改革成为主旋律，于是营销扩大了思想领域。企业开始注重“以需定产”，注重强调供给和需求之间的整体协调活动。此时，市场营销从促进企业产品销售过程成为企业经营决策的一

① 菲利普·科特勒，洪瑞云，梁绍明，等. 市场营销管理 [M]. 2 版. 梅清豪译. 北京：中国人民大学出版社，1997.

② 康俊. AMA 新时期的市场营销定义[J]. 现代营销（学苑版），2005，（6）：64-66.

部分。

第四阶段：市场营销学的创新发展时期（1981 年至今）。这一时期，和平与发展成为世界主题，经济全球化趋势明显，高新科技发展迅速。高新科技与文化影响着市场营销的理论和方法。大数据、社交媒体、云平台、体验式等正在成为市场营销的新形式。

三、营销观念的变化

随着商业的发展，市场营销也在不断地发展和变化，营销概念的发展经历了生产观念、产品观念、推销观念和市场营销观念几个阶段，如今社会营销观念正被越来越多的人接受。

（一）生产观念

生产观念于 19 世纪末 20 世纪初产生。该观念认为，消费者偏爱那些方便购买、价格较低的产品，企业应集中所有资源和技术，降低成本，提高生产效率，增加产品产量，同时扩大分销范围。

（二）产品观念

产品观念于 20 世纪初产生。该观念认为，消费者喜欢那些质量比较好、功能比较多或是具有某些独特之处的产品，企业应将注意力放在提高企业产品质量上，并不断提升产品特色，完善产品功能，这样的结果是企业容易患上“营销近视症”。

知识库

营销近视症

1960 年，美国哈佛大学管理学院教授、著名的市场营销专家西奥多·莱维特在《哈佛商业评论》上发表《营销近视症》一文，提出了“营销近视症”这一理论。营销近视症是指企业将主要精力放在制造产品或者提高技术上，而不是满足消费者需求上，于是企业失去市场竞争力。产品的本质是一种满足市场需求的媒介。能够满足消费需要的产品不止一种，且并不是所有消费者都只偏好物美价廉或者某一种产品，一旦市场出现能够满足更多消费需要的新产品，现有产品就会被更替。患上“营销近视症”的企业，强调卖方需求，从卖方角度进行销售，而不是立足于从顾客需求进行销售。而现代营销学要求我们从顾客角度进行营销，而不是从产品角度来进行销售。

资料来源：本·M. 恩尼斯，基斯·K. 考克斯，迈克尔·P. 莫克瓦. 营销学经典：权威论文集[M].8 版. 郑琪，许晖，赵路译.大连：东北财经大学出版社，2000，有改动

（三）推销观念

推销观念盛行于 20 世纪三四十年代。该观念认为，消费者对于大量购买产品具有购买惰性或抗衡心理，企业应将注意力放在诱导消费者购买本企业产品的行为上，积极向

消费者推销和大力促销产品。

（四）市场营销观念

市场营销观念形成于20世纪50年代。该观念认为，目标市场的需求和欲望的正确确定是实现企业目标的关键，企业在进行产品生产时，要将以“消费者为中心”作为行动的准则，并且在向目标市场提供其所期望的产品时要比竞争对手更快、更有效。

（五）社会营销观念

社会营销观念产生于20世纪70年代。随着全球社会环境问题日趋严重，消费者利益和长期社会福利的冲突不断加深，迫使企业必须兼顾考虑消费者、企业自身和社会大众三方面利益进行营销活动，要求企业不能只追求经济利益，社会效益也需要纳入考虑范围。

第二节 消费者购买行为概述

消费者市场是指生产经营者向消费者提供购买或租用商品服务来满足其生活需要的市场。消费者市场是市场体系的基础，是起决定作用的市场。成功的企业能够有效地满足消费者需求，并且运用有效的营销手段向消费者推广产品。所以，研究消费者的购买行为，对于企业营销活动的有效开展具有重要作用。

一、影响消费者购买行为的因素

（一）文化因素

价值观念、审美标准、物质文化、亚文化群等是影响人类欲望和行为的重要因素，对消费者行为具有较为广泛和深远的影响。

1. 价值观念

价值观念指的是人们对社会生活中各种事物以及对自己行为的态度和看法。文化背景不同的人，价值观念相差很大。企业在为产品制定促销策略时应该充分考虑目标市场的价值观念。例如，美国人喜欢超前享受，喜欢采用分期付款或者贷款的方式来支付购买商品。而在我国，人们则喜欢滞后消费，更习惯通过积蓄一定财力来购买东西。

2. 审美标准

审美标准通常指人们对某一事物的美丑、好坏、善恶的评价标准。由于审美标准对判断理解某一特定文化中艺术的象征意义有着很大的作用，因此企业尤其要把握和重视审美标准。如果企业想要在产品设计、广告创意上获得成功，就必须正确理解审美标准。企业若是对审美标准感觉迟钝，则其产品的款式与包装就不能达到预期的效果，甚至还会给潜在的消费者留下不良印象。

3. 物质文化

物质文化由技术和经济两部分构成。产品的种类、质量和款式、市场的需求水平以及这些产品生产和销售的方式都受其影响。不同国家的物质文化不同，企业所采取的市场营销策略也不同。例如，发达国家已经完全接受了使用电动剃须刀这类小电器，而某些贫困国家则认为使用小电器是一种奢侈与浪费。

4. 亚文化群

不同文化的人们，其价值观念、审美标准和风俗习惯会有巨大差异，并且同一种文化不同民族、宗教的人们也会有不同的特征。亚文化通常按种族、民族、语言、宗教、地理、性别、年龄、文化、职业与教育水平等标准来划分。有某些相似特点的人们处于同一个亚文化群。为了能制定出相应的营销策略，企业需要了解目标市场的亚文化特点。

（二）社会因素

消费者的家庭、社会群体和参照群体等社会因素都会影响消费者的购买行为，企业在制定营销策略时必须要考虑消费者的社会因素。

1. 家庭

家庭作为消费者个人所归属的最基本团体，对其消费行为有着较大的影响。例如，长大离家后的人们仍受父母的许多日常消费行为的影响。家庭对于消费者行为的影响可以从夫妻的购买角色和家庭生命周期两个方面来分析。其中，家庭生命周期对消费者行为影响更大，处于不同生命周期阶段的消费者，其行为特点各有不同。因此，企业可以以家庭生命周期为标准来细分其目标市场，以各生命周期发展阶段的不同特点为依据来制定具有针对性的营销策略。

2. 社会群体

按照一定的社会标准，如收入、职业、名望、受教育程度及社会威望等，可将社会成员划分成若干社会群体。同一社会群体，人的价值观、思维方式、生活方式和生活目标往往是相同的，并且他们的购买行为受其影响。不同社会群体，人的价值观、思维方式、生活方式和生活目标是有很大差别的，其购买行为也有着明显差别。因此，企业在选择自己的目标市场时，可以根据社会群体来对其进行市场细分。

3. 参照群体

消费者行为受到参照群体的影响，参照群体主要分为两类：直接影响群体和间接影响群体。其中，直接影响群体包括主要群体（如家庭、邻居、朋友、同事等）和次要群体（如同业工会、专业组织和宗教组织等），间接影响群体包括崇拜对象等。参照群体对不同种类的产品和品牌的影响是不同的，企业可以通过影响参照群体来影响消费者。

（三）个人因素

购买者个人因素影响着消费者购买决策，其中包括年龄和性别、职业和经济状况、生活方式、个性及自我观念的影响。

1. 年龄和性别

处于不同性别和年龄阶段的消费者对于产品有不同的需求，其消费心理和行为也存在着很大的差异。企业只能针对特定某一年龄段的消费者需求来设计产品和服务。因此，企业需要注意顾客的年龄层次变化，同时也要注意由于现代生活观念的变化而产生的去年龄化和去性别化的现象。目前已经有许多企业开始生产跨年龄段和不同性别的产品，用以扩大市场容量。

2. 职业和经济状况

不同职业的消费者在社会中扮演着不同的社会角色，有着不同的价值观念和行为准则，同时也有着不同的收入水平，对商品的需求和爱好也有所不同。企业要抓住不同消费群体的消费倾向，利用合适的营销组合策略，促进产品销售。

3. 生活方式、个性及自我观念

生活方式是指人们在一定社会条件制约和价值观念的指导下形成的满足自身生活需求的全部活动形式和行为特征。企业根据消费者生活方式对其进行细分，有助于选择目标顾客，制定恰当的产品策略和营销沟通策略。

个性在心理学中的解释是：一个人区别他人，在不同环境中表现出来的、相对稳定的、影响人的行为模式的心理特征的总和。满足消费者个性化需求是当今企业营销发展的新趋势。

自我观念是指个体对自我的认知。不同的人对自己有着不同的认知，从而将自己归属为哪一类人。具有很强相关关系的消费者的自我观念与商品的购买关注，对消费者购买选择过程有着重要影响。

（四）心理因素

消费者心理是指消费者在购买产品过程中所发生的一切心理活动，它支配着消费者的购买行为。心理因素（如学习、知觉、动机、信念与态度等）对消费者购买行为同样具有影响。

1. 学习

学习是指一种使个体可以得到持续变化的行为方式。消费者的学习是指消费者在其购买商品过程中，不断地获得购买和使用商品的知识、经验和技能的行为。由于市场营销环境的不断变化，消费者通过多方搜集相关信息作出购买决策的行为，就属于学习。消费者对于企业的品牌忠诚度就源于正面的学习强化。学习可以帮助消费者增加产品知识，丰富其产品购买经验，提高其购买能力，这样做有助于购买行为的完成，并且有助于重复购买行为。

2. 知觉

知觉是感觉器官与大脑对刺激作出解释、分析和整合的创造性过程，知觉不仅取决于刺激物的特征，而且依赖于刺激物同周围环境的关系以及个人所处的状况。人们的状态不同，或周围的环境不同，对产品会产生不同的知觉。制定具有针对性的企业营销策略，旨在影响消费者的感觉与知觉，引起消费者注意，加深其记忆，从而影响其购买行为。比如，轻缓舒适的音乐能够放松顾客心情，从而带来较好的产品印象。

3. 动机

动机是指支撑其实现某一目的而行动的原因，人的需要是由于人们缺乏某种生理或心理因素而产生的与周围环境的某种不平衡状态，消费者购买某一产品的动机就是该产品能够满足其某种需求。马斯洛理论将需求分为生理需求、安全需求、社会需求、尊重需求和自我实现需求五类，并且指出只有未满足的需求才具有激励个人采取某一行为的作用，已被满足的需求就不再具有激励作用。营销人员要发现未被满足的消费者需求，根据目标市场需要来制定市场营销策略，以满足其需求。

4. 信念与态度

信念是一个人对于某事物的判断、观点和看法。顾客对于本企业和品牌的信念就是本企业和品牌的形象。态度是人们基于自身道德观和价值观对某一特定事物的心理倾向。态度会使得人们对于相似的事物产生相对一致的行为。人们在学习过程中形成的信念和态度将影响着人们的购买行为。根据消费者对于某一产品的信念与态度的不同，我们将其购买过程分为三种类型：一是完全信任型，消费者往往会因为十分满意该产品而果断购买；二是部分相信型，消费者会因为对该产品某一方面不满意而犹豫购买，此时需要销售人员讲解和示范来增加消费者的信任，促使其购买；三是不相信型，消费者对该产品完全不满意而不购买，此时需要企业和市场营销人员利用各种渠道扭转消费者的态度，促使其购买。

二、消费者购买行为

消费者购买决策是指为了满足某种需求，消费者对某一类产品、品牌或服务的属性进行谨慎评价并进行选择、购买能满足特定需求的某一产品的过程。了解消费者的购买行为将有助于企业制定相应的市场营销策略。不同的消费者购买行为类型，其消费者决策影响因素不同。根据消费者购买的参与度和所购产品的差异度，可将消费者划分为以下四种类型。

（一）复杂型购买行为

它是指消费者在购买前，会收集大量的信息，以一定的标准对产品进行全方位评估，经过慎重选择，作出购买决策，认真进行购买和评价。在购买过程中，消费者高度参与。对于复杂型购买行为，企业应采取有效措施帮助购买者了解产品知识，使其意识到本产品的优点，从而影响其决策行为。

（二）协调型购买行为

它是指消费者在收集产品信息和挑选产品上并不花心思，简单且迅速进行购买决策，但购买后不满意，在使用过程中又重新搜集产品信息寻求心理平衡的行为。企业应通过各种途径向购买者提供产品有利信息，介绍产品优势，使其相信购买行为的正确性。

（三）广泛型购买行为

它是指消费者并不花很多时间来挑选产品，也不专注于某一产品，而是基于想换换口味的心理来时常变换产品种类。企业所处市场地位不同，应采用的策略也应不同。在企业处于市场竞争优势地位时，应占据有利的货架位置。在企业处于市场竞争劣势时，应采用免费试用、降低价格、介绍新产品等方式促使消费者进行产品选择。

（四）习惯型购买行为

它是指消费者由于多次购买和使用而形成了习惯，而不是因为特别喜欢某一品牌来购买某一商品。企业应要将营销的重点放在突出产品特点、给消费者留下深刻印象上，要加深消费者对于本产品的熟悉度。

三、消费者购买决策过程

消费者购买决策过程较为复杂，其决策过程可以分为以下五个阶段。

（一）确定需要

当消费者意识到自己对拥有某种商品有需求时，购买决策的过程就已经开始了。在此阶段，企业只有进行市场调研，才能找出消费者的需要，为企业营销活动奠定基础。企业营销活动应该致力于做好发掘消费驱动力和规划刺激、强化需求的工作。

（二）寻求信息

一般情况下，消费者在意识到自己有需求时，就会考虑自己购买哪一款商品，需要花多少钱，到哪里购买等问题。于是，他们开始寻找相关消息，了解产品信息，如产品的功能、质量、品牌、价格、已购消费者的反馈等。对于企业来说，设计适当的营销策略，将促使消费者选择本企业的产品。

（三）比较评价

消费者通过搜索信息，寻找出多种能够满足需求的商品，然后将多种商品的属性进行价值判断，最终选择出最适合自己需要的商品。在此过程中，消费者有的注重价格、有的注重质量、有的注重品牌、有的注重式样等。于是，企业需努力提升企业产品知名度，这样消费者才会将本企业商品纳入比较的范围，成为购买目标。所以，企业需调研研究人们在比较某一类商品时所对比的主要方面，并且着重对这些方面进行宣传，尽可能对消费者购买行为产生影响。

（四）决定购买

消费者对可供选择的商品进行判断之后，作出选择，就形成了购买意图。正常情况下，消费者会购买他们倾向的产品，但是有时也会改变购买决定。这种情况主要是受两个因素影响：他人态度和意外事件。

（五）购后评价

消费者购买商品后，购买决策仍在继续，他会对已购商品进行评价。购买者的评价关系到产品今后的市场和企业的声誉，企业必须充分重视。企业需密切关注消费者购买体验，采取相应措施，消除不满，提高消费者满意度，图 11-1 呈现了消费者的决策过程。

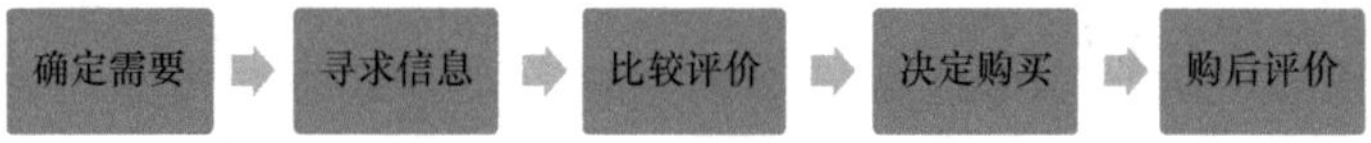

图 11-1　消费者的决策过程

第三节　目标市场营销

要想成功创业，企业必须弄清楚以下问题：我们的顾客是谁？如何让顾客选择我们的产品？一般按照以下步骤来回答上述问题：第一步，市场细分；第二步，目标市场的选择；第三步，市场定位。企业发现和选择了具有吸引力的市场机会之后，需要进一步细分市场，然后对目标市场进行选择。而市场定位就是根据最终确定的目标市场进行确定的。

一、市场细分

市场细分是现代市场营销观念的产物。它是企业按照消费者需求的差异性，以某种标准将消费者划分为不同的消费群体的过程，每一个消费群体构成一个子市场。企业在制定目标市场战略时，首先需要考虑的就是市场细分。可以这样说，市场细分是选择目标市场的基础工作。在创业初期，如果市场细分未能做好，那么很容易导致企业对新产品或服务的潜在市场规模作出错误评估，最终退出市场。

（一）企业开展市场细分的原因

1. 消费者需求是有差异的

不同的消费者对于产品的需求是不同的。消费者选择产品的依据是自己独特的需求。我们可以根据需求差异的大小，将消费者需求分为两类：一是同质性需求；二是异质性需求。属于同质性需求的消费者，其需求差异很小，企业无须针对这类需求进行市场细分。而属于异质性需求的消费者对产品的款式、质量以及价格的需求存在明显差异，企业需要针对这类需求进行市场细分。

2. 消费者需求是有相似之处的

生活在同一地理条件、社会环境和文化环境的人们会形成相对类似的需求特点和消费习惯。正因为消费者拥有在某方面的相似需求，企业才能按照一定标准将不同需求的消费者聚合成不同的群体。可以这么说，使市场细分成为必要的条件是消费者需求的异质性，而使市场细分成为可能的条件是消费者需求的相对类似性。

3. 企业资源是有限的

由于自身实力的限制，企业在创业初期，向市场提供的产品和服务不可能满足所有消费者的需求。为了在竞争激烈的市场中活下来并且获得竞争优势，企业需进行市场细分，选择目前对于企业来说最合适的目标市场，然后将企业资源集中，制定有效的营销策略，只有这样才能获得创业活动的成功。

（二）细分市场的作用

1. 有利于选择目标市场，制定营销策略

细分市场的成果是使得子市场更加具体，于是消费者需求变得更加清晰。企业可以根据企业发展目标和现有资源，来确定目标消费者群体（即目标市场），并制定相应的营销策略。另外细分市场后，企业更容易接收到市场在消费者的需求发生变化时反馈的消息，然后可以迅速改变营销策略，并制定相应的补救措施，来应对市场需求的变化。

2. 有利于发现市场机会，拓宽企业市场

企业在市场细分时，从购买潜力、竞争情况、满足程度等方面对每一个细分市场进行分析对比，从中发现企业生存发展的有利市场机会，拓宽企业市场，使企业根据自身生产技术和条件制订产品生产计划，来更好地满足市场的需要。

3. 有利于集中有限资源，获得竞争优势

由于生产资源的有限性，企业需要将有限的资源集中起来生产市场小而精的产品。企业需要选择适合自己的目标细分子市场，集中资源去生产能够获得市场竞争优势的产品，以此来占领自己的目标市场，使自身能够在竞争激烈的市场中生存并发展。

4. 有利于降低生产成本，提高经济效益

企业通过细分市场除了能从上述三个作用实现经济效益的提高之外，还可以确定自己独特的目标市场。这就要求生产的产品能够适销对路，通过扩大生产规模来降低产品生产成本和销售成本，提高企业经济效益。

（三）细分消费者市场的标准

由于多种多样的消费者市场以及各有不同的创业环境，对于消费者市场的细分并没有固定的标准，但大致可以分为以下几类，企业可以根据自身情况选择合适的细分标准。

1. 地理细分

根据消费者所在的地理环境的差异（包括地理区域、地形、气候、交通运输等），企业可以对消费市场进行细分。由于地理条件的不同，消费市场的潜力以及营销方式会因消费者较为明显的消费习惯差异有所不同。

2. 人口细分

根据消费者人口特征的差异（包括性别、年龄、收入、家庭人口、教育程度、宗教信仰、社会群体或种族等），企业可以对消费市场进行细分。其中，按照年龄和性别细分是细分市场较为常用的方法。

3. 心理细分

根据消费者生活方式、个性等心理变量，企业可以对市场进行细分。消费者生活方式和个性的不同决定了其对产品或服务有不同的需求。当消费者生活方式、个性改变时，其对于同一类产品的需求也会随之改变。

4. 行为细分

按照消费者购买或使用某种产品和服务的行为特征（包括购买时间、购买数量、购买频率、购买习惯或品牌忠诚度等），企业可以对市场进行细分。消费者行为特征是企业对市场进行细分时的重要依据。

（四）市场细分步骤

市场细分是一个比较、分类、选择的过程，通常按照以下几个步骤进行。

1. 确定选择市场范围

企业根据创业理念、现有资源和经营能力来明确进入市场的范围，如企业预期想要进入的行业、想要生产的产品和想要提供的服务等。值得注意的是，市场的范围是由市场需求来确定的，企业设想提供的产品或服务的特性并不能确定产品需求。

2. 列出潜在顾客的基本需求

企业需仔细思考本企业想要生产的产品更需要注意哪些细分标准，然后根据选定的细分标准（如从地理、人口、心理和行为等方面）列出潜在顾客的基本需求，并将之作为进一步研究的基本材料和依据。值得注意的是，列出的潜在顾客需求要力求全面。

3. 分析潜在顾客需求

企业通过大量的抽样调查列出潜在顾客的各种需求，从中找到潜在顾客的不同需求和共同需求，其中不同需求又分差异较大的需求和差异较小的需求，差异较大的需求是将潜在顾客划分为不同群体的基础。

4. 选取细分标准

企业需要梳理那些差异大的潜在顾客的特殊需求，将这些特殊需求作为细分标准，划分不同的市场。企业只有明确潜在顾客的特殊需求，有针对性地生产产品，才能生产出真正满足顾客需求的产品。

5. 进一步分析细分市场

根据选取的细分标准来进一步分析市场，在充分了解各个细分市场的特点之后，将需求无差异或差异较小的市场合并为一个细分市场，最终形成特点鲜明、差异明显的几个细分市场。

6. 确定细分市场规模

对细分市场进行调研研究，充分发掘各细分市场的特点，重点评估各个细分市场的规模和潜在需求，并且进一步分析研究细分子市场的需求特点。

7. 选择目标市场

根据企业预期发展、特点和现有资源，选择一个对于本企业来说有竞争优势的细分市场，并将之作为目标市场。不同特点的细分市场对于企业各方面的要求不同，企业必须在符合自身发展规划的情况下选择具有竞争优势的市场，只有这样才能保证企业能够获得较好的收益。

（五）有效细分市场的条件

企业进行市场细分是为了以顾客需求差异为依据，对企业产品进行定位，获得企业收益，维持企业的生存和发展。具有差异化特点的产品，其生产营销的成本也是具有差异化的。因此，企业在权衡市场细分给其增加的收益和成本时，必须要根据实际情况。因此，有效的细分市场具有以下特点：

1. 可衡量性

可衡量性是指市场细分的规模和购买力是可以估测的；否则，将不能作为制订营销方案的依据。

2. 可进入性

可进入性是指企业能够通过营销的手段使企业进入细分后的子市场，并且能够有效实施营销组合策略。产品可以通过适当的营销进入目标市场，将产品相关信息传递到目标消费者中。

3. 可营利性

可营利性是指细分后的市场拥有够大的潜在需求使得企业能够获得盈利和发展，其规模能够使企业有利可图。

4. 可区分性

可区分性是指能够在概念上区分不同的细分市场，并且不同营销组合方案引起的市场反应不同。

需要强调的是，顾客需求的差异性是市场细分的前提。因此，影响顾客需求、导致市场产生差异的所有因素都可以是市场细分的标准。另外，市场细分的条件会随着各类市场特点的不同而不同。

二、目标市场的选择

目标市场的选择是指由于资源的有限性，企业在评估每个子市场的吸引力程度和发展潜力之后，选择一个或多个子市场进入。企业在经过一系列的调研分析和合并细分市场之后，确定了哪些细分市场是具有商业机会的，接下来企业要决定适合进入多少细分市场，进入什么样的细分市场。企业将选择的细分市场作为目标市场是与其未来发展规划密切相关的，可以说合适的目标市场选择意味着创业成功的一半。

（一）选择目标市场的标准

1. 具有一定的规模和发展潜力

细分市场是为了能够更好地获得收益，如果企业将要进入的市场是规模小的或正在萎缩的市场，那么之后将很难获得发展。因此，企业在进行目标市场选择时，须慎重考虑，不能轻易选择进入。当然，对于新创企业来说，目标市场不宜是规模最大、吸引力最大的市场。因为，企业在资源不够充足、竞争力不够的情况下，贸然进入竞争激烈的市场，其生存和发展将受到严重威胁。

2. 细分市场的吸引力

细分市场后，市场的规模和发展趋势可能会达到企业理想条件，然而从新创企业需先生存再发展的角度来看，一些细分市场便不具有吸引力。我们可以运用波特的五力模型评估细分市场的吸引力，这五种力量分别是：潜在的竞争者、现有的竞争者、供应商的议价能力、购买者的议价能力和替代品的替代能力。

（1）潜在的竞争者。如果某个细分市场吸引的争夺市场份额的潜在竞争者具有拥有大量资源和新生产能力的特征时，那么该细分市场的吸引力就会失去。

（2）现有的竞争者。如果某个细分市场已有的竞争者众多且强大或者竞争意识强烈时，那么该细分市场的吸引力就会失去。

（3）供应商的议价能力。如果企业资源的供应商拥有控制产品提供数量和价格，或者是控制产品或者服务的质量的能力，那么该细分市场的吸引力就会失去。

（4）购买者的议价能力。如果某个细分市场中购买者的议价能力在进行商品购买过程中很强或者正在加强，那么该细分市场的吸引力就会失去。

（5）替代品的替代能力。如果已经有或即将有企业向市场提供替代产品时，那么该细分市场将会失去吸引力。

3. 符合企业目标和能力

细分市场的选择需要与企业目标紧密联系，企业在选择目标市场时，不能仅仅考虑细分市场是否有较大吸引力，还要考虑该市场是否能促进企业实现发展目标，企业要选择的目标市场应是二者兼具的细分市场。同时，企业需要结合自身资源条件选择经营的细分市场。

（二）选择目标市场的策略

1. 无差异化目标市场策略

该策略要求企业将整个目标市场作为一个整体进行营销，不进行市场细分，只生产或提供一种产品来满足目标市场的需求，它们满足的是消费者的共同需求，而忽略其差异性需求。采用该策略的企业可以大批量地提供本公司产品，降低营销成本，并且由于产品的相对单一性，花费在调研、研发和广告上的费用也相对降低。但是需要了解的是，该产品并不可能被所有的消费者长期偏爱。

2. 差异化目标市场策略

该策略通常要求企业选择的目标市场是两个及以上已经细分的市场中的子市场，并根据各个子市场的特点和消费者的需求，分别提供有针对性的不同产品和服务以及营销计划，使得在各类消费者中，本企业产品都更具吸引力。采用该策略的企业要求满足不同消费者的不同需求的能力要强，这将有利于企业占领市场、扩大销售、提高企业声誉。但是由于产品和促销方式的差异化，企业的管理难度增加了，生产和销售费用也提高了。

3. 集中目标市场策略

该策略要求企业选择一个或少数几个市场细分后的子市场抑或是一个细分市场的一部分作为目标市场，集中企业优势资源，对子市场采取专门化营销策略，实行专门化生产和营销，意在取得市场上的竞争优势。采用这种策略的企业对目标市场有较深的了解，能集中优势力量生产合适的产品，同时能够降低成本、提高企业和产品的专业度与知名度。但是企业可能会因不能对目标消费群体的需求和爱好的变化及时采取措施而陷入困境。同时，企业会因目标市场出现的强大竞争者受到严重影响。

上述三种目标市场选择策略各有优劣。显然，企业采用差异化的目标市场选择策略将比无差异化的目标市场选择策略创造的利益总额更大，但是前者对于企业专门化的要求更高，风险也更高。企业必须结合企业面临的各种因素和条件选择目标市场。企业需要通过不断的市场调研和预测，应对企业内外部环境的发展变化，只有这样才能及时了解市场变化趋势以及行业竞争的情况，利用企业优势，避开企业短板，抓住发展时机，灵活运用各种营销策略来适应瞬息万变的市场态势，以便于谋求企业更大的利益。

三、市场定位

在如今新式商品层出不穷的市场，每个企业都想要得到消费者的关注。企业不断地跟自己说：“我很优秀，我的产品很好。”但是，产品是好还是差，这由顾客说了算。那么，如何才能让消费者认识并偏爱本企业生产或销售的产品，使其在竞争激烈的市场中脱颖而出，获得稳定的销售呢？因此，企业必须赋予产品一定特色，树立起产品鲜明的市场形象，以此在市场中占据竞争优势。

（一）市场定位含义

市场定位是指企业以竞争者产品在消费者心中的重视程度为对照，营造一种与众不同、能让消费者印象深刻的产品形象，并有针对性地制定市场营销策略，并向消费者传播这个产品形象，以此来增强或改变消费者对于该产品的总体印象。市场定位就是在目标消费者心中留下独特且有价值的企业和产品形象。企业想要在目标市场中获得最大的战略优势，就必须使消费者能够区分本企业产品与竞争产品。

（二）市场定位的方法

1. 产品初定位

产品初定位是指对新产品的初定位，就是当新企业初入市场、企业新产品进入市场，或者产品进入新市场时，企业抛弃以前对于产品的设定，回到最初，重新开始，从新的角度思考产品特色，使得该产品特色在目标市场中能够被目标顾客记住并能够偏爱该产品。

2. 产品再定位

产品再定位是指对现有产品的再定位，就是企业在该产品初次定位不恰当或与其密切相关的客观环境发生变化时，为改变消费者对该产品原有的印象，重新树立该产品某种形象，力求让企业在市场竞争中处于有利地位的活动。再定位可能导致产品名称、价格和包装的改变。

3. 避强定位

避强定位指的是企业避开与强劲竞争者直接发生竞争的市场，而选择另一个竞争较弱的市场，开发销售和竞争产品有较为明显区别的特色产品。事实上，就是企业或是错开目前市场区域，或是避开热销产品种类，在长尾市场寻找企业发展的机会。

（三）市场定位的步骤

市场定位的关键是树立本企业产品在竞争激烈的市场中比竞争者产品更具有竞争优势的形象。一般来说，竞争优势分为两种：一是价格竞争优势，就是本产品的定价在同样的条件下比竞争者产品更低，这要求企业尽可能地降低产品成本；二是偏好竞争优势，就是顾客更偏好本产品的特色，这要求企业必须想方设法使产品具有受顾客偏好的特色。

企业市场定位有几个以下步骤。

1. 识别潜在竞争优势

通过大量调研工作，详细了解企业宏观环境和微观环境，研究目标市场顾客需求及目前市场满足顾客需求程度的情况，确定潜在目标顾客的真正利益需求，明确现有竞争者产品定位，寻找竞争者的竞争优势。

2. 核心竞争优势定位

将企业的资源与竞争者的资源进行全面比较，寻找现有竞争者在市场中的竞争弱势以及本企业在市场中的竞争优势，以此来选择本企业在竞争中最具优势的项目，并根据该项目来给企业在目标市场定一个初步的位置。

3. 竞争定位战略制定

首先，要让本企业的市场定位被目标顾客了解，利用企业各项资源来不断维持本企业的竞争优势，其次，通过营销让目标顾客认同和喜欢本企业的市场定位，力图让顾客将该定位与企业形象牢牢地结合在一起。最后，通过稳定其态度和加深其感情来巩固市场形象。

第四节　营销组合策略

著名的营销策略组合理论中，将市场营销分成四个基本要素：产品（product）、定价（price）、渠道（place）、促销（promotion），简称“4P”策略，是由美国市场营销专家麦卡锡（McCarthy）教授在 1960 年提出的①。

一、产品策略

企业市场营销活动是指向市场提供能够满足市场需求的某种产品或服务，因此企业市场营销组合中的重要因素指的是产品与服务，它影响着其他市场营销因素组合的效果，影响着企业绩效，对企业市场营销的成败有着重大影响。

（一）产品整体概念

产品是指提供给市场的、被人们使用和消费，并且满足人们需求的任何事物，包括有形物品、无形服务、场所、组织、思想或者是它们的组合。核心产品、有形产品和附加产品是产品整体概念的三个层次，如图 11-2 所示。

1. 核心产品

核心产品是指消费者购买产品时真正想要追求的利益，所以核心产品是产品整体概念中最基本、最主要的部分。消费者不是出于占有某种产品的目的而购买，而是出于拥有该产品能够满足自己某种需求的目的而购买。于是，企业在进行核心产品设计时，需要弄清楚目标消费者的需求。

① 小威廉·D. 佩罗特，尤金尼·E. 麦卡锡. 基础营销学[M]. 15 版. 胡修浩译. 上海：上海人民出版社，2006.

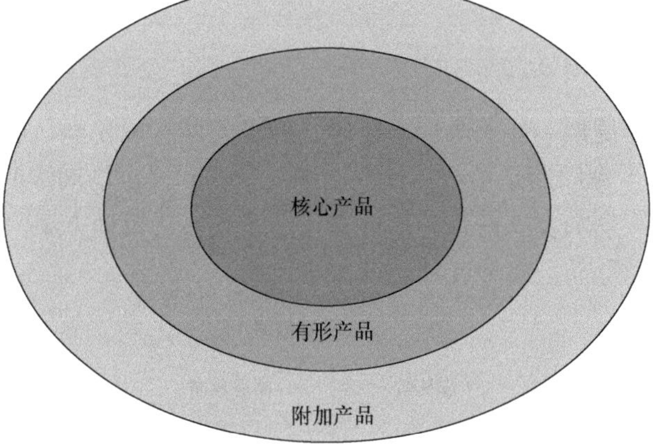

图 11-2 产品的三个层次

2. 有形产品

有形产品是指能够让消费者在市场中识别核心产品的表现形式，实物的有形产品通常为外观、式样、品牌名称、质量水平、包装等。产品的具体形式是产品基本效用得以实现的必要条件。企业设计产品时，为更完美地满足顾客需要，企业需先立足于顾客需求，努力提高本企业产品质量，然后再寻找实现利益的方式。

3. 附加产品

附加产品，是顾客购买产品时所获得的超出其期望的服务或价值，包括提供信贷、送货、安装、保险、售后服务等，还有因购买产品所获得的便利感、荣誉感和安全感等。顾客希望在购买产品满足自身某种需要的同时可以得到满足与该需要有关的一切。附加产品的提供需要企业对于市场需求有着深入的认知。

（二）产品组合概念

1. 产品组合含义

产品组合是指企业所生产或销售的全部产品线（产品大类）、产品品种（产品项目）的组合。产品线是指一组密切相关的产品（或是同类产品，或是共享客户，或是相同销售渠道，或是相似价格）。产品品种是指某一产品线内由尺码、价格、外观及其他属性来区别的具体产品。

2. 产品组合维度

产品组合包括四个维度：宽度、长度、深度和关联度。宽度是指一个企业有多少产品线。长度是指一个企业产品组合中包含的产品品种的总数。深度是指产品线中每一种产品具有多少规格品种。关联度是指一个企业在生产各个产品时在生产条件、分销渠道和最终用途等方面的密切相关程度。新创企业在进入市场、设计产品时，要考虑好产品组合策略。一般来说，企业增加产品宽度有助于充分发挥企业特长，使得企业资源和技术得到充分利用，提高企业经营效益，降低企业经营风险；企业为满足不同消费者的需要，可以适当增加产品组合的长度和深度，用以吸引更多的顾客；企业提高产品组合关联度，用以提高企业在某一地区、某一行业的市场地位，充分发挥企业技术、生产和销售的能力。

（三）产品生命周期

典型的产品生命周期一般分为四个阶段，即导入期、成长期、成熟期和衰退期，如图 11-3 所示。产品生命周期是指产品从开始进入市场到被市场淘汰的整个过程。企业必须要注意产品生命周期的发展变化，以此来灵活调整市场营销方案。只有在老产品退出市场之前及时推出新产品，企业才能持续健康发展。

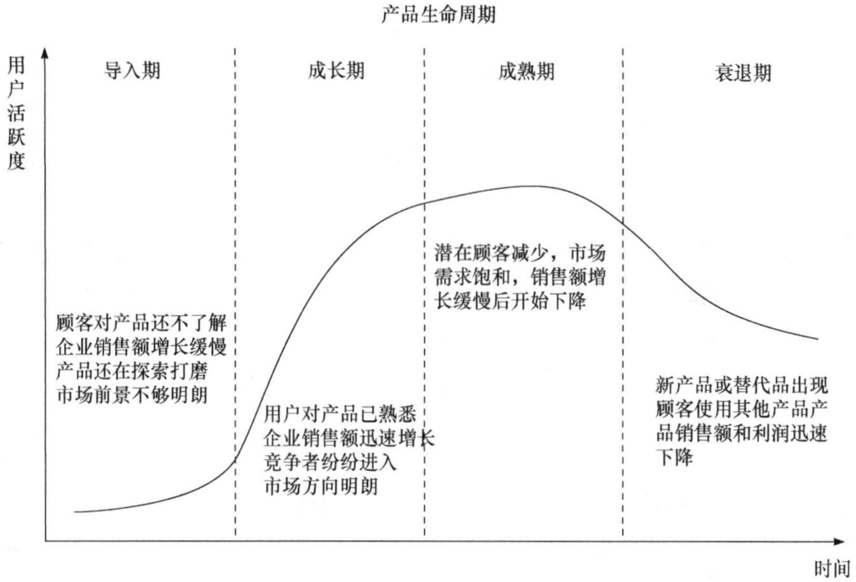

图 11-3　产品生命周期

1）导入期

新产品投入市场便进入导入期。此时，顾客对产品不了解，只有少数猎奇的顾客可能购买。于是，企业需要大量的促销费用来宣传产品、拓宽销路。在这一阶段，产品由于技术方面原因不能大批量生产，生产成本高，且企业销售额增长缓慢。于是，企业可能会处于亏损状态，且产品有待进一步完善。对于导入期的营销策略有以下几种。

（1）快速撇脂策略。借助高价格、高促销费用，以求迅速扩大销售量，取得较高的市场份额。该策略适用于以下情况：大多数潜在消费者还不了解这种新产品；已经了解这种新产品的人急于求购，并且愿意按价购买；企业面临潜在竞争者的威胁；产品研发成本高昂，企业急于收回成本。例如，高科技产品、化妆品、保健品等常采用此策略。

（2）缓慢撇脂策略。借助高价格、低促销费用获得更多的利润。该策略适用于以下情况：市场规模比较小，市场上大多数的消费者已熟悉该新产品，购买者愿意出高价，潜在竞争威胁不大。例如，技术垄断性产品（专利产品、专有技术产品）、部分高档品（存在品牌或供应渠道“垄断”的产品，如进口名烟、名酒及其他奢侈品）常采用此策略。

（3）快速渗透策略。借助低价格、高促销费用迅速打入市场，取得尽可能高的市场占有率。该策略适用于以下情况：市场规模较大；顾客对于该产品不了解；顾客受促销活动影响较大；大多数潜在购买者支付能力弱；潜在竞争激烈；当企业生产规模扩大后，单位产品成本低廉；前期研发成本低且实际制造成本不高。例如，软饮料、小食品等日用品常采用此策略。

（4）缓慢渗透策略。以低价格、低促销费用来推出新产品。该策略适用于以下情况：市场潜力很大，消费者熟悉这种产品但对价格敏感，并且存在潜在竞争者。例如，低价日用品（低值易耗品，如纸巾等）常采用此策略。

2）成长期

当产品在导入期的销售获得成功后，便进入了成长期。产品基本的生产条件已经成熟且已经有了大量顾客，企业销售额开始迅速增长，企业利润也迅速上升。这时，竞争者开始进入市场，同类产品出现，市场竞争开始加剧。在这时，企业要迅速扩大企业市场规模，促进产品尽快进入成熟期。对于成长期的营销策略有：一是改进产品质量、增加产品的特色和样式；二是增加新产品和侧翼产品；三是寻找新的细分市场或者建立新的分销渠道；四是转变产品广告目标，从扩大企业知名度转为说服潜在消费者购买产品；五是选择恰当时机降低产品价格，吸引价格敏感的消费者购买产品。

3）成熟期

此时潜在顾客减少，市场需求饱和，销售额增长缓慢后开始下降，且这个时期维持时间最长。目前市面上大多数产品都处于产品生命周期的成熟期，企业在此阶段将遇到最大挑战。成熟期也分为三个阶段：成长中成熟，产品销售增长率下降；稳定中成熟，市场已经饱和，竞争空前激烈；衰退中成熟，销售额开始下降，顾客开始物色替代品。在此时，企业需要做的是延长产品成熟期，延迟甚至避免产品出现衰退期。对于成熟期的营销策略有以下三种。

（1）市场改良策略。市场改良的方法大致分为三种。一是寻找新目标市场。寻找产品的新用途和新的市场，对市场重新细分。二是寻找新目标顾客。将目标顾客的范围扩大到竞争产品的顾客。三是扩大现有市场。对现有顾客，可以向顾客传递增加使用次数效果会更好的观点，以此来促使顾客更频繁地使用，扩大产品需求；寻找、增加产品新用途并使顾客相信。

（2）产品改良策略。可以从多个方面去对产品进行改良，对产品的质量、特性、功能、款式、品种、包装甚至是附加产品等进行改进，如通过提高产品质量、突出产品特性、增加产品功能、设计新产品款式、增加产品品种、改换产品包装和增加售后服务等来给顾客留下企业力求创新、产品跟上时代潮流的印象。

（3）营销组合调整策略。市场中延长产品成熟期最常见的营销方法就是营销组合的调整，可以说它是企业花费成本最低的营销。具体的做法有以下四种：一是调整新的广告和促销活动。新的广告将重新加深顾客对该产品的印象，而促销活动则会直接促进产品的销售，营造一种产品受欢迎的氛围。二是对分销渠道进行调整。分销渠道的调整将对最终顾客购买产品时的价格、质量和服务等产生巨大的影响，顾客更喜欢购买中间商少的产品。三是对价格策略进行调整。顾客对于产品价格的变动永远是敏感的，对产品的价格作适当的调整将有利于产品的销售。四是抓紧进行产品的更新换代和升级。在当今这个创新层出不穷、升级换代越来越快的时代，只有保证了产品持续的升级和换代才能保证产品和企业不被市场淘汰。

4）衰退期

市面有了新产品或者新替代品，导致顾客消费习惯改变，使用其他产品，进而导致产品销售额和利润迅速下降，产品逐步退出市场。此时企业需要的做法是延缓产品衰退，或者直接放弃该产品。对于衰退期的营销策略有：增加或者调整企业投资，加强对于有利可图的市场的投资，使自己得到一个有利的竞争地位；缩短营销战线，降低营销费用；转移产品市场，开拓新领域产品市场需求；开发产品新用途，旨在某些需求满足上代替其他产品。若是以上步骤无效，则企业应当有序地淘汰该产品。

二、价格策略

产品价格是消费者在进行产品购买决策时的重要影响因素，它对顾客接受产品的程度有着直接影响，是企业抢占市场份额和获得盈利的重要影响因素之一。企业需要对顾客的需求以及产品的成本作出准确的分析，根据消费者价格接受度和市场变化，制定合适的、有针对性的价格策略。企业在对产品进行定价时，需要考虑以下几个方面：定价目标、市场需求、产品成本、竞争对手的产品与价格、定价方法。

（一）定价影响因素分析

1. 定价目标

企业不能脱离企业战略目标和市场定位而孤立制定价格，其制定的定价目标必须符合满足市场需求和实现企业盈利的要求。一般来说，定价目标有维持企业生存、短期利益最大化、市场占有率最大化和产品质量最优化四种。

2. 市场需求

价格的高低影响着需求的大小。一般情况下，市场需求与产品价格呈负相关关系。产品的市场需求量在该产品价格上升时是减少的，在该产品价格下降时是上升的。当然价格对于需求量的调节作用也是有限的，这取决于该商品的价格需求。企业在制定价格策略之前必须了解本产品需求的价格弹性，即消费者对于该类产品价格的敏感程度。当价格变动对需求影响小时，称之为需求缺乏弹性；当价格变动对需求影响大时，称之为需求具有弹性。

3. 产品成本

如果说市场需求限制了价格的最高额，那么产品成本则决定了价格的最低额。产品的成本可以从短期成本和长期成本来看。在短期成本中，成本分为固定成本和可变成本。企业在计算单位产品成本时，尤其要注意，不能简单地将长期成本和短期成本相加求平均数，而是要算单位产品分摊的长期成本数再加上短期单位成本；如若不然，会出现单位产品成本偏大、产品定价过高的情况。

4. 竞争对手的产品与价格

企业要想更快、更准确地制定出本企业产品的价格，最好的方式就是了解竞争对手的产品质量和价格。若二者质量几乎一样，那么产品价格也应基本相同，否则相比竞争对手产品而言则没有市场竞争力；若本产品质量高于竞争对手产品，那么产品价格可以适当高一些；反之，若本产品质量低于竞争对手产品，则产品价格就应该相应低一些。另外，对目标市场结构进行划分将有助于企业更好地研究本企业的产品定价。在划分市场结构时，要将行业内部企业数量、行业内各企业产品差异度和市场进入障碍大小这三点作为依据。

（二）定价方法

企业产品的价格受成本费用、市场需求和竞争对手情况等因素的影响。于是，企业在制定本企业产品价格时应全方面考虑这些因素。但是，由于影响因素多种多样且削弱该因素的办法相互矛盾，因此在实际定价过程中只能侧重某一方面。大致定价方法有成本导向、需求导向和竞争导向三种。

1. 成本导向定价法

成本导向定价法是企业在为本企业产品进行定价时优先考虑的方法，主要以企业生产该产品时产生的成本为依据进行定价，其主要目的是在不亏本的情况下获利。任何企业在对本企业产品进行定价时都会考虑成本因素。成本导向定价法通常包括：一是成本加成定价法，这是一种较为常见的定价方法，具体做法是在产品的单位成本的基础上增加一个比例或者一个固定金额来得出产品价格；二是边际成本定价法，该方法是建立在大量数据建模的基础上，力求使产品价格和其边际成本相等，实现帕累托最优配置；三是盈亏平衡定价法，该方法的关键是找到收入与支出持平时的产品价格，利用盈亏平衡的原理来进行定价。

2. 需求导向定价法

需求导向定价是企业依据消费者对商品的认知以及对该种类商品的需求程度来制定价格的方法。当消费者认同该产品价值，或者对该产品需求量大时，对该产品定较高的价格。当消费者不太认同该产品价值，或者是对该产品需求量小时，定较低的价格。该方法是一种较为理想化的方法，其原因是消费者感知的产品价值很难被测量。于是，企业要通过大量的问卷或者访谈，了解消费者在不同状态下愿意为该产品付出的最高价格。

3. 竞争导向定价法

竞争导向定价法是指企业通过研究竞争者生产销售产品的情况，结合企业自身状态，以对手价格作为自己产品定价的主要参考。一般来说，具有以下几种方式：一是随行就市定价法，就是根据行业中该类产品的平均价格水平来制定本企业的产品价格；二是产品差别定价法，是指通过营销树立不同于其他同质同种产品的形象，然后制定低于或高于竞争者产品价格的产品价格；三是密封投标定价法，这一般适用于买卖招标的竞争中，通常是价低者得。

三、营销渠道策略概述

（一）营销渠道含义

营销渠道是指参与生产、分销和消费某一产品或服务的所有企业和个人，其中包括生产者、供应商、经销商、代理商、辅助商以及最终消费者和用户。企业营销渠道的选择将会直接影响其他营销决策。值得一提的是，现今中小型企业最常用的、最便捷的也是成本相对较低的营销渠道是线上渠道。随着人们生活习惯的变化，电子商务正在兴起繁荣。对于创业企业来说，协调好线上线下两个渠道将能在较大程度上激发企业的活力，有利于企业茁壮成长。

（二）营销渠道策略

营销渠道策略大体来说有以下几种。

1. 直接渠道或间接渠道的营销策略

直接渠道与间接渠道其区别在于有无中间商，大型设备、专用工具、技术复杂需要提供专门服务的商品以及不易保存商品，如鲜活商品等适宜采用直接渠道进行营销，其他种类的商品则适宜采用间接渠道进行营销。

2. 短渠道或长渠道的营销策略

分销渠道的长短一般是按通过流通环节的多少来划分，具体包括以下内容：①零级渠道：制造商—消费者。②一级渠道：制造商—零售商—消费者。③二级渠道：制造商—批发商—零售商—消费者。④三级渠道：制造商—代理商—批发商—零售商—消费者。

分销渠道的长短将直接影响到最终顾客购买产品时的价格，产品的质量、服务、附加产品以及顾客的购物体验等均会受到影响。因此，企业在决定产品渠道长度时，要全方面进行考虑，见图 11-4。

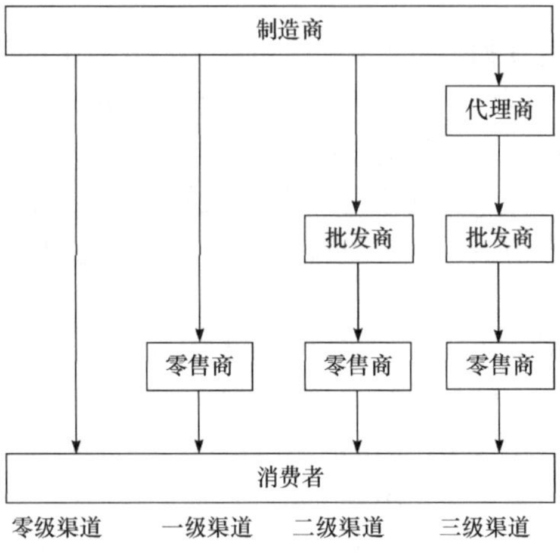

图 11-4　分销渠道

3. 宽渠道或窄渠道的营销策略

产品渠道的宽窄由产品从生产商到最终顾客的每个环节同类型中间商数目来决定。若企业在销售产品时使用多个同类中间商，那么该产品在市场上的分销面广，则称为宽渠道，与之相反的称为窄渠道。一般日用品采用宽渠道，专业性强或者贵重耐用品采用窄渠道。

4. 单渠道和多渠道的营销策略

单渠道和多渠道是相对于上述几种渠道而言的，当采用一种渠道进行营销时是单渠道，当采用多种渠道组合营销时则是多渠道。

（三）营销渠道的选择因素

影响营销渠道选择的因素多种多样，大体可以分为产品因素、市场因素、生产企业因素、经济收益、中间商特性五种。企业需要根据自己的产品特性以及发展战略制定相应的渠道策略。企业在选择具体的营销渠道策略时，无论何种目的，一般选择的渠道需要畅通高效、覆盖适中、稳定可控、协调平衡且需要发挥企业优势。评估营销渠道的标准有经济性、可调控性和适用性三个。

四、促销策略

促销策略是指企业通过广告促销、人员推销、营销推广和公共关系等多种促销手段，通过线上或者线下宣传，将产品信息传递给消费者，引起他们的注意和兴趣，从而激发他们的购买欲望，进而促进他们的购买行为，最终扩大产品销售的活动。一般情况下，企业可以从以下九个方面向消费者提供商品：一是供其所需；二是激其所欲；三是投其所好；四是适其所向；五是补其所缺；六是释其所疑；七是解其所难；八是出其不意；九是振其所欲。

（一）企业促销方式

企业进行促销一般会通过两种方式：广告促销和人员推销。两种方法各有利弊、相互补充，共同起到扩大产品需求、树立企业品牌形象、巩固企业市场地位的作用。企业促销策略分为两种：推式策略和拉式策略。这两种策略的促销手段出发点和作用各不相同。推式策略又称推销策略，是指采用人员推销的方式，将企业产品或服务推销给批发商，然后再由批发商推销给零售商，零售商将产品推销给消费者，是一种直接方式。拉式策略是指通过广告和公告，在线上或者线下进行宣传，吸引最终消费者，引起消费者购买需求，从而购买产品。

（1）广告促销。广告促销是为了向目标顾客传达销售信息，让其了解产品信息，并引起消费者购买需求，从而提高产品销售量。广告的有效性是以公司及其产品在消费者中知名度的提升、态度或观念的转变，并最终促动消费行为来认定的。不同生命周期的产品需要采用不同的广告形式进行促销。

（2）人员促销。人员促销是指企业促销人员通过采用向顾客传递信息、说服等技巧和手段，确认并激起顾客需求，介绍能够满足顾客需求的合适产品，以实现双方利益交换的过程。在此过程中，确定顾客需求，并通过自身努力去满足顾客需求是销售人员的主要任务，只有这样才能使得双方完成交易，获取利益。人员促销有建立自己的销售队伍和使用合同销售人员两种形式。企业需根据自身情况选择合适的促销形式。

（二）促销策略的实施

促销是指企业运用各种短期的刺激，使得消费者和贸易商迅速和较大量地购买某一种特定的产品或服务。在不同的市场环境下，企业需要采用不同的促销策略。

如果是对竞争者的促销行为作出反应，则可采用降价促销策略；如果是吸引消费者使用新产品，则可采用赠送免费样品或者试用样品的销售促进策略；如果是吸引顾客进入店铺，则可采用优惠券、特价组合、赠奖、商品展示表演、竞赛、抽奖等销售促进策略；如果是想与批发商和零售商取得合作，则可以运用购买折让、陈列折让、推销金等销售促进策略；如果是想激励推销人员，则可采用销售红利、销售竞赛、奖品等销售促进策略。

➢ 拓展学习

艾·里斯，杰克·特劳特，2021.定位 争夺用户心智的战争[M]. 邓德隆，火华强译. 北京：机械工业出版社.

大卫·奥格威. 2015.一个广告人的自白（纪念版）[M]. 3 版. 林桦译. 北京：中信出版社.

郭国庆.2020. 市场营销学通论[M]. 8 版. 北京：中国人民大学出版社.

亚历山大·奥斯特瓦德，伊夫·皮尼厄. 2016. 商业模式新生代[M]. 黄涛，郁婧译. 北京：机械工业出版社.

➢ 思考题

1. 简述市场营销概念。
2. 简述产品整体概念的三个层次。
3. 简述市场细分的步骤。
4. 简述产品生命周期四个阶段的特征和营销策略。
5. 简述产品定价的影响因素。

第十二章　企业资本管理

本章重点

融资分类
融资方式
融资渠道
创业融资的选择策略
融资步骤

引导案例

“多赢的融资租赁”

企业融资需求：某企业需要购买一批设备用于扩大生产规模，原本想通过银行贷款来获得融资。然而，由于企业规模较小，信用评级不高，被银行拒绝融资申请。后来，企业选择了融资租赁，与一家租赁公司签订了融资租赁合同。根据合同，该租赁公司购买了设备并将其租给企业，企业每月支付租金。在若干个月后，该企业有权购买设备。

案例分析：企业融资租赁是一种有效的融资手段，特别是对于规模较小、信用评级不高的企业来说，更为实际可行。融资租赁可以提供灵活的融资期限和还款方式，减轻了企业的债务负担。同时，融资租赁的利息通常比银行贷款更低，降低了企业融资成本。在该案例中，企业成功获得了所需要的融资，扩大了生产规模，提高了竞争力。

资料来源：案例为笔者自行整理而成

第一节　对初创公司融资需求的估计

从发展的角度来看，资金对初创公司都是稀缺资源，而企业的生产经营、资本经营和长远发展又离不开资金。因此如何有效地进行融资就成为企业财务管理部门一项极其重要的基本活动。本节重点对融资的概念、分类、创业融资的本质、融资前的准备以及如何计算融资资金展开论述。

一、融资及其分类

企业的生产和业务运营使公司不断产生资本需求。同时，由于对外投资活动和资本结构调整，企业需要筹集资金和使用资金。融资主要是指资金的融入，即资金来源，具体是指在一定的渠道下，采用一定的方法，以牺牲一定的经济利益为代价，从资金持有人手中筹集资金，以满足资金使用者在经济活动中的一种经济行为的财务需求。狭义的融资只指不同资本所有者之间的金融沟通，即资金从供给方流向需求方。广泛的融资还包括经济主体通过一定方式在自身内部进行资金融入。融资类型有以下几种：第一，根据融资时长差异，可分为长期融资和短期融资；第二，根据企业内部或外部募集的资金来源，可分为内源融资和外源融资；第三，根据企业融资活动是否以金融机构为媒介，可分为直接融资和间接融资；第四，根据企业通过出售股权或债权融资所需资金，可分为股权融资和债权融资①。

从创业者的角度来看，初创公司往往缺乏资本。大学生创业者很难通过自筹资金的方式获得足够的资金，年轻的初创企业也很难通过抵押贷款的方式从银行获得贷款。然而，企业的发展迫在眉睫，创业者需要充足的外部资金进行产品设计和营销。从投资者的角度来看，投资者通常通过收购股权来投资初创公司。他们希望随着初创公司规模的扩大，持有的股票的价值也会增长。

利益的互通性将创业者和投资者聚集在一起。更重要的是，投资者拥有更多的市场经验和更广泛的人际关系，这可以给创业者带来更多的附加值，提高大学生创业的成功概率。因此，这不仅仅是投资者和创业者之间的资金运作，也是双方寻找强有力盟友的过程。

二、创业融资定义

创业融资是创业企业为了存活和稳步发展而筹措资金与利用资金的活动。创业融资是研究创业企业如何获得融资的过程，包括如何获得存在特定融资风险情况下的资金，并且最大限度地降低融资成本，实现融资价值的最大化。初创企业融资的能力体现在获得资金的融入上，即在目前所有的条件下，初创企业所能获得的最大资本额。换句话说，外部资本愿意融入的金额越高，初创企业的融资能力就越强。

一般来说，初创企业的信用度和利润率是影响其融资能力的主要因素。初创企业可以通过申请抵押获得贷款，投资者根据初创企业的融资能力和企业规模确定可提供的融资额度。但是对于初创企业来说，尤其是那些刚起步的初创企业，企业的信用度和利润率还无法知晓。特别是一些高新技术的初创企业，由于新技术的行业特点，固定资产非常少，可能只有几台电脑。因此，对初创企业的融资标准必须作出一定程度的修改，不能完全与传统大型企业的融资标准一样。

三、创业融资的本质

创业的起步阶段最关键的是资源的配置，最为明显的表现形式是资金的分配。企业融资的首要目的是满足初创企业的生存和发展。然而，企业的性质和面临的外部不确定性因企业而异，成长阶段之间也存在较大差异。不同的规模结构和成本特征对资金的需

---

① 田增瑞. 创业基础：创业素质与资源整合[M]. 北京：北京大学出版社，2017.

求也不相同，这就要求初创企业通过不同的融资方式来获得资金。

初创企业自身的特点决定了创业企业与其他企业在融资过程中的区别。由于大多数初创企业都处于企业成长的初期阶段，与规模较大、发展较成熟的企业相比，存在客观信息不对称和知识积累不足的问题，处于相对劣势。这些劣势主要表现为创业时间短、规模小、信息所有权少、信用记录缺失等。信息透明度低必然加大投资决策和管理的盲目性，信用记录的缺失和地位尺度的弱化也导致了风险投资与融资市场信用的“双缺口”。初创企业成长的高度不确定性将影响投资者提供资金的意愿、信贷意愿和管理者的决策，同时也会影响投资者的投资时机，即投资者在创业公司启动阶段就投入所有资本和分阶段投入资本之间作出选择。创业企业作为资金需求方与资金供给方之间的信息不对称，可能产生道德风险，因此资金供给方需要更严格的监管机制来控制其商品和资金的使用。然而，由于监测成本高，处理信息也会遇到困难，因而限制了信息的时效性。这也限制了投资者向哪怕是一些拥有较强可行性和较高报酬率的创业企业进行投资。

一般来说，由于初创企业和大型企业的融资方式不同，它们与资金供给方的信息不对称程度不同，融资方式也会有所不同。因此，找到适合创业企业融资需求特点的融资方式或手段是解决融资风险问题的有效途径。降低信息不对称程度，减少道德风险和逆向选择的发生，有利于提高初创企业的融资能力，实现资本资源供需平衡配置。

四、融资前准备

融资准备工作必须同时从内部和外部入手，提高内部建设，对企业的现状和发展有清醒的认识与充足的了解。与此同时，创业者还需要了解外部融资的市场环境，对于缺乏专业知识的创业者，还可以聘请专业的融资顾问进行咨询，以便为成功融资创造良好的条件。总的来说，创业者需要完成以下三项任务。

（一）加强企业自身建设

企业需要考虑最初的商业模式，建立竞争团队，寻找市场用户，提高产品质量。建设主动性强、凝聚力高和管理技能优秀的核心创业团队是初创企业融资成功的重要保证。

（二）制定融资战略

创业团队还要充分考虑融资时间、融资的资金数额和融资方式。融资金额和融资时间应根据不同的发展阶段进行考虑。融资方式的选择需要结合自身条件和各种融资渠道的风险与成本进行考虑。

（三）制订业务计划，落实相关人员储备

将市场、业务和融资计划作为简洁、有说服力的书面文件来表达，通过加工和润色生成详细的业务计划，将使投资者更清楚地了解业务。应当指出，随着融资准备工作的完成，创业团队的专业素质缺乏也可能会导致投资谈判失败。所以，创业团队成员在适当的时候参加专业培训也非常重要。此外，创业企业还需要一批相关人才的储备，避免出现无人可用的情况。

因为创业者缺乏专业融资的经验、时间和精力，聘用专业的融资顾问不失为一种办法。融资顾问可以对融资的各个环节提出专业性的建议，还可以利用自己累积的融资渠道向创业者推荐合适的投资人。

五、计算融资资金

初创公司的常见开支可分为两类。第一类是固定资产的投资，一般是指使用寿命较长、价值较高的生产资料、办公家具和设备、机械工具等。但有些企业只需要少量的固定资产，如很多计算机学科类的大学生创办 IT 公司，往往从几台笔记本电脑开始，一间民房就足够了。但有些公司需要大量的投资才能开始。建议创业者前期应尽量减少不必要的投资，以减少风险。第二类是流动资金投资，是指企业日常经营所需的资金。流动性资金包括：原材料和成品的存储成本、促销费用、工资、租金、电力、文具、交通以及一些其他费用。

确定融资金额的关键取决于初创企业对资金的需求。通常建议团队按照 18 个月的运营成本来计算这一数字，18 个月是一个较好的平衡时间。若按 12 个月的运营资金筹集，如果项目发展太快，就会出现筹资太少的情况，那么 6 个月后创始人就有可能要进行资金筹集，没有办法集中精力创业。如果按 24 个月进行筹集，这相当于用目前的估值来筹集两年所需的资金。但是，如果两年内公司的发展一切顺利，那么公司的估值至少是现在的 4～10 倍，这代表着不必要的股权稀释和创业者的损失。因此，18 个月是一个很好的平衡时间点。

对于计算具体融资金额，我们需要建立财务模型，实际上建立财务模型的方法有很多种。有些人会分散对人员、租金、运营、营销的估计，也有人使用更简单的模型，如“员工薪酬 × 乘数”的方式进行计算。以我国台湾公司为例，根据所从事的行业，这个乘数为 1.3～2.0 倍，然后以公司员工总薪酬乘以相应的数值就得到了融资资金。

其中有几个关键：①创业者需要的不是一个唯一确定的“值”，而是一个恰当的“范围”。②计算的融资资金不需要完美，没有人会强迫你严格按照预算表来发展公司，创业团队最重要的是灵活性，不能也不应该被财务模型束缚。③成本增长应低于收入/毛利率增长，否则过早规模化将是一个问题。

知识库

计算融资的方法

一、可比公司法

首先要挑选与非上市公司同行业可比或可参照的上市公司，以同类公司的股价与财务数据为依据，计算出主要财务比率，然后用这些比率作为市场价格乘数来推断目标公司的价值，如利用 P/E（市盈率，即价格/利润）、P/S 法（价格/销售额）来计算。

二、可比交易法

挑选与初创公司同行业或在估值前一段时期被投资、并购的公司，将融资或并购交易的定价作为参考依据，从中获取有用的财务或非财务数据，求出一些相应的融资价格乘数，据此评估目标公司。

三、现金流折现

这是一种较为成熟的估值方法，通过预测公司未来自由现金流、资本成本，对公司未来自由现金流进行贴现，公司价值即为未来现金流的现值。计算公式如下：

$$P=\sum_{t=1}^{n}\frac{\mathrm{CF}_t}{(1+r)^t}$$

式中，P——企业的评估值；

n——资产（企业）的寿命；

CF_t——资产 （企业）在 t 时刻产生的现金流；

r——反映预期现金流的折现率；

t——时间。

从上述计算公式我们可以看出，该方法有两个基本的输入变量：现金流和折现率。因此在使用该方法前首先要对现金流作出合理预测。

四、资产法

资产法是假设一个谨慎的投资者不会支付超过与目标公司同样效用的资产的收购成本。比如中海油竞购尤尼科，会根据其石油储量对公司进行估值，就是使用了资产法。

资料来源：企业融资额怎么计算？[EB/OL].https://www.sxyye.com/cms/qiyerongzi/52435.html, 2023-05-15

六、风险融资的原则和核心内容

哈佛大学商学院工商管理博士蒂蒙斯有 “创业教育之父”之称。他总结了创业融资规划的三大核心问题，对于初创企业融资而言，需要考虑的核心问题主要包括：价值创造、价值分配和风险分析[①]。

（一）价值创造

企业创业发展期的价值主要基于未来的巨大效益。如何提高企业的价值，以及如何衡量企业在不同阶段的价值，是初创企业融资时首要的关注点。在高新企业的发展过程中，占有很大比例的是无形资产的价值，其中包括技术研发能力、管理团队能力、专有技术、商标等，这些最终都会在未来企业的营利能力上体现出来。价值创造也应在员工、客户和股东中细分出来。

① 田增瑞. 创业基础：创业素质与资源整合[M]. 北京：北京大学出版社，2017.

（二）价值分配

融资谈判和交易的基础是要确定初创企业在融资过程中价值交易结构的股权比例，同时也要考虑到其他价值创造者的问题，而这些都必须要建立在行业特性和法律程序的基础上。

（三）风险分析

创业融资对投资者风险更大，主要包括市场风险、技术风险、管理和道德风险等。对于投资者来说，还有股权和控制权的风险。

在初创企业融资过程中，除了上述三大核心问题，还应遵循三个核心原则：第一，融资钱多优于钱少；第二，资金流入越早越好；第三，风险较低的现金优于风险较高的现金。虽然看似简单，但经常被企业忽视，而这三点往往在初创企业长期发展战略中起到至关重要的作用。其中，第一个原则重点考虑企业融资时需求的融资额度；第二个原则重点考虑企业融资规划和战略融资时机；第三个原则重点考虑融资对象的选择。同时创业者还要完善融资策略，了解各种可选的融资方案，在确定企业发展的空间和规划后，制定相应的金融战略和融资战略显得尤为重要和紧迫。

第二节　融资渠道

一个企业的发展受到很多因素的限制，而这些因素中资金是最重要的。企业在面对资金不足时，则需要采取融资的方式来解决这一问题。本节重点介绍各种融资方式并比较它们的利弊，另外本节还介绍了企业在不同的情况下如何选择适用的融资方式，同时也对融资渠道展开了论述。

一、融资方式

（一）外源融资和内源融资

初创企业的融资主要分为三个层面：①外源融资和内源融资，②将外源融资分为直接融资和间接融资；③对直接融资和间接融资再进行细分。

初创公司内源融资是指以资本（股权除外）、折旧资金置换投资、留存收益转为新投资等形式，依靠内部积累的初创企业融资。创业企业的外源融资是指企业通过从外部获取资金以支持其经营活动的一种融资形式。相对于外源融资，内源融资可以减少信息不对称问题及与此有关的激励问题，降低融资的成本，节约初创公司交易成本，从而提高企业的剩余控制力。内源融资在初创公司的初期发展中起着重要的作用。然而，初创公司的净资产规模、营利能力以及未来预期盈利限制了内源融资能力的提高。在现实生活中，资金的供求关系依旧存在着一定矛盾，这促使外源融资得到了发展。在初创公司发展过程中，任何一个初创公司都要面临如何确定内源融资和外源融资的最佳价格结构比例问题。

外源融资中直接融资是指初创企业作为资金需求者，直接对资金提供者进行资金融资的方式，一般是指债券和股票的发行方式；间接融资是指企业通过金融中介机构间接融资的方式，通常是指银行或非银行金融机构的贷款。

企业内源融资能力取决于净资产规模、利润水平和投资者的预期。当内源融资仍然不能满足初创公司的资本需求时，公司可以考虑转向外源融资，但股权融资的外源融资方式会使股东的股权稀释、收益减少，影响时间较长，而债权融资成本更高，但影响时间较短。

（二）股权融资和债权融资

企业融资有两种类型，即股权融资和债权融资，这也是创业者和投资者经常提及的名词。

（1）股权融资是指企业股东愿意放弃部分企业所有权，通过增资方式引入新股东融资。股权融资所得资金不需偿还债务，但需要和新股东分配其业务的利润。股权融资的特征决定了股权融资的使用广度，股权融资不仅能丰富公司的流动资金，还能利用其开展公司投资活动。但具有容易分散企业的控制权、资本成本负担较重、信息沟通与披露成本较大的缺点。

根据融资渠道可将股权融资划分为两大类：公开市场发行和私募融资。公开市场发行就是通过股票市场向公众投资者发行企业股票来筹集资金，我们常说的企业上市就是通过发行和配股利用公开市场进行股权融资的具体形式。私募融资是指企业通过增资吸引特定投资者投资的方式。由于绝大多数股票市场对申请出售股票的企业都有一定的要求，大多数中小企业达到上市和发行股票的门槛存在很大的困难，因此民营中小企业的融资途径大多数还是以私募股权为主。

（2）债权融资是指企业通过借款获得所需资金，企业需要支付资金利息，贷款到期后还需要将本金偿还给债权人。债权融资的使用由债权融资的特征决定，其主要是为了解决公司短期流动资金短缺的问题，而非资本支出不足的问题。债权融资的结果是增加企业的负债。按渠道的不同可分为银行信贷、私人信贷、债券融资、信托融资、项目融资、商业信贷和租赁。

债权融资成本较低，合理使用也可以带来杠杆收入，但不当使用债务资金会带来清算或终止业务的风险。

无论是股权融资还是债权融资都有一定的利弊，创业者应熟悉不同融资方式的优缺点，考虑不同情况下的融资成本，只有这样才能作出科学的融资决议。表 12-1 对以上提到的融资方式进行了比较分析。

表 12-1 融资方式的比较

融资方式	优点	缺点	适用情况
外源融资	资金来源非常广泛，方式各种各样，使用比较灵活方便，能满足资金短缺者不同的资金需求，从而提高资金的使用效率。更重要的是，它是将资金盈余者和资金短缺者连接起来的重要融资方式。没有外源融资，金融市场、金融机构也就不复存在	股权融资方式会使股东的股权稀释、收益减少，影响时间较长，而债权融资成本更高，但影响时间较短	当内源融资仍不能满足企业的资本需求时，企业会考虑转向外源融资

续表

融资方式	优点	缺点	适用情况
内源融资	内源融资可以减少对员工的相关激励及信息不对称的问题，降低融资成本，节约初创企业交易成本，增强企业的剩余控制力；内源融资不需要实际支付红利或利息，且不会降低企业的现金流；与此同时，由于资金来源于内部，内源融资的成本远远低于外源融资	初创公司的净资产规模、营利能力以及未来预期盈利限制了内源融资能力的提高	初创企业的首选融资方式
股权融资	股权融资所得资金不需偿还债务，但需要和新股东分配其业务的利润。股权融资的特征决定了股权融资的使用广度，股权融资不仅能丰富公司的流动资金，还能利用其开展公司投资活动	容易分散企业的控制权；资本成本负担较重；信息沟通与披露成本较大	①企业的发展缺乏资金；②企业需要新股东在营销、技术内涵和管理经验方面具备一定经验；③新股东增加后，原有股东的份额不会恶意减少；④企业的利润率较低，需要进行调整
债权融资	债权融资成本较低，合理使用也可以带来杠杆收入	不当使用债务资金会带来清算或终止业务的风险	①企业发展资金不足；②企业具有一定的营销、技术水平和管理经验；③企业借款后资产负债率不会恶意上升；④企业具有良好的投资利润率

二、融资渠道

融资渠道是指初创公司获得资金的方向和渠道，体现了资金的来源和流动方向。社会资本提供者的数量和分布影响了融资渠道。了解融资渠道的种类、特点和适用性，有利于创业者充分利用和开拓融资渠道，实现各种融资渠道的合理结合，有效筹集所需资金。我国创业融资渠道分类的定义不是很明确，这里对大学生创业融资的共同渠道主要从以下五个方面进行简要介绍（图 12-1）。

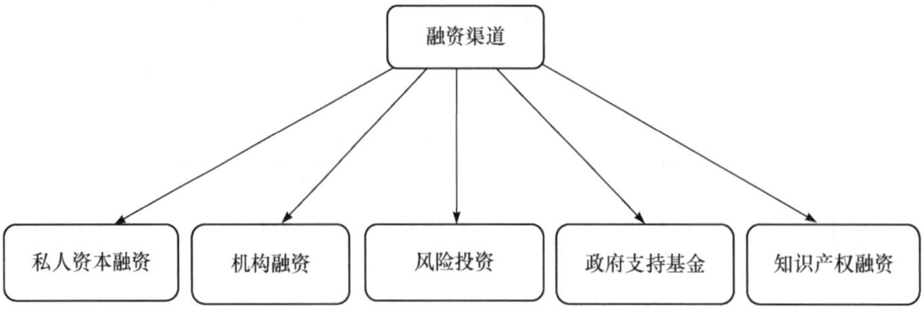

图 12-1　融资渠道

（一）私人资本融资

私人资本主要包括个人储蓄、天使投资等。根据世界银行对北京、成都、顺德和温州民营企业的调查①，中国民营中小企业在创业初期几乎完全依靠自筹资金，其中90%以上的初始资金由主要所有者、创业团队成员和家庭、银行等金融机构提供，私人资本在风险投资中具有不可替代的作用。

1. 个人储蓄

个人储蓄投资对创业企业非常重要：第一，初创者投资个人的储蓄体现了初创者对项目发展前景的展望，只有当创业者对项目的未来发展充满信心，他才会放心地将储蓄投入企业。第二，个人储蓄对企业的投入是企业未来继续投入时间和精力的保证。创业者投入的资金越多，其在未来的生产经营过程中就越重视企业。第三，个人储蓄投资是保护债务。在破产清算中，债权优先于投资者的权利，因此企业能够收取的债务资金一般限于投资者的投资。企业家的初始资本是债权的基本保证。第四，个人储蓄投资有助于企业家分享投资成功的喜悦。因此，准备创业的人应积极准备，尽早将部分收入积累下来，以作为风险准备基金。

创业者可以通过转让部分股权、建立合伙企业或从更多投资者那里获得创业资金，以及通过公募股权或私人股本融资建立企业来从合作伙伴那里获得创业资金。将个人合作伙伴或个人股东纳入其初创团队并使用其团队成员的个人储蓄是创业者筹集资金的最常见方式之一。就中国目前的情况而言，家庭经济支持在支持大学生创业方面起着重要作用。以家庭为中心，形成亲属关系、商业关系、地理关系等社会网络关系，对许多创业活动都产生了重要影响，包括创业融资在内也是如此，因此，创业者及其团队成员应将家庭储蓄归入个人融资范畴。

对许多创业者来说，个人储蓄投资虽然是一种新商业融资的方式，但并不是根本的解决办法。一般来说，创业者的个人储蓄对于初创企业来说总是非常有限的，尤其是对于初创企业或资本密集型初创企业来说，这几乎是杯水车薪。

2. 天使投资

天使投资是指个人出资，帮助具有专业技术或独特概念的创业者创业，承担创业的高风险，创业成功后享受高回报，或者是自由投资者或非正式风险投资机构对原创项目构思或小型初创企业进行的一次性的早期投资，是一种非组织性风险投资形式。

“天使投资”起源于纽约的百老汇，是一种富人资助的公益行为。对于一些极具理想的演员来说，这些赞助商无疑是从天而降的天使，使他们梦想成真。后来，天使投资被称为对高收益、高风险的初创企业的早期投资②。天使投资有三个主要来源：前创业者、传统富人、大型高科技公司或跨国公司的高级管理人员。在一些经济发展良好的国家，政府也扮演天使投资者的角色。

天使投资主要分为两种：第一种是具有行业背景的天使投资；另一种是不具有行业背景的天使投资。这两种不同的天使投资，从对初创企业的期望和投资行为，到与创业团队合作的模式都有明显的差异。从资本的角度来看，这两种投资者都是较好的资金来源。在早期初创企业迫切需要资金，而资金的来源又非常有限，天使投资是他们获得资

① 李正图，王变. 中国民营企业成长与银行业的创新[J]. 金融理论与实践，2004，（3）：6-8.

② 王卫红，金伟林，何伏林. 创业基础[M]. 杭州：杭州出版社，2017.

金的一种重要方式。如果资金需求不那么紧缺，那么公司发展得更为成熟一些时再寻找投资会更为有利。若在早期初创企业团队缺乏的不仅仅是资本，那么则应该更加理性地倾向于寻求具有行业背景的天使投资。

（二）机构融资

与民间基金相比，事业单位的资金量较大，选择投资对象的过程比较正式，获得机构融资一般会提高企业的社会威望，给人留下企业很正规的印象。机构融资可通过银行贷款、非银行金融机构贷款、交易信贷和融资租赁以及从其他企业融资获得。

1. 银行贷款

2006 年，孟加拉国格莱珉银行的创始人穆罕默德·尤努斯因以银行贷款的方式帮助穷人创办自己的企业而获得诺贝尔和平奖。中国也有多家银行推出了贷款产品，以支持个人创业。例如，2003 年 8 月，中国银行、中信银行、光大银行、广东发展银行等金融机构相继启动“个人创业贷”项目。早在 2002 年，中国农业银行就出台了《个人生产经营贷款管理办法（试行）》并已投入运行。创业者更合适的银行贷款形式是抵押贷款和担保贷款，但是缺乏商业历史，也缺乏信用积累的创业者从银行获得信贷比较难。

2. 非银行金融机构贷款

非银行金融机构是以发行债券、股票、提供保险、接受信贷委托等形式筹集资金的金融机构，它们常将募集的资金运用到长期投资中。在我国，非银行金融机构包括信托公司、企业集团金融公司、金融租赁公司、汽车金融公司、货币经纪公司、境外非银行金融机构驻华代表处、城乡信用社、典当行、保险公司、小额信贷公司等。

3. 交易信贷和融资租赁

交易信贷是指企业在正常经营活动和商品交易中因延期付款或预收付款而产生的信贷关系。企业在筹备期和生产经营过程中，可以依靠商业信贷筹集部分资金。如企业在收购设备、原材料或商品时，通过延期付款，在一定期限内免费使用供应商提供的部分资金；创业者还可以通过融资租赁为购买设备等长期性资产筹集急需的资金。

融资租赁是指转移了与租赁资产所有权有关的几乎全部风险和报酬的租赁。资产所有权最后可转让，也可不转让。融资租赁是集融资与整合、贸易与技术更新于一体的新型金融业务。由于其融资与融物相结合的特点，一旦出现问题，租赁公司便可对租赁货物进行收回和处理，所以在办理融资时对企业信用和担保的要求不高，因此非常适合中小企业融资。此外，融资租赁是资产负债表外的融资，不反映在企业财务报表中的负债项目中，不影响企业的信用状况，对于需要多渠道融资的中小企业比较有利。在筹建期内，创业企业可以通过融资租赁的方式获得急需设备，从而使部分资金需求得到解决，并取得与租赁资产总价值相当的债权。一方面，它可以使企业按期开业，顺利开展生产经营活动；另一方面，它可以解决初始资本不足的问题，可以节约初始资本支出，将设备购置资金转化为主营业务运营资金，提高企业的现金流量创造能力；同时，融资租赁分期付款的性质可以使企业保持较高的偿付能力，有利于维护财务声誉。

4. 从其他企业融资

虽然在多数情况下，企业是资金的需求者而不是提供者，但对于不同的行业，或在企业发展的不同时期，一些企业仍有暂时的闲置资金可以提供给外部世界，特别是一些从事公共事业业务的企业，或已经发展成熟的企业，现金流一般会相对充足，甚至大量的资本需要通过这种方式来投资，以实现更高的回报。对于资金闲置的企业，创业者既可以吸收资金作为股权资本，也可以向这些企业借款，形成债权资本。

（三）风险投资

在我国，对风险投资普遍的观点是：风险投资是由专业机构提供的投资于极具增长潜力的创业企业并参与其管理的投资方式。中国的风险投资不仅为高科技项目投资，而且对传统领域也感兴趣，如教育和医疗等。

上述的天使投资也是一种广义的风险投资，但狭义的风险投资主要是指机构投资。正如天使投资者选择投资项目一样，风险投资机构也是如此。创业者在向风险投资机构寻求融资时，应更加注重了解，以便进行沟通。

（四）政府支持基金

创业者还可以利用政府支持政策获得政府的财政支持。政府财政支持是中小企业融资的重要组成部分。结合世界各国的情况，中小企业外源资本的10%左右都为政府财政支持，政府财政支持的主要方式包括贷款援助、财政补贴、税收优惠和直接融资渠道的开通。

随着中国经济实力逐渐增强，政府对创业的支持在行业覆盖面和力度方面都取得了很大进展，政府对创业者的创业支持资金也在逐步增加。例如，为科技型企业和中小企业提供技术创新专项资金、为中小企业“走出去”提供专项资金，此外地方还出台了较多的优惠政策。创业者应善于利用相关政策，以更少的时间取得更多资金。

（五）知识产权融资

知识产权融资也是创业者应该重视的一种有价值的融资方式，国内外有很多成功案例。知识产权融资可以通过知识产权作价入股、知识产权按揭贷款、知识产权信托、知识产权证券化等方式进行。

第三节 创业融资

创业融资的重要性体现在使企业获得指导、获得资源、获得背书以及加快企业项目的发展速度等方面。而创业融资的选择需要根据创业的不同阶段融资需求的变化进行选择。本节重点对创业融资的选择策略、创业融资选择的主要影响因素、创业融资需要了解的基本策略、创业融资应该考虑的其他因素以及融资步骤展开论述。

一、创业融资的选择策略

融资战略对企业发展具有重要影响，是企业发展战略的重要组成部分，是企业发展战略的坚定支撑。通过选择合适的融资方式，企业能降低融资成本，提高资本利用效率，甚至实现飞跃式发展；相反，如果选择错误的融资方式将会严重阻碍公司的发展。

在不同的发展阶段，融资政策也存在差异：创业初期阶段主要是通过非正式贷款和股权融资获得资金，企业快速发展时会倾向于股权融资，当企业步入平稳期之后则主要依靠银行贷款。资本风险程度与企业追求利润最大化会影响初创企业在不同发展阶段对资金来源的选择方式。处于创业初期的中小企业容易产生资本风险，正规银行贷款较难获取，一般只能向亲朋好友借款以获得资金。初创企业在进入高速发展期后，也存在较大的资金风险，想要获得银行贷款则必须有足够的担保来质押。但是，当公司的预期利润很高时，就会倾向于股票资本融资的方式。如果公司发展进入稳定期，银行贷款会是对企业来说比较有利的融资方式。在这个阶段，企业已经有足够的信用来获得银行贷款，不需要再稀释股份来获得资金，因此银行贷款就成了最佳的选择。当然，企业为了更好地发展也可以选择其他的融资方式来优化资本结构。

初创企业融资存在诸多不确定因素。只有在全面地分析和研究这些因素的基础上，同时掌握各种融资方法，才能作出正确的融资决策。

知识库

创业融资的基本原则

（1）规模适当原则。合理确定融资规模，避免因融资不足，影响生产经营的正常进行，又要防止融资过多，造成资金闲置。

（2）融通及时原则。合理安排资金的融通时间，避免过早融通资金造成资金投放前的闲置，防止取得资金的时间滞后，错过资金投放的最佳时间。

（3）来源合理原则。不同来源的资金，对企业的收益和成本有不同的影响，因此，企业应认真研究资金来源渠道和资金市场，合理选择资金来源。

（4）方式经济原则。对各种融资方式进行分析、对比，选择经济、可行的融资方式。与融资方式相联系的问题是资金结构问题，企业应确定合理的资金结构，以便降低成本，减少风险。

资料来源：创业融资的基本原则 四大基本原则解析[EB/OL]. https://www.tqcj.com/a/14580.html, 2019-08-16

二、创业融资选择的主要影响因素

（一）企业经营时间和发展阶段

一般来说，初创企业因为风险大、规模小，大部分资金都是通过私募的方式获得的。由于市场前景的不确定性，产量有限，初创公司很难承担得起高额债务。因此，初创者更应将重心放在企业内部资源的积累，从而避免太高的负债经营。随着企业进入高速发展期，内部资源很大程度上满足不了企业发展的需求。这时，为确保企业扩张的比较重要的融资手段便是外源融资。如果公司的管理依然不够规范，透明度也不高，间接融资就成为初创公司最重要的外源融资方式之一。

（二）行业状况和企业技术水平

企业的最佳资本结构由企业面临的竞争环境、发展战略以及产业集中程度决定。不同的企业将面临不同的竞争环境，与此同时企业的发展战略和产业集中程度也将有所不同，这便是不同企业的最佳资本结构不相同的原因，融资需求也会因资本结构而异。高新技术行业企业技术要求高、经营风险高、预期收入高，因此更多的时候可以考虑采用直接融资的方式。传统企业对技术水平要求相对较低、经营风险较低、预计收入也较低，可以采取间接融资的方式。

（三）增长潜力和发展前景

初创企业对融资渠道的选择也将受到公司的增在潜力和发展前景的影响。对于发展前景好、潜在增长率高的企业来说，资本需求往往很高，资本需求也非常迫切，但短期融资成本可能会高于企业收入。从长远来看，公司利润将快速增长，公司将得到全面发展。所以，在考虑融资时，企业必须作出有利于企业长期生存和发展的决定，不仅要考虑当下的营利能力，还要考虑长期的营利能力和发展潜力。

三、创业融资需要了解的基本策略

初创阶段的企业存在较大风险，融资难度较大，不认真做好工作准备，成功获得融资的希望会非常小。在缺乏创业经验的情况下，有时即便成功获得融资，交易和投资条件也会对初创企业非常不利，会给公司的未来发展留下了隐患。初创企业想要取得融资成功，就必须事先做好准备，了解基本的融资策略。

（一）融资收入和融资成本分析

创业者首先要思考的是企业是否需要融资，融资后的回报是多少，融资的好处是否高于融资成本，等等。只有创业者进行深入分析，并确信融资的总回报高于融资的总成本，才可以进行融资。融资成本包括从利息成本到潜在高额的融资费用和不确定的风险成本等，因此企业融资效率由企业融资成本决定，这对初创公司融资方式的选择具有较为深远的意义。

（二）合理制定融资表和融资期限

在决定进行融资后，创业者必须充分考虑到各种情况，为企业选择合适的融资规模。除此之外，初创者必须为企业的发展挑选最佳的融资期限。若融资期限太长，会增加融资风险和融资成本；融资期限太短则会限制企业的发展。初创者往往会在短期融资和长期融资之间进行折中选择后对融资期限作出决定，选择主要取决于融资目标和创业者的风险性偏好。在资金使用方面，在为长期投资或购置固定资产提供资金时，长期融资的方法更为合适。从风险承担的角度来看，承担风险的可能性越小，就越愿意进行短期融资；反之，则会更倾向于长期融资。

（三）选择有利于提高企业竞争力的融资方式

企业融资通常对企业产生直接影响，主要包括以下几个方面：①强化企业资本，提升企业实力，提高企业支付能力，减少企业竞争对手；②提高企业信誉，扩大企业市场份额；③扩大企业规模和增加企业收入，增强企业竞争力，加快企业的发展。但由于融资方式的不同，企业竞争力的提高程度也会有所不同。例如，股票融资是初始发行普通股并使其在股票市场流动，不仅给企业带来巨大的财务效益，而且大大提高了企业的信誉、商誉和竞争力。因此，在确定融资时，创业者必须选择最适合提高竞争力的融资方式。

（四）有效利用企业金融成长周期

在中小企业的早期阶段，企业的信息基本是不充分、不公开的，因为公司缺少业务记录或财务审计，所以此时的资金来源主要是内源融资和非正规融资。随着规模的扩大，可以提供给银行抵押的资产数量增加，信息透明度逐步提高，企业业务记录和财务审计趋于完善，企业内源融资难以满足资金需求，需要开始获得外源融资。随着企业进入资本市场，可持续融资渠道增多。债权融资在企业融资中所占的比重不断下降，股权融资所占比重不断上升，一些优秀的中小企业将逐渐发展成大型企业。金融增长周期理论可以帮助企业实施系统化、模式化的金融管理，简化融资流程，并指导融资实践。

（五）挑选恰当的投资者

为制定正确的融资策略并增强融资的可行性，充分了解投资者类型比较重要。风险融资是双向选择的过程，在创业者挑选投资者的同时，投资者也在积极挑选恰当的创业者。对创业者来说最合适的投资者一般具有以下几个特点：有能力考虑投资和能够提供足够的资金，对行业投资有兴趣和有一定了解；能提供有用的商业建议，并建立与商界和金融机构的联系；有信誉、有道德、有文化，合理公正；能与初创者和睦相处，同时具有比较相似的投资经验。具有这些特质的投资者是极其缺乏、难以复制的，这样的投资者能够给公司带来持续的竞争优势。

四、创业融资应该考虑的其他因素

首先，在一定时期内，初创企业融资机会是客观的。虽然融资机会的出现受到企业自身财务活动的影响，但企业对整体财务环境的影响会受到外部环境的限制。在大多数情况下，企业只能适应外部金融环境，而不能影响外部环境。企业必须积极、及时地发现和利用一切可能的有利机会，努力适应投资需求和找到融资机会。

其次，企业融资环境复杂多样，企业融资决策应有利于促进企业发展，具有一定的前瞻性。所以，初创者应该了解国内外宏观经济形势，并及时记录国内外利率、汇率等，适当分析和预测国家货币与财政政策、国家和国际政治及其他外部环境因素。初创者还应分析可能影响公司融资的不利条件和趋势，以确定最佳融资机会。

最后，在分析融资潜力时，应考虑业务本身实际情况和相关的具体筹资方法的特点，并在适当的时候作出适当的融资决定。

五、融资步骤

许多大学生单纯地认为，融资就是寻找社会关系。实际上比寻找社会关系更重要的是找到合适的投资者。创业者在选择融资渠道时，应根据投资者的特点设计融资流程。总而言之，整个融资过程包括六个步骤（图 12-2）。

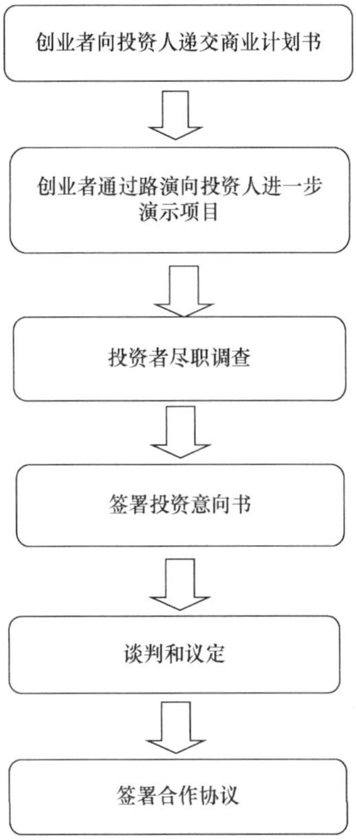

图 12-2　融资步骤

（一）创业者向投资人递交商业计划书

商业计划书是将公司投资的价值转化为书面形式的商业计划，其中包括企业理念、商业模式等。优秀的商业计划书不仅有助于投资者将资金投资于项目，还有助于完善和提炼初创企业的创业思路与创业要点。从各个方面看，创业者都必须有一份良好的商业计划书。

（二）创业者通过路演向投资人进一步演示项目

路演来源于英语 roadshow，指在公共场合进行演讲，同时对产品进行演示、推介理念，并向他人介绍自己公司和产品的一种方式。成功的路演将给投资者留下深刻的印象，并给创业团队带来更高的综合评价。在路演之前，创业者必须尽一切可能做好充分准备，如穿着得体、行为得当、思路清晰、突出重点等。一场精彩的路演可以从以下几个方面开始：①讲述一个逻辑通畅且令人信服的用户故事。②用实验和数据论证一个可行的商业模式。③从市场机会出发，陈述团队优势和解决方案[①]。

（三）投资者尽职调查

尽职调查（尽调）是投资流程不可分割的一部分，投资者通过尽职调查，并对创业项目进行客观、全面的评估，以便作出更好的决策进而规避风险，避免受到损失。总体而言，尽职调查包括业务尽调、财务尽调和法律尽调三大部分，投资者应提前制定尽调表，了解初创公司的状态，如主要资产、税务状况和产品业务。通常的尽职调查方法有三种。

第一种方法：采访类调查。这一部分占了尽职调查的绝大部分时间，主要包括创业团队的内部访谈、分析创业团队的特点和核心成员的综合能力。

第二种方法：行业调查。通过对行业公开资料的整理和研究，评估创业公司的专利价值和潜在市场价值。

第三种方法：创业团队非商业信息调查。通过对创业团队成员的同学、朋友、前雇主等进行访谈，进而对创业团队有更全面的认识。

整个过程中，创业者不仅需要给予投资人必要的帮助，还要提前进行充分的准备[①]。

（四）签署投资意向书

在路演和尽职调查结束之后，创业者和投资者如果都彼此满意，认为可以进一步合作，就有可能会先签署投资意向书。投资意向书，也称为融资条款清单，包括投资者对初创企业的投资价值和估值、初创企业的主要义务、投资者所需的主要权利以及投资交易协议的要求。投资意向书的主要条款将出现在投资者和创业者之间未来的正式投资协议中。

在投资者提交投资意向书之前，创业者和投资者会对原则性的问题进行协商，就投资意向书的内容达成基本协议，但投资意向书没有法律效力，并不代表最终结果，双方下一步将就具体内容进行谈判。

（五）谈判和议定

当创业者收到投资者的意向书后，创业者和投资者可以就文件的某些内容进行深入谈判和重新谈判，谈判的主要内容包括三个方面：①双方出资额及所占股份，其中也包含对技术的定价和对员工持股的安排。②企业的组织架构及双方的职务。③以投票权、分红权、优先清算权、随售权为例，对投资人进行权益保护与限制。

（六）签署合作协议

资金到位后，投资者和创业者将签署合作协议，建立新的合作伙伴关系。

---

① 尹胜君，李岳. 创业 3+3[M]. 北京：电子工业出版社，2019.

第四节 企业的财务管理

企业要想有出路就需要建立现代财务管理制度。企业必须重视财务管理，在企业管理中，必须更加重视财务管理职能、明确财务管理目标和财务管理发展方向。本节重点围绕财务管理的概念、财务规划、财务管理的重要性、财务管理目标、财务管理的影响因素、财务管理中的创新措施等内容展开论述。

一、财务管理的概念

财务管理是指在一定的总体目标下，对资产收购、经营筹资、现金流量和利润分配的管理。财务管理是公司管理的重要组成部分，按照财务管理原则，以价值形式管理生产过程，利用价值形式进行企业的经营，组织企业的财务活动。这是一项处理各种财务关系的综合性较强的经济管理工作。换一种说法，财务管理是企业财务组织经济活动和处理财务关系的一项经济管理工作。

二、财务规划

财务规划是企业编制管理计划和财务计划的指南。企业将主要目标标准化，并充分考虑资本投资，使企业的目标反映在具体的财务指标中。财务工作者将根据决策和投资目标编制完整的财务报表，将财务目标与财务指标紧密联系在一起，让创业团队努力实现这些目标。

财务方案拟订包括三项活动：①设定目标；②确定具体标准；③衡量和调整目标及标准。在财务规划过程中，编制合并财务报表并编制相应的活动计划非常重要。财务人员再根据财务规划和预测制定资产负债表、现金流财务报表、损益表，并形成最终的财务指标。

建立财务目标是财务规划的第一步，财务目标分为短期和长期目标（3～5 年），而制定的目标仅仅是财务目标的开始，然后根据合并后的财务报表对财务目标进行建模，将收入、营利能力和现金流视为财务和非财务措施。如果模型与以往重合，那么管理层通常会与董事会一起审查。批准后，整个组织的财务报表将被发布。

三、财务管理的重要性

企业兴衰与金融息息相关，公司治理必须注重财务管理，如下五个方面都体现了其重要性。

（一）公司管理的基础和核心是公司财务管理

财务管理是组织对资金流动的经济管理，是对关联方财务关系的管理。作为一种价值管理，财务管理会渗透到公司的各种经济活动中。公司筹集资金，利用资金进行分配，从事商业活动。

公司的生产、经营、进入、销售、适应和储存都不得与经济会计、反馈和金融监管规则分开，这也是有效检验和制约公司经济活动的方式。所有管理活动都具有共同的基础——财务管理，其核心地位是公司治理的客观要求。

（二）企业管理从注重生产管理转向注重资金管理，体现着社会进步

随着社会主义市场经济制度的建立和完善，会计在公司管理中扮演着愈来愈重要的角色。发展生产和资金管理必须要两手抓，不仅要产生效益，还要管理效益，管理也是生产力。财务管理和经济效益息息相关。

公司的重点目标是如何以较低消费获得更大的经济效益。公司应加强财务管理，促进公司节约资金、降低消费、控制成本；筹备和调度资金，合理利用资金，改善资金的使用，防止资金被浪费；优化库存结构，减少积压库存；通过拉动价格增加企业收入。因此，在提高经济效益方面，财务管理具有主动性。

（三）财务管理在企业与外部沟通之间架起桥梁

反映企业的经济活动是财务会计的主要功能，财务人员以金融信息为主要经济信息，为公司经济管理提供全面的经济信息。公司会计不仅是内部管理的需要，还是外部决策者的需要，因为公司本身不会孤立存在，需要与外界建立各种联系。例如，债权人、外部投资者等的相关经济决策都需要用到财务会计的信息。

在会计的基础上，财务人员对原始数据进行收集、传输、分类、存储、汇总、整合，并对有用的经济管理信息进行处理，再进行分析，评价和分析公司财务活动的过程与结果，对公司今后的财务活动和结果进行预测和测试。通过一系列的财务管理步骤，企业可以对外提供较为真实而又准确的信息，为国家的宏观经济管理作出贡献，使投资者能够明智的投资，使银行能够依法确定贷款，使税务机关能够按照法律规定依法征税。

（四）企业管理作为财务管理的中心，财务管理以资金管理为中心

加强资金管理和提高资金使用效率是财务管理的主要任务。资金是企业的“血液”，资金的特点是循环流动，资金的生命在于“活”，只要资金“活着”，生产经营也能活，一个“活”百个“活”。若资金不流动，便会“流失”或“沉淀”。只有更有效地使用资金，我们才能够保证企业的经济利益，这也是资金管理成为财务管理核心的客观需要。

（五）加强财务管理，可以发现企业问题的根源，并提出解决问题的办法

财务管理具有敏感性强的特点，企业在经营中会出现多种多样的问题与影响，如决策是否适当、交易是否适当、生产组织是否合理、产品质量和品种是否满足需要、产销是否稳定、消费是否正常等，如果收入和利润的获取适当，那么将对财务指标有重大影响。财政部门通过定期计算、预测、整理、分析、问题查找、提出补救措施等，促进经济效益的提高。

在现代公司治理中，财务管理是一种全面、有限制的系统技术，它以价值的形式对决策、规划和资本流动进行综合管理，是公司治理的核心内容。财务管理比较常见的问题主要有以下几个。

（1）事前确立预算不够严谨，事后没有后续分析。一些企业家事先没有收集数据，未对数据仔细分析和预算编制，且在预算执行过程中没有严格评估，事后评估分析不到位也是企业面临的一个重要问题。

（2）信息水平不高，缺乏财务创新。在现代公司治理中，企业财务管理模式多，多采用分散管理。有些企业数字化水平不高，财务信息不能由上至下共享，反馈滞后，工作效率低下，尚未开发出适应财务管理系统的电子交易环境。

（3）财务结构不完善，组织设置不合理。有些企业财务机构设置在中层，工作效率低下，一些企业没有建立科学的财务机构，甚至有些企业没有建立专门的财务机构。

（4）内部控制体系不完善，缺乏风险管理意识。一些企业财务运行不规范，权力和责任不对等，内部控制制度等基本财务管理制度不完善。一些企业甚至没有风险管理和控制机制。

（5）费用管理不规范，资产管理分散。在费用方面，一些企业管理不善，没有建立或实施审批制度。在资产管理方面，一些企业未定期盘点资产，资产实物和登记不匹配，实物管理和会计管理存在一些漏洞。

（6）成本核算粗放，成本控制不严。有的企业成本核算较为粗放，对各种产品的成本笼统核算，不利于成本控制。一些管理者只注重生产过程的成本控制，事前、事中控制能力较低，造成浪费。

在财务管理上应着力避免上述问题。在企业日常管理中，要加强财务管理，有利于提高企业的竞争力、企业承受市场风险的能力和企业的营利能力，使之成为企业可持续发展的重要前提。

在金融分析方面，根据国际惯例，财务分析系统采用标准化的财务报表系统。在资本的管理体系中，企业应逐渐建立并完善资本体系，实施增值，坚持资本保值的原则。同时，企业将废止传统的专项资金和专户存储制度。最后，在融资方面，企业需要依法建立融资机制，以适应目前市场经济体制和金融市场的现状，引入股票、债券等多种融资方式，为企业拓展多种融资渠道。

四、财务管理目标

财务管理目标是财务活动的基础，它决定了企业管理的基本方向，是企业财务管理的出发点。在企业发展过程中，财务管理目标是企业管理改革的出发点与归宿，是相关方利益平衡的体现，是多种关键因素相互作用的完整体现。

改革开放以来，中国的财务管理目标经历了生产最大化和利润最大化两个阶段。目前，学术界对于财务管理目标主要有以下五种观点。

（一）最大化股东财富

最大化股东财富指通过财务上的合理经营，为股东带来最多的财富。支持这一观点的研究人员认为，股东创业的目的是获得财富。他们是企业的所有者，其投资的目的是他们能在未来获得回报，包括股票股息或出售股权以换取现金。

（二）最大化企业价值

这意味着在长期稳定的企业发展的基础上，充分考虑合理的企业融资、优化预算政策、资金时间价值与风险回报的关系，确保企业的总价值能达到一个较高的水平。赞同这个观点的研究人员认为，财务管理的目标应与公司的不同利益关联起来，财务管理的目标也是与这些利益相关者互动和妥协的结果。

（三）最大限度地发挥经济的附加值

赞同这个观点的学者们认为，公司的财务管理目标应系统化、相关化、可操作化、高效化，并根据财务管理目标的这些特点，为企业提供最佳选择，从而实现经济附加值最大化。

（四）企业资本持续有效增值

一些学者认为，企业资本有效增值的可持续性是企业财务管理目标有效选择的结果，企业资本有效增值的可持续性可以体现在上述财务指标体系中。另外，该指标可用于评估企业的业务状况，以确定企业是否实现了财务管理目标，或者达到企业财务管理水平。

（五）优化资本配置

有学者认为，新经济的出现对金融体系、经济体制、组织形式和企业财务管理理念产生了重大影响，强调在新的经济形势下，企业财务管理的目标应定位为最佳资本配备。

五、财务管理的影响因素

由于企业的财务管理受不同行业、不同国家、不同环境、不同时期的影响，财务目标也不同，并且主要受以下因素影响。

（一）财务管理主体

财务管理主体是内部财务管理活动的具体组织，明确界定了财务管理的范围。独立财务管理实施后，财务管理成为企业总体目标的具体体现，为正确确立企业财务管理目标奠定了理论基础。

（二）财务管理环境

财务管理环境包括宏观环境和微观环境。宏观环境包括经济环境、法律环境、社会文化环境。微观环境包括企业类型、市场环境、供给环境和生产环境，是企业财务管理的重要因素之一。

（三）企业利益集团

企业利益集团是具有利益关系的集团。在现代企业制度下，企业的利益集团不再是企业的简单所有者，而是影响财务管理目标的利益集团，包括公司员工、公司所有者、公司债权人和政府。财务管理的目标不可以概括为某一群体的目标，而应该是所有利益相关者利益的共同体现。

（四）企业社会责任

企业社会责任是指企业从事生产经营活动，取得正常收入，应当承担的相应的社会责任。公司治理目标与社会责任之间存在客观矛盾：企业社会责任导致股东利益减少和收入下降。而企业财务管理目标与社会责任之间是相互协调的：一是企业社会责任主要受保护环境、保护消费者权益等法律的规范。二是企业积极承担起社会责任，为社会作出贡献，有利于树立良好的企业形象。实现财务管理目标就必须以社会责任为基础，只有积极承担起社会责任，才能实现财务管理的目标。

六、财务管理中的创新措施

（一）企业融资理念的重构

知识经济时代下的企业新财务管理是新形势下重要的理论和实践课题。随着知识经济的发展，创造企业财富的主要要素由物质资本转向知识资本，企业财务管理不仅要重视有形资产和无形资产，还要理解知识资本，改变对企业财务的认识。企业不仅要重视知识资本，为知识创造和知识营销创造一定的发展条件，还要充分利用知识资本，为企业带来持续增长的利润。

（二）加强培训、提高财务人员的素质和创新能力

所有企业，包括知识资本的企业，其资本管理和市场化都具有非常强的专业性、技术性、综合性和先进性。传统有形资产的管理方式难以进行新型的财务管理，需要对财务人员进行培训，以增强财务人员的适应性和创新能力。财务人员应具备广泛的经济知识，以及扎实的会计、数学、法律和网络基础，以便根据经济、社会、法律、技术等的变化作出科学、灵活的金融决策。财务人员应该能够正视人事金融创新和资本形式国际趋势的特点，利用财务技术开发金融产品，加强投资管理和降低融资风险，以适应知识型经济发展的需要。

（三）积极开展对知识资本的理论研究和个案研究

根据我国的经济发展情况，以及企业、产业的结构现状来说，在短期内不会出现太多企业直接转型为知识型企业的情况，但企业的知识资本比例将会出现明显的上升趋势。如何正确利用知识资本已经成为现代企业财务管理中比较重要的问题。现在知识资本理论还不是很成熟，因此研究知识资本的市场化形式构成要素，是提高效率和管理知识资本的有效途径。研究知识资本的计量方法、掌握知识资本价值、了解证券化的形式和知识资本的评价方法并学会分析知识资本交易的案例，是企业快速理解并掌握新型财务管理的重要手段，这样做可以促进知识资本在具体业务中的利用。

（四）重视知识产权法在企业财务管理中的运用

对传统的企业管理来说，有形资产的使用基本上涉及不到知识产权，而如今企业资本的主要形式逐渐变成知识，知识产权保护已经成为知识资本保护和价值存在的基本方法。因此，为了实现企业的财务目标，必须把知识资本的引进与资产管理和知识产权法相结合。

➢ 拓展学习

斯晓夫，刘志阳，林嵩，等. 2019. 社会创业：理论与实践[M]. 北京：机械工业出版社.
田增瑞. 2017. 创业基础：创业素质与资源整合[M]. 北京：北京大学出版社.
王滨. 2019. 创新创业十二讲[M]. 上海：同济大学出版社.
王卫红，金伟林，何伏林. 2017. 创业基础[M]. 杭州：杭州出版社.
吴波，钱玉民. 2006. 自主创业——定位、策略与风险[M]. 北京：电子工业出版社.
小斯蒂芬·斯皮内利，小罗伯特·亚当斯. 2017. 创业第一课[M]. 浦汉淞译. 北京：中国人民大学出版社.
尹胜君，李岳. 2019.创业 3+3[M]. 北京：电子工业出版社.
张劲珊，黄榜捷. 2014. 创业管理社会实践探索[M]. 南京：南京大学出版社.

➢ 思考题

1. 简述融资前需要作哪些准备。
2. 简述融资方式和融资渠道。
3. 简述创业融资选择的主要影响因素。
4. 简述财务管理的重要性。

第十三章　企业流程管理

本章重点

企业生产流程管理
业务流程管理的三个层次
企业流程规划

引导案例

华为的流程管理体系

任正非一直强调客户、流程与绩效是企业管理中最重要的三件事。华为公司提倡流程化的企业管理方式，任何业务活动都有明确的结构化流程来指导。流程管理要求：一是通过流程建设把所有人从海量的、低价值的、简单重复的工作中解放出来；二是建立和健全面向流程的统计和考核指标体系，落实最终成果责任和强化流程管理；三是不断适应市场变化和公司事业拓展的要求，因时而变、因事而变，对原有业务流程体系进行简化和完善。

华为把流程分为业务流程（包括战略管理、集成产品开发、客户关系管理、集成供应链）和管理流程（各职能部门的流程）。业务流程是公司的管理主线，是为客户创造价值的流程，也是公司存在的基础，管理流程为运营流程的高效执行提供服务和支持。华为流程分类，参见图 13-1。

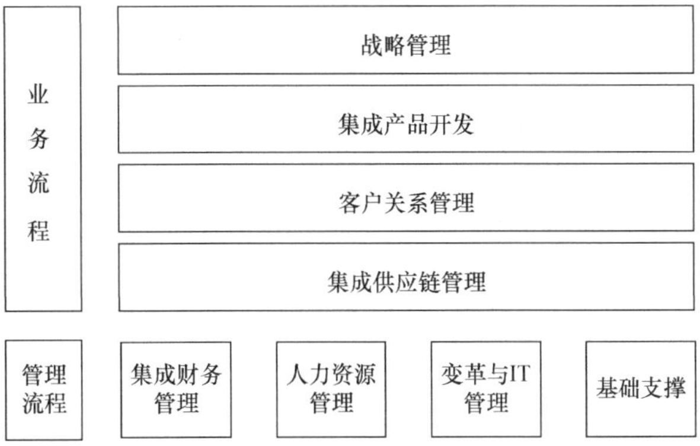

图 13-1　华为流程分类

华为流程的分层和管理层次有一定的对应关系，不同层次的流程用来规范不同管理层次的工作。

Level 1 流程分类和 Level 2 流程组用于流程管理，回答 why to do 的问题，以支撑公司战略和业务目标的实现，体现公司业务模式并覆盖公司全部的业务。

Level 3 流程和 Level 4 子流程则是用于落实方针政策和管控要求，回答 what to do 的问题，聚焦战略执行和体现创造客户价值的业务流程，以及为实现业务流程高效和低成本运作所需要起到支撑作用的管理流程。

Level 5 活动和 Level 6 任务用于将流程落实到人，使之可执行，回答 how to do 的问题，完成流程目标所需要的具体活动及任务，体现业务的多样化。华为流程的分层和管理层次的对应关系，参见图 13-2。

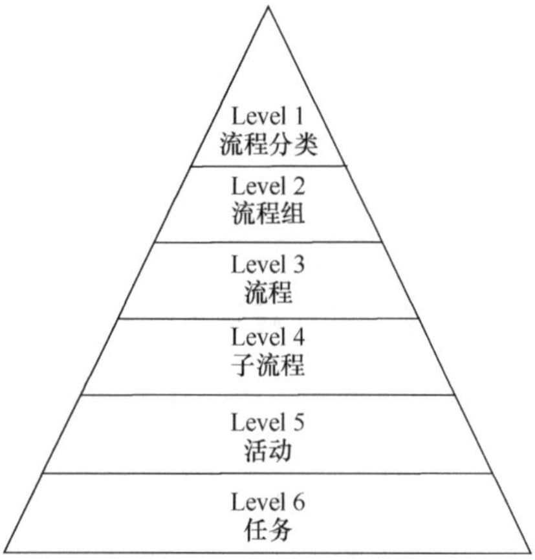

图 13-2 华为流程的分层和管理层次的对应关系

资料来源：案例为笔者根据相关材料整理而成

第一节 企业生产流程管理概述

一、基本概念及分类

（一）概念

流程管理（process management）是以顾客的需求为中心，以内外环境的变化为依据在流程分析的基础上重新配置资源，调整时间安排、制定业务战略、控制产品和服务质量、提高绩效标准，以构建规范化的卓越业务流程的系统化方法[①]。

流程管理的六个要素包括以下几点。

（1）战略：战略决定流程管理。组织的战略举措要落实到对应的流程上去，建立实施战略举措的流程，还要通过对流程进行有机整合，将战略意图和价值链与流程体系对接。

① 王玉荣，葛新红. 流程管理[M]. 5 版. 北京：北京大学出版社，2016.

（2）流程：建立中央流程库是实现以流程为中心的关键。流程管理要从顶层流程架构开始，逐步确立流程管理的生命周期和设计标准，形成端到端层级化的流程体系。

（3）人员：流程管理具有较强的专业性。组织要实现以流程为中心的管理，首先加强内部流程管理人才队伍的培养，建立流程学习社区和流程管理知识交流机制，推动在领导者、管理者和普通员工中形成以流程为中心的思考方式，进而带来组织的变革。

（4）工具：IT 及非 IT 管理工具的应用对流程思想的普及和实现具有重要的作用。建立一个组织流程管理平台，并将流程与企业的战略目标相结合，进而与 IT 系统进行有效关联，可有效实现组织的流程管理。

（5）子流程：定义在父流程里的内嵌流程，即一个包含其他节点、网关、事件等的节点，本身就是一个流程，同时是更大流程的一部分。

（6）流程嵌套：流程体系是以流程制度为基础进行建设与执行的，可以强化流程之间的关联，处理好各流程前后之间的设置关系。

（二）流程及其分类

流程管理的核心是流程，流程是任何企业运作的基础，企业所有的业务都需要流程来驱动，就像人体的血脉流程把相关的信息数据根据一定的条件从一个人（部门）输送到其他人员（部门），得到相应的结果以后再返回到相关的人（或部门）。一个企业从不同的部门、不同的客户、不同的人员到不同的供应商都是靠流程来进行协同运作的，流程在流转过程可能会带着相应的数据，如文档、产品、财务数据、项目任务、人员客户等信息进行流转，如果流转不畅一定会导致这个企业运作不畅。企业流程共分为三类：

第一类为主流程（primary process），也叫业务流程，与企业产品和服务直接相关的流程，即对外部客户直接产生结果的流程，也是面向顾客直接产生价值增值的流程。

第二类叫管理流程（management process）。管理流程是指为了控制风险、降低成本、提高服务质量、提高工作效率、提高对市场的反应速度，最终提高顾客满意度和企业市场竞争能力并达到利润最大化和提高经营效益的目的的流程。该流程是管理人员用于支持业务流程的行为流程，虽然不是日常执行的流程，却为其他流程定义了规则、方法和目标。

第三类叫支持流程（support process），也叫辅助流程，不直接产生企业的产品和服务，但能为企业产品和服务的主流程提供支持的流程，通过提高服务质量、提高工作效率、提高对市场的反应速度，达到利润最大化和提高经营效益的目的。

（三）流程作用

（1）流程是企业运作的基础。企业通过流程管理来驱动各项业务，企业通过项目任务、产品销量、财务数据以及客户信息等进行流转，使企业的部门、客户、人员和供应商等进行协同运作。

（2）流程支持战略目标的实现。流程管理是由企业战略来决定的，企业必须建立与战略意图、价值链相对接的流程体系，而且还需要对实现战略举措的各项流程进行有机整合和管理。

（3）流程管理具有很强的专业性。流程管理的基础包括：流程学习社区的建立、流程管理交流机制的构建、流程管理的相关认证和流程管理人才队伍的培养，以及建立与企业战略目标相关联的 IT 流程管理系统。

（四）原则与宗旨

流程是因客户而存在的，流程管理的真正目的是为客户提供更好、更快的服务。我们经常讲流程的起点是客户，终点也是客户。从为客户服务的角度出发，流程管理的原则如下：①树立以客户为中心的理念；②明确流程的客户是谁、流程的目的是什么；③在突发的情况下，从客户的角度去判断和解决问题；④关注结果，基于流程的产出制定绩效指标；⑤使流程中的每个人具有共同目标。

流程管理的宗旨包括以下几点。①通过精细化管理提高受控程度；②通过流程的优化提高工作效率；③通过制度或规范使隐性知识显性化；④通过流程化管理提高资源合理配置程度；⑤快速实现管理复制。

（五）基本特征

企业内的一切流程都应以企业目标为根本依据，尤其是管理流程：①对外，面向客户，提高业务流程的效率；②对内，面向企业目标，提高管理流程的效率，平衡企业各方资源，控制总体绩效的平衡，实现企业总体绩效。

二、企业生产流程管理

（一）生产过程的组织

生产过程的组织是指为提高生产效率、缩短生产周期，对生产过程的各个组成部分从时间和空间上进行合理安排，使它们能够相互衔接、密切配合的设计与组织工作。生产过程组织包括空间组织和时间组织两项基本内容。生产过程组织的目标是要使产品内在生产过程中的行程最短、时间最省、占用和耗费最少、效率最高，能取得最大的生产和经济效益。在企业中，任何生产过程的组织形式都是生产过程的空间组织与时间组织的结合。企业必须根据其生产目的和条件，将生产过程空间组织与时间组织有机结合，采用适合自己生产特点的组织形式。

（二）传统生产过程

传统企业的工作流程首先是市场部门接受生产订单后，生产计划部门对企业生产负荷和生产能力进行分析，制订出生产计划，进行产品样品的试制。供应部门进行原材料的购买、原材料的发放，以及零部件的生产外协单位选择。生产部门负责组织企业内部各部件的生产，与此同时生产外协部门负责监督外协单位的零部件生产，在所有内外部件全部完成后，生产计划部门统一安排产品组装。在产品生产全周期过程中，检验部门负责对生产过程与外协部门的追踪与检验，分析生产数据及统计计划达成率。生产计划部门负责合格产品的入库，并按照市场部门销售的需求及时出库产品。

传统生产过程的特点主要体现在以下几个方面。一是工艺专业化。工艺专业化又称为工艺原则，即按照生产过程中各个工艺阶段的工艺特点来设置生产单位。在这种生产单位内，集中了同种类型的生产设备和同工种的工人，可完成各种产品的同一工艺阶段的生产，即加工对象是多样的，但工艺方法是同类的，每一生产单位只完成产品生产过程中的部分工艺阶段和部分工序的加工任务。比如，机械制造业中的铸造车间、加工车间、热处理车间以及车间中的车工段、铣工段等，都是工艺专业化生产单位。二是对象专业化。对象专业化又称为对象原则，就是按照产品（零件、部件）的不同来设置生产单位。在对象专业化生产单位里，集中了不同类型的机器设备、不同工种的工人，对同类产品进行不同的工艺加工，能独立完成一种或几种产品（零件、部件）的全部或部分的工艺过程，而不用跨越其他的生产单位。比如，汽车制造厂中的发动机车间和底盘车间、机床厂中的齿轮车间等都属于此类。

（三）现代流程管理

20 世纪初，机械化大生产使企业的规模不断扩大，企业内部管理按照传统分工理论，各个部门精细化分工专业化程度不断提高，在很大程度上促进了劳动效率的提高，20 世纪 70 年代末这种管理模式把全球生产力水平推向了前所未有的高度。进入 20 世纪 80 年代，随着科技信息化和经济全球化的发展，市场竞争日益激烈，一方面企业经营多元化、生产过程智能化、产品服务个性化，使企业协调过程日趋复杂、监控程序愈加烦琐、管理成本不断提高，加上顾客需求日益多样化，使得精细化的分工逐渐成为企业应对多变市场的绊脚石。另一方面，随着信息技术的发展和计算机的普及，现代技术通过简化管理环节来协调职能部门之间的运作，部分工作通过计算机编程由机器直接去完成复杂的作业流程。劳动者受教育程度较大幅度地提高，不愿从事简单重复的单调工作，希望分享决策权，从事具有创造性和挑战性的工作，企业内部组织结构的重组和管理原则的创新成为客观要求，欧美各国积极进行这方面的实践。

在流程管理中，流程中各个节点上的工作由团队成员负责，流程负责人对整条流程的成效负责。因此流程管理在分工意义上依旧属于管理活动，只不过相对于职能管理而言，前者着眼于提高整个组织的工作效率，横向地满足不同阶段客户的需求，后者着眼于保证最高管理者对组织的纵向控制和获取专业化的分工优势。二者在各自的管理活动构成上也存在着明显的差异，这说明流程管理对于传统的管理模式既具有传承性，又具有创新性。

三、业务流程管理的三个层次

“业务流程重组”自 20 世纪 90 年代初由美国管理学专家哈默和钱皮首次正式提出来以后，迅速风靡全球，近年来随着国内信息化进程的加快，也日渐被国人所熟知。然而这个诞生在美国，在大规模生产向个性化定制转变、IT 被广泛应用的这样一个大背景中产生的管理理论曾一度受到质疑。其原因是大规模的业务流程重组的成功概率不高，连业务流程重组理论的创始人之一哈默后来也承认业务流程重组理论过于激进，在更多的时候，应该采用业务流程优化而不是业务流程重组的方式。其实，对于国内的企业来讲，业务流程的管理按照其变革的程度应该分为三个层次：业务流程的建立和规范、业务流程优化和业务流程重组。这三个不同层次的变革分别适用于不同阶段和管理基础的企业。

（一）业务流程的建立和规范

业务流程管理第一个层次是业务流程的建立和规范。在一个企业尤其是中小企业建立的初期，由于企业面临生存的压力，管理者普遍关注市场和销售，对流程和制度不重视，运作基本靠员工的经验和一些简单的制度。企业的成功往往取决于企业主的个人能力和一些偶然的机会，如拥有该行业成功所需要的特定资源。处于这个层次的企业，当在解决了生存问题，开始走向规模化的时候，面临着从人治向法治的转变。这个时候解决的是一个从无到有的问题，如许多企业推行 ISO9001 体系或其他一些基本制度的建设，都是为了解决这个问题。大部分中小企业和一些市场化程度不高的行业里的企业大都属于这个层次。

处于第一个层次的企业，面临的最大的问题是无序，通常会出现由组织结构不健全导致各部门之间权责不清的情况。这些企业通常没有成形的组织机构，谁熟悉哪一块也就由谁负责该项业务，职能通常会有交叉，企业的运作基本上依赖于人的经验和惯性，经常会发生越级指挥事件，同时会表现出高度集权的特点。

这个时期企业解决问题的路径是从流程管理的角度，加快建立起基本的流程和规范，如业务运作流程、作业指引、岗位说明书、人力资源管理体系等。这个时期的企业不能强求业务流程的精细，关键是明确权责，识别和描述流程，使工作例行化。

（二）业务流程优化

业务流程管理的第二个层次是业务流程优化。由于企业规模的扩大，组织机构逐渐庞大，分工也越来越细，企业官僚化程度也在随之提高，这个时候面临的最大问题是低效，也就是效率的低下，通常这类企业会表现出以下几个特点。

组织机构完整，甚至大而全，也有书面的职责说明、制度流程，但是会出现部门间合作不畅、跨部门流程工作效率低下、决策时间长、制度流程虽然有但是没有达到精细化的程度、流程执行不到位等问题。有相当一部分企业还通过了 ISO9001 认证或有完整的制度流程体系。具备这个特点的企业一般是一些迅速膨胀后颇具规模的民营企业和国有企业。其业务模式相对稳定，而且通常企业发展得比较快。

处在这个阶段的企业需要解决的问题是如何提高企业的效率和反应速度。通常采用的方法是先对现有流程的绩效进行评估，识别缺失的关键环节和需要改善的环节。具体做法是针对流程各环节从以下四个角度进行分析：①是否过于复杂，是否存在精简的可能性。②是否能用更有效率的工具来实现活动。③各环节的先后关系可否作调整以达到改进目标。④是否可以通过变更活动的负责人来使流程更有效率，在此基础上是否可以通过对现有流程的简化、整合、增加、调整等来提升流程效率，此外是否可以通过明确流程所有者的形式来监督流程的整体运作，从而避免部门间出现推诿的现象。

一般在进行流程优化的时候关注的是相对低层次的流程的效率和成本等问题，可以采用一些方法和工具对现有的流程进行改良，同时强调流程的有效执行，一般不会涉及大的组织变革和流程变革，这个时候主要解决的是一个从有到更好的问题。

此时在实际运作中，企业虽然有完整的研发流程和制度，但是一般存在新产品研发周期很长而且研发效率较低、设计变更频繁、模具空置率高等技术问题，以及各类评审的手续复杂，研发与市场以及工艺部门、生产部门之间经常发生推诿事件等管理问题。管理者通过对研发流程各阶段的绩效表现、流程各环节的运作情况进行诊断分析，以发现问题、优化流程。找出流程各阶段（概念阶段、计划阶段、开发阶段、验证阶段、发布阶段）的关键控制要点中操作性不强之处，缺乏有效的检查清单而使重要的评审点评审受限于评审点的经验甚至流于形式之处，各个相关部门之间的接口不清晰而导致重复返工之处，以及不同类型和难度的研发项目采用同样的流程导致流程的效率低下之处，等等。有针对性地优化流程以后，就可以有效地解决上述问题，提高研发流程的效率。

业务流程优化的特点是一些局部的变革，对企业的冲击相对较小，比较容易实施，缺点是只是一些改良，对一些存在结构性问题的企业而言往往不能解决根本性问题。

（三）业务流程重组

业务流程管理的第三个层次是业务流程重组。这个时候往往是公司的战略转型期，需要对流程进行根本性的变革，需要全面评估业务流程，根据战略对流程进行重新设计和重组以适应公司的战略。流程重组往往伴随着 IT 系统的实施、重大的组织变革和业务模式的变革。这个阶段往往是一次重大的管理变革。

这个时候企业的流程本身并没有很多的问题，但是往往不能适应新的战略，一般伴随新的战略调整，需要对企业的流程进行全面的评估和战略性思考，同时随着流程的调整需要实施一系列的配套措施。

在实际运行中，公司的新战略要求能够快速交付产品，快速进行存货周转，但是管理者在对企业的整体业务流程进行审视时，发现对现有的业务流程进行简单的优化和完善并不能解决问题。在整个开发流程中，招标采购占了相当长的时间，如果只是对该流程进行一些局部的优化并不能有效地解决快速交付产品的问题，在对整个业务流程进行战略性思考后，管理者可以从设计角度对一些材料和工程进行标准化设计，在采购方面建立战略采购系统模式，通过这种标准化的产品设计和战略采购，使得一些费时费力的采购招标过程可以免去，从而大幅度加快产品的交付速度和提高生产效率。这个变革涉及整个规划设计、采购招标乃至成本预算等流程。

业务流程重组因为往往伴随着业务模式的调整，是一次重大的管理变革，存在较大的实施风险，但一旦成功，往往能给企业带来业绩的重大提升。这三个层次的流程管理适用于不同阶段的企业，当然它们之间的界限并不严格。在进行业务流程的规范时，最好能对流程进行一些优化，业务流程优化和业务流程重组之间的界限也只是程度上的区别，关键是进行流程管理时根据管理的现状采用合适的方法和步骤。

知识库

六西格玛管理体系

六西格玛（six sigma，6σ）是20世纪80年代由摩托罗拉公司提出的。六西格玛是一种能够严格、集中和高效地改进企业流程管理质量的实施原则和技术，以“零缺陷”的完美商业追求，带动质量成本的大幅度降低，最终实现财务成效的提升与企业竞争力的突破。20世纪60年代，日本从美国引入了质量控制的思想后，日本企业组织认真学习，开创性地实施，使产品质量有了大幅度的提升。20世纪70～80年代，日本产品凭借过硬的品质，先后抢去了美国的收音机、电视机、半导体等市场，到了1985年美国的摩托罗拉公司几乎濒临倒闭。面对残酷的竞争和严峻的生存形势，摩托罗拉公司总结创建了此管理体系，不断改进其产品质量。

六西格玛包含三层含义：一是它是一种质量尺度和追求的目标；二是它是一套科学的工具和管理方法，运用DMAIC①或DFSS②的过程进行流程的设计和完善；三是它是一种经营管理策略，通过提高组织核心流程的运行质量，降低经营成本和缩短周期，在提高顾客满意程度的同时提升企业营利能力，以及企业获得竞争力和持续发展能力。

六西格玛管理的基本内涵是：从顾客和组织两个方面出发，强调提高顾客满意度和降低组织的资源成本；从组织整个经营的角度出发，以提高生产或服务的质量为目标，强调在经营的所有领域追求“无缺陷”的质量。目前六西格玛管理方法已进化为一种建立在统计技术基础上的，不断优化生产制造过程和提升产品服务质量的流程管理方法。它通过持续优化组织核心流程的运行质量，进而提升企业竞争能力，使企业在不断变化的经济环境中获得发展的新动力。

资料来源：托马斯·派兹德克（Thomas Pyzdek），保罗·凯勒（Paul Keller）. 六西格玛手册：绿带、黑带和各级经理完全指南[M]. 4版.王其荣译. 北京：机械工业出版社，2018

第二节　企业流程规划

业务流程管理通过互联网实现信息传递、数据同步、业务监控和企业业务流程的持续升级优化。显而易见，业务流程管理不但涵盖了传统“工作流”的流程传递、流程监控的范畴，而且突破了传统“工作流”技术的瓶颈。业务流程管理的推出，是工作流技术和企业管理理念的一次划时代飞跃。

业务流程管理可以为企业把脉现状和存在的问题，同时规划企业未来的发展。各个

① DMAIC是指定义（define）、测量（measure）、分析（analyze）、改进（improve）、控制（control）五个阶段构成的过程改进方法。

② DFSS（design for six sigma）是六西格玛设计的英文缩写。

领域、行业和国家之间存在很大差别，所以在处理多样化棘手问题的过程中，企业都面临以下共性的问题：一是怎样将管理精力聚焦在重要问题上，并在最重要的业务领域提高自身的竞争力，以便更加灵活地应对多变的市场环境；二是怎样围绕企业发展战略，通过一系列组织过程，连续不断地将战略具体予以实施；三是只有分清什么时候需要渐进式改进、什么时候需要根本性业务变革，才能更好地实施组织战略。

要完成上述目标需要以价值为导向设计全新的管理方法体系，以价值为导向，通过流程的衔接来实现业务战略的最终落地、执行，将业务流程转化为企业具有竞争优势的有形资产。以价值为导向的业务流程管理使企业业务流程适应性更强，能够更灵活地调整战略，以应对动态多变的商业环境。流程分析从企业战略目标开始，到企业组织架构建立、企业岗位优化、流程结构分析，再到流程活动分析，最后进行流程优化设计。

一、企业战略与企业管理流程

企业战略可以定义为：根据市场状况，结合自身资源，通过分析、判断、预测，设立远景目标，并对实现目标的发展轨迹[①]进行总体性、指导性谋划。它确立了企业诞生的使命、经营范围、远景目标、发展方向、经营方式等，明确了企业的经营方针和行动指南。从本质上说，战略匹配是指关联流程管理与组织目标，集成战略和流程管理活动，形成共生关系。流程管理的重点取决于当前的战略，流程管理活动和指标有助于决策者跟踪目标进展情况并确定在何处进行战略变革。战略是企业运作的根本方向，流程设计及组织结构设计都受其影响，组织是战略实施和流程运作的平台。企业发展战略确定后，首先依据企业战略制定企业管理流程，并在此基础上搭建组织结构。此后在战略实施过程中根据企业内外环境的变化、流程运作具体情况，动态地调整发展战略，并进一步优化流程管理和调整组织结构。所以流程是战略实施和组织运作的载体，优化流程管理的过程就是围绕企业战略、变革企业组织结构、实现企业价值增值的过程。

（一）通过战略分析确定流程管理

流程管理应从企业内外部环境入手，研究企业的发展战略。流程制定者首先要全面分析自己的资源优势，了解企业提供产品/服务的客户，明晰服务的标准和要求，掌握企业输入原料、资金、信息到输出能满足客户需求的产品和服务的过程。其次，明确流程管理的目的是提供满足客户需求的服务和产品，从而确定流程制定的重点和方向。最后，通过战略分析，企业明确自身发展条件，以满足客户需求为目标，构建企业运作流程。

1. 制定正确的战略

企业的战略目标是流程选择的主要依据，只有明确战略方向才能指导流程沿着既定的目标运作，否则就会产生混乱。在制定战略时，应通过分析现有流程运行情况，对企业作全面而又客观的综合分析，并整合企业人力、财力、物力等资源，以保证制定出来的战略正确、清晰、可行。

---

① 由于企业内外复杂的环境，战略目标制定过程是一个不断调整的过程，是一个动态发展的过程，企业流程管理服务战略需要，形成集成共生：一方面根据流程管理活动监测调整战略目标，另一方面服务战略目标需要，不断优化流程。

2. 选择基于战略的优先流程

可以使用定性与定量分析相结合的方法来选择基于战略的优先流程。进行分析时，应遵循三个原则：一是流程的绩效是否低下，是否已经成为企业发展的瓶颈，重建后能否解决企业面临的危机。二是流程的位势[①]是否重要，即流程运作对企业顾客满意程度有何影响。三是流程落实的可行性，即成功的概率有多大，流程再造所需的技术水平、人员素质，以及企业的决心是否满足流程再造的需要。

（二）战略模式体现流程的价值增值方式

迈克尔·波特认为，企业战略模式分为三种：低成本战略、差异化战略和专业化战略[②]。这三种基本战略决定了企业对其有限资源的不同配置方式，也决定了企业的相关价值增值模式。企业根据自己的资源情况，通过企业的流程运作贯彻实施不同的发展战略，形成自己独特的竞争优势，战略决定了企业流程的价值增值方式，而流程则是企业价值创造的动态表现形式。流程管理的效果不仅与企业战略选择的正确性、基于企业战略的优先流程选择有重大关系，而且也需要在企业战略的有力指导与支持下，进行组织建构，并需要与之相应的规则、制度、管理模式变革紧密配合，以保证流程管理高效运行。

（三）战略决定了流程的期望输出效果

流程管理的重点取决于当前的战略，流程管理活动和指标有助于决策者跟踪目标进展并确定在何处进行战略变革。企业的流程随着战略进行调整，在不同时期企业流程管理有不同的侧重点。在强调组织机构调整、强调市场快速反应，以及强调预算成本控制等不同的情况下，企业应相对应地采用不同的管理流程。即使同一个业务管理流程，在不同的企业战略的指导下，也会产生不同的效果。企业战略确定后，流程管理是关键因素，流程高效与否直接决定企业战略能否实现，优秀管理者应学会设计流程、实施流程、优化流程和管理流程，确保对流程相关业务侧重点的满足，保证流程管理的有效推进。企业管理者可将企业战略转化成一整套可执行的绩效衡量标准与体系，来引导和激励员工努力的方向。

二、企业流程管理与组织结构

企业的组织架构就是一种决策权的划分体系以及各部门的分工协作体系。组织架构需要根据企业总目标，把企业管理要素配置在一定的方位上，确定其活动条件，规定其活动范围，形成相对稳定的、科学的管理体系。

---

① 流程的位势就是指这个流程与顾客的距离及其对客户的影响。高位势流程就是在客户价值满足的时序关系上更接近的流程，或者是对客户价值的满足影响比较大的流程。低位势流程必须无条件地听令于高位势流程，并服务于高位势流程。与客户价值满足时序关系近的流程，因其时间关系，没有缓冲余地，任何形式的迟延、低质量都是对客户价值的直接损害。与客户价值满足的时序相对较远的流程，如果发生迟延、低质量问题，至少还有时间可以采取对策弥补，消除对客户价值满足造成现实损害的可能性。对客户价值满足影响大的流程，其运行即使只发生一点小问题，也会给客户价值满足造成较大的损失。

② 迈克尔·波特. 竞争战略[M]. 陈丽芳译. 北京：中信出版社，2014.

没有组织架构的企业将是一盘散沙，组织架构不合理会严重阻碍企业的正常运作，甚至导致企业经营的彻底失败；相反，适宜、高效的组织架构能够最大限度地释放企业的能量，使组织更好地发挥协同效应，达到“1+1>2”的合理运营状态。很多企业正承受着组织架构不合理所带来的损失与困惑：组织内部信息传导效率降低、失真严重；企业作出的决策低效甚至错误；组织部门设置臃肿；部门间责任划分不清，导致工作中互相推诿、互相掣肘；企业内耗严重；等等。要清除这些企业病，只有通过组织架构变革来实现。现代企业管理控制体系主要从组织和绩效两个方面来构建，并通过流程管理来强化价值导向，由此流程在一定程度上决定了组织和绩效。在组织结构设计和优化的时候，企业各级管理者应基于“流程决定组织”的思路，开展组织结构的整合规划。企业的业务流程体系包括三个层面：公司级关键流程、部门级业务流程和岗位级工作流程。企业流程运转是进行部门设置及职能规划等最基本的依据，原有的组织结构形式包括直线型组织结构中上下级的指挥关系、职能型组织结构中职能部门的分权关系、项目矩阵多部门的协作关系等，这些组织结构形式均要受企业流程影响，需要按照企业流程实施的效果对其进行重新设计、完善。

（一）关键流程的规划

企业流程工作的开展通常遵循自上而下的原则，因此流程体系的构建工作也是以流程规划为起点的。流程规划，通俗来说就是设计流程架构的过程，是对战略的承接。因此，流程规划的目的即是明确业务范畴，厘清业务模块间的关联关系。首先，清晰描绘企业商业模式，包括企业未来的发展定位、战略策略、差异化经营、组织设计和资源配置，勾勒出商业模式的整体框架。其次，根据企业的业务特性，务实地描绘出组织运行的关键流程，设计一个逻辑思路清晰、过程明确、具体可操作的企业流程，在既定组织模式的基础上构建流程的关键脉络。最后，在梳理企业流程关键脉络的基础上，进一步用流程指引优化组织模式的设计。

（二）业务流程的规划

业务流程的设计要着眼未来，流程规划的本质是对企业管理思想模型化、结构化的表达，也就是将管理体系过程模型化、结构化的过程。流程架构是对战略的支撑，因此流程架构的设计应当着眼于未来。业务流程规划要准确展示业务范畴、组织设计、权责体系等关键战略承接要素。设计过程中，每一个一级流程的设计都必须是端到端的，即始于利益相关方需求终于利益相关方满意的一条完整的流程活动价值链条。流程设计需要完整地展示业务域，同时各业务域之间不能重叠交叉，否则就会出现流程空白或流程冲突等情况。原则上同一业务，对公司而言只能有一个归口管理部门或岗位来设计统一的一套流程，它可以根据不同的应用场景进行差异化设计。

在梳理关键流程的基础上，企业应根据自身业务特性和组织规模的差异，通过优化管理方式和流程层级，来重新规划组织管理体系。通过设置宽幅度的部门结构，完善以“人”为中心的管理流程，通过优化关键流程的层级，完善以“事”为中心的业务流程。企业应基于具体流程规划进行组织单元设置，再基于组织单元的设计，调整优化部门业务流程，进一步细化明确次级组织单元，设置组织部门的功能和进行职责定位。在此基础上，企业通过多次调整组织单元与优化流程，确立多层次部门的目标责任、具体边界和工作内容。

（三）岗位流程的设计

流程设计的最终目标是将责任最终落实到具体的岗位和人上，并被有效执行。根据“流程决定组织”且“流程与组织并行设计”的思路，企业管理者仿照上述业务流程规划的方式，把各级部门级的业务流程细化为明确的、微观的具体责任到岗的工作流程。工作流程规划落实到具体岗位后，只有企业整个组织结构完整、部门和岗位业务流程流畅，企业整个生产和再生产才能得到有效保障。

因此，流程是战略实现的通道。企业战略确定之后，就会进行目标分解和任务分配。将目标分解到各个部门、将工作任务划分到岗位的过程就是流程，各岗位相互配合完成任务的过程也是流程。目标分解产生组织架构（一级流程），工作分配产生岗位设置（二级流程），每个岗位之间工作衔接的方式就产生了企业的三级、四级流程。三级流程是对企业组织运行基本事务工作管理职责的逻辑划分，具体工作如何做就是四级流程。战略就是通过流程的逐级细分来实现的。流程分析需要不断对组织架构进行梳理和对岗位设置进行校研，如机构是否有重叠、岗位是否空白，流程设计才能继续下去。企业的目标体系决定了企业流程的结构关系和各级流程的数量。不同类型的企业，其流程结构和数量也不相同，研究表明：一般企业三级流程的数量为 70～100 个[①]。不同的企业即便流程名称相同，其内容也不尽相同。三级流程确定之后方可进行四级流程分析；一个三级流程往往可以分解为一个或多个四级流程；四级流程往往从梳理关键活动或瓶颈活动开始；四级流程是对具体活动的描述，类似于比赛的规定动作；一个企业的四级流程可以有几百甚至几千个，规模庞大、多元经营的企业的四级流程过万也属正常。

三、信息技术与流程管理[②]

企业进行流程管理需要信息系统的支持，企业设计和实施一种新系统时，业务流程管理会受到很多关注，相关流程也被并行排列出来。但是在流程的生命周期中，业务流程管理也非常重视监控功能如何在持续创造价值的过程中发挥关键作用。流程建模和存储库工具、业务流程管理系统、流程业绩监控系统等工具和技术被纳入业务流程管理。

（一）流程建模和存储库工具

业务流程管理的基础架构的核心是流程建模和存储库工具的运用，这是企业全面了解并构建业务流程结构的关键。存储库工具是企业获取业务流程管理的主要数据的管理工具，常被应用于其他业务流程管理系统之中。通过业务流程管理存储库，企业可以获得建模指导方针和建立适用的业务流程管理应用程序。实际操作时，将内容放入系统，

① 深圳市格物流程研究院. 流程管理标准指南[M]. 北京：清华大学出版社，2021.

② 彼得 · 弗朗茨，马赛厄斯 · 柯克莫. 埃森哲顾问教你做流程管理[M]. 谭静，叶硕，贾俊岩译. 北京：机械工业出版社，2016.

业务流程管理应用程序就能实现原先的承诺。

集成信息系统结构（the architecture of intergrated information systems，ARIS）[③]，ARIS主要由五个视图构成：组织视图（organization view）建立实体单元层次结构，将执行同一工作目标的单元和设备归成一组。数据视图（data view）是原始数据库数据的一种变换形式，是数据的另外一种表达方式，也可以看成是一个移动的窗口。从这个窗口，我们可以查找到感兴趣的数据。功能视图（function view）将输入转变到输出的流程。输出视图（output view）既包括所有物理和非物理的输入和输出，也包括资金流。控制视图（control view）记录上述四个视图间的相互关系以及整个业务流程。上述五个视图构成了ARIS整体，也被称为ARIS房型架构。ARIS通过组织、数据、功能、输出、控制五个视图，比较全面地对企业活动的各个方面进行了建模，并且通过控制视图，将其他四个视图紧密集成起来。ARIS区别于其他体系结构的重要特征是：组织、数据、功能、输出四个视图的发展相对独立，又相互关联，并通过控制视图来描述四个视图的关系。上述五个资源视图仅用于描述信息技术设备，根据组织、数据、功能、视图与信息技术的结合程度，在实际建模过程中，作为独立描述对象的五个资源视图被生命周期模型取代，开发有专门的ARIS Toolset软件，并与国际著名的ERP[①]软件商，如SAP[②]、IBM[③]等形成良好的合作关系，得到了广泛的支持和兼容，从而占领了巨大的市场份额。

ARIS横向分解的三个层次：

（1）通用层是基本结构构成成分（通用构造模块）的一种参考目录，包括元件、约束规则、术语、服务功能和协议等。这一层所描述的结构构成成分在计算机集成制造系统（computer integrated manufacturing systems，CIMS）中得到广泛应用。

（2）部分通用层是建立行业需求集的主要手段，也是建立各种专用结构的实用工具。部分通用层有一整套适用于各类制造企业的部分通用结构模型，包括按照行业类型、企业规模等典型分类方式划分的不同结构类型。在规模上，部分通用层远远大于通用层。

（3）专用结构层的专用结构是在参考软件商已经提供的通用结构的基础上，根据企业的特定要求，在部分通用层的各种参考结构中进行选择或具体化，通过实例来构成的。

通用层结构和宏大的部分通用层结构构成了一个参考结构库，库内参考结构的多少很大程度上取决于部分通用层中结构模型的多少，这些根据不同类别（如汽车、机床、电子、航空航天、兵器、钢铁、化工等）划分得到的工业模型，根据企业规模（如大型、中型、小型）划分得到的模型和以企业加工产品类型划分得到的模型，通用层参考结构模型的工作量是巨大的。

---

③ 集成信息系统结构是由德国萨尔大学的谢尔（Scheer）教授于1992年提出的一种基于过程的模型结构，其目的是寻求一种能够用来缩小企业与信息技术之间差距的应用框架，提供一种能够对业务流程概念进行准确描述和详细分析的方法，这种方法为企业信息系统的发展提供了一个起点，已成为世界上极具影响力的企业流程建模框架。

① ERP，即企业资源计划（enterprise resource planning）。

② SAP，为“System Applications and Products”的简称，是SAP公司的产品——企业管理解决方案的软件名称。SAP公司成立于1972年。

③ IBM，即国际商业机器公司或万国商业机器公司（International Business Machines Corporation）。

ARIS 构成了集成信息系统的开发与最优化的总体框架。在这种体系的创建过程中，ARIS 构建出一系列相对较小、容易理解的，从各个特定方面反映企业业务流程的模型，然后再将它们通过某种方式结合起来形成一个完整的模型。这个模型体现了企业运作过程中的所有基本特点，并且从整体上降低以前模型的复杂性，体现在：一是划分成若干互相独立的视图以降低其复杂性。二是从信息技术的接近性来对不同的层次进行分析，最终使与业务管理相关的问题与营运管理有关的问题都能保持一致性。

（二）业务流程管理系统

业务流程管理系统通过软件技术管理存入存储库的全部流量信息，促进企业不同组织结构成员之间的交流和合作。它使组织垂直管理线路（企业的战略目标、部门的职能和岗位责任等）和水平管理线路（组织成员的协作）之间的运行更加规范化和标准化，从而提高了流程自动化程度，构成了企业横向与纵向结合的经营与管理模式。

业务流程管理系统包括以下几种功能模块。系统管理：实现公司组织机构、用户、权限及系统词典及基础词典（为机器翻译设置和研制的词语与文法，是机译系统的核心。）的维护功能。客户、供应商、产品管理：实现对客户基本信息、联系人的维护，以及供应商及其所卖产品的信息维护。销售管理：对销售日常的沟通及拜访进行记录。项目管理：对项目从立项到验收及售后服务进行管理。财务管理：对费用申请、报销、收付款进行管理。知识库：记录项目实施及售后服务过程中有价值的经验教训，为以后的工作提供帮助。

业务流程管理系统能实现复杂的业务运营流程，同时结合邮件、短信及开源报表工具，可以实时查看流程进展并进行参与处理，为企业流程化和流程再造提供有力支撑，从而不断提升企业运转效率、快速响应客户需求变化，不断提升企业竞争力。

（三）流程业绩监控系统

流程被设计出来并开始运转，从业者需要根据操作质量、服务水平、成本以及其他标准来评估这个流程的业绩，从流程业绩监控系统得到反馈，并据此优化正在运行的业务流程管理系统。

流程业绩监控系统有两种：一是传统流程业绩监控系统，以 IT 为中心的系统，测量计算机的正常运转时间、故障停机时间以及性能，这种系统的重点是以提高为流程提供支持的技术设备的稳定性为主，在实施流程的过程中力求避免出现很多问题。二是采用流程业绩管理系统系统性地收集定性和定量数据，据此进行分析，对企业流程进行全面评价，以期改善企业业务流程重组的整体效果。该监控系统是以投资者、员工、顾客（供应商和购买者），以及社会利益相关者的满足程度为目标。监控流程的关键绩效指标包括：投入和输出两个方面指标，如财务（成本、利润）、员工（工作条件、工作量、晋升机会）、顾客（供应商、购买者）、社会（衡量流程产出对社会造成的各种影响）、创新（评价流程的创新能力、保持流程绩效持续改进的活力）。管理者根据流程运行的历史数据可以预测流程的发展趋势，从而对流程进行优化调整。

第三节 企业流程规划路径

一、业务流程规划[①]

企业业务活动正常运行需要有规范的业务流程，业务流程是面向顾客直接产生价值增值的流程，是指导企业业务活动顺利进行的关键。业务流程不仅是对业务的一种形式化描述，而且从更深层次的角度，业务流程的优化对企业资源获取，组织结构、管理制度的不断优化和改善等方面都会产生深刻影响，体现在以下几个方面。

（一）业务流程具有层次性和抽象性

业务流程是有层次性的，而且这种层次性是自上而下的，它从抽象到具体对业务的逻辑关系进行了描述，这是符合人们的思维习惯的，也有助于企业的建模。一般来说，企业需要先建立起业务流程的总体框架，之后再对其进行细分，把业务落实到各个部门中，只有这样业务流程的结构关系和各级流程才会变得相辅相成，也有助于运行过程中企业业务流程的进一步优化。

（二）业务流程注重以人为本

在组织中最重要的就是人，人是整个业务流程的驱动者，每个人在业务流程中所扮演的角色是不相同的。企业只有先建立良好的业务流程，每个人才能明晰自己的职责，明确自己在整个业务流程中所要承担的责任，也才能增强企业的集体团队意识，这对企业整体业务流程的优化是很有帮助的，也有利于企业业务流程管理的实现。

（三）业务流程可以对流程运行效率进行分析

如果单从投资者的角度来看，一个好的业务流程设计能够给企业带来更多的利润。所以，企业必须要重视业务流程的作用，最好对业务流程的方方面面都有一个清楚详细的了解，在业务发展过程中，注意搜集数据，并对这些数据进行合理分析，最后得出准确的判断，让业务流程活动能够有序地进行下去。

二、管理流程规划

管理流程是指为了控制风险、降低成本、提高服务质量、提高工作效率、提高对市场的反应速度，最终提高顾客满意度和企业市场竞争能力并达到利润最大化和提高经营效益的目的的流程。管理流程对内面向企业目标，针对某一具体业务环节进行管理和监督，具有较强的导向性和针对性；能够提高管理流程的效率，平衡企业各方资源（生产线平衡），控制总体效率的平衡，实现企业总体绩效。

① 舒化鲁. 企业规范化管理系统实施方案：运行流程管理[M]. 北京：电子工业出版社，2012.

（一）优化与供应商有关的业务流程

与供应商有关的业务流程包括预测、补货、计划、签约、库存控制、信息沟通等流程。供应商的绩效很大程度上受采购方的流程制约。例如在预测流程中，如何确定最低库存、最高库存，按照什么频率更新、传递给供应商，将直接影响供应商的产能规划和按时交货能力。再如补货，不同种类的产品，按照什么频率补货，补货点是多少，采购前置期是多少，不但影响到公司的库存管理，也影响到供应商的生产规划。

（二）优化企业内部流程管理

优化企业内部流程管理的关键是确定目标和战略，书面化流程、实施流程，确定责任人并定期评估。在此基础上，开发一系列的指标，确保流程按既定方式运作，并与按时交货率、质量合格率等挂钩。从流程到绩效，再由绩效反馈到流程，形成一个封闭的管理圈。流程管理的核心是流程，流程是任何企业运作的基础，企业所有的业务都是需要流程来驱动的，一个企业从不同的部门、不同的客户、不同的人员到不同的供应商等都是靠流程来协同运作的。流程在流转过程可能会带着相应的数据，如文档、产品、财务数、项目、任务、人员、客户等信息进行流转。把相关的信息数据根据一定的条件从一个人（部门）输送到其他人员（部门），并得到相应的结果以后再返回到相关的人（或部门）。优化企业内部流程管理的路径，是以顾客价值为导向，简化内部流程、提升效率。具体措施：减少固定资产投入，加快现金流；减少产品数量，专心打造精品；减少层级结构，建立扁平化结构；减少批量生产，建立柔性生产系统。

三、辅助流程规划

价值创造是流程规划的目标，完整的流程包括流程输入、流程供应、流程过程、流程执行、流程输出和流程客户六个核心要素。流程的绩效目标一方面体现在提升效率、降低成本、增加利润、提高质量等方面，另一方面体现在客户满意度、员工积极性等方面。因此，除了业务流程和管理流程以外，辅助流程对价值创造也起着重要作用。

（一）辅助流程特点分析

辅助流程主要是为企业提供后勤保障服务的非价值链环节，包括业务流程的辅助工作业务流程，以及各类管理流程之间的沟通和转移过程流程。各类辅助流程可以独立存在，它们之间不具备必然的逻辑关系。与管理类流程是针对某一具体业务环节进行管理和监督，具有较强的导向性和针对性不同，辅助流程则不具有上述这些特点，它所服务的对象并不针对企业价值链的某一特定环节，同时辅助类流程之间也不具有必然的逻辑关系，它可以是孤立存在的。

（二）核心辅助流程规划说明

辅助流程的划分并没有特定的方法和技术，主要是从为企业提供的各种后勤保障服务的角度入手进行。由于辅助流程并不直接创造价值，但是消耗成本，因此辅助流程优化对价值创造起着明显而直接的提升作用。

设备类辅助流程包括设备选型流程、设备验收流程、设备保养流程、设备维护流程等。工程类辅助流程包括工程项目预算流程、工程项目规划流程、工程项目建设流程、工程项目监理流程、工程项目决算流程等。行政类辅助流程包括档案管理流程、印章管理流程、会议管理流程等。后勤类辅助流程包括车辆服务流程、宿舍服务流程、接待服务流程、食堂服务流程、日常办公服务流程等。

第四节 企业流程规划方法

企业推行流程管理是一项长期的系统工程，要以3～5年为周期进行确立规划目标、规划路径、方法策略和资源投入等流程规划。流程管理的需求和目标是由企业所处的发展行业、发展规模、发展阶段、企业文化和现实问题所决定的，所以不同企业其规划过程所投入的资源和实现路径所需的资源不同，因此企业要围绕战略目标，立足企业文化特征，从企业现实出发，进行长期的流程规划。

一、企业流程规划的总体要求

作好流程管理体系规划，先要做好两件事：其一，企业要明确规范管理、支持业务开展、获取更多利润所需要的流程都有哪些；其二，为了做好流程管理工作，企业在对流程体系进行规划时，要建立分层流程管理体系，明确各层级流程之间的关系，对与阶段性战略目标实现有关的流程进行识别与监控。从这个角度来讲，流程管理体系的规划要参照以下几项原则：

（一）完整性

一般来说，一套完整的流程包括三大部分内容，分别是流程图、流程说明、表格。其中，流程图能帮活动主体站在整体流程视角看问题，明确活动范围，理顺活动各环节间的逻辑关系；流程说明能帮活动主体深入了解流程图中各活动细节及输入、输出内容，积累工作经验，做好工作推广；表格能传递流程信息。设计者只有围绕企业重要业务活动来设计流程管理系统，才能形成完整的流程体系。很多企业都将ISO9000质量体系作为基础，对流程管理体系进行构建，其中所涉及的企业业务活动较少，一些重要的业务活动没有被纳入其中。此外，很多企业的流程体系规范不健全，与企业的发展情况不符，缺乏战略指引，使业务开展深受影响。为此，企业的流程体系规划要与企业的战略目标相融合，为企业的业务开展提供指导。

（二）范围清晰

范围指的是流程的起点与终点，明确流程范围，使其串联起来能构建一个完整的业务链，消除其中的真空地带和重复管理地带，保证整条业务链的持续性。明确流程范围，能有效防止流程活动相互交叉，能切实增强流程管理体系的可行性。例如，有些企业将日常操作工作及规划工作放在同一个流程中，由于这两项工作的性质、主管部门、时间跨度都不同，只有将它们各自的范围界定清楚，才能防止工作过程中职责不明、相互推诿等现象的出现。要做到这一点，就要对流程绩效指标进行设计。流程绩效指标设计的目的：对流程运行绩效进行判断，从战略角度对流程关键绩效指标进行明确。很多企业绩效考核指标的建立都是从职能考核角度切入的，而非流程角度，企业绩效指标考核的是职能绩效，而非流程绩效。从本质来看，企业所有的绩效指标都是从流程中脱离出来的，只有从流程角度切入设立绩效指标，才能使企业员工脱离部门本位主义，从流程产出角度对绩效指标进行整合设计，让关键绩效指标与阶段性战略目标挂钩。

（三）与战略发展相适应

流程要与企业的战略发展要求及实际运作要求相适应。现阶段，很多企业流程都没有与企业战略挂钩，与战略实施有关的关键因素还没有融入流程之中，不能对企业员工的日常操作行为产生指导作用。部分企业流程没有随着战略的改变进行调整，新的关键成功要素没有在流程中体现出来。因此，企业流程管理规划要遵循适应性原则，根据企业的发展实际、业务开展实际及战略调整实际进行调节，以保证流程对企业日常工作进行有效指导。

（四）层次化、结构化

流程管理体系的规划人员要以价值链为依据，对其体系进行结构化设计，明确流程之间的层级关系及逻辑关系，这里的逻辑关系包括流程的上下游关系及支持关系。目前，很多企业流程的层次化、结构化特点都只体现在 ISO9000 质量管理体系方面，没有深入企业内部。另外，很多企业流程管理体系的逻辑关系不清，使得部门衔接不畅，容易发生相互推诿等情况。

二、企业流程规划的步骤

（一）收集企业内外部相关资料

企业是由一系列为顾客创造价值的活动和功能组成的。企业价值链是围绕其实现价值的主要活动和辅助活动而形成的价值链体系。企业的价值链展现了为顾客创造价值的设计、生产、营销和运输等业务流程之间的连接情况。企业的价值链与客户、供应商的价值链紧密相关，并受竞争对手价值链的重要影响，特别是对产业链的整合，常常给企业带来巨大的竞争优势。因此企业要收集行业、客户和主要竞争对手的资料，以及其他行业的标杆数据及卓越的案例。

（二）企业核心业务逻辑分析

首先识别核心业务，主要涉及财务（含会计、财会、固定资产）、销售、采购、物料、生产计划、维护后勤、全面质量、项目管理等八大业务流程，对现有业务进行全面梳理以确认核心业务，尽量不涉及部门职能变革和职能分配。其次业务活动分析，细化分析企业价值链和业务蓝图的每项活动，分析每项活动对企业的绩效贡献，识别企业的增值与非增值的业务单元，对核心业务进行系统分析，明确关键活动，实施增值措施。最后业务逻辑分析与优化，企业还需要对这些核心业务活动的逻辑关系进行分析，确定业务活动的必要性及先后顺序，在此基础上重新规划企业流程体系，以便为流程体系优化与再造提供依据。

三、流程梳理与优化方法

（一）价值导向的流程优化路径①

不能创造价值的流程是无效的，一个好的流程，必须基于“以终为始”的思维原则来进行设定，流程必须是要创造价值的，不是为了流程而流程，不创造价值的流程可以弃之不用。流程优化必须考虑清楚六个要点：

（1）价值：这个流程设置的目的是什么。是为了提升市场占有率、提升销售额、提升顾客满意度、提升毛利率、提升效率、提升质量、降低成本，还是为了降低管理风险。

（2）顾客：基于目的出发，这个流程是为谁服务的。比如，为了提升外部顾客满意度，流程一定是为了外部顾客服务的，那么在编制流程的时候，就必须把外部顾客的需要放在第一位去考虑，而不能是基于内部怎么方便管理。

（3）输出结果：最初设定的价值以满足顾客的需要为目标，通过明确的输出结果来检验。

（4）流程中的相互作用：需要设计实现路径，把各项活动统筹起来，如串行还是并行。

（5）流程中的若干活动：至少两项活动，否则就没有必要编制流程了。

（6）流程的输入资源：需要哪些人、财、物、信息等的支持。

以上述要素为出发点进行组织流程调研，确定流程梳理范围，描述流程（明确流程的目标及关键影响因素，画出流程图，描述各环节规范），以流程指导日常工作，并在此基础上利用流程管理工具优化流程。此外要进行组织流程调研，为流程再造确立标杆，直至新流程设计完成。

（二）流程管理方法工具

流程管理方法工具包括入手点工具、流程再造工具、流程问题分析工具。

1. 入手点工具

学习五角星，即客户、供应商、员工、咨询顾问以及标杆学习。客户是最重要的信息来源，其需求是流程设计要满足的目标。供应商对流程的影响不局限于流程的下端，他们会影响整个供应系统。员工是流程的执行者，他们的思路是改进流程的重要来源。咨询顾问以外部观察者的身份，推动着流程不断完善。企业通过标杆学习，来寻求新启发和新突破。

2. 流程再造工具

（1）80/20 流程选择工具：80/20 流程选择工具有利于流程梳理、优化和再造目标的实现。首先关注只占全部 20%的关键流程，虽然数量少却对绩效实现 80%起着决定性作用。

（2）绩效表现-重要性矩阵：按照利克特五级评分法评价组织流程运行的好坏程度，

① 彼得·弗朗茨，马赛厄斯·柯克莫. 埃森哲顾问教你做流程管理[M]. 谭静，叶硕，贾俊岩译. 北京：机械工业出版社，2016.

以重要性程度与运行绩效程度作为两个评价维度，将项目流程的运行情况分为四个矩阵象限。企业管理者首先应改进其中重要程度高、绩效程度低的领域。

（3）标杆瞄准法：以行业内成功的企业为标杆，设立改革的目标和远景、确立流程优化再造的标准并进行效仿。

（4）流程描述工具：描述组织实体（岗位）间的活动以及各个实体之间的各种互动关系，可借助各种流程描述软件，如 ARIS、Visio、Smartdraw 等来实现。

3. 流程问题分析工具

鱼骨图 5M1E 分析法：人（man）、机器（machine）、物料（material）、方法（method）、环境（environments）、测量（measure），分别简称“人、机、料、法、环、测”。通过 5M1E 分析法，找出流程瓶颈，再以流程瓶颈为问题中心，多次重复上述步骤，直至所有原因非常明确，形成解决方案的依据基础。

ECRS 技巧。取消（elimination），即取消所有无附加价值的流程。合并（combination），即与其他组织、工序和操作合并使用资源。重排（rearrangement），即对工作的顺序进行重新排列。简化（Simplification），即简化组织结构、工作流程和操作动作。在现有工作方法基础上，通过“取消—合并—重排—简化”四项技术形成对现有组织、工作流程、操作规程以及工作方法等方面的持续改进。

四、流程管理要素

（一）领导全面支持

流程管理作为一个系统的改革过程，需要对组织结构进行调整，只有最高领导亲自推动，才能顶住压力，重新分配成员各自的既得利益，领导人变革的决心和强烈的意愿是推动流程优化再造的原动力。

（二）员工广泛的参与

通过培训，将改革思想和管理团队的协作精神从流程相关部门的负责人逐层传递给各级员工，聚集项目所需要的资源，使组织从规划者到最终执行者统一思路、一致行动、推进改革的进程。

（三）试点—改进—推广

流程管理是一个长期的过程，不可能一步到位。通过“试点—改进—推广”方法多次循环，不断发现问题、调整优化、选择试点部门，从流程管理中获益后，再逐步推广到更多的部门实施。

（四）注意基础数据的准备

流程基础数据将会在很大程度上影响流程管理的实施，因此需要及早进行这方面的准备。

（五）选择有竞争力的产品，以及有经验的实施服务商

选择有竞争力的产品，以及有经验的实施服务商，是最后成功实施流程管理的保证。

➢ 拓展学习

彼得·弗朗茨，马赛厄斯·柯克莫. 2016.埃森哲顾问教你做流程管理[M]. 谭静，叶硕，贾俊岩译. 北京：机械工业出版社.

陈立云，金国华. 2010.跟我们做流程管理[M]. 北京：北京大学出版社.

马文·M.沃泽尔. 2020.什么是业务流程管理[M]. 姜胜译.北京：电子工业出版社.

王玉荣，葛新红. 2016.流程管理[M]. 5 版. 北京：北京大学出版社.

➢ 思考题

1. 什么是流程管理?
2. 流程管理的分类、作用和原则是什么?

第十四章　创业企业成长管理

本章重点

影响创业企业成长的共性因素和特有因素
创业企业成长战略及模式
价值创新与蓝海战略思维

引导案例

冲出思维牢笼

摇滚明星迈克尔·杰克逊（Michael Jackson）为招聘到一位能让自己满意的经纪人，在当地一家晚报上刊登了一则招聘启事。迈克尔年收入高达千万美元，做他的经纪人意味着将会有不菲的佣金。启事登出后，很快便有四个美国国内著名的经纪人来应聘，迈克尔却没露面，只让他的佣人拿来四张有他签名和留言的纸条：“尊敬的先生们，毫无疑问，你们都是出色的经纪人，你们也有很辉煌的过去。现在，你们能不能在一个小时内做一些事，展示一下你们的实力呢？”几个经纪人看完迈克尔的留言才明白，迈克尔不露面，而是出题考查他们，为的是看他们做经纪人是否有让他佩服的能力。

于是，几个人忙开了：第一个人开始制订迈克尔全年的演出计划，并计算出他将从计划中赚到多少美元；第二个人开始制订迈克尔的投资计划，建议他将积蓄投入到哪个城市的房地产、哪种类型的股票上；第三个人则提出迈克尔向多元化发展的计划，把其明星效应充分利用起来；只有一个叫丹尼斯的经纪人，没像三个同伴那样去忙活那些老生常谈的东西，而是创造性地在纸条上打起主意——他让佣人带他走进了一间工作室。

一个小时后，迈克尔出现了。前三个经纪人纷纷把自己的计划书交给他，希望他看后能从中选出最满意的一份答卷。可迈克尔看了一遍后，脸上没有丝毫表情地说：“很遗憾，你们的计划书都毫无新意，你们能想到的，那些小经纪人甚至我自己都能想到。很抱歉，你们的思路并不能让我满意。”这时，丹尼斯从工作室走出来，手里拿着那张纸条神采奕奕地说：“恭喜您，迈克尔先生，您的这张亲笔便签经刚才在网上激烈竞拍，最终以 1500 美元成交。”迈克尔开心地笑了起来，并主动握住丹尼斯的手：“谢谢你，伙计！我也要恭喜你，因为你将成为我的全权经纪人，你创造性的经营策划令我十分满意！”接着，他又对另外三个经纪人说：“在这一个小时里，你们给我的只是一纸空文，而这位丹尼斯先生却善于打破旧的思维，用一张便条就能给我带来实实在在的财富！重要的是，他的策划具有一种化腐朽为神奇的能力，而你们在机会面前却没有点儿过人之处！"

资料来源：卞文志. 冲出思维牢笼——从迈克尔·杰克逊雇经纪人说起[J]. 中外企业文化，2009（11）：64-65

第一节 创业企业成长理论

创业企业的发展是对自身不断进行审视，对企业发展定位及运行模式不断进行优化和调整的过程。这就意味着，创业企业在创立后并不能自发进入快速成长的阶段，而需要其不断调整和改进最初设定的发展定位，检验并完善原来设计的商业模式，探索并建立稳定的业务组合，不断充实企业管理团队等。在创业企业不断探索和寻求发展的过程中，科学有效的管理必不可少，而要对创业企业实施科学有效的管理，必须充分认识其成长过程及不同阶段的发展特征、管理需求。

知识库

创 业 企 业

创业企业是指处于创业阶段、高成长性与高风险性并存的创新开拓型企业。

创业企业特征可概括为：第一，成长性。相对于成熟企业而言，创业企业多处于初建阶段或成长阶段，对外部环境适应能力较弱。第二，规模有限性。从业人员和企业营业额有限，内部资源局限性大。创业企业从创立之初，即是为了细分的市场机遇，机遇的获得需要企业面临更大的市场风险。在风险中获得持续的市场利润依赖于企业持续的创新。第三，知识技术密集性。创业企业多属于高技术行业，通过领先的技术和产品立足市场，同时对研发投入要求高。

资料来源：张进军. 2021.政府补贴与创业企业创新绩效研究[M]. 武汉：华中科技大学出版社

一、创业企业成长的本质

新古典经济学和新制度经济学对企业成长的关注主要集中在企业规模的扩大方面，而竞争战略成长理论和战略管理视角则将企业成长的关注更多地扩展到了对企业"质"的优化的层面。如今几乎所有学者都认同，企业的成长包含了企业"量"的扩大和"质"的优化两个层面。与成熟企业相比，创业企业的成长过程更多地体现在企业"质"的变化过程，即一个从无到有、从脆弱到稳定的过程，是其内部结构、功能的完善与规模扩张的统一。

二、影响创业企业成长的共性因素

创业企业成长是企业持续挖掘内外部资源的潜力，并在一定时期内实现整体扩张的态势。企业的成长变革过程受诸多因素的影响，一些学者从不同视角分析了创业企业成长的决定因素，主要观点如下：

1. 以企业家才能为主导的决定论

吉尔（Gill）认为，影响创业企业成长的主要因素有以下几个方面：①企业主有 5 年以上的企业管理经验；②资金的获取；③市场营销经验和技能；④识别机遇和把握机遇的能力；⑤内部效率；⑥快速反应能力；⑦控制能力；⑧快速集中资源的能力；⑨与顾客的关系，对问题的关注，快速准确提供服务的能力；⑩计划和控制；⑪创业动力；⑫管理者创业前有 5 年其他方面的成功经验；等等[①]。

2. 企业家、企业和战略协同的决定论

斯托里（Storey）认为，企业家的创业动机、行业背景及管理经验，企业的产业属性、地域位置及规模，以及企业的市场定位和出口导向等方面的因素都会影响创业企业的成长，并且这三方面的因素共同发生作用[②]。只有当它们恰当地结合在一起时，企业才能实现快速成长，而当其中某些因素不起作用或配合不佳时，成长就会很慢甚至不能成长或衰退。

3. 企业成长的系统决定论

卡多佐（Cardozo）提出以下观点。①创业企业缺乏经营愿景，如一些企业常常对可利用的经营机遇缺乏敏感性，不清楚什么是企业的机遇，或是即使认识到机遇，对其为什么能够产生价值、为谁而产生价值、价值的大小以及如何维持这种价值等具体问题也没有清楚的认识。②创业团队的目标与风险偏好难以统一。大多数企业是由创业者团队创办起来的，随着企业的成长，创业者们的目标和风险偏好发生了变化，从而在企业内部出现模糊多变甚至多个成长规则。③难以识别适中的经营规模，如许多企业管理者缺乏对特定项目的成本和未来收入进行预测的意识和能力，只是重视比较近期的收益，容易将一项在未来会形成高收益的投资错误地认为是无利可图的项目，或是在经历了销售增长而利润不变甚至出现亏损以后，就马上放慢扩张速度，没有意识到利润率必须经过一段时期后才会提高，因为购买新设备、增加新员工等投资行为使得企业运作还未能达到最优状态。④成长时机选择不当，如企业在产业成熟时进入，开拓新的市场需要付出很大的代价；而在发育期或成长期进入，企业只要能够紧跟市场变化的步伐就很可能实现成长。⑤对成长的期望过高或过低，如很多企业对企业成长存在过于理想化的预期，而不太考虑企业成长速度还会受到许多因素的制约，如消费者认同新技术、企业获得许可证和相关审批手续等都需要一段时间，现金不足会导致企业不能正常成长甚至可能无法继续存在。⑥为成长选择了不适合的产品市场，如一些企业为追求收入而无计划地接受订单，因而被迫为某一用户修改产品设计，但此后未对经修改的产品作任何市场努力，没有顺势再开发市场潜力；还有一些企业以牺牲市场为代价来换取产品生产线的扩展。⑦不能有效地组合和配置各种资源，如一些企业不能清楚地表达自己的扩张计划和扩张所需的资金，或是创业者们宁愿在小企业占有高额股份，也不愿在大企业占有能够带来更多财富的较少股份，导致企业缺乏成长所需要的必要资金。有些企业

① Gill J. Factor Affecting the Survival and Growth of the Small Company [M]. Aldershot：Gower Publishing Company Ltd.，1985.

② Storey D J. Understanding the Small Business Sector [M]. New York：Routledge，1994.

的创业者没有足够的社会关系网，找不到适合的人才，也无法对人才形成吸引力[①]。

4. 企业和产业相互制约的决定论

奥杰斯从企业和产业两个层面分析了影响企业成长的因素，认为企业的初始规模、资本集约度、债务结构三个企业层面的因素和产业的平均企业规模、资本密集度、债务结构、边际成本、研发投入、年均增长率以及新企业进入率等产业层面的因素，共同影响着企业的持续成长[②]。

5. 企业与政府的二元因素决定论

我国学者刘万元从企业和政府两个层面分析了影响企业成长的因素。其中，企业层面的因素包括企业文化、人力资源、管理方式、产品品种、资产规模、人才水平与规模、营销规模和研发技术实力等；政府层面的因素包括政府观念、政策措施、政府职能等[③]。

三、影响创业企业成长的特有因素

创业企业具有许多特点，如企业规模小、经营时间短、具有较强的不确定性等，这些特点就决定了其在成长性上不同于一般企业。因此，影响创业企业成长的因素有其独特性。目前，对创业企业成长的影响机制的研究主要从两个视角切入。一是基于创业者的角度，依托资源依赖理论，强调企业的持续竞争优势来自于企业的有形资源和无形资源，从个体或团队的微观层面探讨创业者的特质与感知对创业企业成长的影响作用，并从内生视角对创业企业成长机制及其影响因素进行解构和整合。Timmons 等研究发现，创业者的资源是影响创业企业成长的关键因素，社会资源能够有效地提升创业团队管理能力，社会资源能够有效地帮助创业企业加快产品创新[④]。张玉利和杨俊认为，合伙创业能够增强创业团队的异质性，提升创新能力，比独自创业的成功率高[⑤]。一是从创业企业行为的角度，从企业战略选择的中观层面探讨市场导向、产品战略等因素对创业企业成长的影响。这一角度主要是从生态理论演化而来，强调创业资本的可得性、创业者的经验、熟练劳动力，并且认为市场才是影响创业企业成长的重要因素。例如，创业企业创新导向越强，企业更新能力、组织学习能力等方面的表现就会越出色；创业企业的互动导向能够提高创业企业绩效和口碑。除此之外，企业是一个开放系统，不确定性和风险性强的环境会给企业发展带来更多困难和阻碍。对创业企业来讲，其本身尚处在比较脆弱且资源相对匮乏的阶段，市场制度和竞争因素对创业企业的影响作用会更加凸显。

第二节　创业企业成长战略及模式

关于企业成长阶段的划分，学术界一直众说纷纭，至今仍没有明确的定义和公认的

① 转引自邬爱其，贾生华，曲波. 企业持续成长决定因素理论综述[J]. 外国经济与管理，2003，（5）：13-18.

② 转引自孙德升，张玉利.边缘企业成长的关键影响因素分析[J].管理案例研究与评论，2008，（3）：12-18.

③ 刘万元.加入 WTO 后我国民营企业的成长战略[J].渝州大学学报（社会科学版），2002，（3）：40-42.

④ Timmons J A，Spinelli S，Tan Y. New Venture Creation: Entrepreneurship for the 21st Century[M]. New York: McGraw-Hill/Irwin, 2004.

⑤ 张玉利，杨俊. 试论创业研究的学术贡献及其应用[J].外国经济与管理，2009，31（1）：16-23.

标准，其中比较有代表性的是：葛雷纳的五阶段理论以及爱迪斯的十阶段理论等。

拉瑞·葛雷纳在《在演进与剧变中成长》中指出，组织的发展取决于 5 个关键因素，即组织的存续时间、组织的规模、演进期、剧变期和行业的增长率。这些因素相互作用，共同影响着组织的发展。爱迪斯构建了企业生命周期的模型，将企业生命周期划分为孕育、成长和老化三个阶段，并将其细分为孕育期、婴儿期、学步期、青春期、盛年期、稳定期、贵族期、官僚化早期、官僚期与死亡期。

一、葛雷纳的五阶段理论

哈佛大学教授拉瑞·葛雷纳提出的五阶段理论描述了企业成长过程中的演变与变革的辩证关系。他把组织结构、管理重点、管理层的风格、控制体系和管理层的报酬等因素与企业成长联系起来，如表 14-1 所示。

表 14-1　五阶段理论

类别	第一阶段	第二阶段	第三阶段	第四阶段	第五阶段
组织结构	非正式	集权型 职能型	分权型 地域型	直线—参谋制 按产品划分部门	团队矩阵
管理重点	创造与销售	运营效率	市场扩张	组织整合	解决问题和实施创新
管理层的风格	个人主义 创业精神	指令型	授权型	监督型	参与型
控制体系	市场表现	标准与成本中心	控制与利润中心	计划与投资中心	设置共同目标
管理层的报酬	所有权	增加薪资与福利	个人奖金	利润分配和股票期权	团队奖金

资料来源：宁佳英.大学生创业管理（大学生就业指导系列）[M]，广州：华南理工大学出版社，2012

1. 创业阶段

在创业初期，企业非常明显的特点之一就是更多地依靠创业者的个人创造性和英雄主义。此阶段的重点是强调研发，重视市场，思考如何把新产品迅速销售出去，企业能迅速成长，因此，这一时期不需要太复杂的管理战略，通过创业者本人就可以控制整个团队。在此阶段，企业通过创造而成长。

经过 1～3 年的发展，随着员工日益增加，企业可能会出现剧烈震荡，进入一个危险期，即领导危机。企业更需要一名职业化的领导进行科学的指导和管理控制，所以这个时候或者是由创业者成长为职业化的领导，或者是他找到一个更职业化的经理人，委派其进行控制。这时比较困难的是，创业者需要自我变革，有足够勇气放弃很多东西。同时他会发现，要继续监控发展这个企业还需要掌握更多的信息并且有必要制定可行的发展战略。

这个阶段侧重生产和销售，组织结构是非正式的，简单、灵活而集权的，高层崇尚个人主义和创业精神，管理控制体系以追求市场结果为导向，这一阶段管理人员的报酬很简单，就是创业者拥有所有权。

2. 集体化阶段

集体化是指企业通过很多专业的经理人去管理若干部门，建立一个管理团队去指导员工工作，引导员工执行决策层的决定，企业通过领导而成长。企业发展到一定程度，又会出现一次震荡，即自立危机，主要原因是员工需要获得自主权，尤其是中、基层经理更是如此。员工的具体实践使其工作经验和水平不断提升，企业规模扩大、管理层次增加，这都会刺激员工对自主权的渴求，从而导致企业发展出现新的鸿沟，此时就需要授权，并建立一个更为规范的管理体系。

此阶段管理的重点是强调经营的效率，组织结构由创业初期的松散结构转变为正规、集权的集中式或职能型结构。指导型风格成为高层管理的普遍特征。控制体系通过建立责任中心和成本中心来实现，管理人员报酬的重点是进行薪资和绩效的挂钩考核。

3. 规范化阶段

该阶段的重点就是授权，通过分权而成长。这时大多数企业高速成长，产品转向更为广泛的主流市场。随着员工人数的增加，部门快速分拆，销售地域和网络越来越分散，此时需要更多的授权。但企业经过 1～3 年的高速发展后，同样又会遇到新的问题，被新的危机所困扰，即控制危机。这个危机需要通过加强控制来解决，但依靠过去传统的控制手段不能解决危机。授权过多会导致自作主张，出现本位主义，控制过多就会出现不协调、合作困难的现象，因此协调是跨越该阶段发展鸿沟的主要手段。

企业发展到规范化阶段，市场开始快速扩张，组织衍变成一种分布式和以地域为责任中心的结构，高层管理人员通过广泛授权，并采取定期述职报告和以利润为中心来考核下属机构，此时管理人员报酬的重点是强调个人绩效奖金。

4. 精细化阶段

企业需要通过更规范、更全面的管理体系和管理流程，或者说是更多、更先进的管理信息系统来支撑，通过协调而成长。但官僚主义的出现又会引发新的危机，即烦琐公事程序危机。管理层次过多，决策周期拉长，人员冗余，因此，企业在面对新的鸿沟时，需要加强合作，这时更多地采用项目管理的手段，建立很多团队，通过按产品、地域设立适宜的部门和团队来增强市场竞争的快速应变能力。

在此阶段，组织重新整合，基层人员分成若干产品组，按产品设立适宜的部门，高层管理者在广泛授权后，又重新开始强调监督，企业的控制体系通过新型的计划中心、责任中心、利润中心、成本中心和投资中心来组成，管理人员更加融入企业，参与利润分享，并拥有股票期权。企业进入多元产品经营和跨区域市场经营，分权的事业部制结构可能更为适宜。组织会越来越庞大，也越来越分散，企业需要有一种整体感，需要员工把自己当成企业的主人，国外很多公司都是通过股票期权这种长期利益方式来增强员工的主人翁意识的。

5. 合作阶段

这一阶段，企业规模通过合作成长，迅速壮大，也许已经进入国际市场，成为一个全球性的公司了。

此阶段管理的重点是解决复杂化问题和进行创新，要有小公司思维。随着企业进一步发展，不同领域之间的交流与合作，以及资源共享、能力整合、创新力激发问题日益突出，这时，以强化协作为主旨的各种创新型组织形态便应运而生。组织结构更多地强调团队和矩阵式管理，高层管理者的风格是参与式的，与下属共同制定目标，过程中不过多干预，合作的方式一般是充分协商，管理人员报酬的重点是团队奖金。

二、爱迪斯的十阶段理论

爱迪斯是美国最有影响力的管理学家之一，企业生命周期理论创立者，组织变革和组织治疗专家。爱迪斯认为，企业作为一个生命体，与自然生物一样，服从生命周期的普遍规律。在此之前，学者们将生物有机体的生命周期特征引入产品研究领域，形成了产品生命周期理论，爱迪斯的十阶段理论也可以理解为产品生命周期理论在企业研究领域的延伸。该理论在提出后产生了广泛的影响，被众多学者采纳和沿用。其基本结论是：企业的成长过程与生物生命体一样，具有明显的生命周期特征，是一个从幼体到成年再到衰亡的过程。企业的成长过程，代表着企业拥有了更强大的处理更复杂问题的能力，而其老化过程则意味着能力的下降。而且，爱迪斯还根据其研究成果，对企业生命周期的具体内容作了详细划分，他将企业生命周期划分为10个阶段，即孕育期、婴儿期、学步期、青春期、盛年期、稳定期、贵族期、官僚化早期、官僚期、死亡（图14-1）。其中，从大的阶段来看，稳定期是一个重要的分水岭，稳定期之前是企业的上升阶段，称为成长阶段；稳定期之后是企业的下降阶段，称为老化阶段。

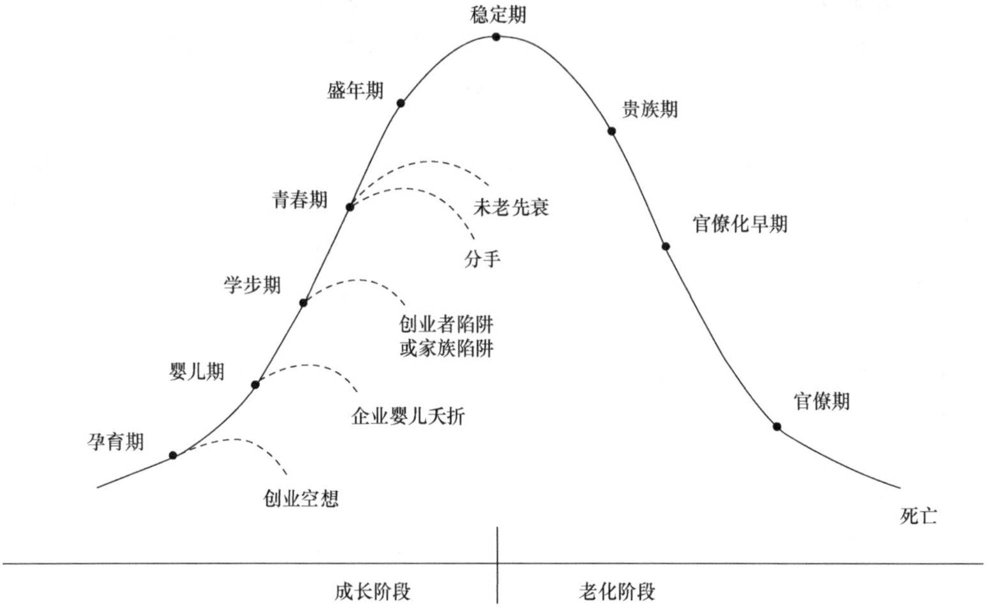

图14-1 爱迪斯的十阶段理论

资料来源：伊查克·麦迪思. 企业生命周期[M]. 赵睿，陈甦，何燕生译. 北京：中国社会科学出版社，1997

（1）孕育期：创办企业的人有创意并且愿意对风险作出承诺，一个企业就此诞生了。

（2）婴儿期：企业面临的实实在在的是生存问题。企业在这一阶段能否健康成长，取决于营运资金和创业者承诺的兑现。因为公司的运转都需要钱，增加销售量就成为头等大事。婴儿期的主要问题是完善产品与扩大销售的矛盾。但这个时候的企业管理是不到位的，没有明确的制度，缺乏必要的程序，预算相当有限，不足以建立庞大的团队，导致婴儿期企业夭折的第一个因素就是现金流断裂，导致企业夭折的第二个因素是创业者失去控制权或者丧失责任心。

（3）学步期：当公司运转起来，产品和服务得到市场认可的时候，企业就进入了学步期。这一阶段，销售量增加，现金流开始周转。最常见的问题是摊子铺得过大。领导人会觉得任何机会都要优先考虑，任何好处都舍不得丢弃，卷入太多相干和不相干的生意。这时候的企业应该夯实基础，稳扎稳打，关注预算、组织结构、分工、职责、激励机制等基本制度的建设，学会自律、学会放弃。学步期实际上是频繁的试错阶段。

（4）青春期：处于青春期的企业，最重要的事情是摆脱创业者的影响而进入经理人治理阶段，所以爱迪斯把这一阶段称为再生阶段。从管理角度看，企业的青春期，要完成创业者向职业经理人交棒的过程，所以，这是一个痛苦的过程。即便是创业者本人转变为职业经理人，其中的冲突、摩擦也在所难免。一旦引入职业经理人，就会发生管理风格的变革和企业文化的转化。这种管理上的转型，最明显的特征就是企业行为缺乏连续性，人员中间产生隔阂，新人和旧人合不来。规章制度的建立和授权是青春期企业的必经之路。对于领导人来说，婴儿期需要的是冒险，学步期需要的是远见，而青春期需要的是规范经营。

（5）盛年期：企业经营中一直存在着灵活性与控制力的矛盾。婴幼儿的灵活性非常强，但行为的自控力却相当差；成年以后控制力不断增强，但灵活性在不断消退。盛年期就是灵活性和控制力达到平衡状态的阶段，这是企业蒸蒸日上的时期。企业经过了青春期的痛苦，实现了领导机制的转变，建立了有效的管理制度体系，梦想和价值观得以实现，合适的权力结构平衡了灵活性和控制力的关系。企业明白它要什么、不要什么，关注点可以兼顾顾客和雇员，销售和利润能够同时增长，它能预测到即将取得的成效，这时的企业已经成为能够共享某些功能的利润中心组合体，规模经济和显著效益可以让公司更快地成长起来，能够分化和衍生出新的婴儿期企业，也能够扩展到新的事业领域，有了相互尊重和信任的企业文化，可以促进企业的内部整合和团结。当然，盛年期的企业也有问题，这种问题主要体现在培训不足。婴儿期、学步期、青春期出现过的问题，有可能在盛年期还会出现，但其重要性统统会后移，鼎盛状态下要想持续发展，解决管理人员培训不足、训练有素的员工不够等问题，则会上升到首要位置。

需要指出的是，盛年期并不是指企业发展处于最高点。过了盛年期，发展曲线还会继续上升。这时的发展源泉来自于以前积累起来的活力。企业如果不滋养这种活力，就会逐渐丧失进取精神。爱迪斯在后来的补充和修正中，把盛年期又分为两个阶段，即盛年前期和盛年后期。前期和后期的区别在于，前期经营者还在力求兴旺发达，后期经营者则满足于维持已经形成的大好局面。在盛年后期，企业自满了，远见和梦想不复存在，灵活性和创造力都在下降。

（6）稳定期：稳定期是企业的转折点，虽然一切还是欣欣向荣的，但是大家都越来越循规蹈矩、安于现状、保守处事；花在一线客户上的时间少了，在办公室的时间多了。

会议中没有年轻时的直截了当和犀利锐气，而是更多的小心翼翼和习惯防卫。决策的隐含准则是保护自己的利益而不是保护公司利益。这时的高管层虽然也能倾听建议，但却不会探索新的领域。权力中心的关注点慢慢地向财务和法律事务部门转移。琐细的事实、大量的数据和精密的公式在决策中满天飞。稳定期的表象是企业遇到了增长瓶颈，实际上是发展曲线到了顶点。表面上看，企业的组织良好、运行有序、按部就班、中规中矩，不再有那种为了事业的固执己见和激烈争吵。对于胸无大志的领导人来说，可能还会因为冲突明显减少而沾沾自喜，企业由于已经赢得了市场的稳定地位而富有安全感。公司里有时也会出现新的构想，但却没有了当年的那种兴奋和刺激。领导人为了保持企业的良好声望，会压缩长远的研发预算而加大短期盈利能力的投入，甚至为了保持现有盈利水平而削减市场调研费用。表面上，这一阶段没有大问题，高管层更多地会误以为这就是盛年期，但衰败的种子正在悄悄发芽。

（7）贵族期：这个阶段的企业不再有真正的长期目标和事业追求，只是为了维持面子而热衷短期获利和低风险目标。资金主要用于控制和笼络人心，对表面形式的重视远远超出了实质内容。这时企业也想有所发展，但由于已经没有创业精神，所以通常采取并购的方式来满足发展欲望，试图通过并购买到新的产品、市场和技术。贵族期的企业本身比较成熟，所以它也会成为别人并购的对象。

（8）官僚化早期：当公司挣不到钱，也不能兼并有价值的企业时，就进入了官僚化早期阶段。人们都为了维护自己的利益而争斗，强调是别人造成了灾难，似乎只要找出“罪魁祸首”就能恢复正常，总要有人为错误承担责任，于是内讧和中伤不断，大家都在争夺企业内部的地盘，客户的需要无人理睬。

（9）官僚期：官僚化的结局是企业濒临破产，此时靠企业自身的商业努力已经无力回天。因为在这样的企业中，具有创新精神的企业家是站不住脚的，他们可能来了又走，最后剩下的是行政型管理者。官僚期的企业，到处充斥着制度、表格、程序和规章，就是看不到真正的经营活动。

（10）死亡：爱迪斯对企业死亡的定义为“已经没有资源鼓励人们为自己工作”①。

三、创业企业的一般成长战略

“战略管理鼻祖”安索夫（Ansoff）于 1975 年提出了安索夫矩阵，并得到广泛传播。如表 14-2 所示，该矩阵以产品和市场作为两大基本维度，将企业的成长战略分为四种类型。

表 14-2　一般成长战略思维

产品	原有市场	新市场
旧产品	市场渗透	市场开发
新产品	产品开发	多元化经营

① 伊查克 · 麦迪思. 企业生命周期[M]. 赵睿，陈甦，何燕生译. 北京：中国社会科学出版社，1997.

1. 市场渗透

市场渗透，即以现有的产品面对现有的顾客，以产品和市场组合为发展焦点，力求扩大产品的市场占有率。采取市场渗透战略，借助促销或提升服务品质等方式，有利于说服消费者改用不同品牌的产品，或是说服消费者改变使用习惯、增加购买量等。

市场渗透战略的使用条件主要有：①特定的产品或服务当前在市场中尚未达到饱和状态；②当前顾客对产品或服务的使用率有可能获得显著提高；③整个产业的销售总额在持续增长，而主要竞争对手的市场份额则处于持续下降中；④从历史数据来看，该产品或服务的销售额与营销费用高度相关；⑤可以借助规模经济效应的提高获得较大的竞争优势。

2. 市场开发

市场开发，即提供现有产品，开拓新市场。企业必须在不同的市场上找到具有相同产品需求的使用者。其中，产品定位和销售方法往往会有所调整，而产品本身的核心技术则不必改变。市场开发战略的使用条件主要有：①存在着新的、企业可以获得的、可靠的、要价不高的、高质量的分销渠道；②企业在其经营的业务领域非常成功；③存在着新的、未开发或未饱和的市场；④企业拥有管理扩大的业务所需的资金和人力资源；⑤企业生产能力过剩；⑥企业的主营业务处于正在迅速全球化的产业中。

3. 产品开发

产品开发，即推出新产品给现有顾客，采取产品延伸的策略，利用现有的顾客关系，从而借力使力。通常，企业通过扩大现有产品的深度和广度，推出新一代或是相关的产品给现有的顾客，可以提高自身在消费者中的占有率。

产品开发战略的使用条件主要有：①企业拥有的产品非常成功，处于生命周期中的成熟阶段；②在技术发展进步迅速的产业中竞争；③主要竞争对手以适当的价格提供质量更高的产品；④企业在高速增长的产业中参与竞争；⑤企业具有很强的研发能力。

4. 多元化经营

多元化经营，即将新产品提供给新市场。由于企业既有的专业知识能力可能派不上用场，因此会采用更激进和冒险的多元化经营战略。多元化经营主要有三种类型：

（1）同心多元化：企业增加新的、相关的产品或服务的战略。其使用条件主要有：①企业在零增长或缓慢增长的产业中竞争；②增加新的、显著相关的产品或服务，能够促进现有产品或服务的销售；③企业能够以富有竞争力的价格水平提供新的、相关的产品或服务；④新的、相关的产品或服务的销售具有季节性波动的特征，且这一波动正好可以消除企业现有产品或服务的波动；⑤企业现有产品或服务处于生命周期的衰退阶段，且企业拥有强有力的管理团队。

（2）水平多元化：为现有顾客增加新的、不相关的产品或服务的战略。水平多元化战略的使用条件主要有：①增加新的、不相关的产品或服务，会带来企业现有产品或服务收入的显著提高；②企业在竞争激烈的产业中参与竞争，或者在不再增长的产业中参与竞争，产业的利润率和投资收益率很低；③企业当前的分销渠道可以用来向顾客推销新产品或服务；④和现有产品或服务相比，新产品或服务的销售波动能够产生一定的互补效应。

（3）复合多元化：是指企业增加新的、不相关的产品或服务的战略。复合多元化战略的使用条件：①企业主营业务所在产业正经历着年销售额和利润下降的冲击；②企业拥有在新的产业中成功开展竞争所需的资金和管理人才；③企业拥有一个与其经营不相关，但具有投资价值的机会；④在收购与被收购企业之间，存在着财务上的协同；⑤企业现有产品或服务所在的市场已经饱和；⑥对于历史上一度在某个单一产业中经营的企业来说，需要避免受到反垄断法案的指控。

四、价值创新

欧洲工商管理学院教授钱凯和莫博涅对全球30多家公司进行研究后发现，高速增长的创业企业在成长的战略思维和逻辑上有所不同。业绩较为逊色的公司在战略思维上往往被一种思想支配，这种思想就是要在竞争中保持领先地位。与此形成鲜明对比的是，高增长的公司对于赶超或打败对手并不感兴趣。相反，它们通过利用一种被称为“价值创新”的战略逻辑，让竞争对手变得无关紧要。这两种战略逻辑的区别体现在以下五个方面，具体如表14-3所示①。

表14-3　传统战略逻辑与价值创新战略逻辑的区别

战略维度	传统战略逻辑	价值创新战略逻辑
行业假设	行业条件已经给定	行业条件可以改变
战略重点	公司应该培养竞争优势，其目标是在竞争中获胜	竞争不是基准，公司应该在价值上追求创新，以主导市场的发展
顾客	公司应该通过进一步的市场分割和营销手段保持和扩大其顾客群，并关注顾客评价的差异	价值创新公司的目标是赢得大多数的顾客，愿意为此放弃一些原有的顾客，同时注重顾客评价的基本共同点
资产与能力	公司应该平衡其现有资产和负债	公司一定不能受其过去的约束，它必须问自己：如果重新开始，该怎么做？
产品与服务	行业的传统边界决定了公司提供的产品或服务，公司的目标是使其提供的产品或服务的价值最大化	价值创新者根据顾客的要求考虑其提供的产品或服务，即使这样做可能会使公司超越该行业的传统界限

资料来源：笔者根据相关资料自行整理

1. 行业假设

一般公司将行业状况看作给定的，相应地制定战略。价值创新者并不是这样，无论行业中的其他人如何，价值创新者总是寻求非凡的创意和价值量上的飞跃。

2. 战略重点

一般公司不太重视竞争对手对自己发展战略的影响。它们与竞争对手比较优势和劣势，重点构建自己的优势，在战略思维上却被动地由竞争对手牵着鼻子走，而价值创新者则不把竞争对手作为比较基准。

3. 顾客

一般公司通过保持和扩大顾客基础寻求增长，这经常导致出现更详细的市场细

① W. 钱凯，雷尼·莫博涅. 价值创新：高增长的战略逻辑[J]. 黎坚，宋军译. 经济资料译丛，1998，（4）：56-62，66.

分以及满足特殊需求的更有针对性的服务。价值创新者遵循的是不同的逻辑，没有将注意力放在顾客之间的差异上，而是把精力集中于顾客认为有价值的、重要的共同特征上。

4. 资产能力

许多公司是根据自身现有资产和能力评价商业机会。它们会这样问：根据我们现有的，怎样做才是最好的？与此相对照的是，价值创新者会问：如果重新开始，该如何去做？

5. 产品与服务

传统的竞争发生在依照产品或服务内容建立的清晰的行业界限内。价值创新者经常会超越这种界限，依据消费者的全部需求进行思考，努力克服行业限制。

五、蓝海战略思维

以价值创新思维作为基石，钱·金和莫博涅又提出了蓝海战略。蓝海战略认为，聚焦于红海等于接受了商战的限制性因素，即在有限的土地上求胜，却否认了在商业世界开创新市场的可能。运用蓝海战略，视线将超越竞争对手，移向买方需求，跨越现有竞争边界，对不同市场的买方价值元素进行筛选并重新排序，从给定结构下的定位选择向改变市场结构本身转变。

蓝海战略共涉及六项原则，包括四项战略制定原则（重建市场边界、注重全局而非数字、超越现有需求、遵循合理的战略顺序）和两项战略执行原则（克服关键组织障碍、将战略执行建成战略的一部分）①。

原则一：重建市场边界。重新界定市场边界需要创新的思维模式，蓝海战略思维认为可以从产业、战略集团、买方群体、产品或服务范围、功能情感导向、时间等方面进行创新思考。

原则二：注重全局而非数字。一个企业永远不应将其“眼睛”外包给别人，伟大的战略洞察力是走入基层、挑战竞争边界的结果。蓝海战略建议绘制战略布局图，将一家企业在市场中的现有战略定位以视觉形式表现出来，开启企业组织各类人员的创造性，把视线引向蓝海，如表 14-4 所示。

表 14-4 蓝海战略思维

视角	创新思维	观点比较	
		红海	蓝海
产业	跨越他择产业看市场②	人云亦云，为产业界定，并一心成为其中最优者	一家企业不仅与自身产业对手竞争，而且与替代品或服务的产业对手竞争
战略集团	跨越产业内不同的战略集团看市场	受制于广为接受的战略集团概念（如豪华车、经济型车、家庭车），并努力在集团中打压竞争对手	突破狭窄视野，搞清楚什么因素决定顾客选择，如高档和低档消费品的选择

① W. 钱·金，勒妮·莫博涅. 蓝海战略：超越产业竞争，开创全新市场[M]. 吉宓译. 北京：商务印书馆，2005.

② 跨越他择产业看市场，即某企业不仅要和同一产业的其他竞争对手竞争，如万达电影院不仅要和金逸电影院竞争，电视和网络视频也是万达的竞争对手。

续表

视角	创新思维	观点比较	
		红海	蓝海
买方群体	重新界定产业的买方群体	只关注单一买方，不关注最终用户	买方是由购买者、使用者和施加影响者共同组成的买方链条
产品或服务范围	跨越互补性产品或服务看市场	接受现有产业固化的功能与情感导向	互补性产品或服务蕴含着未经发现的需求，简单的方法是分析顾客在使用产品之前、之中、之后都有哪些需要
功能情感导向	跨越针对卖方的产业功能与情感导向[①]		挑战现有功能与情感导向，能发现新空间，考虑如果在情感层面竞争，可否去除哪些元素以使之功能化，反之亦然
时间	跨越时间，参与塑造外部潮流	制定战略只关注现阶段的竞争威胁	从商业角度洞悉技术与政策潮流如何改变、顾客获取的价值以及如何影响商业模式

资料来源：W. 钱·金，勒妮·莫博涅. 蓝海战略：超越产业竞争，开创全新市场[M]. 吉宓译. 北京：商务印书馆，2005

原则三：超越现有需求。通常企业为增加自己的市场份额，努力保留和拓展现有顾客，会导致更精细的市场细分。然而，为使蓝海规模最大化，企业需要反其道而行之，不应只把视线集中于顾客，还需要关注非顾客。企业不要一味地通过个性化和细分市场以满足顾客差异，而应寻找买方共同点，将非顾客置于顾客之前，将共同点置于差异点之前，将合并细分市场置于多层次细分市场之前。

原则四：遵循合理的战略顺序。企业应建立强劲的商业模式，确保将蓝海创意变为战略执行，从而获得蓝海利润。合理的战略顺序可以分为买方效用、价格、成本、接受四个步骤。

原则五：克服关键组织障碍。企业必须认识到执行蓝海战略是具有挑战性的，因此要面对四重障碍：①认知障碍，沉迷于现状的组织；②有限的资源，执行战略需要大量资源；③动力障碍，缺乏有干劲的员工；④组织政治障碍，来自强大既得利益者的反对。

原则六：将战略执行建成战略的一部分。执行蓝海战略，企业最终需要求助于最根本的行动基础，即组织基层员工的态度和行为，必须创造一种充满信任和忠诚的文化，以鼓舞人们认同战略。当人们被要求走出习惯范围、改变工作方式时，恐慌情绪便会增长，他们会猜测这种变化背后真正的理由是什么。想在基层建立信任和忠诚，鼓励资源合作，企业需要将战略执行建成战略的一部分，需要借助“公平过程”制定和执行战略。

第三节　创业企业成长的管理控制

一、创立初期企业的创业特征

创立初期的企业首要任务是在市场中生存下来，让消费者认识和接受自己的产品。

① 情感导向，即内在、内涵的情感，运用一定层次的狭义的知识、智慧或哲学，作用于个人或人群中，导向使用者想要的方向。

1. 创立初期是以生存为首要目标的行动阶段

在创立初期，企业的首要任务是从无到有，把产品或服务卖出去，掘到第一桶金，在市场上找到立足点，使自己生存下来。在这一阶段，生存是第一位的，一切围绕生存运作，一切危及生存的做法都应避免。企业是机会导向的，有机会就作出反应，而不是有计划、有组织、定位明确地开发利用自己所创造的机会。这使得企业不是去左右环境而是被环境所左右，不是创造和驾驭机会，而是被机会所驱使，导致企业不可避免地犯很多错误，促使企业制定一套规章制度以明确该做什么和不该做什么。

2. 创立初期是主要依靠自有资金创造自由现金流的阶段

现金对企业来说就像是人的血液，企业可以承受暂时的亏损，但不能承受现金流的中断。企业的自由现金流是指不包括融资、资本支出以及纳税和利息支出的经营活动的净现金流。自由现金流一旦出现赤字，企业就将发生偿债危机，可能导致破产。自由现金流的大小直接反映企业的赚钱能力。它不仅是创业初期，也是成长阶段管理的重点，区别在于对创业初期的管理来说，由于融资条件苛刻，只能依靠自有资金运作来创造自由现金流，从而管理难度更大。创业初期的管理要求经理人必须千方百计增收节支、加速周转、控制发展节奏，像花自己的钱那样花企业的钱。

3. 创立初期是充分调动“所有的人做所有的事”的群体管理阶段

新企业在初创时，尽管建立了正式的部门结构，但很少能按正式组织方式运作。通常是，虽然有名义上的分工，但运作起来是哪里需要，就往哪里去。这种看似的“混乱”，实际是一种高度“有序”的状态。创立初期的企业很有人情味，相互之间都直呼其名，没有高低之分，每个人都清楚组织的目标和自己应当如何为组织目标作贡献，没有人计较得失，没有人计较越权或越级，相互之间只有角色的划分，没有职位的区别。这种在初创时期锻炼出来的团队领导能力，是经理人将来领导大企业高层管理班子的基础。

4. 创立初期是一种“创业者亲自深入运作细节”的阶段

经历过创立初期的创业者大都有过这样的体验：曾经直接向顾客推销产品；亲自与供应商谈判折扣；亲自到车间里追踪顾客急需的订单；在库房里卸货、装车；跑银行、催账；策划新产品方案；制订工资计划；曾被经销商欺骗；遭受顾客当面训斥；等等。由于创业者对经营全过程的细节了如指掌，才使得生意越做越精。

随着企业的逐渐发展，创业者不可能再深入到企业的各个角落，去亲自贯彻自己的领导风格和理念。授权和分权则成为必然，由于企业缺乏相应的控制制度，集权不可避免地转向分权，这容易导致创业者对企业失去控制，从而重新走向集权之路。这样反反复复，最终创业者必须由直觉型的感性管理转变为职业化的专业管理。

二、创立初期企业的管理

1. 创立初期的营销管理

在创立初期，企业急切需要将创造的产品或服务出售，获得收入，如此才能体现企业的价值，同时也为企业的进一步成长奠定基础，卖出产品，取得收入，即销售是此时最重要的任务。创立初期的销售有时甚至是不赚钱的，但为了将顾客从消费其他人的产品和服务吸引到消费自己的产品和服务上来，即使不赚钱，甚至赔钱也要坚持。所以创立初期的销售收入增长很快，但由于成本增加更快，加上价格往往与成本差不多，因此就出现销量很大但却没有利润的现象。

随着企业逐渐成熟，创业者要对已有的销售行为进行规范，对客户进行筛选和细化管理，对产品售前、售中、售后整个过程进行监控，整合所有与销售相关的资源，把销售工作当成经营来做，逐步使销售收入与利润实现同步增长。营销已成为此阶段的重点。

2. 创立初期的人力资源管理

创立初期人力资源管理的主要特点体现在，由于企业规模小，组织结构层次简单，因此决策权在主要创业者手中，决策简单，只要经营班子制订出可行性方案，就可迅速得以执行；决策与执行环节少，使得决策集中高效，执行快速有力，对市场变化能够迅速作出反应；创立初期企业的人、财、物，产、供、销，机构设置，生产方式，经营形式，利益分配，规章制度以及人员使用都由企业自主决定，决策自主、反应灵敏、工作效率高，尤其是在用人机制上，创业企业有充分的用人自主权，能够吸引大批的人才加盟。

3. 创立初期其他职能管理

创立初期的企业系统相对集权，有可能使子系统之间严重失衡；缺乏计划和控制系统下的高度灵活性甚至是随机性，没有实施专业化管理的土壤；另外，各个部门之间的协调不力会降低工作效率。计划方面，创立初期的企业更多注重的是对市场机会的开发和把握，以现有可以利用的市场机会确定经营方向，包括远景目标（3～20 年）和实现远景目标的战略（1～3 年）；领导方面，通过与所有能提供合作和帮助的人进行大量的沟通交流，并进行有力的激励和鼓舞，率领员工朝着某个共同方向前进；控制方面，尽量减少计划执行中的偏差，确保主要绩效指标的实现。

总之，对创立初期企业的职能管理而言，没有规范化的管理方式，只有经过大量的实践，并结合企业实际情况，才能形成符合自身特点的管理风格。该时期，企业需要人来定制度，然后再用制度来管理人，因此企业秩序的实现主要靠人员的主动性和自觉性，即以“人治”为主。

三、成长期企业的特征

当企业度过了以生存为主要特征的创业阶段后，企业发展就进入了成长期，而对那些进入成长阶段的企业，其成长性并不相同，有的企业成长速度慢，而有的企业成长则较快。在数量庞大的企业群体尤其是中小企业群体中，作出突出贡献的主力是那些快速成长的企业。

1. 影响企业成长的因素

企业度过初创期后，随着产品和服务逐步被市场和消费者认可，销售收入不断增加，规模不断扩张，出现了非常强烈的成长冲动。从内部看：一方面，企业追求更多的利润；另一方面，创业者渴望权力。这两点促进了企业的成长。从外部看，市场对产品产生需求，技术要求扩大规模，或者某项新发明创造出新市场也都可能促进企业成长。因此，企业成长的推动力量可概括为企业家、产业和市场，以及组织资源三个方面。

（1）企业家。企业家具有强烈的成长欲望，工作充满激情，拥有勇于向环境挑战、识别和把握机会的能力。正是这些能力使得企业家能够把经济资源从生产率较低、产量较小的领域转到生产率较高、产量较大的领域。这些能力是企业实现快速成长最为关键和最基本的因素之一。史蒂文森（Stevenson）认为，企业家所追求到的机会超过其所控制的有限资源的能力是企业家能力的重要体现。

（2）产业与市场因素。进入威胁、替代威胁、买方竞价力、供方竞价力和行业内企业间的竞争这五种作用力共同决定了产业竞争的强度以及产业利润率。企业在快速成长的最初阶段，其产品往往处于产品生命周期的导入期和成长期，进入威胁和替代威胁较小，行业中的其他小企业由于缺乏创新精神而一味地被动适应环境，信息相对闭塞、资源相对匮乏，往往对新的业务视而不见。此时，行业内部大企业总是因为市场“太小”而拒绝开发新涌现业务方面的产品和服务。当然，这也是中小企业之所以存在的基础之一。无疑，竞争对手较少、良好的市场情况为企业实现销售额的快速增长创造了机会。新产品具有良好的吸引顾客的潜力，虽然最初顾客对新产品不了解，但企业对于区域市场比较熟悉，往往易于打开局面。在巨大的市场需求的牵引下，企业的主要任务是进行批量生产，不必投入过多的市场开发费用，产品的价格相对较高，能够获取高利润，企业自身的规模相对较小，易于实现飞速成长。

（3）组织资源。在一定程度上，企业成长愿望的实现取决于所控制和能够利用的组织资源。这里，组织资源被广义地定义为员工、财务资源、无形资产、厂房设备、技术能力、组织结构。组织资源决定了支持组织成长的能力，如果组织没有支持成长战略所需的资源，即使企业家的成长愿望很强，实现的销售额也可能会很低。员工、集权的组织结构、财务资源和技术资源对企业的快速成长起着积极的促进作用。例如，在财务资源方面，企业产品的销售价格相对较高，利润较高，在一定程度上能够支持成长所需的资金。此外，银行看好企业的发展前景，愿意提供贷款；具有强成长愿望的企业家愿意通过出售股份融资，赢得更多的资金，以适应企业扩张的需要。这些资金来源都能够支持企业成长所需的资金投入。

2. 企业成长性的衡量

企业成长是一个动态过程，是通过创新、变革和强化管理等手段积蓄、整合并促使资源增值进而追求企业持续发展的过程。企业成长包括质和量两个方面。企业成长的量主要表现为企业经营资源的增加，包括销售额、资产规模、利润等；企业成长的质，主要表现为变革与创新能力，指经营资源的性质变化、结构的重组等，如企业创新能力、环境适应能力等。

3. 为成长作好准备

在企业的成长过程中，快速成长的机会什么时候到来，很难预料。但成长需要企业内部作好准备。

（1）确定目标。企业的成长目标必须适当。企业需要把握能在风险和各种资源回报之间取得平衡，一旦超过了平衡点，利润率的提高就会使风险大大增加；而低于平衡点，减小风险又会使生产率和利润率急剧下降，从而危及企业的市场地位。

（2）营造氛围。企业为了获得成长能力，就必须在其内部营造一种持续学习的氛围，必须使得所有成员，包括等级最低的员工，都愿意并准备承担新的、不同的、更重大的责任，并将其看成是理所当然的事。

（3）准备人才。企业可以从外部引进各类专家或专门性人才，但是，从根本上说，成长必须是来自企业内部的，即使是通过兼并、收购获得的成长。而且，成长必须建立在公司的核心优势之上。

（4）作好财务规划。必须为建立一个更大的企业作好财务上的规划；否则，当企业成长开始时，企业会发现自己处于财务危机之中，并可能因此使成长遭到挫折。财务规划对企业成长至关重要，其重要性不亚于产品战略、技术战略或市场战略。

四、新企业成长的管理

成长期的新企业与创立初期的新企业相比，管理重点相应发生了变化，表现在六个方面。

1. 注重整合外部资源，追求外部成长

中小企业的人、财、物力资源相对匮乏，因此注重借助别人（既包括竞争对手也包括合伙者）的力量，发展壮大自身，显得更加重要。这也是快速成长的企业特别擅长的策略，而通过上市获得短缺资源并迅速扩大规模是实现成长的捷径之一。

IPO 是指企业通过证券交易所首次公开向投资者发行股票，以期募集用于企业发展资金的过程。IPO 通常是企业家的梦想，标志着成功、财富和得到市场的认可。IPO 不仅使企业获得了发展所需要的大量资金，还为企业家创造了大量的财富。在资本市场发达的今天，一些创业者通过在国内外证券交易所上市，创造了许多财富神话。如陈天桥创建的盛大网络在美国纳斯达克交易所上市、百度创始人李彦宏成功地将百度在纳斯达克挂牌交易，都使得这些创业者在短期内实现了数百亿美元财富的聚集。

新企业急于上市的动机和目的有以下几方面：①募集资金以及增强再融资的能力。上市不仅可以从资本市场上获得企业急需的资金，同时也获得了再融资的能力，可以通过增发股份等方式获取扩张的资本，而且也能增强其他融资机构对公司的信心。②提高企业的知名度。企业上市后，成为一个公众公司，在受到大家监督的同时，提高了企业的知名度。③快速成长。通过上市，企业可以迅速扩张，从一个小公司成长为一个大公司。④可以为股东和企业员工创造财富。

从根本上说，通过上市，企业获得了一种快速成长的最省力的途径。

2. 管理好企业持续增长的人力资本

快速成长企业的一个共同的成功要素是其强有力的人力资源管理。快速成长企业的经营者并不一定要受过高等教育，但他们要雇佣一大批有能力的下属，通过构建规模较大的管理团队以便让更多的人参与决策。

（1）良好的工作环境。包括有竞争力的工资收入、利润、良好的工作条件以及健康保险等，由于小企业的员工需要承担企业破产的风险，因此，企业有义务为员工解除后顾之忧。良好的工作环境还包括一些不是十分明显的特征，如为员工提供明确、持续的指导，并为他们提供开展工作所必需的各种资源。

（2）成长的机会。成长的机会使员工感到安全，其表现形式多种多样，对于不同的员工，成长的机会代表着不同的内容，或者是晋升，或者是工作经历丰富化，但人们需

要改变一个错误的观念，即为员工提供稳定的工作和适度的退休金，员工就会感到安全。实际上，员工的安全感来自于他们在学校或工作中掌握的各种技术与能力，企业为员工提供的学习技术和提高能力的机会越多，就越能鼓励员工去学习，同时为员工提供的保证未来安全的帮助也就越大。

（3）员工有机会分享企业的成功。小企业所能提供的工资水平总是比不上大企业，更为不利的是，小企业有失败、被兼并和被收购的危险。事实上，小企业的员工总是承担着企业的一部分经营风险，一旦企业倒闭，他们的生活也就没了保证。所以，只有让员工分享企业的成功才是实现公平的办法。一些优秀的小企业采用利润分享计划，即让员工持股，并且可以根据需要随时兑换成现金，这是一种很好的让员工参与利润分享的办法。

3. 从创造资源到管好、用好资源

新企业的成长是靠资源的积累实现的，但是，如果企业积累的资源不是被企业占有，而是被企业中的个人（不管是创业者、高层管理者还是一般的员工）占有，都将威胁企业的成长。快速成长企业需要从注重创造资源转向管理好已经创造出来的资源，从资源开创转向资源的开发利用，需要采取必要的措施，管理好客户资源，管理好有形、无形资产，通过现有资源创造最大价值。

4. 形成比较固定的企业价值观和文化氛围

企业价值观是支持企业发展的灵魂，虽然是无形的，但却渗透到企业发展的方方面面。大多数快速成长企业都有比较固定的企业价值观，用以支持企业的健康发展。对小企业而言，企业价值观一般是企业创建者自身价值取向的体现，这种取向直接影响着企业的发展。企业价值观的固定性保证了企业发展的稳定性，也便于企业管理者与员工掌握企业发展过程中的关键点。快速成长企业的创建者非常热爱自己所从事的事业，他们审时度势，构建符合社会发展的价值观念，并倾注全部心血使企业的价值观延续下去。

5. 注重用成长的方式解决成长过程中出现的问题

用成长的方式解决成长过程中出现的问题，其本质是推动并领导变革。从快速成长企业的实际经验看，企业家在以下几方面往往表现得更为突出。

第一，注重在成长阶段主动变革。创新和变革是推动企业乃至社会发展的主要力量，但需要付出成本。企业在创业初期特别是成长阶段实施变革的成本小，因为成长性强可以为企业提供变革所需的资源，可以吸引优秀的员工，进而减小来自内部的变革阻力。

第二，善于把握变革的切入点。企业变革不可能一下全面展开，因此需要科学地把握切入点，由点到面，层层深入。太太药业公司从改变销售策略入手推进变革，海尔集团从砸冰箱树立质量意识入手等都是这种策略成功的典范。这种策略有许多好处，首先是变革的成本比较小，能够发挥探测性研究的功效；其次是见效快，变革的阻力主要源于人们对未来发展的顾虑，对变革能否成功持怀疑态度，把握好切入点，从局部推进变革，往往可以在短期内取得效果，进而增强人们对变革的信心；最后是这种方式的变革容易被控制，不至于造成失控。

第三，重视人力资源的开发。计划变革但找不到合适的人才实施变革，往往是企业家在成长过程中经常面临的最大困难。注重人才积蓄，采取更为积极的人力资源政策，注重从内外部广泛挖掘人才，对变革的成功乃至企业的发展，都是非常重要的。

第四，注重系统建设。构建经营系统是企业开展日常经营管理工作的平台，一个成功企业的必备条件之一是建立辅助这些日常经营活动的体系——经营体系。弗莱姆兹这样描述经营系统：建立经营系统是为了有效工作，一个企业不仅要从事生产或服务，还要合理地管理基本的日常经营活动。它包括会计、制表、采购、做广告、招聘人员、培训、销售、生产、运输等。企业在创建初期容易忽略经营系统的建立和发展，但随着规模的扩大，特别是当规模超过了其组织的运作能力时，这些系统就会承受越来越大的压力。

6. 从过分追求速度转到突出企业的价值增值

当企业过分追求速度时，往往会带来问题，即销售收入增加很快，而利润却没有增加，企业的价值没有得到增值，因此，当企业发展到一定程度时，就需要向价值增加快的方面转移和延展，以获得最大的价值增值。

另外，企业品牌的打造也可以为企业的价值增值。如何树立企业品牌是企业成长管理中面临的一个重要问题，有的企业往往忽视了品牌的培育，或者采取错误的策略而导致了失败。

总之，重视创新、合作、质量、速度、服务和管理规范化等是促使企业持续快速成长的主要动力。

➢ 拓展学习

W. 钱·金，勒妮·莫博涅. 2005. 蓝海战略：超越产业竞争，开创全新市场[M]. 吉宓译. 北京：商务印书馆.

熊德章，李静，刘盛坤. 2020.创新与创业[M]. 重庆：重庆大学出版社.

郎宏文，安宁，郝婷. 2016.创业管理：理论、方法与案例[M]. 北京：人民邮电出版社.

伊查克·麦迪思. 1997. 企业生命周期[M]. 赵睿，陈甦，何燕生，译. 北京：中国社会科学出版社.

➢思考题

1. 如何理解创新在创业战略中的重要性，是否可以用一些案例来说明你的观点？
2. 试分析企业成长过程中可能碰到的障碍。
3. 企业如何做到持续发展？

第十五章 信息时代的大学生创业

本章重点

移动互联网、大数据、人工智能概念

大学生移动互联网创业

引导案例

陈劢：打造知识分享平台

来自华南理工大学的创业项目“荔枝微课”，在2017年的第三届中国“互联网+”大学生创新创业大赛中荣获金奖。该项目自2016年6月启动以来，仅用了9个月时间便吸引了近亿元的投资。截至2023年底，荔枝微课这一在线教育平台已吸引了超过3000万名的注册用户，注册讲师超过600万名，累计服务用户超1.5亿人。2023年荔枝微课被评为“2022年度深圳市潜在科技独角兽企业”。

陈劢和黄冠是这一项目的核心团队成员。陈劢一直梦想创建一个在线教育平台，这个平台能够提供便捷的在线教育培训服务，并支持分享、评论、打赏等功能。而黄冠，作为他的合作伙伴，同样毕业于华南理工大学，在校期间积累了丰富的创业经验，包括创办电影FM网站和互联网公司，毕业后又成立了广州森季软件有限公司。

在项目初期，由于资金和办公场地的限制，黄冠带领团队在广州大学城进行产品研发，而陈劢则带领团队在深圳负责产品运营策划。两个团队相互支持、紧密合作，共同克服了种种困难。“坚持是创业过程中最重要的品质。”陈劢说，“虽然我们不是第一次创业，但兼顾学业和公司的确很辛苦。不过，我们都坚持下来了。”

荔枝微课不仅致力于知识传播，还具有社会性功能。黄冠表示，他们希望通过互联网消除知识与人之间的鸿沟，让教学双方能够随时随地通过手机进行互动，从而让用户便捷地获取和分享知识。

尽管成立仅一年，荔枝微课在快速发展的同时，也积极投身于公益项目。他们为地震受灾人群提供了心理辅导课程，为单亲妈妈提供了抚养教育孩子的课程，还为离婚家庭的孩子提供了教育课程等。这种对教育行业的责任感将推动荔枝微课在公益道路上不断前行。

资料来源：荔枝微课：幸福于他人幸福的创业者[EB/OL]. https://news.scut.edu.cn/2017/0921/c73a35216/page.htm，2017-09-21，有改动

第一节　信息化时代

人类历史是技术不断进步的历史。美国著名经济学家杰瑞米·瑞弗金在其著作《第三次工业革命》中指出，人类经历了三次工业革命，从印刷术到电信技术，从电信技术到互联网技术，每次技术革新都推动了一次新的工业革命，进而推动了经济社会的巨大发展和改革。如果说 19 世纪的重头戏是工业革命和有形资本力量占主导，那么 20 世纪的重头戏就是教育和人力资本优势，而 21 世纪就是利用信息化技术促进产业变革的时期。我们正处于一个特别的时期，人类历史上绝无仅有的时期，彻底改变人类生活方式的核心就是互联网。

一、移动互联网

了解移动互联网先从认识互联网开始。

（一）互联网概述

1. 互联网和移动互联网的起源

互联网最早是作为军事通信工具而开发的。1969 年，美国国防部高级研究计划署开发了一个不易遭破坏的计算机通信互联网系统——阿帕网（ARPAnet），这是一个以保证通信系统在核战争中不丢失相关技术资料而建立的巨大的网状资源互通系统。阿帕网的每个节点独立并具有同等地位，能够资源共享，不同计算机也能相互通信。

当其他类的网络涌现，而各个网络的消息格式、接口等缺乏统一标准，网络间不能互通的问题就成为亟待解决的问题。解决该问题的方案在于协议，阿帕网早期用于不同计算机传输的通用协议是网络控制协议（network control protocol，NCP），该协议本质上是一种单向的调用协议，所以只要各个网络采用相同的协议，那么相互之间的通信就能够实现。1973 年 TCP[①]/IP[②]协议成型，该协议被专门用于处理网络互联的通信。TCP/IP 是互联网发展的基石。

20 世纪 80 年代，美国国家科学基金会在阿帕网的基础上，建立了美国国家科学基金会网络，欧洲、亚洲有关科研机构也相继将自己的内网接入。1986 年，美国国家科学基金会网络成为互联网主干网，阿帕网在 1990 年淡出。之后随着文件下载 FTP[③]、远程访问 Telnet[④]、电子邮件乃至万维网应用的发明，互联网从军用到民用逐渐走进大众的视野。

美国国防部高级研究计划署除了开发阿帕网，还资助了卫星网络和分组无线网络（packet radio network，PRNET）的建立，PRNET 是无线移动互联网的雏形。无线传感器

① TCP 是指传输控制协议，transmission control protocol 的缩写。

② IP 指网际互连协议，internet working protocol 的缩写。

③ FTP 是指文件传输协议，file transfer protocol 的缩写。

④ Telnet 是指远程终端协议，Telnet 协议是 TCP/IP 协议族中的一员，是因特网远程登录服务的标准协议和主要方式。

网络和无线 Mesh 网络①等无线移动互联网是在 PRNET 基础上发展而成的。

互联网的起源说有几种不同的观点：①认为阿帕网就是互联网的起源；②以 1973 年 TCP/ IP 协议成形为互联网起点；③从 20 世纪 60 年代开始，一系列由电信主导的活动代表了真正的起源；施乐帕罗奥多研究中心②（Xerox Palo Alto Research Center）的一系列发明和活动，包括以太网（Ethernet），代表了真正的开端③。

从互联网的发展的脉络来看，正是无数个历史节点，由点到线、由线织网，共同促成了互联网的诞生。

2. 中国互联网的发展

从表 15-1 可以看出，中国互联网的发展经历了三个阶段。

表 15-1 中国互联网发展的三个阶段

时间	1996～2003 年	2003～2011 年	2012 年以后
阶段	Web1.0 阶段	Web2.0 的搜索/社交时代	Web3.0 大数据时代
典型特征	单向交流的信息展示	UGC④是人与人之间高成本的互动方式	是多人与多窗口的交互，包括人与人、人机互动以及终端间交互

资料来源：由笔者自行整理

Web1.0 阶段，由企业主导生成内容。对于传统行业（传统行业是相对于互联网行业而言提出的一个新概念，包括农业、工业、服务业等传统经济行业）来说，互联网是一种进行通信和信息传播的新兴工具，是单向交流的信息展示。一个企业设计一个网站的用途好比装一部可视电话，企业可以向外界展示它的信息、产品和联系方式，建立与外界沟通的桥梁。网站产生数据，人们获取数据。在 Web1.0 阶段，大量的门户网站兴起，典型代表有新浪、搜狐、网易。互联网是一个媒体，人们通过网站浏览新闻，传统行业可以在网站发布信息、打广告，门户网站本质上与报纸、杂志和电视雷同。

Web2.0 阶段，用户产生数据，网站接收并展示数据。随着用户在互联网上产生的内容越来越多，网站退居幕后，用户成为线上主体，典型的代表有百度搜索、腾讯 QQ、博客、新浪微博等。Web2.0 阶段的互联网是一种高科技生产力，让传统行业原本的业务高效、精准运行，实现人与人的双向互动。

Web3.0 阶段，是多人与多窗口的交互，包括人与人、人机互动以及终端间交互。Web3.0 基于物联网、大数据和云计算等打造了智能生活时代。“Web3.0”一词包含多层含义，用来概括互联网发展过程中可能出现的各种不同的方向和特征，包括：将互联网本身转化为一个泛型数据库；人工智能技术的运用；语义网；地理映射网；运用 3D 技术搭建的网站甚至虚拟世界等。

① Mesh 网络即无线网格网络。

② 后更名为帕罗奥多研究中心公司（PARC，Palo Alto Research Center, Inc.）。

③ Kleinrock L. An early history of the internet[J]. IEEE Communications Magazine，2010，48（8）：26-36.

④ UGC，互联网术语，全称为 user generated content（用户生成内容），即用户原创内容。

（二）移动互联网

1. 移动互联网的概念

移动互联网是互联网与移动通信各自独立发展后的相互融合，目前对于移动互联网的定义还没形成统一的认识，主要有以下几种观点：

《2018—2019 年中国网络安全发展蓝皮书》：“移动互联网是指互联网的技术、平台、商业模式和应用与移动通信技术结合并实践的活动的总称。”

中兴通讯股份有限公司《移动互联网技术发展白皮书》认为，移动互联网分为狭义和广义两种。①狭义：用户能够通过手机、个人数字助理（personal digital assistant，PDA）或其他手持终端以无线通信网络接入互联网。②广义：用户能够通过手机、PDA 或其他手持终端以无线方式通过多种网络接入互联网。

综上所述，移动互联网是以手机、PDA、便携式计算机和专用移动互联网终端等作为终端，以移动通信网络（包括 2G、3G、4G 和 5G）或无线局域网及无线城域网作为接入手段，直接或通过无线应用协议（wireless application protocol，WAP）访问互联网并应用互联网业务的开放式基础电信网络。无线网络提供了任何时间和任何地点的无缝链接。由此移动互联网是桌面互联网的补充和延伸，应用和内容仍是移动互联网的根本。

移动互联网时代是网络化和智能化的时代，与云计算、大数据、人工智能、物联网和虚拟现实等技术的结合将广泛应用于社会的各个层面的同时，还会渗透性地改变人们的生活方式和思维方式，21 世纪无疑是无线移动互联网的时代。

2. 移动互联网的发展

1）2000～2007 年：初级阶段

技术发展：WAP 应用作为移动互联网应用的主要模式。WAP 是一个实现网络应用的协议。WAP 时期，用户通过移动互联网看新闻、读小说、听音乐，以内容为王的移动互联网时代初始，利用手机自带的支持 WAP 协议的浏览器访问企业 WAP 门户网站是当时移动互联网发展的主要形式。

2）2008～2011 年：成长培育期

技术发展：3G 移动网络建设。智能手机出现和 3G 移动网络的建设，移动网速大幅提升，应用软件安装功能强化移动智能终端上网功能，中国移动互联网掀开了新的发展篇章。

3）2012～2013 年：高速成长期

技术发展：智能手机规模化应用。具有触摸屏功能的智能手机的大规模普及应用解决了传统键盘机上网的诸多不便。苹果 IOS 系统和安卓系统的普遍安装和手机应用程序商店使手机上网功能便捷、易操作，移动互联网应用呈现出爆发式增长态势。

4）2014 年至今：全面发展期

技术发展：4G 和 5G 网络建设。随着 5G 网络的部署，移动互联网网速的提高破除网速瓶颈限制，而移动应用场景得以丰富、多元化。移动互联网成为各行各业开展业务的重要驱动，应用场景触及人们的工作和生活。应用移动互联网开展业务，使手机 APP

应用成为企业开展业务的标配。

3. 移动互联网的特点

移动互联网和互联网虽共享着互联网的核心理念，移动互联网以运动场景为主，碎片时间、随时随地，业务应用相对短小精悍。因此移动互联网的实时性、准确性、便携性都是互联网无可比拟的。

1）零距离的交互性

空闲间隙下任何一个有移动互联网络覆盖的场所，用户可以随身、随时使用移动终端接入和使用互联网服务。沟通的随时随地，语音、图文或者视频等多种方式，增强了用户与移动互联网的交互性和黏性。

2）随身的便携性

移动终端小巧轻便、可随身携带，使用户可以在任意场合接入网络。与PC相比，移动终端设备上网的便捷性完胜PC上网，沟通、娱乐与资讯的获取等远比PC设备方便。

3）私密性

移动互联网用户因为不用共享自己设备上的信息，从而确保了移动互联网的隐私性，如支付宝手机支付业务就较好地保护了用户隐私。

4）即时的定位性

移动互联网有别于传统互联网的典型应用是位置服务应用。它包含了以下几种服务：位置签到、位置分享及基于位置的社交应用；基于位置围栏的用户监控及消息通知服务；生活导航及优惠券集成服务；基于位置的娱乐和电子商务应用①。

5）碎片化的娱乐性

移动互联网上的海量应用覆盖生活的方方面面，如网游、购物、美食、图片分享、小视频播放、音乐、电子邮件等，每时每刻都能自娱和娱众。

6）环境的局限性

移动互联网业务在实时和便携方面会受到网络能力和终端能力的限制。无线网络传输环境、技术能力等会限制网络能力，而终端的大小、处理能力、电池容量等又会限制终端的用户体验。

7）强关联性

由于移动互联网业务受到了网络自身的特性以及终端能力的限制，其业务内容和形式也需要匹配特定的网络技术规格和终端类型。例如，带宽流量会影响视频的播放、视频电话的沟通和网游的速度。

二、大数据

（一）大数据的概念

1980年，阿尔文·托夫勒在《第三次浪潮》一书中将“大数据”称为“第三次浪潮的华彩乐章”，预言了信息时代的到来会带来数据爆发，但是他未在书中直接用到“大数

① 梁晓涛，汪文斌. 移动互联网[M]. 武汉：武汉大学出版社，2013.

据”这个词。1998 年 SGI[①]的首席科学家约翰 • R.马西在其发表的一篇名为《大数据和下一代基础架构》(“Big Data and the Next Wave of InfraStress”）的论文中首次提出“大数据”这个词，用来描述数据爆炸的现象。

2003～2006 年谷歌先后公布了关于 GFS、MapReduce 和 BigTable 的三篇技术论文[②]，谷歌在搜索引擎上的巨大成功很大程度上是因为其采用了先进的大数据管理和处理技术，三篇论文奠定了大数据发展的基石。

2012 年，维克托 · 迈尔-舍恩伯格及肯尼斯 · 库克耶在《大数据时代》中，指出大数据指不用随机分析法（抽样调查）这样的捷径，而使用所有数据进行分析处理。

“大数据并非一个确切的概念。最初，这个概念是指需要处理的信息量过大，已经超出了一般电脑在处理数据时所能使用的内存量，因此工程师们必须改进处理数据的工具。”[③]目前对大数据尚未形成一个统一的认识，一种普遍的说法认为，大数据是指无法用现有的软件工具提取、存储、搜索、共享、分析和处理的海量的、复杂的数据集合。大数据是一门市场语言，代表一种问题解决思路，背后是硬件、数据库、操作系统、Hadoop 等一系列技术的综合应用。

综合来看，业界对大数据的理解与定义均存在一定的差异，如表 15-2 所示。

表 15-2　各个机构对大数据的定义

大数据定义主要机构	大数据定义主要内容
麦肯锡	大数据指的是大小超出常规的数据库工具获取、存储、管理和分析能力的数据集，并不是说一定要超过特定 TB 值的数据集才能算是大数据
国际数据公司	大数据，即海量的数据规模（volume）、快速的数据流转和动态的数据体系（velocity）、多样的数据类型（variety）、巨大的数据价值（value）
亚马逊公司	大数据是任何超过了一台计算机处理能力的数据量
加纳公司	大数据是指无法在一定时间范围内用常规软件工具进行捕捉、管理和处理的数据集合，是需要新处理模式才能具有更强的决策力、洞察发现力和流程优化能力的海量、高增长率和多样化的信息资产
IBM 公司	大数据应当具备三个特质，可以概括为三个 V，即海量（volume）、多样化（variety）和快速化（velocity）
Informatica 公司	大数据由三项主要技术趋势汇聚组成：海量数据交易、海量数据交互和海量数据处理
NetApp 公司	大数据包括 A、B、C 三个要素：分析（analysis）、带宽（bandwidth）和内容（content）
维基百科	无法在一定时间内用常规软件工具对其内容进行抓取、管理和处理的数据集合

① 全称为 Silicon Graphics，Inc.，即美国硅图公司。

② 这三篇论文分别是“The Google File System ”（《谷歌文件系统》）、“MapReduce: Simplified Data Processing on Large Clusters”（《面向大型集群的简化数据处理》）、“BigTable: A Distributed Storage System for Structured Data”（《大数据：一种用于结构化数据的分布式存储系统》），以上均为笔者自行翻译。

③ 维克托 · 迈尔-舍恩伯格，肯尼斯 · 库克耶. 大数据时代[M]. 盛杨燕，周涛，译. 杭州：浙江人民出版社，2013.

续表

大数据定义主要机构	大数据定义主要内容
同方公司	大数据指的是数据量级大，结构多元化复杂；数是无规则、无认知、历史、实时的；据是对数字的采集加工分析，形成依据，找出论据，并体现它的价值
赛迪顾问	大数据是指需要通过快速获取、处理、分析以从中提取价值的海量、多样化的交易数据、交互数据与传感数据

资料来源：余文来，林晓伟，封智勇，等. 互联网思维 2.0：物联网、云计算、大数据[M]. 北京：经济管理出版社，2016

（二）数据、信息和知识

1978 年，诺贝尔经济学奖得主赫伯特·西蒙认为，“信息消费了什么是很明显的：它消费的是信息接受者的注意力。信息越丰富，就会导致注意力越匮乏……信息并不匮乏，匮乏的是我们处理信息的能力”[①]。从数据到信息再到知识，这个跨越，人类经过了半个多世纪，数据到知识的演变是一个怎样的过程，如图 15-1 所示，而数据、信息和知识的区别，如图 15-2 所示。

图 15-1 数据到知识的演变过程

资料来源：涂子沛. 大数据：正在到来的数据革命，以及它如何改变政府、商业与我们的生活[M]. 桂林：广西师范大学出版社，2012

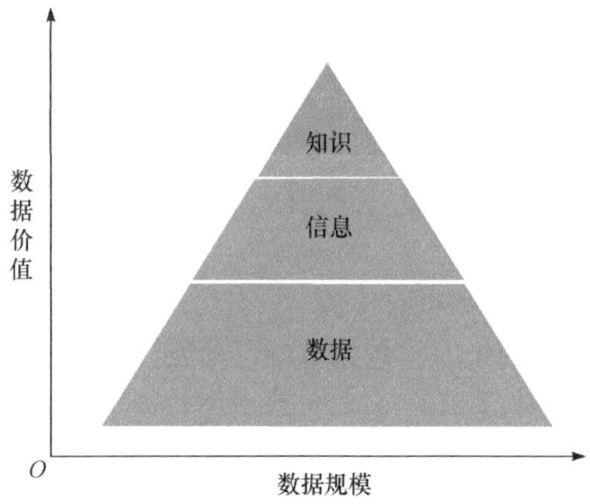

图 15-2 数据、信息和知识的区别

资料来源：涂子沛. 大数据：正在到来的数据革命，以及它如何改变政府、商业与我们的生活[M]. 桂林：广西师范大学出版社，2012

如何从海量数据中寻找知识，知识转化为生产力，“数据仓库”和“数据挖掘”的概

① 转引自涂子沛. 大数据：正在到来的数据革命，以及它如何改变政府、商业与我们的生活[M]. 桂林：广西师范大学出版社，2012.

念应运而生。1991 年，被誉为“数据仓库之父”的比尔·恩门在《建立数据仓库》一书中第一次对“数据仓库”作出清晰定义，并提出操作性很强的实战法则。他指出，“数据仓库是一个面向主题的（subject-oriented）、集成的（integrated）、相对稳定的（none-volatile）、反映历史变化的（time-variant）数据集合，用于支持管理中的决策制定。”①数据仓库和数据库两者最大的差别在于，前者是以数据分析、决策支持为目的来组织存储数据，而数据库的主要目的则是为运营性系统保存、查询数据。

数据挖掘曾被称为“数据仓库的知识发现”，是指通过特定的计算机算法对大量的数据进行自动分析，从而揭示数据之间隐藏的关系、模式和趋势，为决策者提供新的知识②。数据挖掘真正把数据分析从“未知”推向“已知”，大数据价值得以发挥。

（三）大数据的特点

1. 数据体量巨大

“2020 年全球数据总量将超过 40ZB。这意味着，如果我们平日观看的一部电影以 1GB 来计算，那么要想看完这些电影，足以让全国近 14 亿人每人每天不停地观看 7 年。”③爆发式增长的数据规模至今仍是一个不断变化的指标，存储 1PB 数据需要两万台配备 50GB 硬盘的电脑④。

2. 数据类型繁多

按数据类型来分，数据可分为结构化数据和非结构化数据。结构化数据是可以用二维表结构来逻辑表达和实现的数据，如企业的财务报表。非结构化数据对处理能力有更高的要求，非结构化数据包括网络日志、音频、视频、图片等。《大数据时代：生活、工作与思维的大变革》一书的作者之一维克托·迈尔-舍恩伯格提出，大数据意味着更多、更杂和更好。

3. 处理速度快

“有很多数据的应用需求要求实时响应、实时处理和实时反馈。这是区别大数据引用和传统数据技术的关键。大数据的 1 秒定律定义为必须在 1 秒内得到处理结果。”⑤由通常的离线处理变为在线处理，由在线处理变为在线分析处理。数据永远在线，随时能调用和计算是大数据区别于传统数据最大的特征。

4. 数据的真实性

“数据真实的引申含义就是数据有价值。只有合理利用数据并对其进行正确、准确的分析，才会带来很高的价值回报。”⑥数据量的迅速发展使其价值密度降低，因而挖掘出的信息价值会更具价值和分析意义。未来大数据相关技术的进步在很长一段时间内仍将展现出强大的生命力。

① 涂子沛. 大数据：正在到来的数据革命，以及它如何改变政府、商业与我们的生活[M]. 桂林：广西师范大学出版社，2012.

② 涂子沛. 大数据：正在到来的数据革命，以及它如何改变政府、商业与我们的生活[M]. 桂林：广西师范大学出版社，2012.

③ 国家工业信息安全发展研究中心. 大数据时代[M]. 北京：电子工业出版社，2020.

④ MB 是计算机中的一种储存单位，1GB=1024MB，相当于一部非高清电影的大小，1TB=1024GB，1PB=1024TB（容量大，应用于大数据存储设备，如服务器），1EB=1024PB。

⑤ 段云峰，张韬. 走近大数据[M]. 北京：人民邮电出版社，2018.

⑥ 段云峰，张韬. 走近大数据[M]. 北京：人民邮电出版社，2018.

（四）大数据应用

大数据存在的意义，简单来说是为了帮助人们更直观更方便地去了解数据，通过数据分析进一步挖掘数据的价值，大数据应用的基础包括五个方面。

1. 可视化分析

毋庸置疑大数据的生产者和使用者不但包括大数据分析专家，同时还包括普通用户，数据可视化是数据分析工具最基本的要求。可视化分析能够直观地呈现大数据特点，容易被人们所接受，让数据自己说话，让用户看到结果。

2. 预测性分析能力

大数据分析的核心就是预测性分析，它是把数学算法运用到海量数据上以预测事情发生的可能性，从大数据中挖掘出其特点，通过建立科学的模型，之后便可以通过模型代入新的数据，从而预测未来的数据。甚至，未来可以进一步预测什么时候可能发生什么事情。

3. 数据挖掘算法

“数据挖掘是指通过特定的计算机算法对大量的数据进行自动分析，从而揭示数据之间隐藏的关系、模式和趋势，为决策者提供新的知识。”[①]维克托·迈尔-舍恩伯格认为，数据挖掘的目的：一是发现潜藏在数据表面之下的历史规律；二是预测未来。因此大数据分析的理论核心就是数据挖掘算法，各种数据挖掘的算法只有基于不同的数据类型和格式，才能更加科学地呈现出数据本身具备的特点，也正是因为这些被全世界统计学家所公认的各种统计方法才能深入数据内部，挖掘出公认的价值。

4. 语义引擎

语义引擎是搜索引擎，指的是从词语所表达的语义层次来认识和处理用户的搜索请求。简单来说，通过为已有数据添加语义的操作，提升用户互联网搜索体验。大数据分析广泛应用于网络数据挖掘，可从用户的搜索关键词、标签关键词或其他输入语义，分析、判断用户需求，从而实现更好的用户体验。

5. 数据质量和数据管理

数据分析通过标准化的流程和工具对数据进行处理，能够确保获得预先确定的高质量分析结果。数据分析离不开数据质量和数据管理，高质量的数据和有效的数据管理，能够保证分析结果的真实性和价值性。

知识库

数据挖掘的价值

总部位于美国阿肯色州的零售连锁企业沃尔玛是世界上最大的零售商，它拥有最大的数据仓库，是最早应用数据挖掘技术的企业之一。沃尔玛为了准确了解顾客在门店的购买习惯，它对门店顾客的购物行为进行购物篮分析，以了解顾客经常一起购买

① 涂子沛. 大数据：正在到来的数据革命，以及它如何改变政府、商业与我们的生活[M]. 桂林：广西师范大学出版社，2012.

的商品有哪些。沃尔玛数据仓库里存储了各门店的详细原始数据，在这些原始交易数据的基础上，沃尔玛利用 NCR[①]数据挖掘工具对这些数据进行分析和挖掘。一个意外的发现是：跟尿布一起购买最多的商品竟然是啤酒！这是数据挖掘技术对历史数据进行分析的结果。

于是，沃尔玛派出市场调查人员和分析师对这一数据挖掘结果进行调查分析，从而发现隐藏在“尿布与啤酒”背后的美国人的一种行为模式：在美国，一些年轻的父亲下班后经常要到超市买尿布，而他们中有 30%～40%的人同时也会顺便为自己买一些啤酒。于是沃尔玛在门店将尿布与啤酒捆绑销售，结果尿布与啤酒的销量都双双增长。

资料来源：朱洁，罗华霖. 大数据架构详解：从数据获取到深度学习[M]. 北京：电子工业出版社，2016

三、人工智能

人工智能自诞生以来，仅仅用了 60 多年的时间，就已经能够进行人脸识别、广告精准投放、自动驾驶汽车等，这项技术正以指数级的增长速度发展，并覆盖到人类生活的所有领域，那么什么是人工智能呢?

（一）人工智能的概念

随着大数据、云计算、物联网、类脑计算等技术的发展，信息技术领域的，如无人机、搜索引擎、机器人和智能软件等时下热点都和人工智能有关。

如若想定义人工智能，就应先了解智能的定义。斯滕伯格（R. Sternberg）就从“人类意识”这个主题给出以下定义：智能是个人从经验中学习、理性思考、记忆重要信息，以及应对日常生活需求的认知能力。

“科学家运用数理逻辑和计算机的成果，提供关于形式化计算和处理的理论，模拟人类某些智能行为的基本方法和技术，构造具有一定智能的人工系统，让计算机去完成需要人的智力才能胜任的工作。”[②]人工智能学科定义为制造智能机器的科学与工程，此次会议标志着人工智能学科的诞生。

人工智能可以从四个方面来定义：“类人行为方法”“类人思维方法”“理性思维方法”“理性行为方法”。综合来说，“人工智能是采用人工的方法和技术，通过研制智能机器或智能系统来模仿、延伸和扩展人的智能，实现智能行为”[③]。拉斐尔（Raphael）认为，人工智能是一门科学，这门科学让机器做人类需要智能才能完成的事。

① 全称为 National Cash Register，即安迅公司。

② 史忠植. 人工智能[M]. 北京：机械工业出版社，2016.

③ 史忠植. 人工智能[M]. 北京：机械工业出版社，2016.

（二）人工智能的应用

目前，各行业都共享着人工智能的理论和技术，在此列举一些具有代表性和重要影响的应用领域。

1. 模式识别

“模式识别是对表征事物或现象的各种形式的信息进行处理和分析，以便对事物或现象进行描述、辨认、分类和解释的过程。数据挖掘的重要性在大数据中有提及，它能够满足人们从海量数据中挖掘出隐含的、有潜在价值的信息。”①模式识别包括语音识别、文字识别、图像识别和人物景象识别等，投入使用的比如人脸识别、指纹识别和虹膜识别。

2. 智能机器人

智能机器人是一种自动化的机器，在传统机械机器人的基础上，有发达的“大脑”（中央处理器），具备一些与人或生物相似的智能能力，如感知能力、规划能力、动作能力和协同能力。智能机器人具备多种传感器，包括视觉传感器、听觉传感器、触觉传感器等，还有不同的效应器，使智能机器人通过自我控制来对外界环境产生作用，使智能机器人看起来具备“人”的属性。

3. 人工智能医疗

可穿戴设备——以 Apple Watch 为代表的智能手表，这些设备持续监测人们的身体数据，比如心率、体温。另外，医学图像处理是目前人工智能在医疗领域的典型应用，它的处理对象是各种不同的医学成像，如在临床医学中广泛使用的核磁共振成像、超声成像等生成的医学影像。传统的医学影像诊断，主要通过观察二维切片图去发现病变体，这往往需要依靠医生的经验来判断。计算机图像处理技术，可以对医学影像进行图像分割、特征提取、定量分析和对比分析等，进而完成病灶识别与标注。

4. 无人驾驶汽车

无人驾驶汽车是一种智能汽车，也可以称为轮式移动机器人，主要依靠车内的以计算机系统为主的智能驾驶仪来实现无人驾驶。无人驾驶是人工智能应用的重要体现，它可以大幅度降低交通事故发生的概率，也可以更高效地利用燃料资源。

5. 机器翻译

机器翻译是计算语言学的一个分支，是利用计算机将一种自然语言转换为另一种自然语言的过程。机器翻译用到的技术主要是神经机器翻译技术（neural machine translation，NMT），该技术当前在很多语言上的表现已经超过人类。例如我们在阅读英文文献时，可以方便地通过有道翻译、谷歌翻译等网站将英文转换为中文，免去了查字典的麻烦，提高了学习和工作的效率。

6. 图像搜索

图像搜索是近几年用户需求日益旺盛的信息检索类应用，分为基于文本的和基于内容的两类搜索方式。传统的图像搜索只识别图像本身的颜色、纹理等要素，基于深度学习的图像搜索还会计入人脸、姿态、地理位置和字符等语义特征，针对海量数据进行多

① 史忠植. 人工智能[M]. 北京：机械工业出版社，2016.

维度的分析与匹配，应用上如搜索同款、相似物比对等。

7. 个性化推荐

个性化推荐是一种基于聚类与协同过滤技术的人工智能应用，它建立在海量数据挖掘的基础上，通过分析用户的历史行为建立推荐模型，主动给用户提供匹配他们的需求与兴趣的信息，如商品推荐、新闻推荐等。个性化推荐既可以为用户快速定位需求产品，弱化用户被动消费意识，提升用户兴致和增强留存黏性，又可以帮助商家快速引流，找准用户群体与定位，作好产品营销。个性化推荐系统广泛存在于各类网站和 APP 中。

知识库

图 灵 测 试

英国人艾伦·图灵（Alan Turing）在《计算机器与智能》（“Computing Machinery and Intelligence”）中详细讨论了“机器能否拥有智能”的问题，后人将其称为图灵测试。

图灵测试的核心想法是：要求计算机在没有直接物理接触的情况下接受人类的询问，并尽可能把自己伪装成人类。

具体测试过程：图灵测试会在测试人与被测试者（一个人和一台机器）隔开的情况下，通过一些装置（如键盘）向被测试者随意提问。问过一些问题后，如果被测试者超过 30%的答复不能使测试人确认出哪个是人、哪个是机器的回答，那么这台机器就通过了测试，并被认为具有人类智能。

阿兰·图灵是“现代计算机科学之父”，也是人工智能领域的主要奠基人。

资料来源：史忠植. 人工智能[M]. 北京：机械工业出版社，2016

四、云计算

2006 年，谷歌首席执行官埃里克·施密特（Eric Schmidt）在搜索引擎大会首次提出“云计算”概念。亚马逊（Amazon）率先在全球提供了亚马逊弹性计算云（elastic compute cloud，EC2）和亚马逊简单存储服务（simple storage service，S3），为企业提供计算和存储服务。2009 年，阿里巴巴在江苏南京建立首个电子商务云计算中心，在中国公有云市场份额排名位居前列。云计算落地应用，成为各大 IT 企业提供的产品和服务。

云计算是分布式计算的一种，指的是通过网络“云”将巨大的数据计算处理程序分解成无数个小程序，通过多台服务器架构的系统进行计算。云计算又称为网格计算，它可以在很短的时间内（几秒钟）完成对数以万计的大数据的处理，从而实现强大的云服务。

云计算理念类似于电力产业，100 多年前，电力用于生产初期，每个企业用自己单独的发电机发电用于生产，自己购买发电设备，不仅前期投入成本高，后期还要人力维护，当公用电网建成后，企业可以直接从大型的电力公司按需购买，大大降低了企业的成本，还为企业提供了按需定制的服务。云计算服务包括硬件、软件和信息服务。

（一）云计算发展阶段

自2006年云计算概念提出，短短几年时间，云计算产业成为信息技术变革和商业模式的核心。2006年，在全球2009万项IT工作负载中，有98%是在传统IT设备上完成的，而在云上完成的只有2%；但是2016年，全球的IT工作负载增加到了1.6亿项，其中承载在云上的IT工作负载已经占到了全部负载的25%以上①（表15-3）。

表15-3 云计算产业的三个阶段

阶段	特点
储备期（2007～2010年）	这是云计算产业的技术储备和概念推广阶段，支撑技术相对完善，产业概念逐步清晰，解决方案和商业模式仍然处于尝试和探索阶段，云计算产业的广度和深度不足
发展期（2011～2015年）	在这个阶段，用户逐渐接受云计算产业，云计算的产业链基本形成，产业的规模也正在进一步扩大，开始注重云计算生态环境和商业模式建设
成熟期（2016年起）	云计算的商业模式、产业链和生态环境建设逐步走向稳定，云计算成为规模化的公用基础设施

资料来源：陈驰，于晶，马红霞. 云计算安全[M]. 北京：电子工业出版社，2020

（二）云计算的优势

云计算作为一种新型的计算模式，具有如下优势：

（1）虚拟化技术。用户不需要关注具体的硬件实体，只需要选择一家云服务提供商。虚拟化技术突破了时间、空间的界限，包括资源虚拟和应用虚拟。

（2）灵活性高。灵活性是云计算的一个重要优势特征。用户可以按照自身需求定制相应的资源、应用及服务。

（3）可扩展性强。云计算具有高可扩展性，“云”规模可动态伸缩以满足用户在不同场景下、不同时间段对资源的需求。

（4）可靠性和安全性强。云计算拥有完善的容灾备份机制，多次冗余存储可确保数据的高可靠性。倘若单点服务器出现故障，存储在云中的数据也不会受到影响，可通过虚拟化技术将分布在不同物理服务器上面的应用进行恢复，保证业务的连续。

五、区块链

区块链最早被人熟知的应用是比特币，虽然区块链已经历了一段时间的发展，但是仍未出现一个统一的、被广泛认可的定义。《中国区块链技术和应用发展白皮书》中区块链

---

① 陈驰，于晶，马红霞. 云计算安全[M]. 北京：电子工业出版社，2020.

的定义是，“广义来讲，区块链技术是利用块链式数据结构来验证与存储数据、利用分布式节点共识算法来生成和更新数据、利用密码学的方式保证数据传输和访问的安全、利用由自动化脚本代码组成的智能合约来编程和操作数据的一种全新的分布式基础架构与计算范式”。

区块链是指包括链式数据结构、分布式存储、共识机制等所有区块链核心技术的有机组合所构建的分布式账本系统，该系统能够实现数据的安全传输和分布式账本的全程可监管，如图 15-3 所示。本质上，区块链是一个去中心化和信任化的数据库，是分布式存储、点对点传输、共识机制、加密算法等技术的集成应用。区块链代表的是一种新的信息记录和发布方式，该系统不再需要传统上的第三方信誉机构，而是原则上提供了一条解决数字时代网络信任问题的有效途径。

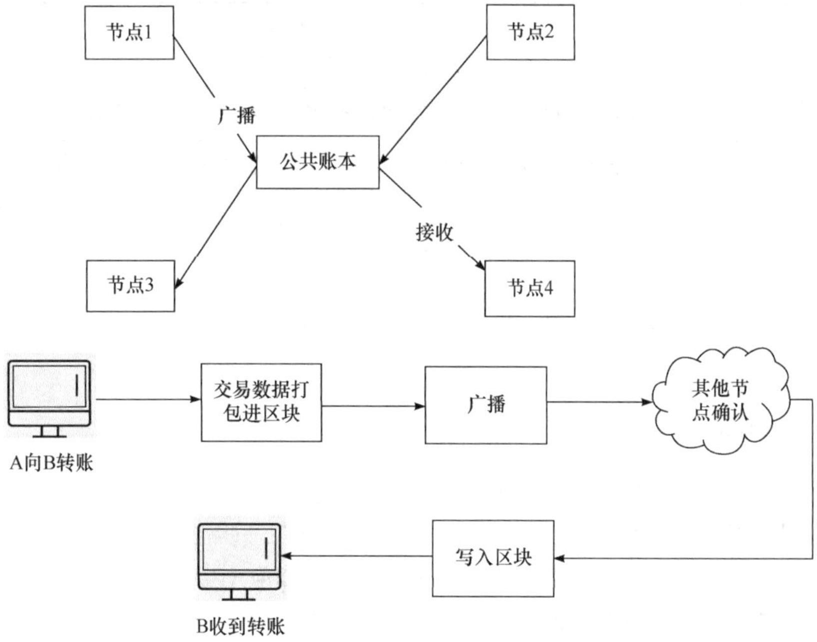

图 15-3 区块链记账示意图

资料来源：王腾鹤，赵昌宇，等. 一本书读懂区块链[M]. 北京：机械工业出版社，2019

技术的进步是不以人的意志为转移的，过去被人质疑的技术，现在已经习以为常。当今的大学既要塑造学生成为专业人士，也要培养创造者，使他们能够利用时代的科技奇迹在未来的创业中蓬勃发展。在智能时代，大学生创新创业又会面临哪些机遇和挑战呢？

第二节 大学生移动互联网创业

2024 年，中国互联网络信息中心发布了第 53 次《中国互联网发展状况统计报告》，报告显示截至 2023 年 12 月，我国网民规模达 10.92 亿人，较 2022 年 12 月新增网民 2480 万人，互联网普及率达 77.5%。移动互联网飞跃式的发展吸引越来越多人的目光投入，未来更是不容小视的新兴产业。大学生创新创业是大学生通过自主创新创业的形式实现自身就业的过程，对于大学生来说，如何依托自身优势投入移动互联网创业而不是淹没在创业大军中，可谓是任重而道远。

一、信息时代大学生创业 SWOT 分析

创业是创业者基于资源、机会和团队建立新的公司的过程，本质体现的是价值创造。在国家的政策和资金支持下，自主创业发展前景广阔，但是由于大学生在移动互联网上创业经验不足和自身能力有限等原因，创业项目的成功率较低。

（一）大学生创业的优势

1. 校园是科研开发的集中区域

大学生处在校园培育环境下，是国家科研活动比较集中的地方。众所周知，硅谷的形成和崛起离不开斯坦福大学、加利福尼亚大学伯克利分校和加州理工学院，中关村被中国一流大学包围。这些创意集群最初都由大学和专科学院毕业的学生团体组成，而企业也会有意识地向创意集群倾斜。因此，大学生创新创业以提升知识的转化率对社会经济的发展具有战略上的意义。

2. 学习能力强、知识技能水平高

学生作为高素质人才在校园易获得扎实的理论基础，有着较高层次的技术优势，而对于互联网创业而言，技术是必要的。大学生可将校园的理论知识转化为资本，也就是“用智力换资本”，这是大学生创业的独特优势。

3. 活力、有干劲、创新能力强

创业者应该具备不拘一格、敢闯敢干、强烈的创新意识和足够多的碎片化时间，而所有这些素质正是大学生群体最明显的特征之一，也是他们的先天优势，他们作为年轻有活力的创业群体有着很强的创业冲动和创业激情，完全符合移动互联网创业的特点。

4. 移动互联网创业初期入门资金门槛较低

移动互联网创业是资金门槛相对较低的创业方式，不比实体创业对办公场地和设备等都有要求，有些有技术、有想法的创业者，通过开发一款软件或编写一个游戏程序就可投放到阿里巴巴或 360 等平台上，获得创业第一桶金。另外，大学生参加创业比赛可以获得比较丰厚的奖金，他们可以将之作为创业资金，另外天使投资人也会对他们看好的项目进行投资。

（二）大学生创业的劣势

1. 社会经验和职业经历缺乏

社会经验和职业经历劣势表现在以下几个方面：一是社会资源缺乏；二是职业经历很短甚至没有从业经历。校园的创业项目是否有远景、是否经得起市场的考验，都和社会经验多少有关系。

2. 个人经历有限

现在的大学生实践能力较差，一些创业者离开学校、家庭和亲友的呵护，很难

接受社会的挑战和考验。家庭、社会的支持认可在很大程度上能减轻创业者的心理负担。另外，独立人格的形成、社会和个人责任感的建立，都是创业者个人能力的体现。

3. 管理能力不足

创业项目的运作、企业管理能力的水平都会直接影响到企业的存活率，如果只注重产品的开发，那么管理技能缺失、解决问题能力不足、团队运作能力有限等也都不足以支撑企业的长足发展。

4. 风险意识不足

风险是指目的和结果之间存在的不确定性。创业风险来自创业活动的不确定性，包括市场风险、资金风险、团队管理风险等，在创业过程中都是常见也是必然会面临的风险。

（三）信息时代创业的机会因素

国家对大学生创新创业的支持。教育部 2015 年印发《关于做好 2016 届全国普通高等学校毕业生就业创业工作的通知》，要求所有高校都要设置创新创业教育课程，对全体学生开发开设创新创业教育必修课和选修课，纳入学分管理。《教育部关于做好 2024 届全国普通高校毕业生就业创业工作的通知》则明确要求支持灵活就业和自主创业。积极鼓励和支持高校毕业生自主创业，落实创业支持政策，在资金、场地等方面向毕业生创业者倾斜，为高校毕业生创新创业孵化、成果转化等提供服务。

（四）影响大学生创业的因素

目前，大学生正处在从理论到实践、从求知到创业的重要转折时期，本身就是对创业者自身能力全方位的考验。除了个人的素质和能力影响创业外，家庭、学校、社会以及亲戚朋友等因素都会影响大学生自主创业，大学生创业影响因素主要可分为三类：大学生的个人背景和特质、创业综合素质以及创业环境。

1. 大学生的个人背景和特质

大学生的家庭背景、年龄性别、专业学历、从业经验、个人特长等个人背景因素对创业都有着不同程度的影响，主要表现在个人特质和创业意愿两个方面。早期研究中，创业者被认为具有一定的个人特质，创业行为由创业者的个人特质所驱动。

2. 创业综合素质

大学生的创业综合素质是指大学生在创业活动中所呈现出来的一种综合的胜任能力，包括创业意识、创业精神、创业知识、创业能力和创造性思维五个部分。创业意识是创业者根据自身和社会的发展需要而引发的创业动机或愿望；创业精神是创业者主观世界中具有开创事业的品质和意志力；创业知识主要包含创业的基础知识和专业知识；创业能力是一种决定创业能否成功的关键因素，主要表现在能否在创业过程中恰到好处地运用所拥有的知识解决具体问题的能力；创造性思维是创业者应具备的一种重要素质，运用创造性的方式、方法解决所面临的难题或者筹划未来发展，其主要包括系统思维、发散思维、创新性思维和逆向思维等。

3. 创业环境

创业环境受到教育环境、社会环境和家庭环境三个方面的影响。大学科技园在形成技术创新和技术转移平台方面具有极佳的先天优势，在培育创新环境、培养创业人才、孵化科技企业、推进技术转移等方面至关重要。社会环境包括政策的扶持、社会舆论的引导等。大学生的个性特征及个人背景与家庭环境有着密不可分的关系，不同的家庭环境对其创业态度和动机会产生直接影响。除此之外，家庭对大学生创业支持与否，从某种程度上是影响大学生是否能够走上创业之路的关键因素。

二、大学生创业路径培育

高校是国家培养人才的主要基地，能否为国家和社会培养出适应时代、具有创新创业能力的大学生，关乎经济发展和社会进步。

（一）开设创业课程

创新，从课堂开始。通过学校教育激发学生的创业精神和创业意识，创新创业教育必须融入高校人才培养全过程。创业教育课程是提升学生创业知识、传授创业教育理念的主要载体，创业教育课程是实施创业教育的重要途径。

近年，江苏省开始普及创业教育，很多学校把创业纳入人才培养计划，创业课程应作为必修课被纳入教学体系。高校学生可以根据实际情况选择课程，并可按规定享受培训补贴，以提高创业能力。同时，一些学校还根据大学生的特点和需要，设立了相应的管理机制，如西安电子科技大学制定了“第二张成绩单”“学分认定和转换办法”“弹性学习年限制度”等管理机制。

（二）全方位传播创业文化

成立创业教育社团，大力开展创业教育活动，营造浓厚的创业教育氛围。比如，可以在学报专刊、校报校刊、校园广播、网站等媒体上开辟创业宣传阵地，对创业文化和成功创业事迹进行宣讲。另外，对于学生成功创业典型可以邀请回校演讲，邀请在创新创业实践界取得一定成果的校友或企业家开展讲座，促进企业家和大学生面对面交流，激发榜样的力量。浓厚的创业教育文化氛围、全方位的宣导，在潜移默化中会影响学生的创业精神。

（三）建立创业指导服务机构

高水平的创新创业导师除了需具备专业化能力和拥有创新创业理论知识外，同时也应是创新创业活动的实践者。只有具有丰富的创新创业经验，才能在授课过程中兼顾理论和实践向学生传道授业解惑。此外，应建立创新创业师资队伍，队伍中可以有大学创新创业的老师，还可以拉入积极、有责任感的企业家，为学生开展创新创业活动提供咨询和指导等服务。如有的高校成立创新创业指导中心或创业学院、创新创业实践教育中心等就是为大学生提供此类服务的。

（四）构建创业实践体系

创业是一种实践性很强的活动，应运用移动互联网思维，改变传统的实践方式。应搭建线上线下创业实践平台，网上模拟创业。实践平台的建立应由相关主管校领导牵头负责，通过建立长效机制来保障实践基地的有效运作。鼓励大学生将理论知识运用到实践中，并积极参与创新创业大赛、创新创业社团、创建虚拟公司等课外活动，从中体会创新创业实践的意义与乐趣。特别是在“挑战杯”“互联网+”等全国性的创新创业竞赛的引领下，许多大学生都积极参与到竞赛中来。

（五）搭建创新创业孵化基地

由于缺乏创业经验和技能，大学生的创新创业实践可能会遇到许多困难，如资金不足、没有场地等，这就需要高校积极建设创新创业孵化基地予以支撑。创新创业孵化基地可以由高校、政府、企业联合共建，并充分发挥三个主体各自的作用。其中，高校在创新创业孵化基地建设中起着主导作用，政府起着支撑作用，企业起着载体作用。高校创新创业孵化基地是进一步完善创新创业知识结构的重要场所，入驻创新创业孵化基地是大学生快速积累创新创业经验的重要途径。2022 年，我国评选了 100 所高校为国家级创新创业教育实践基地。以清华大学为例，1.65 万平方米的“清华 iCenter”已成为全球最大的校园创客空间，每年支持 3000 名学生开展创新创业活动。

三、大学生创业支持体系的构建

（一）完善的政策支持

党的十八大以来，我国不断深化高等学校创新创业教育，越来越重视大学生的创业工作，各方共同努力的目的都是使大学生能够在更好的环境和条件中进行创业。

（1）创业鼓励。政策上的创业鼓励，支持全国大学生创新创业大赛，并且号召各省、市、地区参与到这项工作当中，鼓励和吸引大学生积极地开展创新创业活动。

（2）税费减免。政府为方便大学生创业，在税费减免方面给予了很大的资金支持。其次，简化大学生创办企业和企业运营中的各项程序，减免相应的行政管理费用，在一定程度上减轻了大学生创办企业的负担。

（3）技术支持。大学生创业会遇到一些核心的技术问题，政策上可要求企业在条件允许的范围内尽量和大学生进行技术交流，在技术层面给予大学生创业援助。高校的科研力量本身就会为大学生创业提供较大的技术支持。大学生创业可以将高校老师和同学的科研成果转化成创业产品，与此同时大学生创业在产品获利后可以反哺学校的科研力量，进一步提高高校的科研水平，这样做可以形成良性循环。

（4）项目支持。政府和社会组织可以分配一定比例的政府采购项目和社会采购项目给高校大学生，给大学生创业实质上的支持。

（二）评选国家级创新创业建设单位

我国对高校的创业教育十分重视，1999 年 1 月教育部就出台了《面向 21 世纪教育振兴行动计划》。另外，教育部下发了《教育部办公厅关于公布国家级创新创业学院、国家级创新创业教育实践基地建设名单的通知》，认定北京大学等 100 所高校为国家级创新创业学院建设单位，认定了清华大学等 100 所高校为国家级创新创业教育实践基地建设单位。创业教育是影响创业成功与否的重要因素，有必要大力开展创新创业教育，为大学生创业奠定扎实的理论基础。

（三）建立引入创业资金的支持体系

企业的创建、运营、维系都需要资金的注入，资金链状况的良好对于一个企业的健康发展来说有着相当大的影响。资金困难是大学生创业面临的一大难题，只有有效地通过各种渠道来引入资金，才能支持大学生将创业构想转化成创业成果。因此，建立和完善以家庭、学校、政府、社会为基础的资金支持体系对于人学生创业有着极其深远和实质性的影响。

（四）完善的创业服务支持体系

助力大学生创业获得成功需建立一套完整的服务支持体系，这将为大学生创业起到润滑剂的作用。创业服务支持包含三个方面：第一，在创业基地、大学创业园等设立专门的管理服务部门，对大学生企业所遇到的法律、财税、会计等相关的企业基础常识提供咨询与援助，使大学生企业尽量少走弯路。第二，构建信息服务平台，从项目机制、保证机制以及评价机制三方面规划服务流程。第三，大学生创办企业的再培训。培训的内容包括财务、企业管理、营销等，以提升企业的核心竞争力。

第三节 大数据及人工智能背景下的大学生创业

大数据以其海量的数据规模、快速的数据流动、多样的数据类型、动态的数据体系、巨大的数据价值与信息化和工业化融合，深刻地影响和改变着人类社会，它将逐步成为现代社会基础设施的一部分，犹如铁路、公路、通信网络一样不可或缺。互联网时代最大的特征是运用大数据创新和革新管理模式。

一、培养学生创新创业能力的重要性

《中共中央关于制定国民经济和社会发展第十四个五年规划和二〇三五年远景目标的建议》明确提出，要坚持创新在我国现代化建设全局中的核心地位，把科技自立自强作为国家发展的战略支撑，面向世界科技前沿、面向经济主战场、面向国家重大需求、面向人民生命健康，深入实施科教兴国战略、人才强国战略、创新驱动发展战略，完善国家创新体系，加快建设科技强国。

大数据时代，培养学生的创新创业能力尤为重要。一方面，社会竞争只会越来越激烈，就业压力持续增大，地方高校的学生培养若不能凸显专业特色以展现自身的创造力，就难以在激烈的市场竞争中脱颖而出；另一方面，中国高等教育办学主体多元化，高等教育生源竞争日趋激烈也是促使高校全方面、多角度提升学生创新创业素养的一大影响

因素。当前普通高校、高职院校等教育主体多元化，办学形式多样化，以培养应用型人才为主，这就要求高校必须凸显办学特色，提升学生的创新创业能力，使其在毕业时拥有较强的竞争力得以在竞争中生存。

二、大数据、人工智能背景下对大学生创业的影响

（一）大学生可选择的创业方向

牛津大学卡尔·弗瑞和迈克尔·奥斯本于 2013 年 9 月发表了《就业的未来》研究报告，调查各行业在未来 20 年被计算机取代的可能性。根据他们的研究，未来 20 年内，47%的工作岗位会被智能机器取代。

2017 年，麦肯锡全球研究院发布了一篇题为《失业，就业：自动化时代的劳动力转移》的报告。该报告认为，在自动化发展迅速的情况下，到 2030 年，全球最高达 50%的工作可以被机器人取代，有六成的工作岗位，其 30%的工作量可以由机器代劳。在被取代的岗位中，不仅包括低端的劳力，而且包括许多属于知识经济的工作，如数据收集与分析工作，会计、股票分析、翻译、法律咨询等。

尽管智能机器将在未来替代很多工作岗位。但是，大数据、人工智能的发展前景是光明的。大数据逐渐成为全球 IT 支出新的增长点，2023 年 4 月，国际数据公司（International Data Corporation，IDC）发布了《2023 年 V1 全球大数据支出指南》报告，预测 2026 年中国大数据市场总规模预计将达到 365 亿美元。大数据和人工智能行业都是未来热门、紧俏的行业，对大学生创业方向有灯塔般的影响。目前大数据在电商行业、智慧物流服务、交通检测、天气预报、车联网应用、IT 运维、电子商务公共服务等领域都获得广泛应用。大数据有三个职业发展方向——数据分析、数据研究、数据应用，大学生可以综合自己的兴趣、爱好、能力、特点确定最佳创业目标。

（二）商业模式的变化

亚马逊作为大数据时代的前行者，具有客户资源和大规模计算的优势，从最初的“卖书”到提供收集、存储、组织、分析和共享数据的云计算，亚马逊充分利用了自身的服务器、数据中心等 IT 闲置资源；Facebook 的广告实时追踪功能，允许营销人员将互动指标与单个 Facebook 广告活动链接在一起；Twitter 正式推出广告自助服务，以许可式、自助式进行广告获利。亚马逊、Facebook 和 Twitter 的新建业务和产品，以及商业模式都是建立在对大数据的深度理解之上的。

在我国，社会在快速发展，有些行业快速崛起，有些行业快速衰退，而要想抓住未来，就要把握住互联网机遇，利用网络协同与数据智能实现智能商业。在大数据时代，商业的多样性和灵活性为商业模式的设计和选择提供了更多可能。不同的人选择模式有不同的偏好，可行的商业模式是成功运作企业的保证。

三、大学生创业环境的新特征

（一）创业领域拓展

大数据、人工智能是以新型互联网技术为基础的，并渗透至社会经济各领域。大数

据、人工智能得到深度应用开发，不管是传统领域，还是新兴领域，都需要大数据人才进行大数据的采集、分析、开发、应用等，因此电商、金融、医疗、交通、教育、电信、安防、传媒、能源、电力等领域都是创业可拓展的方向。无可辩驳，智能时代会给大学生创造广阔开放的创业舞台。

（二）创业市场多变

《第 47 次中国互联网络发展状况统计报告》显示，截至 2020 年 12 月，我国手机网民规模达 9.86 亿，网民中使用手机上网的比例为 99.7%。在我国网民群体中，学生最多，占比为 21%；其次是个体，户占比为 16.9%[①]。《中国互联网发展报告（2021）》指出，截至 2020 年 12 月，我国数字经济规模已达 39.2 万亿，而 2018 年为 16.43 万亿，2 年增长 139%，互联网经济已经成为新时代我国经济增长的新引擎。可以预见，在万物互联的新时代会带来更大规模的互联网经济。在当前的个性化消费时代，人工智能、云计算、大数据等新兴技术使得个性化需求的识别和判定更为快捷精准，提供新产品和服务的可能性大幅度增加。

（三）融资开放

融资困难是很多大学生创业初期面临的主要问题。产生融资难的原因主要有两点，一是大学生在创业初期社会资本存量不够，难以通过各种社会关系获得所需创业资金；二是在创业初期，由于大学生创业技能不足、管理经验缺乏、营销技巧不够等，其创业项目缺乏资金吸引力。相比于以往的创业融资困难，智能时代借助互联网能够产生一种全新的融资模式　　众筹。众筹比传统的融资方式更开放，能否获得投资的标准不再是创业项目的商业价值，而是创业项目的创意。只要创业项目的创意获得大家的关注和支持，就可借助众筹获得所需创业资金。同时，大学生创业者通过众筹，还可以根据有关产品的反馈进行产品的改进，从而增强产品在市场上的竞争力，有助于后期创业资金的筹募。众筹不仅降低了大学生创业融资的门槛，还增加了创业后期融资的可能性。

我们生活在一个数字时代，学生面对的是数字化的未来，单纯的知识已经不足以应对不确定的未来，但是机遇和挑战并存，机遇使个人能力在互联网的助推下无限放大，也就是赋能个人。挑战是，大学生创业只有解决一些社会的痛点、促进一部分人就业，才具有经济价值和社会价值。教育一直以来都是为社会提供服务的，正因为高等教育是进步和变革的引领者，所以对大学生的创新创业教育就显得尤为重要。移动互联、大数据、人工智能、云计算和区块链等已然声势浩荡地融入个人的生活和职业生活中，未来唯一可确定的是世界只会变得不同。创新创业教育是当代高等教育的急需，也是为了帮助大学生为变革做好准备。

---

①中国互联网络信息中心. 第 47 次中国互联网络发展状况统计报告[EB/OL]. http://www.cac.gov.cn/2021-02/03/c_1613923423079314.htm，2021-02-03.

➢ 拓展学习

迈克尔·伍尔德里奇. 2021.人工智能全传[M]. 许舒译. 杭州：浙江科学技术出版社.
维克托·迈尔-舍恩伯格，肯尼斯·库克耶. 2012.大数据时代[M]. 杭州：浙江人民出版社.
涂子沛. 2012.大数据：正在到来的数据革命，以及它如何改变政府、商业与我们的生活[M]. 桂林：广西师范大学出版社.
余文来，林晓伟，封智勇，等. 2016.互联网思维 2.0：物联网、云计算、大数据[M]. 北京：经济管理出版社.
约瑟夫·E. 奥恩. 2018.教育的未来：人工智能时代的教育变革[M]. 李海燕，王秦辉译. 北京：机械工业出版社.

➢ 思考题

1. 移动互联网经历哪些发展阶段？
2. 移动互联网有哪些特点？
3. 简要说明大数据的内涵。
4. 大数据分析包括哪几个方面？
5. 智能时代，大学生创业需要具备哪些创业素质？

参考文献

曹祎遐. 2014. 创业团队成员选择机制研究[J]. 云南社会科学，(4)：93-96.

陈劲. 2018. 关于构建新型国家创新体系的思考[J]. 中国科学院院刊，33（5）：479-483.

陈孟威，陈兴明. 2019. 非正式跨学科融合：大学生创新创业团队范式探析[J]. 江苏高教，(3)：80-85.

程江. 2017. 创业团队异质性对创业绩效的影响研究综述[J]. 外国经济与管理，39（10）：3-17.

杜易，赵晓光. 2019. 创业中国：万众创新时代下的中国创业[M]. 北京：民主与建设出版社.

段云峰，张韬. 2018. 走近大数据[M]. 北京：人民邮电出版社.

樊硕，薛红志，杨俊. 2012. 商业计划与新企业生成：环境不确定性与产品创新性的角色[J]. 科学学与科学技术管理，33（3）：122-129.

方雄伟. 2015. 创意漫谈[M]. 杭州：浙江工商大学出版社.

菲利普·科特勒，何麻温·卡塔加雅，伊万·塞蒂亚万. 2018. 营销革命 4. 0：从传统到数字[M]. 王赛译. 北京：机械工业出版社.

菲利普·科特勒，加里·阿姆斯特朗. 2019. 市场营销原理[M]. 15 版. 北京：清华大学出版社.

冯林. 2022. 大学生创新基础[M]. 2 版. 北京：高等教育出版社.

顾桥. 2004. 中小企业创业资源的理论研究[M]. 武汉：中国地质大学出版社.

国家工业信息安全发展研究中心. 2020. 大数据时代[M]. 北京：电子工业出版社.

贾明，姚晨雨，张喆. 2020. 路演中董事长面部表情与 IPO 后公司业绩变脸[J]. 管理工程学报，34（3）：55-64.

姜丹蓉，揭筱纹. 2019. 决定创业成败的关键要素有哪些——基于创业团队治理的分析和建议[J]. 人民论坛·学术前沿，(16)：124-127.

鞠凌云. 2015. 再造商业模式：回归商业本质，再现模式力量，纵横新兴市场[M]. 北京：电子工业出版社.

康晓玲. 2015. 创新思维与创新能力[M]. 北京：电子工业出版社.

李东. 2020. 商业模式原理：解密企业长期盈利逻辑[M]. 北京：北京联合出版公司.

梁晓涛，汪文斌. 2013. 移动互联网[M]. 武汉：武汉大学出版社.

刘知鑫. 2020. 商业模式是设计出来的[M]. 北京：中国商业出版社.

马琳. 2018. 创新创业[M]. 武汉：武汉理工大学出版社.

聂强，郑栋之. 2019. 大学生创新创业教程[M]. 成都：电子科技大学出版社.

帕斯卡·萨兰. 1997. 自由贸易与保护主义[M]. 肖云上译. 北京：商务印书馆.

沈宇庭. 2022. 融资路演 讲好故事：快速打动投资人的融资技巧[M]. 北京：中国经济出版社.

石书德，高建，张帏. 2015. 新企业创业团队股权分配的影响因素[J]. 技术经济，34（12）：69-75.

史忠植. 2016. 人工智能[M]. 北京：机械工业出版社.

水藏玺. 2019. 业务流程再造[M]. 5 版. 北京：中国经济出版社.

孙科柳，王安辉，段伟. 2022. 华为流程化组织：业务驱动的组织设计与标杆实践[M]. 北京：电子工业出版社.

王风范. 2016. 资本路演：成功融资的路演实战图解[M]. 北京：中国经济出版社.

王夫乐. 2018. 高管情绪是否具有信息披露的作用？——来自 IPO 路演的证据[J]. 经济管理，40(2):104-119.

王国红，周建林，秦兰. 2017. 创业团队认知研究现状探析与未来展望[J]. 外国经济与管理，39（4）：3-14.

王文琪. 2020. 网上路演、投资者关注与 IPO 收益表现[J]. 市场周刊，(4)：81-82,152.

邬爱其，贾生华，曲波. 2003. 企业持续成长决定因素理论综述[J]. 外国经济与管理，（5）：13-18.
吴静，周嘉南. 2020. “中国合伙人”为何“分手”：创业团队冲突演化路径分析[J]. 管理评论, 32（10）：181-193.
吴钊阳，邵云飞，赵卫东. 2016. 成员-团队匹配和氛围对创业团队绩效的影响[J]. 技术经济与管理研究，（2）：30-34.
武欣. 2010. 国内外创新政策研究的评述[J]. 经济研究参考，（42）：45-53.
徐明. 2016. 创新与创业管理学：理论与实践[M]. 大连：东北财经大学出版社.
杨广. 2021. 项目路演[M]. 北京：机械工业出版社.
曾楚宏，叶冬秀，朱仁宏. 2015. 创业团队研究：理论框架与观点评述[J]. 财经科学，（2）：89-99.
张项民. 2012. 创业从商业计划书开始[J]. 中国人才，（6）：46-47.
周文辉. 2017. 突破创业瓶颈[M]. 贵阳：贵州人民出版社.
朱洁，罗华霖. 2016. 大数据架构详解：从数据获取到深度学习[M]. 北京：电子工业出版社.
W. 钱凯，雷尼 · 莫博涅，黎坚，等. 1998. 价值创新：高增长的战略逻辑[J]. 经济资料译丛，（4）：56-62，66.
Barney J. 1991. Firm resources and sustained competitive advantage[J]. Journal of Management, 17（1）：99-120.
Barney J B. 1986. Organizational culture: Can it be a source of sustained competitive advantage?[J]. Academy of Management Review，11：656-665.
Kleinrock L. 2010. An early history of the internet[J]. IEEE Communications Magazine，48（8）：26-36.